# 大中小学思政课一体化建设研究

主　编　黄晓利　陈士勇

副主编　王先伟　唐义杰　颜　杨

西南交通大学出版社
·成 都·

图书在版编目（CIP）数据

大中小学思政课一体化建设研究 / 黄晓利，陈士勇主编. -- 成都 ：西南交通大学出版社，2024. 9.
ISBN 978-7-5774-0102-7

Ⅰ. D64

中国国家版本馆 CIP 数据核字第 2024K4S549 号

Dazhongxiaoxue Sizhengke Yitihua Jianshe Yanjiu

**大中小学思政课一体化建设研究**

**主编** 黄晓利 陈士勇

策划编辑 郭发仔
责任编辑 周媛媛
封面设计 墨创文化

出版发行 西南交通大学出版社
（四川省成都市金牛区二环路北一段 111 号
西南交通大学创新大厦 21 楼）
邮政编码 610031
营销部电话 028-87600564 028-87600533
网址 http://www.xnjdcbs.com
印刷 成都勤德印务有限公司

成品尺寸 170 mm × 230 mm
印张 20
字数 358 千
版次 2024 年 9 月第 1 版
印次 2024 年 9 月第 1 次
定价 98.00 元
书号 ISBN 978-7-5774-0102-7

PREFACE **前　言**

思政课是落实立德树人根本任务的关键课程，作用不可替代。2019 年，习近平总书记主持召开学校思想政治理论课教师座谈会，提出“统筹推进大中小学思政课一体化建设”。在学校思想政治理论课教师座谈会召开五周年之际，习近平总书记对学校思政课建设作出重要指示，再次强调“深入推进大中小学思想政治教育一体化建设”。[①]

深入推进大中小学思想政治教育一体化建设，具有极其重要的意义，它关系“培养什么人、怎样培养人、为谁培养人”这个教育的根本问题。从个体发展角度看，它能够促进学生综合素质的全面提升，培养其批判性思维和创新能力，使其更好地适应社会发展的需求；对于教育体系而言，它能推动各学段思想政治教育的协同发展，优化教育资源配置，提高教育质量和效率；在社会层面，它有助于培养具有高度社会责任感和爱国情怀的公民，为社会主义现代化建设培养可堪大用、能担重任的栋梁之材。

大中小学思政课一体化建设，旨在构建一个连贯、有序且富有成效的思想政治教育工作体系，形成纵向上各学段主线贯穿、有序递进，横向上各类课程同向同行、功能互补的大思政育人格局。具体来说，小学阶段重在启蒙道德情感，引导学生形成良好的品德和行为习惯；中学阶段要增强学生的国家意识和法治观念，培养其社会责任感和担当精神；大学阶段则要进一步提升学生的政治素养和理论水平，使其能够运用马克思主义的立场、观点和方法分析解决问题，成为有理想、有本领、有担当的时代新人。

随着教育改革的不断深化，国家在政策层面对大中小学思政课一体化建设给予了高度重视。然而，在实际的大中小学思政课一体化建设中，各学段教材、教研融通还处于起步阶段，课程内容的重复与脱节、教学方法的单一与不适配等问题，严重影响了大中小学思政课一体化建设的效果和质量。

本书深入剖析大中小学思政课一体化建设的理论基础与现实需求，系统梳理国内外相关成功经验和典型案例，旨在为广大读者提供具有针对性和可

---

① 翁铁慧．深入推进大中小学思想政治教育一体化建设[N]．人民日报，2024-07-22（9）．

操作性的大中小学思政课一体化建设策略与方案。

本书共六章。第一章是大中小学思政课一体化建设的前提论证部分，明确了这一建设工作的理论基础、价值意蕴和基本内容，为后续的探讨奠定了坚实的基础。在明确了前提论证的基础上，进一步深入学理阐释的层面。第二章的内容是大中小学思政课一体化建设的学理阐释，深入探讨了整体内容确立的价值逻辑、各学段有效衔接的基本方法以及一体化建设的主要原则，从学理层面进行了深入剖析。第三章是大中小学思政课一体化建设的历史回顾部分，梳理了其发展历程、主要成就和基本经验，让我们在历史的脉络中找寻到前进的方向。第四章针对大中小学思政课一体化建设的现状考察，通过翔实的问卷设计和调查，对当前的教学目标、教学内容、教师队伍、教学方法和教学评价等方面进行了全面分析，揭示了存在的问题。针对这些问题，第五章从教学内容与方法的脱节、师资力量配置的不均衡、学生互动交流的不主动、教材内容更新的不及时以及评价体制机制的单一性等方面进行了深入探讨。最后，在大中小学思政课一体化建设的优化路径一章中，提出了教学理念更新、教学方式革新、教材内容翻新、师资队伍焕新以及评价机制创新等具体的解决方案。

本书深入各学段育人评价标准的基础，打破传统评价模式，坚持定量和定性评价相结合，构建了全新的大中小学思政课一体化建设评价指标体系，切实体现“教学优先”的评价导向；提出了基于跨学科融合的大中小学思政课一体化教学新模式，拓展了大中小学思政课一体化教学的思路和方法。

展望未来,大中小学思政课一体化建设充满着无限的可能和广阔的前景。随着社会的进步和教育理念的不断更新，我们有理由相信，未来的大中小学思政课一体化建设将更加注重以学生为中心，充分尊重每个学段学生的身心发展特点和认知规律,因材施教,让思想政治教育真正走进学生的内心世界。同时，教育技术的飞速发展也将为大中小学思政课一体化建设注入强大的动力。虚拟现实、人工智能等新兴技术的应用，将为学生打造更加沉浸式、互动式的学习体验，让思政课理论变得更加生动有趣、易于理解。此外，跨学科融合的趋势将进一步加强，思政课将与其他学科深度融合，形成全方位、多角度的育人合力。在全球视野下，大中小学思政课一体化建设还将积极吸收国际先进的教育理念和方法，不断丰富和完善自身，培养具有国际视野和全球担当的新时代人才。

在多年的大中小学思政课教学与研究中，我们亲身感受到了这一工作的重要性和复杂性。我们曾目睹学生因学段衔接不畅而产生困惑，也曾为寻找有效的教学方法而不断尝试和摸索。正是这些经历，让我们更加坚定了深入研究大中小学思政课一体化建设的决心，也让我们对这一领域的未来充满了期待。

通过本书，我们希望能为广大教育领域的研究者、教育行政人员、大中小学思政课教师以及关注教育改革和思想政治教育发展的相关人士提供有益的参考和启示，共同奏响思政育人“协奏曲”，推动大中小学思政课一体化建设迈上新的台阶，为加快建设教育强国注入新动能、塑造新优势。

编写组

2024 年 3 月

CONTENTS 目 录

# 绪 论

党的二十大报告指出，要“用社会主义核心价值观铸魂育人，完善思想政治工作体系，推进大中小学思想政治教育一体化建设”[①]。这充分凸显了党对大中小学思想政治教育的高度重视和极大关注，更进一步表明了对培养新时代社会主义建设者和接班人的坚定承诺。党的十八大以来，习近平总书记在不同场合对大中小学思想政治教育一体化建设发表了重要论述，提出了重要指导意见和要求。2019 年 3 月 18 日，在学校思政课教师座谈会（以下简称“3·18 讲话”）上，习近平总书记明确指出，“要把统筹推进大中小学思政课一体化建设作为一项重要工程”“在大中小学循序渐进、螺旋上升地开设思政课非常必要，是培养一代又一代社会主义建设者和接班人的重要保障”[②]。2022 年 4 月 25 日，习近平总书记在中国人民大学考察时的讲话中特别强调：“鼓励各地高校积极开展与中小学思政课共建，共同推动大中小学思政课一体化建设。”[③]这些都为统筹推进大中小学思政课一体化建设，切实发挥思政课立德树人关键课程作用，全面增强育人效果指明了新的航向，注入了新的活力。同时，也为学术界深入研究大中小学思政课一体化建设提出了根本要求和基本遵循。

---

① 习近平. 高举中国特色社会主义伟大旗帜为全面建设社会主义现代化国家而团结奋斗——在中国共产党第二十次全国代表大会上的报告[M]. 北京：人民出版社，2022：44.

② 习近平. 思政课是落实立德树人根本任务的关键课程[M]. 北京：人民出版社，2020：6-27.

③ 坚持党的领导传承红色基因扎根中国大地走出一条建设中国特色世界一流大学新路[N]. 人民日报，2022-04-26（1）.

## 一、选题缘由及研究意义

### （一）选题缘由

思政政治理论课（以下简称“思政课”）是塑造人格、培养德才并重的人才、实现人全面发展的关键课程，也是落实立德树人根本任务的核心课程。它旨在培养学生的思想道德素质和政治素养，引导学生树立正确的世界观、人生观和价值观（以下简称“三观”），直接关系到能否成功地实现立德树人的任务目标。如果思政课的教育效果不佳，学生就难以树立正确的“三观”，难以成为德才兼备的人才，也难以实现自身的全面发展。因此，必须重视和加强思政课的建设、改革，使其更加符合时代发展的需要和学生的实际需求。当前，我国教育已进入全新阶段。在此背景下，思想政治教育一体化尤为关键，特别是其中占据核心地位的思政课一体化。它不仅有利于创新思想政治教育工作和改革国家人才培养体系，更是推动人的全面发展的关键要素。为了更好地推进大中小学思政课一体化建设，思想政治教育工作者需以整体和发展的视角审视各学段思想政治教育的特点以及学生思想成长的规律。既要关注各学段之间的整体连贯性，也要正视其阶段性差异。既要横向到边覆盖教育各学段，也要纵向到底覆盖学生各阶段。只有这样，才能更好地把握大中小学思政课一体化建设的内在统一性，强化各学段思政课的“守责”意识。

通过对我国思政课建设历程的回溯，可以清楚地发现，思政课一体化建设的倡议，正是针对大学与中学思政课内容重复的现象而提出的。1979 年，教育部在《高等学校政治理论课的基本情况和存在问题》报告中，已经注意到高校党史课与中学历史课的重复问题，并明确提出要“解决大、中学校政治理论课的分工和衔接问题”[①]。这一具有前瞻性的决策不仅在当时具有重要的意义，而且在现今依然影响深远。它使得思政课的一体化建设从此成为思想政治教育领域内的重要研究课题。1994 年《中共中央关于进一步加强和改进学校德育工作的若干意见》要求，“科学地规划各教育阶段的具体内容……防止简单重复或脱节”[②]。进入 21 世纪，教育部在 2005 年《关于整体规划大

① 普通高校思想政治理论课文献选编（1949—2006）[Z]. 北京：中国人民大学出版社，2007：76.

② 中共中央关于进一步加强和改进学校德育工作的若干意见[J]. 人民教育，1994（10）：3-5，11.

中小学德育体系的意见》中针对内容重复、脱节问题，进一步明确说明了大中小学德育各阶段的具体内容，及“纵向衔接、横向贯通、螺旋上升”[①]的根本要求。自此，学校德育的整体规划被首次提及，国家也始终持续深入从理论和实践层面对其进行研究探索，从未停止。为了更好地适应时代发展的需要，国家对德育的要求和目标进行了持续的调整和完善。这种调整不仅基于深入的研究，还紧密结合国家发展的实际需求，旨在培养具备高尚道德品质的人才，为社会的进步和发展作出贡献。2010 年制定出台《国家中长期教育改革和发展规划纲要（2010—2020 年）》，提出“构建大中小学有效衔接的德育体系”[②]，以探索不同教育阶段的内在联系，并寻求有效的衔接方式。进入新时代，党和国家对思政课的重视程度达到了前所未有的高度。不仅有习近平总书记对大中小学思政课一体化建设作出的一系列重要讲话，还有国家层面相继制定并出台的一系列相关政策。2017 年中共中央办公厅、国务院办公厅印发《关于深化教育体制机制改革的意见》强调要“构建以社会主义核心价值观为引领的大中小幼一体化德育体系”并从目标、内容、途径、方法等方面明确了衔接机制的内在关键点。2019 年“3·18 讲话”首次正式拉开大中小学思政课一体化建设序幕。同年 8 月，中共中央办公厅、国务院办公厅印发的《关于深化新时代学校思想政治理论课改革创新的若干意见》中提出“统筹大中小学思政课一体化建设”“在大中小学循序渐进、螺旋上升地开设思政课”[③]。2020 年 12 月，中共中央宣传部、教育部印发《新时代学校思想政治理论课改革创新实施方案》把“推进一体化”作为四个基本要求之一，强调“按照循序渐进、螺旋上升的原则，立足于思政课的政治性属性，对大中小学思政课课程目标进行一体化设计”[④]。2022 年 12 月，教育部办公厅发布《关于开展大中小学思政课一体化共同体建设的通知》，对统筹推进共同体建设提出四项工作要求。综上所述，自 20 世纪 80 年代初起，我国就致力于德育一体化的理论研究与实践。这一理论联系实际的过程，不仅在深

---

① 教育部关于整体规划大中小学德育体系的意见[Z]. 中华人民共和国教育部公报，2005.

② 国家中长期教育改革和发展规划纲要（2010—2020 年）[EB/OL].（2010-07-29）. https://www.gov.cn/jrzg/2010-07/29/content_1667143. htm.

③ 关于深化新时代学校思想政治理论课改革创新的若干意见[M]. 北京：人民出版社，2019：4.

④ 中共中央宣传部教育部关于印发《新时代学校思想政治理论课改革创新实施方案》的通知[EB/OL].（2020-12-18）[2023-03-10]. http：//www. gov. cn/gongbao/content/2021/content_5595931. htm.

化德育理论深度的同时，为大中小学思政课一体化建设提供了坚实的基石，也使得思想政治教育更加系统化、科学化。思政课是立德树人的关键核心课程，实现德育一体化向思政课一体化的转变，充分说明了思政课在思想政治教育工作中的基础性支撑作用，充分体现了思想政治教育研究在理论和思想层面深度、广度、高度的质的提升，充分彰显了党和国家对青少年思想政治教育给予的高度重视和新时代中国特色社会主义事业对人才培养的更高要求。这一转变旨在培养他们具备更加高尚、全面、深厚的思想政治素养，为国家和社会的未来发展提供可靠的人才保障。此外，在党的正确引领下，大中小学思政课一体化建设克服了种种困难，步伐愈发坚定有力，统筹推进大中小学思政课建设一体化的发展态势将继续拓宽，并展现出更加广阔的发展前景。

关于大中小学思政课一体化建设问题，学界近年来进行了广泛而深入的研究，取得了较为丰硕的成果。同时，也不难发现，这些成果在时间关联度上，往往伴生于教育部和各地教育部门推出的政策措施，以及各级各类学校的实践探索。由此，作为一个庞大且复杂的工程，大中小学思政课一体化建设不可能一蹴而就，需要不断进行理论创新和实践探索，以适应时代的发展。2020 年，教育部成立大中小学思政课一体化建设指导委员会，各级地方归口部门也相继成立对应的指导小组（或中心）。经过长时间的实践，我国大中小学思政课一体化建设在理论和实践方面取得了重大成果，基本制度已经确立，教育基地已经建立，共同体建设工作正在逐步推进。2022 年 3 月 17 日，教育部就三年以来教育系统为贯彻落实“3·18”座谈会精神所取得的工作成效进行了总结，着重指出“大中小学思政课一体化建设亟需深化”[①]的现实。换句话说，尽管党的十八大以来，大中小学思政课一体化建设取得突出成效，但也存在着亟待解决的系列难点、堵点问题。如在教材建设方面，各学段教材内容重复交叉问题较为突出，整合不严密，衔接不精准，未做到螺旋上升。这表明教材之间需要进一步强化整体规划和协调。进一步而言，就是要着重解决各学段思政课不同层次和属性内容之间的内在联系的问题，确保它们之间形成有机的统一。在具体操作层面，各地方和各级各类学校对其在大中小学思政课一体化建设实践经验的理论升华着力较弱，这在一定程度上制约了大中小学思政课一体化建设工作的进展。同时也面临着思政课课程标准、课

① 全面推进“大思政课”建设的工作方案[EB/OL].（2022-08-10）[2023-03-10]. http://www. moe. gov. cn/srcsite/A13/moe_772/202208/t20220818_653672. html.

程内容、课程教学、教材编写等“一体化”建设过程中存在的机制运行挑战，诸如思政课建设如何沟通的问题、如何融合的问题等。换句话说，就是如何打破思政课各学段壁垒的现实挑战。然而，这些都依赖于与之相符合的对应机制构建。对此，尚未真正形成的机制，也是大中小学思政课一体化建设需要面对的挑战。质言之，大中小学思政课一体化建设是一个长期且艰巨的任务。在实施过程中，应关注各学段思政课程的顺畅衔接，确保其符合“螺旋式上升、波浪式前进”的发展原则，并最终形成一个紧密的育人共同体。从学术研究领域来看，以关键词“大中小学思政课一体化”、来源类别以北大核心和 CSSCI 为检索条件（文献截至 2023 年 12 月 31 日），在 CNKI 上反馈结果为学术期刊论文共计 384 条，2019 年 10 条，2020 年 59 条，2021 年 103 条，2022 年 114 条，2023 年 98 条。数据表明，党和国家对思政课的重视与学术界对“大中小学思政课一体化”的理论深化不足形成了鲜明对比，其研究相对较为薄弱。这与大中小学思政课一体化建设在整个思政课体系中的重要地位不太相符。总而言之，大中小学思政课一体化的理论与实践任重道远。不仅需要加强顶层设计，还需要加强对诸如思政课内容一体化建设等的具体微观层面的研究，并采取切实有效的措施，确保大中小学思政课一体化建设取得实质性进展。

### （二）研究意义

加强对思政课一体化建设的研究，是当前教育领域的重要课题，是提高思政课教学实效、促进思政课体系科学发展的重要途径。在整合各学段教学资源和力量的基础上，通过理念更新、方式革新、教材翻新、队伍焕新、评价创新等措施，可以更好地发挥学校思政课的整体育人功能，培养德智体美劳全面发展的优秀人才。同时，这一研究还有助于丰富思想政治教育学科的理论研究，推动学科的深入发展。

#### 1. 理论意义

其一，深入思政课体系基础理论研究。对“一体化”建设的基本概念、必要性以及所期望的建设方向等问题进行了明确的回答，“思政课一体化”的相关基础理论研究得到了极大的充实。同时，以“历史观+宽视野”审视大中小学思政课一体化的历史发展纵深，探寻其从德育单一维度向更为全面、深入的思政课转变的理论深度，以及由早期整体规划，逐步演变为一整套紧密相连、相互协调的“一体化”的实践广度。换言之，全面推进大中小学思政课一体化建设研究，必须要对其历史进行总结，对其现实进行考察，并在此基础上对其未来进行预见和探索。最终，为构建具有中国特色的“思政课一体化”理论体系提供重要的理论支撑。

其二，促进思政课体系的科学发展。思政课作为思想政治教育的重要组成部分，其理论与实践的结合尤为重要。这就需要加深研究各学段思政课的内在联系和规律，使之与学生的心理和认知发展相一致，从而推动思政课体系的改革和创新。也就是说，需要研究如何把脉各学段思想政治教育目标设定同学生心理认知发展规律的共同点、交叉点，从而构建出更加符合学生成长需求的思政课体系。特别是，在“一体化”建设中，需要对学段划分、学段分离以及学段贯通的具体问题展开深入探讨，包括学段划分的依据、学段分离的现状及其原因和消极影响。此外，应从课程目标、课程内容等方面，积极探索有效的衔接策略，以完善思政课教学体系。这些举措不仅有助于提高思政课的教学质量，还有助于提升思想政治教育学科的理论水平，为解决大中小学思政课一体化建设中面临的现实性问题提供理论借鉴、理论支撑和理论创新。

其三，拓展思想政治教育视野。思想政治教育作为塑造个体道德品质的重要手段，需要不断适应时代发展变化，不断地进行创新和改革，以拓宽其视野。而人的道德品质形成是一个复杂的过程，需要经过长时间的积累和沉淀，并非一蹴而就。这个过程遵循着由知到行、由浅而深、循序渐进的辩证发展规律。因此，从小学到大学，思政课应该是一个循序渐进、不断深化、不可分割的课程共同体，以确保学生在不同的教育阶段都能得到合适的思想政治教育。而“一体化”教育理念下，思政课不再是孤立的课程，而是与其他学科相互渗透、相互融合，从小学到大学闭合衔接，共同助力学生全面发展。总之，研究从理念更新、方式革新、教材翻新、队伍焕新、评价创新等方面全面探索了大中小学思政课一体化建设，为实现思想政治教育的系统化、科学化和实效化拓展了视野。

2. 实践意义

其一，立德树人：增强思想政治教育的实效性。立德树人是教育的根本任务，是增强思想政治教育的实效性和高质量发展的核心目标，而大中小学思政课一体化建设则是实现这一目标的重要途径。大中小学思政课一体化建设旨在打破传统的教学壁垒，实现各学段之间的有效衔接，确保思想政治教育能够贯穿学生的整个学习生涯。对此，作为一项系统工程，大中小学思政课一体化建设需要从教学理念、教学方法、课程教材、师生主体、评价机制等多个维度进行全面考量、综合施策，具体抓好教学理念更新、教学方式革新、教学内容翻新、师资队伍焕新、评价机制创新等优化措施。诸如，翻新教材内容，要确保与现代教育需求同步，与时事融合，利用科技与媒体资源增强互动性，并融入国际化视角和传统与现代价值观。总之，通过这些优化路径的实施，推进大中小学思政课程的有效衔接，提升思政课的课堂效果，推动思想政治教育的育人实效和高质量发展，从而更好地实现“立德树人”的根本任务。

其二，服务学生：提供满足其各学段成长需求的理论支持。以服务学生为核心，积极思考并提供满足大中小学学生成长需求的理论支持。为增强教育效果，必须遵循各学段学生认知发展的特定规律，根据学生的发展阶段提供相应的教育内容和模式。随着教育改革的深入推进，大中小学思政课一体化建设成为关注的焦点。内容衔接是思政课一体化建设的重点。为了实现各学段教学内容的有机衔接，应遵循循序渐进的原则，根据学生认知发展规律设计教学内容。例如，小学阶段的思政课可以以生活常识和基础道德规范为主要内容；中学阶段可逐步引入国家政治制度、法律常识等方面的知识；大学阶段则可以进一步深化对中国特色社会主义理论体系的学习。通过这种方式，可以确保学生在不同学段都能获得连贯、系统的思想政治教育，树立坚定的理想信念，确立正确的政治信仰。

其三，作用长效：发挥思政课“关键课程”和“主渠道”的作用。要充分发挥思政课作为“关键课程”和“主渠道”的重要作用，必须深入研究并切实推进思政课的大中小学一体化建设。而思政课不仅传授马克思主义理论知识，更注重培养学生的思想品质、道德素养和社会责任感，为他们的成长和发展提供坚实的思想基础和价值导向。换言之，思政课在培养德智体美劳全面发展的社会主义建设人才中，具有不可替代的地位。因此，解决好各学段有效衔接问题，加强学段间思政课程一体化建设，显得尤为重要。要实现这一目标，需要深入研究和科学规划教学内容，确保各个学段的思政课教学能够相互衔接、相互促进。以优化教学方法和评价机制来更好地发挥教学课堂的主渠道作用。同时关注不同学段学生的身心发展特点，根据他们的认知规律和接受能力，有针对性地设计教学内容和方法，以提高教学效果。加强学段间的合作与交流，促进教学资源共享，可借助信息技术手段，通过组织开展教研活动、教学观摩、课程开发等方式，加强教师之间的合作与交流，实现教学资源的高效利用和共享，共同探讨教学问题，分享教学经验。总之，推进思政课的大中小学一体化是发挥思政课重要作用的必然要求，也是培养担当民族复兴大任的时代新人的有力支撑。

## 二、研究思路与研究方法

### （一）研究思路

“前提论证—学理阐释—历史回顾—现状考察—问题存在—根源解析—优化路径”是大中小学思政课一体化建设研究的整体逻辑框架。其总体思路：首先，参考已有文献，开展对大中小学思政课一体化建设的内涵澄明、理论基础、根本遵循、基本内容以及时代意蕴的解读与学理阐释，做好研究的前提论证。其次，将历史与现实相结合，全面系统地回顾大中小学思政课一体化建设的发展历程、主要成就，并形成实践的基本经验。再次，通过实证分析，全面了解当前大中小学思政课一体化建设的现状，找出其建设过程中所存在的问题并对这些问题进行根源解析。最后，多维度分析大中小学思政课一体化建设的问题及其根源，并探索符合新时代大中小学思政课一体化建设的优化路径。

第一步，解决“何以为之”的问题。在开展大中小学思政课一体化建设研究之前，首先需要深入地梳理和分析其学术史。这是因为，任何科学研究都需要基于前人的工作，只有这样才能够站在巨人的肩膀上看问题，从而更好地推动研究的进展。因此，将已有的相关研究成果作为开展这一研究的基础，可以确保大中小学思政课一体化建设研究工作建立在科学、严谨、可靠的基础之上。这样不仅可以避免重复研究，提高研究效率，而且可以为实际的大中小学思政课一体化建设改革提供有力的理论支撑和实践指导。通过理性地梳理和分析现有研究成果，既能全面了解当前的研究现状和发展趋势，又能明确当前研究的热点和难点，发现研究的空白点和创新点。这可以为研究的后续深入开展提供有益的启示和借鉴。

第二步，解决“何以可能”的问题。在实施大中小学思政课一体化建设的过程中，首先需要对其进行概念阐释，或者说深入解读其内涵。同时，全面地探讨和论证大中小学思政课一体化建设的理论基础、根本遵循、基本内容，以解决其“何以可能”的问题，即明确大中小学思政课一体化建设的理论依据。同时，还需对思政课一体化建设的意义进行深入追问，以阐明研究的价值所在。只有经过这样的前提性论证，才能确保研究的科学性和合理性。在此基础之上，进一步从大中小学思政课一体化建设的学理依据、整体规划的依据、基本内容三个方面对其开展学理阐释。对于大中小学思政课一体化建设来说，学理阐释是至关重要的，它能够为该领域提供清晰的理论框架和实践指导。

第三步，解决“为之何源”的问题。在完成对大中小学思政课一体化建设的前提论证和学理阐释后，接下来应该全面系统地回顾其历史发展过程。大中小学思政课一体化建设的发展是一个遵循历史发展客观规律而不断演进的历史过程，因此，以历史的视角来审视和考察大中小学思政课一体化建设的发展轨迹是其研究的必然要求。一般而言，在不同的历史阶段，思政课的内容、形式和教学方法都有所不同，这就需要去深入研究各个历史时期的特点和背景，以了解思政课发展的历史背景和原因。只有这样，才能真正把握大中小学思政课一体化建设发展的历史逻辑和内在规律，才能更好地把握当前思政课一体化建设的方向和目标。对此，通过这种历史的认识和考察，能够清晰地把握大中小学思政课一体化建设发展的历史脉络，概括和归纳所取得的主要成就，以及总结形成建设的基本经验。

第四步，在掌握了当前大中小学思政课一体化建设的现状之后，需要通过实证分析来深入探讨存在的问题，并探究其根源。首先收集大量的数据和资料，包括大中小学思政课的教学目标、教材内容、教师队伍、教学方法、评价反馈等方面的信息。这些数据和资料可以通过问卷调查、实地考察、访谈等方式获得。通过对这些数据的分析和比较，发现大中小学思政课一体化建设中存在的问题和不足之处。据此，从多个角度进行思考和分析，包括教育政策、教育资源、教学模式、时代互动、教师素质、学生需求等方面的因素。同时，考虑不同地区、不同学校之间的差异和特点，以便更好地理解问题的本质和根源。

第五步，解决“怎样为之”的问题。结合存在问题、根源解析的探究基础上，具体提出大中小学思政课一体化建设的实践理路。这一实践理路贯穿的主线是以党和国家关于大中小学思政课体化建设的顶层设计为根本遵循。从“为谁培养人”“培养什么样的人”“谁来培养人”和“怎样培养人”四个方面，深入思考当前大中小学思政课一体化建设的工作重点、实施方式以及长远发展。同时，紧密结合当前大中小学思政课一体化建设实际情况，借鉴和吸取各地和各学校在实践中积累的宝贵经验，从教学理念更新、教学方式革新、教材内容翻新、师资队伍焕新、评价机制创新五个具体层面，提出切实可行的优化路径。

### （二）研究方法

研究方法的正确与否关系着研究结果的科学与否，是至关重要的。研究大中小学思政课一体化的问题主要运用文献研究法、系统研究法、实证分析法和学科交叉研究法进行研究。这样的研究方法既注重理论探究，又注重实际调查和数据分析，能够更加全面、系统地探索大中小学思政课一体化建设的内在规律和实现路径。

1. 文献研究法

开展大中小学思政课一体化建设研究，首先要更好地了解大中小学思政课一体化建设的历史背景和发展历程，这就必须深入挖掘思政课建设史上的文献资料，必须对已有研究有深入了解和准确把握。因此，收集、整理和分析相关文献资料，全面梳理当前的研究进展及存在的问题显得尤为必要。而在此基础上，就大中小学思政课一体化建设的内涵进行科学论证，也需要对一体化概念的历史演变进行深入研究，系统整理、分析、综合学术界目前的研究成果是其必要之举。综上所述，文献研究法是开展大中小学思政课一体化建设研究的重要方法之一。

2. 系统研究法

在学术研究中，系统研究法占据着至关重要的地位。该方法主张运用全面、系统的视角去探究问题，这为研究的开展提供了全新的思路。大中小学思政课一体化建设的核心是“思政课”，并从“一体化”的研究视角切入。为此，必然要求通过深入探究系统与要素、系统与环境、要素与要素、结构与功能之间的相互关系、相互作用和相互制约，对大学、中学和小学各个学段的思政课进行全面的考察和辩证分析。进而在整体性、全局性和系统性的角度下，推进大中小学思政课程的一体化建设研究。

3. 实证分析法

实证分析是考察大中小学思政课一体化建设现状的一个关键维度。大中小学思政课一体化建设是一项涉及教学理念更新、教学方式革新、教学内容衔接、教师队伍整合、教学评价完善、资源整合共享等系统要素、结构层次的综合性、多元化的复杂工程。在对大中小学思政课一体化建设研究的过程中，就需要采用实证的分析方法，对其系统要素、结构层次等横向、纵向实际进行问卷调查、田野调查等实证研究，以全面了解和掌握具体现状、存在问题，并深度挖掘和详尽探讨大中小学思政课一体化建设存在的问题根源，以确保研究所提出的实践理路具有可行性和有效性、时效性和针对性。

4. 学科交叉研究法

大中小学思政课一体化建设是一项关涉多学科领域的综合性、多元化的复杂工程。这不仅需要从教育学、心理学、管理学和马克思主义哲学等视角切入，还需要深入研究马克思主义理论和方法，以及思想政治教育的理论方法。同时，也需要借鉴其他相关学科的研究视角和方法。在研究不同学段差异时，要依据学生身心发展的心理规律和道德认知发展的伦理学理论进行比较研究。在构建课程目标时，要参考生态学中的整体、系统和联系等概念。这种跨学科的研究方法可以提供更全面、更丰富和更立体的视角，以深入理解和探究大中小学思政课一体化这一重要的理论与实践问题。通过引入这种学科交叉的研究视角，可以提高研究成果的科学性、多样性和创新性，从而更好地推动大中小学思政课一体化建设的进程。

## 三、研究现状

### （一）研究总体趋势

在思想政治教育学科中，“思政课一体化”的理论研究占据着至关重要的地位。随着该学科科学化和学科化进程的推进，这一理论研究也在不断深入发展。在过去的五年里，以“大中小学思政课一体化建设”为核心主题的学术研究已成为备受瞩目的热点议题。自党的十八大以来，以习近平同志为核心的党中央对这一议题给予了高度重视。特别是在2019年《关于深化新时代学校思想政治理论课改革创新的若干意见》出台后，相关领域的发文量呈现出快速增长的趋势。以知网CNKI为数据来源，以关键词“大中小学思政课一体化”、来源类别为北大核心和CSSCI为检索条件（文献截至2023年12月31日），在CNKI上反馈结果为学术期刊论文共计384条，2019年10条，2020年59条，2021年103条，2022年114条，2023年98条。对这384篇文献进行可视化数据分析，可以洞悉这一研究领域的重要特性。该研究领域主要的研究焦点集中于实现思政课课程内容的一体化、教学的一体化以及教师的一体化建设，并呈现出多元化、系统化的研究趋势。而且，高等学校的马克思主义学院的学者在研究中占据主导地位。另外，论文的质量普遍较高，为深入探索大中小学思政课一体化建设的演进路径与阶段性特征提供了坚实的支撑，但成果数量整体偏少。

## （二）研究现状综述

经初步分析研究的总体趋势后，大中小学思政课一体化建设还需要进一步深入到具体层面，探讨其研究现状。目前，学术界在大中小学思政课一体化建设科学内涵、价值意蕴、历史回顾、要素结构、理念思维、问题困境、规律机制、理论机理、实践路径九个方面作了深入探讨，这些都为研究的继续推进提供了宝贵的借鉴、参考。

### 1. 在大中小学思政课一体化科学内涵研究方面

思政课一体化问题研究的第一步就是要明确概念、明确内涵，通过对其的梳理，发现学者们对思政课一体化内涵的探讨，主要从以下两方面展开。一是从德育课程一体化作为德育一体化构成要素切入，视德育一体化为大中小学思政课一体化的德育形态。同时，学者指出狭义的思政课一体化，主要指思政课各学段纵向的一体化；广义的思政课一体化则从思政课课程资源的角度讲，包括家庭、学校、社会横向的一体化。①张益、罗艺（2016）在《大中小学德育一体化探析》一书中，主要从科学化、法制化、数字化、生态化、实践化五个方面诠释德育内容一体化的内涵。②汤玉华（2017）则将大中小学德育课程内容一体化在德育学科视域下，界定为德育课程内容各组成要素和各结构层次间的整体设计。③张志勇、赵福庆（2019）的《中小学德育一体化原理》，虽未专门着力阐释其本质内涵，但间接性地从新理念、新策略、新机制等方面描述了相应的内涵形态特征。二是从大中小学思政课一体化的普适性概念生发。其基本范式可归纳为"'一体化'概念—'思政课'内涵—大中小学思政课（内容）一体化'概念"。王立仁、白和明（2019）提出，大中小学思政课内容一体化建设是"在整体布局和部分安排上，实现由低向高的循序渐进和螺旋上升"的建设过程。④马宝娟、张婷婷（2020）指出，中小学和高校不同学段思政课的有效衔接、有机结合就是大中小学思政课一体

① 石书臣. 关于大中小学思想政治理论课教师队伍一体化建设的思考[J]. 思想理论教育，2019（11）：17-22.

② 张益，罗艺. 大中小学德育一体化探析[M]. 上海：上海书店出版社，2016：78.

③ 汤玉华. 大中小学德育课程内容一体化建设思考[J]. 教育评论，2017（10）：106-109.

④ 王立仁，白和明. 关于大中小学思想政治理论课课程内容一体化建设的构想[J]. 思想理论教育，2019（11）：11-16.

化。[①]卢黎歌、耶旭妍等（2020）认为，思政课一体化是依据立德树人根本任务总体设计安排，合理布局、科学分工大中小学的思政课内容，以实现不同学习阶段之间的顺序性、连贯性、衔接性的有机整体过程。[②]文天天、陈大文（2021）认为，大中小思政课一体化建设是在整体规划与建构学校德育体系和德育课程的基础上，遵循教育教学规律，根据学生的身心接受机理，在各个学段进行纵向衔接、横向贯通的整体构架，具有衔接性与贯通性等内在特征。[③]李爱琴、师海娟（2023）认为，思政课的多主体通过教育网络链接、跨界互动交流和资源整合共享而共同创造大中小学不同学段思想政治教育价值的动态过程，就是大中小学思政课一体化。[④]整体而言，以上两个层面都从不同视角深化和充实了大中小学思政课一体化建设的内涵。然而，以“一体化”为视角来探讨大中小学思政课一体化建设内涵的研究还比较少，且研究深度还不够，这为未来的研究提供了一个新的方向和空间。

2. 在大中小学思政课一体化价值意蕴研究方面

在新时代，思政课一体化建设是一项非常有意义的工作，其目的在于为思政课带来更多的创新与发展，这一举措让思政课能够更好地适应学生的学习需要，从而让学习效果得到更大的提升，让学习兴趣得到进一步的加强，从而推动思政课教学质量的提高。目前已有的研究成果，主要从两个方面进行探讨。一是承担教育使命，引领提升学生认知能力和形成正确的价值观，践行为党育人、为国育才。在李伟（2020）看来，思政课一体化建设被视为培养社会主义建设者和接班人的必然要求，它不仅是推动思政课向更深层次发展的重中之重，而且也是确保思政课在课程体系中始终发挥其政治引领和价值引领作用的强劲动力。[⑤]冯刚、徐文倩（2020）强调了新时代大中小学思想政治教育一体化建设对学生进行整体性培养的重要性。他们认为，这种培

① 马宝娟，张婷婷．大中小学思政课一体化：问题与对策[J]．思想政治课教学，2020（2）：4-8.

② 卢黎歌，耶旭妍，王世娟，等．统筹推进大中小学思政课一体化建设研究——学习习近平总书记在学校思想政治理论课教师座谈会上的重要讲话精神笔谈[J]．北京工业大学学报（社会科学版），2020，20（1）：9-12.

③ 文天天，陈大文．论大中小学思政课一体化的由来、科学内涵与基本要求[J]．学校党建与思想教育，2021（7）：68-71.

④ 李爱琴，师海娟．大中小学思政课一体化的价值共创[J]．思想政治课教学，2023（11）：17-20.

⑤ 李伟．大中小学思政课一体化建设的逻辑理路[J]．河南社会科学，2020，28（8）：119-124.

养方式能够产生“1+1+1＞3”的效果，即通过连续和连贯的教育，能够稳定地塑造青少年的政治人格并培养他们高尚的道德品质。①陈森霖、袁媛（2020）认为，实现大中小学思政课的一体化统筹是培养和践行立德树人根本任务的关键途径。这一思路旨在落实思想政治学科的核心素养教育，推动以人为本的素质教育，并整合思想政治课程资源。②张红飞（2022）认为，推进大中小学思政课一体化建设具有落实立德树人根本任务，推进和实现思政课螺旋式上升、内涵式发展，推动马克思主义理论学科发展的重要时代价值。③二是从必要性、内在要求等方面论证大中小学思政课一体化的有机衔接价值。万美容、陈迪明（2020）认为，大中小学思政课有机衔接对人的思想品德形成发展规律的遵循、教学目标层次性的要求、教学内容系统性的体现具有重要价值。④卢黎歌、耶旭妍等（2020）指出，思政课一体化建设是基于贯彻党的教育方针、提高思政课效能、遵循学生成长规律的必然选择，这也是思政课一体化有机衔接的必要所在。⑤漆新贵、漆沫沙（2022）认为，推进大中小学思政课一体化建设，是打造新时代高质量思政课程的内在要求、提升大中小学立德树人成效的现实需要、解决其他科目学段衔接问题的先行探索。⑥刘智、张超然（2022）认为，大中小学思政课一体化建设，对思政课立德树人根本任务的有效落实、一体化课程目标的价值引领、一体化课程内容的有效衔接以及思政课教师一体化交流平台的建设具有重要价值。⑦王锋（2022）认为，大中小学思政课一体化建设是解决我国大中小学各学段思政教育人为分离问题的有效关键所在，同时也是“构建服务全民终身学习的教育体系”的重要

① 冯刚，徐文倩．把握新时代大中小学思想政治教育一体化建设内在规律[J]．中国高等教育，2020（2）：17-19.

② 陈森霖，袁媛．统筹大中小学思政课一体化建设的价值意蕴、范式转向和实践路径[J]．高校辅导员学刊，2020（2）：46.

③ 张红飞．大中小学思政课一体化建设的时代价值、理论逻辑和实践路径[J]．淮北师范大学学报（哲学社会科学版），2022（5）：100-105.

④ 万美容，陈迪明．大中小学思政课一体化建设的核心要素[J]．北京工业大学学报（社会科学版），2020（1）：17-19.

⑤ 卢黎歌，耶旭妍，王世娟，等．统筹推进大中小学思政课一体化建设研究——学习习近平总书记在学校思想政治理论课教师座谈会上的重要讲话精神笔谈[J]．北京工业大学学报（社会科学版），2020，20（1）：9-12.

⑥ 漆新贵，漆沫沙．论推进大中小学思政课一体化建设[J]．中学政治教学参考，2022（28）：58-61.

⑦ 刘智，张超然．大中小学思政课一体化建设：价值意蕴与实践路径——基于“U-G-S”教师教育模式的视角[J]．现代教育管理，2022（1）：93-100.

环节。[①]陈鹏、刘侣萍（2023）强调，大中小学思政课一体化建设对落实立德树人根本任务的全过程目标、推进思政课程的全方位衔接、突出思政课教师的全员参与等方面具有重要意义。[②]

3. 在大中小学思政课一体化历史回顾研究方面

这部分研究大体体现在以下两个方面：一是对各学段思政课发展历史的研究。张志建（1994）对清末民初、新民主主义革命和社会主义建设三个时期中学思想政治课的发展进行了深入研究，并对其历史演变作了梳理，揭示了不同时期思想政治课发展的特点、问题与挑战。[③]这一研究不仅增进了对中学思想政治课发展历史的理解，而且对于当前思政课的改革与创新具有一定的启示意义。石云霞（2006）的研究中，高校思政课 60 年的发展历程被清晰地划分为六个阶段。同时，揭示了每一阶段思政课中心内容连续演变的内在逻辑，并对高校思政课进行了深入的历史反思。[④]翟楠、薛晓阳（2011）认为，新中国成立以来的小学思想品德课程可划分为：新中国成立后至"文化大革命"前夕的小学德育、"文化大革命"时期的小学德育、1976—1981 年的小学思想品德教育、1981—1997 年的小学品德教育、新课程改革以来的小学品德教育五个历史阶段。[⑤]这对于全面了解我国小学思想品德课程的发展历程，以及未来的发展方向具有重要的参考价值。郭凤志（2019）深入探索了我国高校思政课的发展历程：从新中国成立初期的四门奠基性课程开始，历经"78 方案""85 方案""98 方案""05 方案"四个演变过程。[⑥]二是从一体化视角对大中小学思政课内容建设历史的研究。王立仁、白和明（2019）通过对大中小学思政课一体化五个阶段的历史回顾，指出贯穿一体化建设始终的核心是课程内容，而以往那种从大学角度规划课程内容的做法则明显有悖于思政课内容设置逻辑。[⑦]这为研究大中小学思政课一体化建设提供了别样的逻

① 王锋. 大中小学思政课一体化建设研究[J]. 中国高等教育，2022（2）：35-36.

② 陈鹏，刘侣萍. 大中小学思政课一体化建设的价值意蕴、生成动因与创新展望[J]. 学校党建与思想教育，2023（19）：68-70.

③ 张志建. 中学思想政治课发展史[M]. 北京：北京师范大学出版社. 1994：1-3.

④ 石云霞. 高校思想政治理论课程建设史研究[M]. 武汉：武汉大学出版社，2006：1-8.

⑤ 翟南，薛晓阳. 小学思想品德课程 60 年[M]. 南京：江苏大学出版社，2011：1-3.

⑥ 郭凤志. 高校思想政治理论课程建设研究[M]. 北京：北京师范大学出版社，2019：60-95.

⑦ 王立仁，白和明. 关于大中小学思想政治理论课课程内容一体化建设的构想[J]. 思想理论教育，2019（11）.

辑视角。陈亮、熊翠萍（2021）则对思政课教材一体化建设的政策历史演进进行了探讨，认为其政策整体呈现视野上的局部转向整体、关注点上的教材拓向课标、价值追求上的知识取向转为学生取向、制定主体上的精英主体走向共同体主体的历史演进特点，并可划分为探索期、规范期、革新期三个阶段，并认为这是根据政策制定的。[①]张桐、朱新华（2023）探索了大中小学思政课教材一体化建设改革开放以来政策历史演进的五个阶段——分工与衔接；循序渐进；整体规划；纵向衔接、横向贯通、螺旋上升；一体化建设。[②]

4. 在大中小学思政课一体化要素结构研究方面

学术界主要从微观要素和宏观架构两个方面进行研究论证。就微观要素层面而言，主要存在要素论和体系论两种观点：要素论如郭燕来（2020）阐述了完善思政课一体化建设的四对关系范畴——“整体与局部、渐进与上升、沟通和衔接、立德与树人”[③]。系统论如王立仁（2015）认为，思想政治教育体系涵盖四个重要子体系：“社会的价值体系+社会的规范体系+对象的需要体系+对象的问题体系。”[④]余华、涂雪莲（2019）从教学目标视角切入，构建了初中（“知事”“懂事”“讲文明”）、高中（“知史”“晓义”“识是非”）、大学（“明理”“行道”“铸信念”）的思政课一体化建设有效衔接机理。[⑤]江鸿波、林秋琴（2019）提出，大中小学思政课应循序渐进、螺旋上升地开展，实现“顶层设计规划、教学目标贯通、教材内容衔接、育人主体参与、教育资源供给、师资队伍培养”[⑥]六个方面的一体化，从而做到打破学段壁垒，做好思政课一体化整体性布局。吴宏政、高丹（2021）以目标视角，将大中小学思政课一体化建设目标凝练为教学内容循序渐进与螺旋上升目标、学段知识结构目标、学段认知规律目标、专业课程与思政课程“同向同行”目标四个目标系统，同时在四个目标系统下，分别设置了三到四个

① 陈亮，熊翠萍．我国思想政治理论课教材一体化建设的政策演进与未来展望[J]．现代教育管理，2021（5）：22-29.

② 张桐，朱新华．大中小学思政课教材一体化建设政策历程与发展方向[J]．中学政治教学参考，2023（41）：24-27.

③ 郭燕来．统筹推进思政课一体化建设需要处理好的几对关系[J]．中学政治教学参考，2020（37）：76-77.

④ 王立仁．学生思想政治教育论纲[M]．北京：中国社会科学出版社，2015：69.

⑤ 余华，涂雪莲．关于大中小学思想政治理论课教学有效衔接的思考[J]．思想理论教育，2019（9）：62-67.

⑥ 江鸿波，林秋琴．试论以“六个一体”推进大中小学思政课建设[J]．中国高等教育，2019（19）：46-48.

子目标，初步勾勒出大中小学思政课一体化的大格局。[①]丁义浩、郑若彤（2023）提出，思政课一体化建设的关键在于依靠以教材建设为引领、以教师锻造为基石、以学生成才为目标的“三大要素”系统驱动。[②]雷永强、王子星（2023）以“红歌”为载体，构建了“小学：以乐融情+初中：以乐促知+高中：以乐铸魂”的思政课一体化教学模式。[③]林晓枫、陈晓庆（2023）认为，大中小学思政课一体化建设模式的四大要素为：思政课程“1+N”内循环、课程思政“N+1”外循环、德育活动“学校+家庭+社会”大循环、师资培训“N+n”系列。[④]

就宏观整体架构而言，陈淑清（2020）提出，政治、道德、法治与文化四个要素按照特定的结构相互联系，相互贯通，互相渗透，共同构成了思政课的内容要素。[⑤]姜显臣、范雨婷（2021）提出，大中小学思政课一体化建设的整体架构为整体性设计“因势而新、因时而进、因地制宜的思政课目标体系”、贯通性“构建新时代中国特色的思政课内容体系”、系统性“探索跨学段、跨学科、跨类型的思政课结构体系”[⑥]。贾支正、张钰（2023）对大中小学思政课一体化建设作了系统论建构：各学段思政课程的目标体系、内容体系、教学体系及评价体系是其内部子系统；思政课的教学主体体系、教学对象体系和教学环境体系是其外部子系统构成。[⑦]

### 5. 在大中小学思政课一体化理念思维研究方面

在研究工作中，思维性研究作为对策性研究的方法论指导，发挥着至关重要的作用。两者之间的关系可以被视为宏观方略与具体方法的结合，相互依存，相辅相成。只有深入理解和掌握方法论，才能更有效地运用各种方法，

---

① 吴宏政，高丹. 大中小学思政课一体化建设的目标论要[J]. 东北师大学报（哲学社会科学版），2021（5）：130-136.

② 丁义浩，郑若彤. 以“三大要素”驱动大中小学思政课内容一体化建设[J]. 沈阳师范大学学报（社会科学版），2023（4）：1-8.

③ 雷永强，王子星. 红色经典歌曲活化中小学思政课教学[J]. 思想政治课教学，2023（2）：8-12.

④ 林晓枫，陈晓庆. 大中小学思政课一体化的四要素——以福州三中教育集团思政课一体化实践探索为例[J]. 思想政治课教学，2023（3）：12-15.

⑤ 陈淑清. “大思政”观视域下大中小学思政课教材一体化构建[J]. 思想理论教育导刊，2020（12）：98-101.

⑥ 姜显臣，范雨婷. 新时代大中小学思政课一体化建设的整体架构与实践路径[J]. 现代教育管理，2021（9）：42-48.

⑦ 贾支正，张钰. 系统论视域下大中小学思政课一体化建设探析[J]. 系统科学学报，2023（3）：1-5.

从而在实际应用中实现“1+1＞2”的效果。因此，在进行对策性研究时，应以思维性研究为指导，确保研究工作的科学性和有效性。目前，学术界在一体化建设方面提出了一些基本原则，其中包括科学性原则、问题导向原则等。谢传仓、雷蕾（2021）认为，大中小学思政课一体化建设需要坚持科学的基本导向——以问题导向解决“重复”“断链”“离散”和“乏力”问题；以目标导向明确培养担当民族复兴大任的时代新人的使命；以结果导向确保思政课程得到学生真心喜爱并受益终身。[①]丁义浩、王星儿、王刚（2022）强调，要运用马克思主义基本原理中联系和发展的观点、整体与部分的关系原理、实践的能动本质理论来科学化架设、体系化重塑思政课一体化。[②]此外，学术界已就宏观一体化建设提出了多种构想，为实际操作提供了基本指导方针。石书臣（2022）提出五大总体理念：“思政课共同体”理念、思政课是“关键课程”理念、思政课“一体化建设”理念、思政课建设“内涵式发展”理念、高校“课程思政”理念。[③]郭绍均（2022）则提出以“课程通联、教材贯通、师资组满相通、教学融通、管理畅通”五项理念来引领和推进大中小学思政课一体化建设这一涉及课程、教材、师资、教学、管理五个体系一体化要素的系统工程。[④]沈壮海、刘灿（2023）指出，通过强化“破解难题”“凝聚合力”“共建共享”“品德铸育”四个视野思维，整体审视推进思政课一体化建设。[⑤]

6. 在大中小学思政课一体化问题困境研究方面

目前，学者们针对思政课一体化建设中的问题进行了深入的探究，主要包括整体规划、体制机制、师资队伍以及教育教学等方面。研究主要聚焦于经验性研究，旨在深入探讨如何加强思政课一体化建设以实现思政课的可持续发展。在思政课一体化建设中，若要发现问题，必须进行深入的调查研究。

---

① 谢传仓，雷蕾. 大中小学思政课一体化建设的基本导向[J]. 中学政治教学参考，2021（35）：38-40.

② 丁义浩，王星儿，王刚. 推进大中小学思政课一体化建设的实现路向分析[J]. 中国高等教育，2022（21）：32-34.

③ 石书臣. 推进大中小学思政课一体化建设的理念与路径[J]. 学校党建与思想教育，2022（2）：27-31.

④ 郭绍均. 统筹推进新时代大中小学思政课一体化建设的理念及路径探究[J]. 课程·教材·教法，2022（7）：90-95.

⑤ 沈壮海，刘灿. 多重视野中的大中小学思政课一体化建设及其突破[J]. 马克思主义与现实，2023（2）：121-130.

由于不同地方教育资源分布存在区域差异性，因此具体情况需具体分析。郭亚红、汪璟（2020）采用问卷调查形式对全国城市地区的思政课专职教师和在校大学生进行了抽样调查，数据分析指出："思政课各学段内容的设计与衔接不够合理、缺乏梯度；课堂教学与课外实践的结合频率低，频率和方式存在明显差异；思政课教学与社会协同育人普及程度不高，缺乏支持和保障；思政课专职教师一体化数量不足，参加活动比例不高。"①谭丙华（2021）认为，大中小学思政课教学一体化建设存在教学目标缺乏整体设计、教学内容缺乏系统架构、师资队伍衔接意识不够、统一领导决策体系不健全四大困境。②张志丹（2021）指出，思政课改革发展所面临的困境主要在于"管理体系尚未确立、课程实施力度有待加强、协调机制有待完善、考评体系尚未形成"为表象的一体化思维缺失。③凌小萍（2022）认为，尚待深入人心的课程一体化建设理念、尚待落实到位的课程教育根本目标与阶段性目标、有待加强的课程教材内容衔接性与精准性、一体化程度不高的课程教师队伍建设、存在片面性的课程教育评价标准、创新不足的课程一体化建设制度是大中小学思政课一体化建设实践中的阻碍。④谢春风、殷蕾（2023）透过北京视域下大中小思政课一体化建设的问题调查分析，得出其整体新样态：核心驱动力源于思想引领和政策保障、外部保障在于大学师资到中小学助教支持机制、教学发展内部动力来源于一体化教师研修机制、生动体现在于教师讲述育人故事机制和优秀案例交流机制、智慧活水赖于线上线下教学资源交互共享、新时空开辟得于学校小课堂与社会大课堂有机融合。⑤

### 7. 在大中小学思政课一体化规律机制研究方面

关于大中小学思政课一体化建设的规律机制，目前的研究成果相对较少。然而，随着教育改革的不断深入，越来越多的学者开始关注这一问题，试图

---

① 郭亚红，汪璟．大中小学思政课一体化的现状分析与提升策略[J]．思想政治课教学，2020（9）：87-90．

② 谭丙华．大中小学思政课教学一体化建设的困境与出路[J]．中学政治教学参考，2021（3）：78-79.

③ 张志丹．以一体化思维推进新时代思政课改革[J]．中国高等教育，2021（5）：42-44．

④ 凌小萍．大中小学思政课一体化建设的实践困境与突破路径[J]．贵州师范大学学报（社会科学版），2022（3）：11-20.

⑤ 谢春风，殷蕾．我国大中小学思政课一体化建设新样态的分析与启示[J]．中国教育学刊，2023（4）：38-42.

探索其内在的规律和特点。郑敬斌、李鑫（2019）提出，应当用“领导决策机制一体化、运行整合机制一体化、协调互动机制一体化、考核评价机制一体化”来构建大中小学思政课的管理机制一体化建设。[①]吴宏政（2020）认为，在推进大中小学思政课一体化建设中，价值观教育应遵循不同学段学生的认知规律、教材知识点分布规律、螺旋式上升的知识递进规律以及教育逻辑的统一性规律。这些规律不仅揭示了大中小学价值观教育的内在规律，更是对如何科学地安排和设置思政课内容的具体指导。通过遵循这些规律，能够更好地确保思政课内容在不同学段之间的衔接和递进，从而为学生提供更加系统、连贯和有效的价值观教育。[②]谢峰（2020）强调，全面贯彻执行党的教育方针、思政课课程目标逻辑统一和学生认知规律的教学实效性提升的三大需要是大中小学思政课课程一体化建设的价值逻辑机制构建基点。[③]李梁、刘翔宇（2020）认为，大中小学思政课一体化建设应当建立融合发展机制，协同推进机制，资源共享机制，组织、管理、运行以及评价等保障机制等。[④]聂庆艳、贺俊杰（2021）指出，思政课一体化建设机制包括宣教机制、协同机制、培育机制、资源共享和激励机制。具体来说，就是建设“思政课一体化的社会舆论氛围和提升教师一体化建设意识方面”的思政课宣教机制，建设“相关管理部门、各学段课程目标和思政课教师队伍之间”的思政课协同机制，建设“思政课教师的培养、培训和能力建设上”的思政教师培育机制，以及建设“思政课优质资源共享和思政教师的激励机制”。[⑤]梁建新、王文静（2023）认为，发挥大中小学思政课一体化协同育人的效能，须构建起“理念协同、目标协同、主体协同、资源协同、实践协同”的“五位一体”运行机制。[⑥]这些建议充分考虑了未来的发展和可能的风险，具有高度的预见性和前瞻性，有助于提前做好应对准备。此外，天津市在思政课一体化建设机制方面，经

---

① 郑敬斌，李鑫. 大中小学思想政治理论课一体化管理机制建设初探[J]. 思想理论教育，2019（11）：23-28.

② 吴宏政. 从知识增长到价值认同的逻辑进路——大中小学思政课一体化建设中的教育规律探寻[J]. 学术论坛，2020，43（6）：106-111.

③ 谢峰. 大中小学思政课课程一体化的价值逻辑和实践路径[J]. 学校党建与思想教育，2020（8）：33-35.

④ 卢黎歌，耶旭妍，王世娟，等. 统筹推进大中小学思政课一体化建设研究——学习习近平总书记在学校思想政治理论课教师座谈会上的重要讲话精神笔谈[J]. 北京工业大学学报（社会科学版），2020，20（1）：9-12.

⑤ 聂庆艳，贺俊杰. 思政课一体化的建设机制研究[J]. 思想政治课教学，2021（7）：8-11.

⑥ 梁建新，王文静. 大中小学思政课一体化协同育人的五维进路[J]. 江苏高教，2023（8）：114-120.

过精心规划和实施，已建立起一套独特的工作机制。这一机制不仅符合思政课教学的内在规律，还充分体现了天津市的区域特色和实际情况。通过这一机制的运作，天津市的思政课建设得以全面推进，并取得了显著成效。“一是建立了校际贯通、区校协同的‘横纵网格’协同运行机制。在横向上，全市各级思政课协同创新中心、重点马克思主义学院、教材建设研究基地、思政工作研究基地等平台实现联合，为思政课一体化提供资源支持；在纵向上，以各高校的马克思主义学院为龙头，统领中小学全员协同参与一体化建设。二是建立了全市大中小学书记、校长讲思政课大赛机制，通过‘关键少数’感染‘绝大多数’，起到了良好的示范效果。三是形成了区校协同机制。在16个区建立区校思政课协同基地，由高校牵头开展一体化实践。”①

8. 在大中小学思政课一体化理论机理研究方面

大中小学思政课一体化建设理论机理研究目前主要基于现实情况、时代发展和实践需求而进行，整体遵循着现实逻辑、时代逻辑和实践逻辑。尽管研究仍处于初始的阶段,尤其是在理论溯源和历史分析方面表现得相对薄弱。但是，却始终坚持以习近平总书记的相关重要论述为理论支持，以时代背景为战略支撑，探讨其理论机理。诸如，磨胤伶、徐秦法（2021）认为，大中小学思政课一体化的出场哲学机理是基于新发展阶段的就国情所提出的合规律性与合目的性相统一的育人体系。青少年成长发展规律是其合规律性的体现，而以青少年自由全面发展、践行社会主义核心价值观和为民族复兴提供人才支撑则是其合目的性。②刘智、赵楷夫（2022）提出，大中小学思政课一体化建设契合了存在与意识、认识的辩证发展，以及联系和发展等马克思主义基本原理。③石书臣（2022）强调，“大思政课”蕴含着大局思维、系统思维、协同思维、历史思维等育人思维，要始终坚持以习近平总书记重要论述和指示精神为引导。④梁发右、陈胜锦（2023）认为，“推进大中小学思政课一体化建设，必须深入理解马克思主义认识论关于人的认识发展辩证过程、

① 朱新华．以“三个一”持续推进大中小学思政课一体化建设［EB/OL］．（2022-04-27）［2022-07-08］．http://tj.people.com.cn/n2/2022/0427/c375366-35244215.html．

② 磨胤伶，徐秦法．大中小学思政课一体化出场的哲学基础[J]．学校党建与思想教育，2021（24）：42-44．

③ 刘智，赵楷夫．新时代大中小学思政课一体化建设的三重维度[J]．沈阳师范大学学报（社会科学版），2022（1）：1-6．

④ 石书臣．深刻把握“大思政课”的本质要义[J]．马克思主义理论学科研究，2022（7）：104-112．

习近平总书记关于思政课的重要论述及人的思想品德形成发展规律等理论”[①]。在具体的逻辑理路方面，吴宏政、徐中慧（2020）指出，不同学段的学段认知规律、教材知识点分布规律和教育逻辑的统一性规律，以及不同学段之间、同一学段不同层次之间螺旋式上升的知识递进规律是大中小学思政课教师队伍一体化建设所蕴含的四重教育规律。[②]在此基础上，吴宏政（2021）进一步揭示了大中小学思政课一体化建设存在的四对辩证关系——不同学段课程设置上的统一性与多样性、教学内容上的连续性与阶段性、知识要点上的重复性与递进性、教育规律的相同性与差异性。[③]林子赛、夏净（2022）则认为，时代逻辑、现实逻辑和育人实践逻辑是地方红色资源赋能大中小学思政课一体化建设所要遵循的三重逻辑机理。[④]陈磊、徐秦法（2022）将教育对象的认知跃迁、循序渐进规律；教师队伍的沟通协作、联动共建规律；教材内容的整体布局、逻辑递进规律；教学方法的有机串联、能力进阶规律凝练为大中小学思政课一体化建设的“段间规律”。[⑤]贾丽民、宋小芳（2022）将大中小学思政课教材内容特色与有机衔接、教师教研独创性与协同性、课堂教学与社会实践三组关系总括为大中小学思政课一体化建设的内在机理。[⑥]

9. 在大中小学思政课一体化实践路径研究方面

该研究成果内容较为翔实，主要从以下几个方面进行了深入探讨：一是以主题论切入思政课教育教学，构建一体化模式。张彩云（2019）认为，法治教育一体化在教学资源、教学方式、教学评价、教师队伍层面，要分别从“打破学段壁垒，实现协同育人”“实现守正创新、精准施教”“要多元并存、服务目标”“要坚持协同教研、提升素养”上着力解决。[⑦]刘晓阳（2019）

① 梁发右，陈胜锦．思政课一体化建设：价值意蕴·理论依据·实践路径[J]．中学政治教学参考，2023（7）：37-428．

② 吴宏政，徐中慧．论大中小学思政课教师队伍一体化建设[J]．现代教育管理，2020（7）：15-21．

③ 吴宏政．论大中小学思政课一体化建设中的几对辩证关系[J]．思想理论教育导刊，2021（11）：77-82．

④ 林子赛，夏净．地方红色资源赋能思政课一体化建设逻辑[J]．中学政治教学参考，2022（36）：57-60．

⑤ 陈磊，徐秦法．大中小学思政课一体化建设的“段间规律”探寻[J]．中国大学教学，2022（36）：60-65．

⑥ 贾丽民，宋小芳．新时代大中小学思政课一体化建设应正确处理的几对关系[J]．思想理论教育导刊，2022（1）：101-105．

⑦ 张彩云．大中小学思政课一体化建设新图景[J]．中学政治教学参考，2019（34）：4-8．

认为，法治教育一体化育人结构上要遵循“从低学段到高学段螺旋上升的原则，即从‘感性’的发轫到‘知性’的拓展，再到‘理性’的升华”[①]。王贵（2020）提出，通过“弘扬劳动精神，树立正确的劳动观，利用校内外资源、多学科合作，与社会生产实践相结合”[②]等方式促进思政课一体化建设进程的推进。彭陈、李玉竹（2021）认为，有效开展爱国主义教育融入大中小学思政课一体化教学的工作，应明确将“坚持党的领导作为关键保证，将教学有效衔接作为关键环节，将教师高效协作作为关键支撑”[③]。二是加强思政课课程体系的整体规划，明确各学段思政课课程内容的进阶关系，构建一体化的思政课课程内容体系。在规划过程中，要确保各学段思政课课程内容之间的相互衔接和补充，避免重复和脱节。同时，要充分考虑学生的身心发展特点，以满足学生的主体性需要为核心，通过进阶性的教学内容设计，推动思政课整体性的实现。高国希（2019）提出，推进思政课一体化建设，要遵循以下路径：梳理各学段思政教育内容，明确模块、主题和关键知识点；统一课程标准、教材、教学和评价工作，确保连贯性和一致性；教师需全面了解大中小学思政教育内容，优化实际教学。[④]范树成、张博（2020）提出中小学思政课一体化下的高校思政课课程建设的五条路径：强化衔接意识，打破学段壁垒；统一中小学与高校思政课的课程标准；编写体现科学理念的教材；搭建培训平台，加强教师对其他学段内容的理解和把握；加强一体化理论研究。[⑤]三是整合各学段思政课教师的力量，共同塑造符合时代要求的教育成果。卢黎歌、耶旭妍等（2020）认为，从建立大中小学思政课一体化建设机制，大中小学听课互鉴、资源共享、教研相通、共促繁荣，大中小学不同学段教师的研修培训、兼职、轮岗这三个着力点来推进大中小学思政课一体化建设。[⑥]吴宏政、徐中慧（2020）提出，“教书育人和科学研究良性互动，教师成长

---

① 刘晓阳. 思政课堂中法治教育一体化探究[J]. 法制与社会，2019(22)：186-187.

② 王贵. 思政课一体化建设中的劳动教育育人实践[J]. 思想政治课教学，2020(7)：12-15.

③ 彭陈，李玉竹. 爱国主义教育在大中小学思想政治理论课一体化教学中的时代构想[J]. 大理大学学报，2021，6（3）：75-79.

④ 高国希. 大中小学思想政治理论课一体化建设的思考[J]. 思想理论教育，2019（5）.

⑤ 范树成，张博. 大中小学思政课一体化下的高校思想政治理论课建设[J]. 高校马克思主义理论研究，2020，6（1）：84-91.

⑥ 卢黎歌，耶旭妍，王世娟，等. 统筹推进大中小学思政课一体化建设研究——学习习近平总书记在学校思想政治理论课教师座谈会上的重要讲话精神笔谈[J]. 北京工业大学学报（社会科学版），2020，20（1）.

发展一体化培训、一体化社会实践、一体化人员管理的成长路径”，进一步构建大中小学思政课教师队伍“成长共同体”。[①]钟小立等（2020）认为要构建“‘联盟贯通+分工协作’的师资队伍建设模式，健全完善发展长效机制，以新一代信息技术创新大中小学教学评价改革”[②]。郭亚红、张洪霞（2021）通过“理论与实践相结合、专职和兼职相结合”[③]从教师、学校、教育行政管理部门、社会及外界机构等方面探索了大中小学思政课教师师资来源的问题。刘小勇、文晓夏（2023）提出构建坚持“共建共研共享共育”理念，在“大”字上下功夫，在“常”字上建机制，在“研”字上做文章，在“特”字上见风采的区域共同体，以实现大中小学思政课一体化常态发展。[④]四是致力于推动方法创新和营造良好的环境氛围。郭亚红、汪璟（2020）提出各学段课程内容的整体设计与有机衔接、课堂教学与课外实践的有效结合、思政课与社会协同育人框架设计与机制设置、思政课专职教师一体化建设四个提升策略。[⑤]胡启明等（2022）提出，强化目标引导性、促进过程联动性、提升内容稳定性、增强成效聚合性四个举措。[⑥]顾红亮（2022）从系统观念出发，探索了抓教学观摩，系统谋划教学内容；抓教学技能，系统谋划教学法训练；抓师资实训，系统谋划教师培养；抓评价机制，系统谋划评价改革的四条主要路径。[⑦]李尚宸、徐玉（2023）提出“课程化”“活动化”“立体化”三种教学实践路线，打造“软环境”。[⑧]

---

① 吴宏政，徐中慧. 论大中小学思政课教师队伍一体化建设[J]. 现代教育管理，2020（7）：15-21.

② 钟小立，李佳，冼梨娜. 大中小学思政课一体化师资队伍建设探析[J]. 中学政治教学参考，2020（29）：94-95.

③ 郭亚红，张洪霞. 大中小学思政课教师一体化建设路径[J]. 思想政治课教学，2021（2）：82-85.

④ 刘小勇，文晓夏. 推进大中小学思政课一体化建设的常态机制与路径[J]. 中学政治教学参考，2023（39）：75-77.

⑤ 郭亚红，汪璟. 大中小学思政课一体化的现状分析与提升策略[J]. 思想政治课教学，2020（9）：87-90.

⑥ 胡启明，洪润文. 系统论思维与大中小学思政课一体化建设[J]. 中学政治教学参考，2022（7）：48-50.

⑦ 顾红亮. 用系统观念思考大中小学思政课一体化建设路径[J]. 北京教育（德育），2022（9）：13-16.

⑧ 李尚宸，徐玉. 新时代大中小学思政课一体化建设：理论嵌入、基本原则与实践路向[J]. 中国高等教育，2023（1）：38-41.

### （三）研究现状评述

从科学内涵、价值意蕴、历史回顾、要素结构、理念思维、问题困境、规律机制、理论机理、实践路径九个方面综合梳理、深入剖析大中小学思政课一体化建设研究成果，可以发现大中小学思政课一体化建设研究是一个系统性、综合性的课题，需要从多视角、多领域、多学科进行深入研究和实践探索。现有理论成果以对思政课一体化基本概念、价值意蕴、理论体系和历史演变的研究夯实了大中小学思政课一体化建设研究的基础；以对思政课一体化要素结构、理念思维、规律机制等方面的研究充实了大中小学思政课一体化建设研究的机理性成果；以对思政课一体化实证调查、问题困境、实践路径的研究提供了大中小学思政课一体化建设研究的策略性成果。诚然如此，这些成果却更多地囿于宏观层面。总体言之，当前研究存在以下问题亟待解决：

#### 1. 大中小学思政课一体化建设整体性、系统性研究有待深化

从实际实施效果来看，当前我国大中小学的思政课程并未能有效地根据各学段学生的认知能力及身心发展水平的顺序进行递进式教学。思政课一体化建设过程中涉及多个利益相关方，如何有效协调各方利益，确保一体化建设的顺利推进是一个重要问题。各学段在“各自守好职责”的基础上，还需进一步努力，确保“接力赛”的顺利进行。同时，由于研究团队的研究视野和能力的限制，对于思政课程各学段在教学内容与方法的脱节、师资力量配置的不均衡、学生互动交流的不主动、教材内容更新的不及时、评价体制机制的单一性五个方面的沟通协调、协同融合、衔接闭合研究弱化，整体性、系统性仍显不足。特别是，思政课内容涉及广泛的知识领域，如何整合不同学科资源，形成有机的知识体系，以满足不同学段的需求也是一个值得关注的问题。这些问题导致相关研究未能从整体上准确把握问题的核心所在，从而在研究水平和质量上存在一定的局限性，制约了大中小学思政课程一体化建设的深入发展。因此，除了需要继续加强重视之外，如何从根本上提升整体性、系统性的研究质量，进一步提升研究水平，也是未来研究必须面对的重要课题。

#### 2. 大中小学思政课一体化建设制度机制有待健全

有效的健全的制度机制是确保大中小学思政课一体化建设取得实效的重要保障。因为通过强有力的制度机制，大中小学思政课一体化建设在内容、

方式、评价等方面能最大化、最优化地实现有机统一，确保其在各级地方各类学校得到有效实施。当然，还应同时加强实证研究，不断优化、完善、健全制度机制，使其更加符合各级地方各类学校实际情况和现实需求。尽管当前许多学者从宏观和理论的角度对大中小学思政课一体化建设的制度机制进行了深入探讨，但实证研究仍然相对缺乏。然而，制度机制的研究和实施必须基于实践，只有经过实践的考验和持续的优化，才能真正实现其预期效果。由于大中小学思政课一体化建设是一个持久且全面的过程，为了顺利推进其建设研究，理应更广泛地收集各方面的实践经验和教训，更深入地探索实践中的问题和挑战，加强实证研究，探索一体化实践中的机制建设。对此，在实践中推进机制建设，需要从建立健全的组织机构、制定科学合理的制度规范、明确各项工作的流程和标准、加强监督评估机制等多个方面展开研究，不断完善相关制度机制，不断持续推进其研究。

### 3. 大中小学思政课一体化建设研究领域有待拓展

从学术研究领域来看，当前大中小学思政课一体化建设的重心主要集中在高等教育领域，而对于中小学思政课一体化的研究则相对较少。这一现状与现实发展需求存在明显的不匹配，暴露出研究领域的不平衡性。随着时代的发展，思政课一体化建设已经成为教育领域的重要课题。在高等教育领域，思政课一体化建设已经取得了一定的成果，但在中小学阶段，这一领域的研究还存在较大的空白。这种现状不仅制约了思政课一体化建设的全面推进，也影响了教育资源的合理配置和利用。因而，未来的研究工作应拓宽思政课一体化建设的视野，加强大中小学思政课一体化的构建。在此基础上，需要深入探讨思政课一体化建设的内在逻辑和规律，以推动思政教育的持续创新和发展。此外，在新的时代背景下，大中小学思政课一体化建设与新技术（如AI）的融合是其创新发展的必然趋势。然而，目前关于这方面的研究文献较为缺乏。为此，应注重对这一领域的研究。综上所述，加强大中小学思政课一体化建设、深入探讨大中小学思政课一体化建设的内在逻辑和规律、加强人工智能赋能思政课一体化方面的研究，是当前和未来一段时间内需要重点关注和研究的课题。

## 四、研究创新点

### （一）学术思想方面

在“3·18”讲话背景下，“一体化”教育理念得以拓展至整个思想政治教育领域，这一拓展为学术界提供了大中小学思政课一体化建设这一重大研究课题，也为思想政治教育的发展注入了新的动力。首先，在深入研究马克思主义关于人的全面发展学说，马克思、恩格斯的系统观，习近平总书记关于教育的重要论述的基础上，提出大中小学思政课一体化建设以马克思主义系统观与一般系统论为基础，以习近平总书记关于办好思政课的重要论述为遵循，以道德发展阶段论和有效教学思想为依据，是落实立德树人关键课程的重要依托，是增强思想政治教育连贯性的必由之路，是新时代思政课教学改革创新的重要动力。其次，特别强调辩证法原理在大中小学思政课一体化建设各学段衔接过程中的应用。以马克思主义基本原理，尤其是辩证法的视角，深入剖析了大中小学思政课一体化建设中的现实问题。通过挖掘这些现实问题背后的原理性问题，得以“透过现象看本质”。在提出实践路径时，更是有意识地探索其背后的原理依据，以揭示问题之根本。最后，大中小学思政课一体化建设既有育人理念的共性，又有各自课程目标与体系的个性，同时，基于对其实践中问题的精准识别和对大中小学各类学校各学段的学生身心认知发展阶段性特征的精准把握，提出政治性与学理性、目标性与政治性、整体性与部分性、横向知识与纵向发展、知识教育与价值塑造、理论性与实践性、守正与创新的“七个相统一”原则遵循，以及教学理念更新、教学方式革新、教材内容翻新、师资队伍焕新、评价机制创新的综合性优化措施，不断着眼促进学生全面发展，提升大中小学思政课的教学质量和有效性。

### （二）学术观点方面

本研究构建了“大中小学思政课一体化建设”的概念模型。一是从纵向、横向两个维度界定其内涵：从纵向提出，思政课层次分明、衔接顺畅，避免大学、中学、小学不同学段之间出现教育壁垒、教育鸿沟即为大中小学思政课一体化建设；从横向提出，大中小学思政课一体化建设就是课程内容、教材体系、教学方法、教师队伍、课程评价、管理体制等组成要素在不同学段之间协同合作，形成立德树人的育人合力，实现知识引领和价值塑造的高度统一。二是科学概括“大中小学思政课一体化建设”的基本内容。首先，教学目标、教学理念、教学内容、教师队伍、教学评价五者的一体化作为大中小学思政课一体化建设基本内容，旨在将立德树人作为根本任务，结合新时代人才培养需求，整体设计、科学规划，实现各学段思政课共性与个性的统一，形成符合教育规律、学生成长规律的有效衔接、有序对接、层次分明、螺旋上升的思政课育人体系。其次，以“历史观+宽视野”构建了“大中小学思政课一体化建设”经验模式。通过宽视野审视大中小学思政课建设从新中国成立时的初步探索和发展，到改革开放后的快速重建和完善，再到新时代的一体化建设统筹推进的历史进程，提出了大中小学思政课一体化建设基本经验模式：必须始终全面贯彻党的教育方针，始终把马克思主义理论作为根本内容，关键任务在于将党的创新理论“三进”工作作为重点。同时，始终将重视教材建设作为思政课一体化建设取得成效的关键。最后，以“问题+根源”衔接闭合的视角构建了“大中小学思政课一体化建设”路径图谱。研究采取“衔接闭合”为暗线的方式，得出思政课政策与理论的理路偏差、思政课资源配置的效能研判、思政课教学理念的创新需求、思政课与时代脉搏的双向互动、思政课教学与学生多元特质五个方面，是致使当前大中小学思政课一体化建设存在教学内容与方法的脱节、师资力量配置的不均衡、学生互动交流的不主动、教材内容更新的不及时、评价体制机制的单一性五种现实问题的根源。基于此，为使大学、中学和小学的思政课程不再是孤立的，而是相互衔接、相互促进、相互闭合的有机整体，创造性提出了教学理念更新、教学方式革新、教材内容翻新、师资队伍焕新、评价机制创新的“立体化”衔接路径图谱。

### （三）研究方法方面

一是就具体研究手段而言。在新时代背景下，大中小学思政课一体化建设成为思想政治教育领域的重要议题。思政课的一体化建设是指在不同学段之间建立起有机的联系，使思政课的教学内容、方法和评价标准更加统一、连贯。这种一体化建设有助于提高思政课的教学质量，培养学生的综合素质和社会主义核心价值观。对此，在探讨大中小学思政课一体化建设时，通过多学科交叉研究法，不仅关注了各学段思政课的共同点和差异，还从更广阔的角度分析了实现一体化的核心要素。同时，在对当前思政课一体化建设的实证分析时，更多地将关注点集中于思政课一体化建设中大学、中学、小学中鲜活的个人，聚焦其个性发展需求，构建实证数据图谱。二是就研究顶层策略而言。大中小学思政课一体化建设主要围绕解决“何以为之”“何以可能”“为之何源”“怎样为之”的问题开展理论架构和研究路径探索。具体来讲，大中小学思政课一体化建设只有首先回答好“何以为之”“何以可能”

的问题，才能为研究开展提供充分的可行空间、坚实的理论前提论证。着重对概念、理论基础、价值意蕴和基本内容等进行学理阐释，为该领域提供清晰的理论框架和实践指导。其次，将大中小学思政课一体化建设嵌入大历史观和宽现实视野中进行考察，生成大中小学思政课一体化建设"为之何源"的建构框架，以拓展研究的历史深度与现实广度；最后，在结合存在问题、根源解析的探究基础上，从"衔接闭合"暗线角度，解决"怎样为之"的问题，提出五大实践"新"理路。简言之，创新之处在于首次尝试从整体、系统的角度研究大中小学思政课一体化建设。这种综合、全面的研究方法在具体研究手段上则表现为"系统研究法"。它不仅深化了对大中小学思政课一体化建设的整体性、全局性、系统性理解，同时也为未来的发展提供了指导和启示。

# 第一章
# 大中小学思政课一体化建设的前提论证

研究大中小学思政课一体化建设应首先对相关的概念、理论基础、价值意蕴和基本内容等问题做前提论证，这对于推动大中小学思政课一体化建设具有至关重要的意义。

## 第一节　大中小学思政课一体化建设的理论基础

大中小学思政课一体化建设是新时代落实立德树人的根本任务，是提升思政课育人实效的重要举措。只有澄清大中小学思政课一体化建设的概念和理论基础，回答好大中小学思政课一体化是什么和何以可能的问题，才能为新时代大中小学思政课一体化建设提供更为坚实的研究基础。

### 一、大中小学思政课一体化建设的概念澄明

解决“是什么”的问题是从理论层面开展大中小学思政课一体化建设研究的逻辑前提。要厘清相关内涵，首先应对“大中小学思政课”“一体化”两个关键词的内涵进行阐释，并揭示出一般意义或者普遍意义上的一体化内涵，再结合思政课育人使命的特殊性，方能得出科学的结论。

#### （一）大中小学思政课的内涵阐释

思政课地位重要、作用突出，了解和把握思政课的内涵是开展“大中小学思政课一体化”研究的前提所在。思政课是开展意识形态工作的主要阵地，也是大中小各个学段的学生系统学习马克思主义理论，掌握马克思主义中国化时代化最新理论成果，运用科学的世界观与方法论分析和思考中国问题，

形成对社会主义核心价值观认同的基础课程、重点课程。思政课政治导向突出、意识形态属性鲜明，任何时候都要重视，必须把思政课放在突出位置，不能边缘化、模糊化其核心内容。因此要办好思政课必须立足于思政课的上述核心特征，坚持社会主义办学方向，围绕担当民族复兴大任这一根本目标和立德树人这一根本任务来解决好育人育才问题，不断提升育人实效，使学生立大志、明大德、成大才、担大任。

虽然思政课在各学段有不同的名称，包括大学时期的思政课、高中时期的思想政治课、初中时期的道德与法治课和小学时期的道德与法治课。但都是对学生进行思想政治教育、落实立德树人根本任务的关键课程，应具有连续性和层次性。当前大中小各个学段思政课的课程名称、目标侧重点如表 1-1 所示：

表 1-1　各学段思政课的课程名称、学段目标和内容侧重点

| 学段 | 课程名称 | 目标侧重点 |
| --- | --- | --- |
| 小学 | 道德与法治 | 重在启蒙道德情感，引导学生形成爱党、爱国、爱社会主义、爱人民、爱集体的情感，具有做社会主义建设者和接班人的美好愿望 |
| 初中 | 道德与法治 | 重在打牢思想基础，引导学生把党、祖国、人民装在心中，强化做社会主义建设者和接班人的思想意识 |
| 高中 | 道德与法治<br>必修一“中国特色社会主义”<br>必修二“经济与社会”<br>必修三“政治与法治”<br>必修四“哲学与文化” | 重在提升政治素养，引导学生衷心拥护党的领导和我国的社会主义制度，形成做社会主义建设者和接班人的政治认同 |
| 大学 | 思想道德与法治、中国近现代史纲要、马克思主义基本原理、毛泽东思想和中国特色社会主义理论体系概论、习近平新时代中国特色社会主义思想概论、形势与政策 | 重在增强使命担当，引导学生矢志不渝听党话跟党走，争做社会主义合格建设者和可靠接班人 |

在大中小各学段循序渐进、螺旋上升地开设思政课，引导学生立德成人、立志成才，树立正确的世界观、人生观、价值观，坚定对马克思主义的信仰，

坚定对社会主义和共产主义的信念，增强“四个自信”，厚植爱国主义情怀，把爱国情、强国志、报国行自觉融入坚持和发展中国特色社会主义事业、建设中国式现代化国家、实现中华民族伟大复兴的奋斗之中。

## （二）一体化的内涵阐释与澄清

### 1. 国际关系领域的一体化

一体化内涵丰富，包括理论层面的一体化与实践层面的一体化，二者之间是一种相互依赖、相互促进、密不可分的关系。只有将理论层面的一体化与实践层面的一体化结合在一起，我们才能对一体化得到更加深刻、更为全面的理解。一体化理论起源于欧洲，最早可追溯至18世纪初法国作家圣皮埃尔（Saint Pierre）所提出的欧洲邦联主张。圣皮埃尔在《给欧洲以永恒的和平方案》一文中主张欧洲各国缔结盟约，结成永久的邦联式联盟①，自此联邦主义思想开始在欧洲萌芽，并由此衍生出了一体化理论，所以一体化理论最早主要应用于国际关系领域。后面伴随着欧洲一体化的发展，特别是20世纪60年代末70年代初，欧洲一体化进入活跃期，越来越多的西方学者开始关注欧洲一体化的经验与发展规律，从而形成了许多研究一体化理论的学派，如邦联主义学派、功能主义学派、新自由制度主义学派、政府主义学派等。这些理论学派围绕着一体化理论从不同的视角展开了论述和争鸣，使得一体化理论得到了极大的丰富和发展，如联邦主义学派从政治学的角度出发，认为实现一体化必须建立超越国家，并拥有某些主权的新组织；功能主义学派从经济学的角度出发，认为实现一体化离不开各分散主权国家之间经济的互补；新自由制度主义学派则在功能主义学派的基础上，进一步指出一体化过程所带来的良性效应会推动一体化的深入发展；政府主义学派则从主权国家的角度出发，强调主权国家在一体化的过程之中居于核心地位，发挥着主导作用。然而由于立场和研究视角的不同，这些理论学派之间存在着难以弥合的鸿沟，因此一体化理论至今未形成一个让各理论学派均能接受和认可的统一观点。虽然各理论学派对一体化的理解存在着分歧，但是他们的核心思想都把一体化看作不同的政治实体（一般是国家）通过一定的方式在各方面达成共识合作，并重新组成一个联合体，继而不断深化一体化程度的过程。具体而言一体化过程包含经济、政治和军事三个方面。所谓经济一体化，即排除人为等因素的干扰，通过相互协作与统一，实现从贸易到关税，从统一市

① 卢梭. 评圣皮埃尔神甫的两部政治著作[M]. 北京：商务印书馆，2017.

场到经济货币，从社会经济到政治主权，走向完全统一的历程。[①]经济的一体化也说明了一体化过程中存在着外界的阻碍因素，而各主体之间的统一与相互协作是消除阻碍因素的有效方式。关于政治一体化，即各主权国家在政治、军事、外交以及国际事务等方面加强合作，力求同进退以同一种声音说话。政治一体化的表述也说明了一体化的主体是主权国家，本质在于各参与主体之间的协调与合作，而“同进退以同一种声音说话”也说明了一体化的目标是使各参与主体之间形成合力。军事一体化即各主权国家形成军事联盟，在人员训练、武器装备、军事技术等领域加强协调和合作。这也突出了军事一体化的实质也在于各参与主体之间的协调与合作。

通过对一体化理论起源及发展的梳理，可以看出在国际关系领域的一体化主要包含以下层面的含义：第一，就主体而言，一体化指的是两个或多个的主权国家在某些领域组成的一个有机整体的过程；第二，就前提条件而言，一体化主要指若干主权国家彼此之间具有合作的需要；第三，就实现途径而言，一体化主要指主权国家基于一定的制度机制建立新的共同体，并让渡原本属于自身的某些权力给这个新的共同体，而各主权国家则以成员国的身份，在相互尊重的前提下，基于一定的原则和方案参与到这个新的共同体之中，共同制定、遵守新共同体的规章制度，彼此团结协作、互利共赢。由此也可以看到一体化的实质是一个旨在由部分有机结合成一个整体的过程。各主权国家通过相互协调与合作，消除彼此之间的隔阂，改变以往相对独立的状态，力求在特定的领域内形成一个新的整体，通过统一行动，达到“1+1>2”的效果。

### 2. 文本领域的一体化

伴随着一体化理论的形成和发展，一体化理论也由国际关系领域拓展到经济、文化、教育和社会管理等多个领域，使得一体化的内涵得到了极大的丰富和拓展。就词源学的角度而言，“一体化”在《汉语大词典》中意为“关系密切，就好像一个整体”[②]，在《现代汉语词典》中，“一体化”被描述为“独立运作的多个主体组合成一个密切联系、相互配合的整体”[③]，而在新华字典中，“一体化”则表述为让事物处于一种相互配合的有机整体状态。可

① 沈骥如. 欧洲共同体与世界[M]. 北京：人民出版社，1994：8.

② 汉语大词典编辑委员会、汉语大辞典编撰处. 汉语大词典[M]. 上海：上海辞书出版社，1986：114.

③ 中国社会科学院语言研究所词典编撰室. 现代汉语词典 [M]. 6版. 北京：商务印书馆，2012：9.

见，在词源学的层面，都强调了一体化要注重整体性和系统性。所以从词源的角度可以看出，一体化主要指多个分散且独立的主体经过一定的方式方法，遵循必要的规律与原则，转变成为一个有机整体的过程。但是该解释并没有回答清楚以下几个问题：第一，谁需要追求一体化？第二，为什么要追求一体化？第三，如何才能够实现一体化？第四，一体化的目的是什么？

首先，谁需要追求一体化？即需要回答的是一体化的主体问题。在国际关系领域，一体化的主体主要指独立的主权国家，但是该解释并不适用于经济、文化、教育和社会管理等领域，具有局限性。因此，要真正揭示一体化的主体问题，应从更普遍意义上的哲学视角出发来探讨。在唯物辩证法中蕴含着整体与部分的观点，整体是事物内部各要素的有机结合，各部分构成整体，但整体却并非各部分机械的组合，二者紧密相连、不可割裂。在事物发展过程之中，整体与部分具有不同的功能，整体在事物发展过程之中居于主导地位，而当事物的各部分以合理的形式构成整体时，整体的功能就会大于各部分机械的相加。一体化所追求的效果其实与哲学意义上的整体与部分的观点具有一致性，也要求构成事物整体的各个部分与这些部分在孤立状态下所具有的属性具有本质区别，因此从普遍的哲学意义上来讲，一体化的主体应是“事物整体性”的组成部分。

其次，为什么要追求一体化？要实现一体化，其根本原因在于原有的各主体处于分散的状态，且分散的状态阻碍了事物的发展。这也就是说从理想的状态来看，各分散主体之间本应该或者可能成为一个整体；但是从现实来看，各主体却又是彼此独立、分散的，未能形成“一体”的状态，即各主体有成为“一体”的需要，但却面临着分散的现实。整体与部分之间是辩证统一的，没有部分也就没有整体。所以各主体之间相互孤立、分散的现实，是追求一体化的前提所在，也正是这个前提的存在导致事物的发展不符合规律，才需要通过一体化来将各分散的主体凝聚成一个统一的共同体，使各个部分能够形成一个有机整体，实现整体功能之和大于各个部分机械相加之和，进而促进事物更好地发展。

再次，如何实现一体化？如何实现一体化的问题事实上是要回答该通过何种方式、何种途径来实现一体化。一体化的实质是将各分散、独立的主体通过一定的方式和途径有机地整合成一个彼此联系的整体，因而一体化首先要解决的一个问题就是要打破各主体之间相互割裂、孤立、分散的状态。在这个过程之中需要解决好两对关系问题，第一对关系是部分与部分之间的关系，第二对关系是部分与整体之间的关系，而处理好这两对关系的关键点在于彼此之间的协调与合作。部分与部分以及部分与整体可以通过协调理顺彼此之间的关系，梳理阻碍彼此之间形成合力的矛盾和阻碍，而通过合作则可以改变部分与部分之间孤立和分散的状态，增加彼此之间的联系，密切彼此之间的关系，进而把游离的部分纳入整体，使之能够在目标、方向和行动上形成向心力，构建出一体化的整体。要实现这种协调与合作，需要在一体化的实践过程中建立起对应的议事协调机构，制定大家共同认可、遵守和实施的规章制度。所以一体化也就是通过一个议事协调机构来实现部分与部分、部分与整体之间的协调与合作，使得构成整体的各部分从相互割裂、孤立、分散的状态转化成为密切配合、紧密联系的有机整体的过程。

最后，一体化的目的是什么？这其实是一个不言自明的问题，一体化追求的是一个统一的整体，即把原本孤立、割裂、分散、游离的部分以一定的方式、方法联合成为一个有机的整体。马克思曾经立场鲜明地强调过："人们为之奋斗的一切，都同他们的利益有关。"①一体化的最终目的就是通过一定的议事协调机构，按照大家共同遵守的原则和方法来达成共同的目标，最终实现利益最大化的过程。要实现利益最大化必须要各部分有机地组成一个整体，从而使各部分的功能能够有机地形成整体效应，让"整体功能大于部分功能之和"，而这一过程也就是通过整体效应的发挥来把"蛋糕做大"，使得组成整体的各部分能够获得更多的利益。需要值得注意的是利益的最大化仅依靠单独的部分是不能够获得的，因为"在这种关系中它们彼此之间相互依存、相互依靠，方能共同产生出它们单独时所不具备的系统性能"②。而这一过程也是各主体参与一体化，让渡部分自身权力给整体的动力所在。

综上所述，关于一体化我们可作如下阐释，即一体化是把原本孤立、割裂、分散、游离的独立主体以一定的方式、方法联合成为一个有机整体的过程。具体而言，一体化主要包含以下四个方面：首先，一体化的前提是各独立主体本应成为一个有机整体，却因为各种因素呈现出孤立、割裂、分散、游离的状态，且这一状态阻碍了事物的发展。其次，一体化的关键是要解决好部分与部分、部分与整体之间的关系问题，通过协调合作理顺彼此之间的关系，疏通彼此之间的障碍，使其能够在目标、方向和行动上形成向心力。再次，一体化的实现方式和实现途径是通过协调和合作，即通过建立起对应的议事协调机构，制定大家共同认可、遵守和实施的规章制度，使得构成整

---

① 马克思、恩格斯全集·第1卷[M]. 北京：人民出版社，1995：187.

② 卡尔·多伊奇. 国际关系分析[M]. 北京：世界知识出版社，1992：276.

体的各部分形成密切配合、紧密联系的有机整体。最后，一体化的目的是通过整体效应的发挥来把“蛋糕做大”，使得组成整体的各部分能够获得更多的利益，实现“整体功能大于部分功能之和”，让各参与主体实现共赢。

### （三）大中小学思政课一体化建设的内涵阐释

思想政治教育具有递进性、连续性、层次性以及整体性的特点。因此要实现大中小学思政课一体化建设，就务必要明确好教学目标、教学理念、教学内容、教学方式等一系列问题。在前文已对思政课以及一体化的内涵进行了单独的探讨，但是这一探讨并未将思政课和一体化联系起来，只是一般意义上的学理解释，正如毛泽东所说：“科学研究的区分，就是根据科学对象所具有的特殊的矛盾性。”[①]要真正揭示大中小学思政课一体化的内涵，需要将思政课和一体化视为一个整体来进行探究。大中小学思政课一体化从广义而言就是把“一体化”理论应用到各学段思政课的教学过程之中，使之形成合力。大中小学思政课的一体化同传统概念上的一体化是一种相互区别、相互联系的关系，是特殊性与普遍性的统一。所以要研究大中小学思政课一体化建设的内涵，必须要从思政课这门课程的特殊性着手，再结合“一体化”理论的要求，对大中小学思政课一体化建设的原因、本质、途径和目的进行详细的阐释。

#### 1. 大中小学思政课一体化建设的原因

思政课的核心在于对学生进行道德培育，筑牢学生的思想之基，强化学生的政治素养，使学生能明白自身的使命和责任担当。因此各学段的思政课作为有组织、有目的、有计划开设的课程，理应是一个逻辑严密、联系密切的整体。但是就当下各学段思政课课程开设的实践来看，还存在着“各自为政”“单兵作战”等教育壁垒和教育鸿沟，各学段的思政课呈现出内容低级别重复、课程连接不顺畅、衔接不紧密的特征，各学段之间呈现出一种割裂、孤立和分散的状态。[②]大中小各学段思政课程衔接和过渡较为生硬，致使思政课未能实现一体化，影响了思政课整体的育人实效的发挥。所以，大中小学思政课的一体化建设正是基于这些现实问题提出的。

---

① 毛泽东选集 · 第 1 卷[M]. 北京：人民出版社，1991：309.

② 吴宏政. 从知识增长到价值认同的逻辑进路——大中小学思政课一体化建设中的教育规律探寻[J]. 学术论坛，2020，43（6）：106-111.

### 2. 大中小学思政课一体化建设的本质

所谓思政课一体化就是把各学段的思政课重新整合成为一个密切联系的有机整体。从纵向上来看，思政课的开办涵盖了“大中小”各个学段，因此思政课一体化的建设必须要围绕着这几个学段来展开，也就是要围绕小学和初中阶段的“道德与法治”、高中阶段的“思想政治”和大学阶段的“思想政治理论课”来进行思政课的一体化建设。从横向来看，大中小学思政课一体化建设主要指的是思政课的各组成要素，比如课程内容、教材体系、教学方法、教师队伍、课程评价、管理体制等组合成为一个系统的、有机联系的整体。基于此，大中小学思政课一体化建设的本质，在纵向上是指大中小各学段之间课程的一体化；在横向上是指思政课在课程内容、教材体系、教学方法、教师队伍、课程评价、管理体制等诸多方面的一体化。

### 3. 大中小学思政课一体化建设的途径

如前文所述，一体化的实现主要依靠协调与合作来实现，因此大中小学思政课一体化建设也应该遵循这一方法来密切各学段思政课之间的联系，改变各学段思政课之间孤立、分散的状态，使得各学段思政课能够在理念、目标、方向和行动上形成向心力。马克思主义认为，事物的变化发展是内因和外因共同起作用的结果。因此，大中小学思政课的一体化建设主要有两条途径：一条是外部途径，一条是内部途径。从外部途径来看，大中小学思政课的一体化建设应当形成“一条线”，处理好各学段思政课之间的有效衔接问题。这就要求大中小学思政课一体化建设要立足于思政课一体化的大视野，通过协调与合作来明确各学段思政课之间的层次，理顺各学段之间的关系，如此才能破除各学段之间形成合力的阻碍因素，促使思政教育真正意义上地形成一个系统的整体，从而为大中小学思政课的一体化建设创造外部条件。从内部途径来看，大中小学思政课一体化建设要放在“整体性视野”下来把握，处理好各组成部分之间的关系。唯物辩证法认为整体与部分是辩证统一的，整体离不开部分，大中小学思政课的一体化建设亦是如此。大中小学思政课的一体化作为一个系统的框架，由教学目标、教学理念、教学内容、教学方式、教学队伍、教学评价、教学管理等诸多子系统组成，要使大中小学思政课的一体化建设的整体效能得到最大程度的发挥，离不开这些子系统形成合力。这就要求大中小学思政课一体化建设必须要理顺这些子系统之间的关系，增加它们之间的联系，而实现这一目标的方法就在于各子系统之间的协调与合作。通过各子系统之间的协调与合作，消除彼此之间形成合力的阻碍，使各子系统之间最大程度地形成合力，进而为大中小学思政课的一体化建设创造内部条件。所以，通过协调与合作，实现内部和外部因素的结合，是推进大中小学思政课一体化建设的科学途径。

4. 大中小学思政课一体化建设的目的

大中小学思政课一体化建设是针对当前各学段思政课之间衔接不顺畅、层次不分明的现状提出来的，这一现状导致各学段之间的思政课出现了教育壁垒和衔接障碍，思政课立德树人的育人实效发挥不明显、成果不突出。所以，推进大中小学思政课一体化建设的目的就是打破不同学段之间的教育壁垒、消除障碍因素，实现大中小学思政课“纵向主线贯穿、循序渐进，各类课程横向结构合理、功能互补”[①]。使各学段的思政课能够形成整体合力，发挥出更好的育人效果。

综上所述，大中小学思政课一体化建设从纵向来看，主要指不同学段的思政课能够层次分明、衔接顺畅，不会出现教育壁垒和教育鸿沟；从横向来看，大中小学思政课一体化建设主要指的是思政课的各组成要素，比如课程内容、教材体系、教学方法、教师队伍、课程评价、管理体制等子系统通过协调与合作联合成为一个系统的、有机联系的整体，其目的是不同学段之间的思政课能够形成教育合力，发挥出更好的育人效果，实现知识引领和价值塑造的高度统一，全力培养堪当民族复兴大任的时代新人。

### （四）大中小学思政课一体化建设的依据

大中小学思政课一体化建设的依据主要有两个方面，一方面在于思想政治教育课就其内容而言并非孤立、分离、割裂的，而是一个由各要素组成的系统的整体。另一方面在于学生道德品质的形成不是一蹴而就的，而是一个循序渐进的过程。

1. 思政课的内容是一个系统联系的整体

思政课就其内容而言，并非孤立、分离、割裂的，而是一个由各要素组成的系统的整体，这也是大中小学思政课一体化建设的前提所在。开展思想政治教育就是要“坚持主流意识形态的主导和灌输”[②]。我国的主流意识形态

---

① 习近平. 思政课是落实立德树人根本任务的关键课程[J]. 求是，2020（17）：4-16.

② 《思想政治教育学原理》编写组. 思想政治教育学原理[M]. 北京：高等教育出版社，2018：81.

就是坚持以马克思主义为指导的社会主义意识形态。思政课作为我国意识形态教育的主战场，也应坚持在马克思主义的指导下毫不动摇地进行自身的内容建设。马克思主义作为一个科学的理论体系本身就是一个有机联系的系统整体，就如列宁所说“马克思主义是极其完整严密的科学理论”①，而马克思主义中国化时代化的理论成果又共同形成了一个系统完备且科学发展着的马克思主义理论体系。所以说，“马克思主义是一个完备的思想体系，必须对于马克思主义有一个整体性的理解”②。所以思政课之所以具有整体性，就在于作为思政课内容核心的马克思主义自身是一个体系完备、逻辑严密的有机整体。此外，构成思政课内容和意识形态的其他组成部分，例如：社会主义核心价值观、社会主义道德、社会主义法治都离不开马克思主义的指导，都旗帜鲜明地坚持马克思主义科学的世界观和方法论，是马克思主义世界观、人生观、价值观、道德观、法治观以及理想信念等在这些领域的体现、运用和发展。所以综上所述，我们不难看出思政课内容本身就是一个体系完备的、系统的有机整体。也正是因为思政课内容本身是一个体系完备的、系统的有机整体，才使得大中小学思政课的一体化建设具备了可能性。

2. 学生道德品质的形成是一个循序渐进的过程

学生道德品质的形成不是一蹴而就的，而是一个循序渐进的过程。从横向上看，人的思想品德本身是一个由世界观、人生观、价值观、道德观、法治观以及理想信念等诸多要素构成的系统的整体，主要指“人们在一定思想的指导下，在品德行为中表现出来的较为稳定的心理特点、思想倾向和行为习惯的总和”③。就内容来看，人的思想道德主要由心理活动、思想活动和行为活动三个方面以及一些其他要素按照一定的方式方法所构建起来的多维立体结构。心理活动、思想活动和行为活动虽在内容上各有特点，却并非割裂、孤立的存在，而是相互影响、密切联系，并共同构成和影响着人的道德品质，因此从这个角度而言，人的道德品质也是一个密切联系的系统的整体。从纵向上看，人的道德品质的形成和发展是一个复杂的过程，它受到外部环境的影响以及人自身内在的思想活动的制约，这二者辩证地统一于人道德品质的形成过程。外部环境和内在思想活动落实到思政课之中则表现为外部环境的

① 列宁专题文集·论马克思主义[M]. 北京：人民出版社，2009：68.
② 陈万柏，张耀灿. 思想政治教育学原理[M]. 北京：高等教育出版社，2015：116.
③ 陈万柏，张耀灿. 思想政治教育学原理[M]. 北京：高等教育出版社，2015：116.

变化会影响思政课的教学，会对某些内容的开展形成冲击；而内在的思想活动则表现为学生在学习过程中知、情、意、行等要素会辩证地运动发展，影响到思政课的育人实效。人的道德品质的形成是一个由浅到深、由知到行的过程，在这个过程中，其课改的因素和形成逻辑大致是：第一，启蒙和认知是道德品质形成的前提条件。人要形成符合一定社会要求的道德品质，必须要对该社会条件下的道德品质内容有一定程度的认知和了解，这是一个人道德品质形成的关键基础。第二，道德情感是人道德品质形成的催化剂。人是社会性动物，社会性是人的本质属性，处在一定社会条件中的人势必会对一定社会条件下的思想道德内容形成一定的情感，而这种情感来源于一个人在社会生活中的切身体验，这对其道德品质的形成会产生很大的影响。第三，社会阅历会强化人的道德品质认知。人长期生活在一定的社会之中，在经历一定社会条件下的道德情感体验之后，会根据自身的喜好有倾向性地选择一定的道德行为，形成一定的道德认知，并且随着自己体验和喜好程度的加深，人们会进一步强化这种道德认知，并最终形成自身的道德品质。第四，信仰、信念会坚定人们的道德品质认知。信仰和信念作为人特有的精神现象，会使人的认知、情感和意志变得坚定深刻，而在这种认知、情感和意志影响下所形成的道德认知和道德品质会比一般认知情况下形成的道德品质更具有稳定性和持久性。第五，人的道德认知和道德品质一旦形成，就会按照一定的道德要求去进行道德实践。这个道德实践的过程是一个深化自身道德认知的过程，在这种不断往复的过程中人们的道德品质逐渐定型。由此可以看出人的道德品质的形成不是一蹴而就的，而是在外界条件的影响下结合着自身的认知和实践逐渐形成的，是一个由浅到深、循序渐进的过程，这一过程是系统的、不可分割的，是一个有机的整体。因此人道德品质的形成过程的整体性也是大中小学思政课开展一体化建设的依据所在。

## 二、大中小学思政课一体化建设的理论基础

大中小学思政课的一体化以马克思主义关于人的全面发展学说和系统论的观点为基础，以习近平总书记关于办好思政课的重要论述为遵循，是落实立德树人根本任务的重要依托，是增强思想政治教育连贯性的必由之路，也是新时代思政课教学改革创新的重要动力。

### （一）马克思主义关于人的全面发展学说

人的全面发展学说是马克思主义科学理论体系的重要组成部分。关于人的全面发展，马克思主要从四个方面进行了论述。

第一，人自身的需求在经济社会发展中得到全面发展。人自身的全面发展主要体现为人的需要。人的需要是马克思主义哲学内容的重要体现，这是因为“需要是人的本性”[①]，人满足自身需要的过程也是促进人自身不断完善发展的过程。进入新时代之后，伴随着我国经济社会的发展和社会矛盾的转化，广大人民群众对美好生活的向往发生了根本转变，呈现出多层次、多样化和多方面的特点，不仅包含了较高质量的物质追求，对公平、正义、民主、法治等精神层面和文化层面的需求也日益增长。广大人民群众对美好生活向往的总体转变所体现出来的其实是人需要的转变。人的需要不是抽象的、一成不变的，而是有层次、有规律且和经济社会的发展密切相关的，主要包含了生理层面的需要、安全层面的需要、社交层面的需要、精神层面的需要以及自我实现层面的需要五个方面。在工业革命以前，由于人的生产力水平不高，所生产出来的产品仅能勉强维系自身温饱的需要，因此人们的需要仅仅满足于物质层面的吃饱穿暖，需求较为单一；而工业革命之后，伴随着蒸汽机的大规模使用，人类社会的生产力水平得到了提高，人的手工劳动逐渐被大工厂的机器所替代。在这样的背景下，部分劳动力得以从繁重的农业生产之中解放出来，从事其他行业的劳动生产，这在促进商品种类繁荣的同时也促使人的需要变得愈加广泛。特别是当下伴随着经济社会的繁荣和社会生产力的极大提高，人们不再为了温饱问题而发愁，转而开始追求人生的意义和自我价值的实现，也正是这种需要促进了社会的进步，实现了人的全面发展。

第二，人的社会关系在交往中得到全面发展。在《关于费尔巴哈的提纲》中马克思明确地指出“人的本质不是单个人所固有的抽象物，在其现实性上，它是一切社会关系的总和。”[②]这说明了人的本质不是先天的，也不是神明赋予的，而是依靠后天亲自参与社会实践所形成的。因此人的本质决定了人不是孤立存在的，人是社会中的人，人的生存和发展离不开社会，人只有在社会中、在人与人相互交往的过程之中才能够实现自身的全面发展。既然“人的本质是一切社会关系的总和”，而社会关系并非一成不变的，那么这也决定了人的本质不是永恒不变的，身处社会中的人必将受到社会关系的限制。

① 董振华. 创新实践论[M]. 北京：人民出版社，2011：244.

② 马克思，恩格斯. 马克思 恩格斯文集（第 1 卷）[M]. 北京：人民出版社，2009：501.

此外，人在与其他个体、群体交往的过程之中会使自身的社会阅历、社会经验更加丰富，并会不断强化自身与他人的交流和沟通能力，这一过程就其实质而言也是促进人的发展的过程，这也充分说明了人的全面发展程度会受到人自身的交往方式以及与他人、群体间关系的影响。

第三，人的能力在实践活动中得到全面发展。马克思终其一生的奋斗目标就是追求人的全面发展，并将人的全面发展解释为："人以一种全面的方式，就是说，作为一个完整的人，占有自己的全面的本质。"[①]在这里的"全面本质"指的就是人作为人所具有的全部属性，而这个属性包括了个人关系和个人能力。所以马克思强调要实现人的全面发展，应当发展社会关系，提高个人的素质和能力，实现人能力的全面发展。人能力的全面发展意味着人所有潜能得到充分的发挥，即自身的体力和脑力、社会力和自然力等能够在自身的实践活动之中得到全面发展，自身才能得到充分展现。正如马克思所言，一个全面发展的人，是一个能够在职能变换和劳动需求转化过程之中，让自身的先天能力和后天能力都能得到自由发展的人。

最后，人的个性的全面发展。人的全面发展表现为人的个性的全面发展。所谓人的个性的全面发展，主要表现为人的主体性得到体现，即人可以不受外界其他因素的影响，根据自身的爱好和意愿来发展自己，其主观能动性、创造性和自主性能够得到充分的体现。人的个性不是单调乏味、统一定型的，每个人都保持着独特的性格，都是不可复制、独一无二的。

马克思主义关于人的全面发展学说对于推动大中小学思政课一体化建设有着重要的启示作用：其一，学生作为国家和民族的未来，应根据自身的需要去完善自我、实现自我的价值，然而各学段的学生由于年龄、阅历和身心发展的不同，其认知能力和价值判断能力呈现出较大的差异，这就要求大中小学思政课的一体化建设要关注各学段学生的差异性和独特性，有针对性地提供教学内容，以满足不同学段学生成长的需要。其二，学生作为一个独立的个体，有着自己的个性，并且会与社会中其他个体或群体产生交往和联系，这一过程离不开正向的教育和引导，离不开理想信念的指引作用。所以，各学段的思政课建设应强化学生的理想信念教育，并以此为基础来提升学生的各方面能力，促进学生的综合发展。第三，实践出真知。这也就是说大中小学思政课的一体化建设除了要注重理论教育之外，还应将思政理论小课堂和社会实践大课堂相结合，推动思政课教学与学生社会实践、志愿服务等活动

① 马克思，恩格斯. 马克思·恩格斯全集（第 1 卷）[M]. 北京：人民出版社，1979：123.

有机结合，增强学生直接体验和切身感悟。尤其是引导大学生走进基层、走向社会、走向祖国的大好河山，在社会课堂中受教育、长才干、作贡献，在观察实践中学党史、强信念、跟党走，真正让思政课“活”起来。

### （二）马克思主义关于系统论的观点

系统观点由来已久，在世界各国的历史上很早就有关于系统观点的思考。古代中国就特别强调系统观点，例如传统文化中周易八卦、阴阳相交的变化规律，中医学中的整体关联、动态平衡和顺应自然，以及“既要见树木又要见森林”中蕴含的既要看见局部又要看见整体的思想等，都是系统观点的生动体现。而在西方国家的哲学观点之中也有很多关于系统观的思考，例如泰勒斯指出水是一切之源，水生万物，万物最终又会转化为水，整个世界是不断循环变化的；德漠克利特指出原子是世界万物的本源，原子构成了世间万物，世间各类物体和现象的产生、灭亡都与原子有关，这一学说指明了系统由部分组成，部分与系统间存在依附和制约关系；而亚里士多德则把西方古代朴素系统观推向了顶峰，指出“世界是包括一切的整体”“整体大于部分之和”，并提出了“四因论”来解释系统的整体性。到了近代，以培根、牛顿、伽利略、莱布尼茨、康德等为代表的科学家在各自领域的研究过程中都不同程度地对系统的观点进行过论述，他们提出了还原论，把研究对象分解成无数个构成要素，但他们的观点本质上是形而上学的机械观，认为整体等于各部分的简单相加。虽然这些观点把整体和部分、物质和运动割裂开来，有着明显的不足，但却对马克思主义系统观的形成产生了深远的影响，特别是黑格尔的辩证法，更是对马克思主义系统观念的形成产生了深远的影响。正如贝塔朗菲所说，“关于系统的概念，不是突然出现的，它只是对几世纪来科学家们所看到的，每次用当时的语言进行讨论的那个古老问题，用现代用语来表示罢了”[①]，指出近代的系统观念的形成应当追溯到黑格尔和马克思的辩证法。但是通过溯源我们也不难看出，包括马克思主义在内的哲学体系依旧未能形成完整的系统观，而我们国家自钱学森提出系统科学思想，并强调要通过系统观来理解马克思主义哲学之后，我国学界掀起了马克思主义系统观的研究热潮，经过众多学者们对马克思、恩格斯思想体系中系统观念的挖掘、整理、归纳和发展，最终形成了马克思主义科学的系统论观点。

马克思主义科学的系统观就是把系统看成由不同的要素或结构单元，根据一定的方式方法所组成的有机整体，并将系统的观点方法作为唯物辩证法

① 中国社会科学院情报研究所. 科学学译文集[M]. 北京：科学出版社，1980：306.

的重要依据，有机地运用于自然界、人类社会和人类思维的各个领域、各个方面，以此来分析事物的本质、内在联系和发展规律。马克思、恩格斯指出世间各种物体“是相互作用着的，并且正是这种相互作用构成了运动”①，任何系统或整体都不是孤立的、永恒不变的，而是会受环境和时间的影响而不断发生变化，并且始终都会达到一个相对动态平衡的状态。需要值得注意的是，系统并非各要素、各部分孤立地机械相加，而是基于一定的关系和形态结构，按照特定的方式有机组成一个整体。

马克思主义科学的系统观对于推动大中小学思政课一体化建设有着重要的启示作用：其一，不同学段的思政课是一个紧密联系的整体，要充分考虑各学段思政课之间的层次性、衔接性和连贯性，不能将其割裂分离开。层次性主要考虑各学段思政课之间的内容要符合不同学段学生道德品质的形成规律，内容应由浅入深、循序渐进。衔接性和连贯性主要考虑各学段思政课之间不能孤立和割裂开，要从整体和全局出发，在教学理念、教学目标以及课程内容设置等方面要统筹考虑，确保各学段思政课能成为方向一致、内容贴切、逻辑严密的整体，并能符合不同年龄段学生的能力需求、身心发展规律和认知水平。其二，不同学段的思政课作为一个有机的大系统，是由不同层次、不同方面、不同内容的思政要素子系统以一定形式和结构有机组成。这些思政要素子系统在大中小学思政课一体化建设过程中发挥着重要作用，为此在大中小学思政课一体化建设的过程之中要注意对思政要素子系统做好更新和维护，确保思政课这一大系统的效能能够得到最大程度的发挥。其三，在大中小学思政课一体化建设的进程中，要深挖各学段课程的思政资源，要根据不同学段人才培养的特点和专业能力素养要求，共同挖掘课程中蕴含的思政教学元素，将其融入教材编写、课程建设、课堂教学之中，建立课程思政案例库，打破思政课程育人空间的系统性壁垒，充分发挥“专业课程”的工具理性与“思政课程”的价值理性，实现从思政课程到课程思政跨越融合，共建大思政课的圈层效应，真正做到育人和育才的统一。其四，要运用马克思主义科学的系统观去辩证地分析大中小学思政课一体化建设所面临的问题，从学生、授课教师、教育管理部门等参与主体着手，多维度、多层次、全方位地采取优化措施来整合各学段的思政课建设，充分发挥各学段、多主体之间的协同、互动和保障作用，不断强化大中小学思政课一体化建设的根基，使学生能够从小得到良好的道德品质熏陶，成长为担当民族复兴大任的时代新人。

① 恩格斯. 自然辩证法[M]. 北京：人民出版社，1971：54.

### （三）习近平总书记关于思想政治理论课建设的重要论述

中国共产党自成立以来就高度重视思政课建设，不断强化其育人效果。不管是在新民主主义革命时期、社会主义革命和建设时期还是改革开放时期，我们党都对思政课建设进行过部署和安排，影响了一代又一代人的理想信念和人生选择。党的十八大之后，中国特色社会主义进入新时代，以习近平同志为核心的党中央高度重视思政课建设，并因应时代要求作出了一系列重要部署，推动思政课建设进入了蓬勃发展的新阶段，取得了良好的成效。习近平总书记曾多次强调思政课建设是其比较关心的一件事，是必须经常强调的一项工作，例如 2016 年在出席全国高校思想政治工作会议和 2019 年主持召开学校思想政治理论课教师座谈会时，他就对思政治课建设的重要性作了强调，并就如何开展思政课建设作了工作安排和部署。2019 年 8 月，中共中央办公厅、国务院办公厅印发了《关于深化新时代学校思想政治理论课改革创新的若干意见》，对如何“统筹大中小学思政课一体化建设”做了深刻阐述。① 在党的二十大报告上，习近平总书记从推进文化自信的角度着手，明确地提出要推进大中小学思想政治教育一体化建设。习近平总书记对思政课建设的高度重视、重要论述和战略擘画为大中小学思政课一体化建设指明了方向、提供了动力。深入学习贯彻习近平总书记关于高校思想政治理论课建设的重要论述，是新时代推进大中小学思政课一体化建设的必然要求，对于加强不同学段思政课的系统设计和整体规划，提升新时代思政课育人实效有着重要的现实意义。

首先，关于思政课育人目标的论述。思想政治工作从根本上说是做人的工作，要以学生为中心，落实好立德树人的根本任务，提升学生的思想道德素质、政治素养和文化水平。办好思政课、讲好思政课要注重方式方法，要明确“培养什么人、怎样培养人、为谁培养人”这一根本问题，把道理讲深、讲透、使之能够入脑入心，浸润学生心智，激发其斗志和责任担当。思想政治工作是高校工作的生命线，教育主管部门和学校各级党委等要把思想政治教育工作牢牢地抓在手上，遵循思政课的育人规律、学生的成长规律和社会主义办学方向，广泛开展劳动教育和素质教育，增强其爱国主义情感，提高其实践能力和创新能力，促进学生全方位、多角度的发展，努力培养综合素质高、社会责任感强，能够堪当民族复兴大任的时代新人。

---

① 中共中央办公厅国务院办公厅印发《关于深化新时代学校思想政治理论课改革创新的若干意见》[EB/OL].（2019-08-14）[2023-12-24]. https：//www. gov. cn/zhengce/2019-08/14/content_5421252. htm.

其次，关于思政课的教学内容的论述。思政课教学要坚持社会主义办学方向，以习近平新时代中国特色社会主义思想铸魂育人，引导学生厚植爱国主义情怀，让学生以青春奋斗的姿态更好地担负起新的使命责任，成为建成社会主义现代化强国的中坚力量。此外开展思政课教学，要充分利用好课堂教学这一主阵地，在教学过程之中运用多种教学方法，不断提升思政课的亲和力和吸引性，满足学生成长发展需求和期待。其他专业课程也要“守好一段渠、种好责任田”，实现思政课程和课程思政的有机结合。

最后，关于思政课一体化建设的论述。大中小学思政课一体化建设要注重统筹性，使得各学段的思政课建设更具有衔接性、连贯性、科学性和创新型。此外，习近平总书记还明确提出了“大思政课”要善用之的要求，不能丢掉思政课立德树人的根本任务，要将理论和现实相结合，充分运用丰富的历史文化资源，紧密联系中国共产党和中国人民的奋斗历程，让学生深刻领悟马克思主义中国化时代化的内在道理，明白为什么历史和人民选择了中国共产党和社会主义。

习近平总书记关于思想政治理论课建设的重要论述，擘画了未来思政课建设的发展方向，指明了思政课建设的根本任务，强调了思政课的课程属性和关键地位，这对大中小学思政课一体化建设具有重要的指导意义，也为大中小学思政课一体化建设提供了方向指引和理论遵循。

## 第二节　大中小学思政课一体化建设的价值意蕴

大中小学思政课一体化建设作为具有创新性的“大思政课”课程体系，遵循了思政课的育人规律、学生的认知规律和成长规律，在各学段学生的思想引领和价值塑造过程之中发挥着重要的作用，具有深刻的价值意蕴。

### 一、大中小学思政课一体化建设的战略定位

思政课作为一门课程具有其他课程都具有的共性，那就是通过本学科知识的教学来对学生进行显性教育，而思政课除了开展学科知识教育之外还有自身的独特之处，那就是要通过隐性教育来启润学生心灵，引导学生树立正确的世界观、人生观和价值观。思政课的这一特殊之处，决定了在推进大中小学思政课一体化建设之前，必须要对思政课的战略定位有一个充分的认识，

从而更好地了解大中小学思政课一体化建设的价值所在。

### （一）大中小学思政课一体化建设是新时代治国理政的现实要求

思政课是党的创新理论传播的一条重要途径，也是开展思想政治教育的主阵地和增强人们主流意识形态认同的主渠道，所以从某种意义而言思政课是承载我国社会主义核心价值观和主流意识形态的主要传播载体。在当下各种社会思潮激烈碰撞的背景之下，思政课在我国治国理政战略全局中的作用日益凸显。一方面，面对世界百年未有之大变局，各种社会思潮的相互交织以及敌对势力的意识形态渗透，我国意识形态领域面临的风险日益严峻，迫切需要作为祖国未来的青少年在社会价值观和社会主流意识形态上达成共识。思政课的课程属性决定了其必须要在这一关键时期肩负起培育学生政治认同、思想认同、理论认同和价值认同的重大使命。另一方面，思政课是一门严肃的，具有高度政治性的课程。这就要求思政课必须立足于我国的国情，坚持党的领导，坚持社会主义的办学方向，完成为党育人、为国育才的重任，全方位地为我国治国理政服务。自党的十八大以来，以习近平同志为核心的党中央高度重视大中小学思政课一体化建设，“鼓励各地高校积极开展与中小学思政课共建，共同推进大中小学思政课一体化建设”[①]。由此可见，大中小学思政课一体化建设，是新时代党中央立足于我国发展的全新历史阶段，为更好地维护我国国家利益所实施的一项重要的教育教学改革工程。随着大中小学思政课一体化建设的持续开展，大中小学思政课的育人效果将得到充分体现，在培养教育一代又一代拥护党的领导，认同社会主流意识形态和拥有正确世界观、人生观、价值观的社会主义建设者和接班人等方面发挥重要作用。

### （二）大中小学思政课一体化建设是完成立德树人根本任务的重要举措

为了给实现中华民族伟大复兴培育合格人才，党中央就新时代我国的教育改革提出了明确要求，做了战略部署，为加快我国实现教育现代化、建设教育强国、办好人民满意的教育提供了遵循、指明了方向。大中小学思政课一体化建设就是在这一时代背景下，根据党中央的教育改革的战略所实施的

① 习近平在中国人民大学考察时强调：坚持党的领导传承红色基因扎根中国大地走出一条建设中国特色世界一流大学新路[N]. 人民日报，2022-04-26.

一项教学改革工程。大中小学思政课的一体化建设是为了更好地提升思政课的育人实效，对于新时代我国育人目标的实现具有重要意义，这是因为育人目标不是永恒不变的，而是会随着经济社会的发展和时代的变迁而不断调整、丰富和拓展。进入新时代以来，以习近平同志为核心的党中央着眼于我国发展的全新历史方位和时代任务，对我国的教育要培育什么样的人提出了明确要求，在 2018 年的全国教育大会上，习近平总书记强调我国的教育就是要"培养德智体美劳全面发展的社会主义建设者和接班人"①。这一目标的提出回应了新时代我国经济社会发展的人才需求，同时也对我国的教育改革提出了全新的要求。新时代育人目标的实现，需要不断深化我国的教育改革，加快推进教育现代化。大中小学思政课一体化贯穿于小学、初中、高中、大学全过程，覆盖了所有学段的学生，全面地嵌入进我国的育人体系之中，是培养一代又一代拥有正确世界观、人生观、价值观的社会主义建设者和接班人的重要课程。因此，推进大中小学思政课一体化建设是实现立德树人根本任务的重要举措，在新时代我国治国理政的战略全局之中发挥着关键作用。

### （三）大中小学思政课一体化建设是实现第二个百年奋斗目标的追切要求

一代人有一代人的使命，一代人有一代人的担当。党的二十大报告明确指出，在新时代的历史方位下"中国共产党的中心任务就是团结带领全国各族人民全面建成社会主义现代化强国、实现第二个百年奋斗目标，以中国式现代化全面推进中华民族伟大复兴"②。这一中心任务的实现离不开人才，尤其是有理想担当和吃苦精神的青年人才。正如习近平总书记所说："中华民族伟大复兴中国梦的实现，归根到底靠人才、靠教育。"③面对世界百年未有之大变局和中华民族伟大复兴的战略全局，我们不仅要看到我国的经济社会发展进入全新历史方位后对党和国家的工作开展所提出的新要求，还要看到对广大人民群众尤其是青少年在思想品质、知识储备、劳动能力等方面所提出的新任务。当下我国已经顺利实现了第一个百年奋斗目标，正全力向第二个百年奋斗目标冲刺。第二个百年奋斗目标相较于第一个百年奋斗目标而

① 坚持中国特色社会主义教育发展道路培养德智体美劳全面发展的社会主义建设者和接班人[N]. 人民日报，2018-09-11（1）.

② 高举中国特色社会主义伟大旗帜 为全面建设社会主义现代化国家而团结奋斗[N]. 人民日报，2022-10-17（2）.

③ 习近平. 做党和人民满意的好老师——同北京师范大学师生代表座谈时的讲话[N]. 人民日报，2014-09-10.

言，任务更加艰巨，使命更加光荣，挑战更加严峻，对人才的要求更加严格，也更为迫切。只有培养一代又一代愿为党的事业不懈努力、矢志奋斗的高素质综合人才，才能为实现第二个百年奋斗目标和中华民族的伟大复兴提供坚实的智力支撑。而推进大中小学思政课一体化建设，有助于各学段思政课形成教育合力，发挥出更好的育人效果，实现知识引领和价值塑造的高度统一，将有助于坚定青年人才的理想信念，凝聚青年人才的政治共识。由此可见，推进大中小学思政课一体化建设是实现第二个百年奋斗目标的迫切要求。

## 二、大中小学思政课一体化建设的时代要求

大中小学思政课一体化并非各学段思政课的机械相加，而是依据新时代党和国家对思想政治教育的最新要求，从系统论的角度着手对各学段的思政课进行统筹规划，确保大中小学各学段思政课内部的思政要素能够实现有机联系，形成整体合力，发挥出更好的育人效果。这不仅是大中小学思政课一体化建设的题中之义，更是思政课立足于新时代的历史方位得到更好发展的必然要求。

### （一）明确好大中小学思政课一体化的目标要求

目标引领方向，大中小学思政课一体化建设要适应新时代要求，提升教学实效，应有一个科学的目标规划。

#### 1. 保持各学段思政课总体目标的统一化

大中小学思政课一体化建设要形成整体合力，应有一个能够贯穿各学段思政课的总体目标，如此才能统领思政课的建设方向，奠定思政课的内容基础，确保各学段思政课的整体性和连续性。就当下而言，大中小学思政课一体化建设的总体目标是在遵循学生认知规律的基础上，培育一代又一代拥护党的领导，认同社会主流意识形态和拥有正确世界观、人生观、价值观的社会主义建设者和接班人。具体而言，思政课一体化的目标要聚焦以下两个方面：一方面是要将立德树人根本任务的具体要求，即培育“培养德智体美劳全面发展的社会主义建设者和接班人”，分解细化、有机地融入各学段的思政课之中，帮助学生坚定理想信念，为增强学生使命责任与担当筑牢思想之基。另一方面是要立足于“实现中华民族伟大复兴”的中心任务。青少年作为祖国的未来，是实现中华民族伟大复兴的关键力量和主心骨，大中小学思政课要在筑牢学生思想之基的基础上，引导学生与时代同行、与历史同向、

与人民同在，从而为实现中华民族的伟大复兴贡献力量。

### 2. 实现各学段思政课教学目标的精确化

大中小学思政的一体化建设要形成整体合力，应有一个精确的教学目标，如此才能保证各学段的思政课能够精准定位、分段落实。各学段教学目标精确化的目的是对各学段人才培养的精细化。教学目标的精确化要充分考虑各学段思政课之间的层次性、衔接性和连贯性，避免在思政课教学过程中出现衔接不畅、各自为政、教学内容呈现低级别和无用重复的问题。各学段思政课教学目标的精确化大致可以划分为不同年级的教学目标、教材不同章节的教学目标、每节课时的教学目标，三者循序渐进、紧密相连。首先，要精确把握不同年级的教学目标。小学、初中、高中、大学各学段都是由不同年级组成，思政课教学目标要充分考虑不同年级的学情以及学生的成长和认知规律，做到环环相扣。其次，要精确把握教材不同章节的教学目标。思政课的教材也是一个紧密联系的整体，由各章节有机组成，因此在制定思政课教学目标的时候要回归教材，结合知识点和育人价值需要，从知识技能和情感价值着手综合设定每一章节的教学目标。最后，要精确把握每节课时的教学目标。课时是开展课程教学最基本的单位，要使思政课育人价值得到充分发挥，需要把握好每节课时，由小及大地实现大中小学思政课一体化的目标。

## （二）统筹好大中小学思政课一体化的教学内容

教学内容是思政课的教学载体，大中小学思政课一体化建设要适应新时代要求，除了要有一个能够贯穿各学段思政课的总体目标外，还应有一个系统的贯穿各学段的思政课教学内容，这是确保思政课建设适应时代要求的关键抓手。首先，要坚持社会主义办学方向，持续开展中国化时代化的马克思主义理论教育教学，以习近平新时代中国特色社会主义思想培根铸魂、启润心智，引导学生厚植爱国主义情怀，增强“四个意识”、坚定“四个自信”、做到“两个维护”，让学生以青春奋斗的姿态更好地担负起新的使命责任，成为建成社会主义现代化强国的中坚力量。其次，要落实习近平总书记关于思想政治理论课的重要论述。习近平总书记关于思想政治理论课的重要论述，为高校思想政治理论课改革创新、勇担使命指明了方向，也注入了强大动力。各学段思政课要以现有的课程内容为基础有机地融入习近平总书记关于思想政治理论课的重要论述，让学生能够了解党的最新创新理论，增强对社会主义核心价值观和主流意识形态的认同。再次，要坚持学科知识教育和价值情感教育相统一。思政课是一门学科知识教育与学生价值情感塑造相结合的课程，没有理论知识的支撑，学生的价值情感塑造就失去了依托，成了空中楼阁；而离开了学生的情感价值，思政课的课程属性和本质要求也无法得到彰显。因此，在开展大中小学思政课一体化建设的过程之中，各学段的思政课既要注重开展马克思主义理论教育，又要注重对学生进行思想引领和情感价值塑造，做到学科知识教育和情感价值教育相统一。最后，要有机融入时事政策教育。思政课不能脱离社会现实闭门造车，要立足时代背景适时地在各学段思政课教学内容里面融入时事政策，及时回应学生关切，强化学生的政治鉴别力。

### （三）构建好大中小学思政课一体化的保障机制

当今社会是一个多元化的社会，仅靠单兵作战，必然会出现力有不逮的问题。大中小学思政课一体化建设要适应时代发展的要求，应避免单打独斗的现象，同所有与思想政治教育有关的要素联动贯通，构建好大中小学思政课一体化建设的保障机制。一方面是要积极构建“大思政”场域空间，进一步扩大各学段思政课课堂范围，注重发挥学校社团、实践基地等的作用，营造浓厚的育人氛围；积极与地方各级机关、企事业单位、场馆、村社形成校内外协作的“大思政”协同育人共同体，不断拓展校外实践的内涵和外延，支撑理论小课堂和社会大课堂的有机融合；做到以“大思政课”建设为契机，积极开展学校社会协同育人，依托社区、红色教育基地、社会主义新农村等场景开展社会实践并建立动态监测实践机制，引导学生在深入了解我国经济社会发展状况、深刻体悟党和人民进行的不懈奋斗中筑牢信仰根基。另一方面是要深化课程思政全课堂，让所有课程都讲出思政味。各学段其他课程授课过程中涉及的思政内容是传统思政内容的细化，思政教育内容不仅只局限于教材本身，还应包括职业素养、专业特色与社会需求等诸多方面的内容。思政教育应实现课程育才与育人相统一，从“德育为先”“明理入心”等维度推动学科课程和思政课程的同向同行，避免课程思政建设“两张皮”问题，提升各学段思政课的育人实效。

## 三、大中小学思政课一体化建设的时代意义

大中小学思政课一体化建设是顺应经济社会的发展和时代变迁需求而产生的全新的思政课教学改革方案，对于全面落实新时代党的教育方针，提升思政课的育人实效具有重要意义。

### （一）全面贯彻落实党的教育方针

党的二十大指出："坚持以人民为中心发展教育，加快建设高质量教育体系，发展素质教育，促进教育公平。"①大中小学思政课一体化建设是新时代党的教育方针得到全面贯彻实施的重要体现，是在第二个百年奋斗目标的征程上更好地实现教育现代化、平等化，满足广大人民群众对美好生活向往的重要举措。办好大中小学思政课一体化建设有利于全面贯彻落实党的教育方针：一是有利于立德树人的根本任务得到更好的落实。"思政课程是实现育人目标的重要载体，体现着国家意志，在落实立德树人根本任务中发挥着重大作用。"②各学段的思政课是学生开展思想政治教育的主阵地和主渠道，是增强学生主流意识形态认同主要方式。通过一体化建设，可以将各学段思政课分散的育人资源进行整合，形成一个跨学段的思政课共同体，从而使得育人效果更加显现。二是有利于为党和国家培养能够堪当民族复兴大任的时代新人。思政课对于强化学生的公民意识，增强其对政党和政治关系的理解和认同起着不可替代的作用。通过大中小思政课一体化建设，能够改变各学段思政课"各自为政""单兵作战"的局面，做到各学段思政课之间有效衔接，形成育人合力，引导学生逐步树立正确的世界观、人生观和价值观，成为合格的社会主义建设者和接班人。三是有助于学生主动维护国家意识形态安全。一个国家没有先进的科学技术"一打就垮"，而没有强有力的意识形态安全则"不打自垮"，目前我国面临着严重的意识形态安全问题，迫切需要作为祖国未来的青年学生勇担家国责任，主动同各种错误思潮作斗争，坚决维护我国意识形态安全。然而广大青年学生正处于世界观、人生观、价值观刚成型的时期，身心发展尚不成熟，认知能力和辨别能力还有待提高，在面对各种错误的社会思潮和价值选择时难以找准明确的方向。而大中小学思政课一体化建设，就是要青年学生在从思想启蒙到价值观念形成的全过程都能沿着一个方向前进，不会因为学段的更换而导致思想引领的中断，从而提升青年学生的辨别意识和分析能力，让他们能够及时化解来自国内外的潜在风险和现实挑战，维护我国的意识形态安全。

---

① 高举中国特色社会主义伟大旗帜 为全面建设社会主义现代化国家而团结奋斗[N]. 人民日报，2022-10-17（2）.

② 教育部课题组. 深入学习习近平关于教育的重要论述[M]. 北京：人民出版社，2019：74.

### （二）整体提升思政课育人的实效性

唯物辩证法认为整体是事物内部各要素的有机结合，具有部分所不具备的功能，在事物发展过程之中居于主导地位。大中小学思政课一体化作为一个有机的整体，其功能和作用将远大于某一学段思政课的功能和作用，能够发挥出更好的育人效果。其一，大中小学思政课一体化建设有利于改变以往理论知识碎片化、不连贯的局面，帮助学生形成系统、完备的理论知识体系。思政课作为各学段的一门必修课程，贯穿于学生的整个成长历程，是引导学生全方面成人成才的一项德育工程。通过一体化建设，能够加强各学段思政课之间的联系，做到各学段理论知识的有效衔接、有序对接，从而帮助学生提高认知能力，形成完整的理论体系。其二，大中小学思政课一体化建设有利于提升思政课的育人效果。学生良好道德素养的形成不是一蹴而就的，理想信念的形成与巩固也需要一个长期的过程。大中小学思政课一体化建设就是在这一过程之中起到一种正向的引导作用，并且这种引导作用并非一朝一夕的，而是从小学到大学持续性地进行，循序渐进地推进，能够不间断地引导学生沿着正确的道德方向前进，最终实现立德树人的根本任务。其三，大中小学思政课一体化建设还有利于了解学生前后的思想发展情况，提升思政课立德树人的整体实效性。思政课要"使学生较好地接受教育，就必须弄清楚他们的'认知结构'已经发展到什么阶段以及它的性质"[①]，大中小学思政课一体化建设通过整合各学段之间的思政课，能够对学生上一学段的认知水平和道德发展情况有一个充分的了解，进而为本学段思政课的开展提供参考和依据。与此同时，大中小学思政课的一体化还能追踪学生在下一学段的成长情况，并以此为依据来改进本学段的思政课教学，做到各学段之间的前后贯通、整体推进。

### （三）助力学生成长成才和全面发展

现代思想政治教育有两大基本规律：其一是思想道德形成和发展的规律；其二是思想品德服从、服务于社会发展的规律。[②]大中小学思政课的一体化建设遵循学生的成长认知规律和经济社会变化发展的规律，与现代思想政治教育的规律同行同向，对于学生的成长成才和全面发展具有重要意义。一方面，

---

① 鲁洁，王逢贤．德育新论[M]．南京：江苏教育出版社，2010：174.

② 张耀灿，郑永廷，吴潜涛，等．现代思想政治教育学[M]．北京：人民出版社，2006：123.

大中小学思政课一体化建设有助于学生形成正确的世界观、人生观、价值观。“人的思想品德是在主体社会实践的基础上，在客观外部环境的影响与主观内部因素的相互作用、相互协调和主体内在思想矛盾运动转化的过程中产生、发展和变化的。”[①]大中小学思政课就是立足于当下我国经济社会的发展和时代的变迁，在遵循学生认知规律的基础上，对学生进行思想引领和价值观塑造，使其能够形成社会发展需要的价值观和意识形态。另一方面，大中小学思政课一体化建设有利于为党和国家培养合格的高质量人才。进入新时代，面对第二个百年奋斗目标和中华民族伟大复兴的历史伟业，我们比以往任何时候都更加需要人才。对于人才而言有一个重要的衡量指标，那就是德才兼备，以德为先。人的道德品质的形成和发展是一个复杂的过程，它受到成长过程中外部环境的影响以及自身内在的思想活动的制约。在这一过程之中，课堂教育尤其是青少年时期的课堂教育，对青少年道德品质的形成和发展有着最为直接的影响。思政课作为立德树人的关键课程，在各学段学生成长的过程之中会对学生的价值观念、意识形态以及道德素养等起到引领和规范作用，能够为学生成长、成才和全面发展提供指引。而大中小学思政课一体化建设则可以使各学段思政课形成合力，确保引领和规范作用能够发挥最大实效，助力学生成长成才和全面发展。

## 第三节　大中小学思政课一体化建设的基本内容

大中小学思政课一体化建设作为一个系统的工程，涉及诸多思政要素的整合，这些思政元素通过内部的要素有机联系、互相作用，从而形成合力，共同地对思政课大系统产生影响。马克思主义认为，“事物的内容是构成事物的一切要素的总和”[②]。关于思政课一体化建设的基本内容，就应该是构成思政课整体内容的一切思政要素的总和。思政课是由教学目标、教学理念、教学内容、教师队伍、教学评价等要素组成的，那么思政课的基本内容就是这些方面思政要素的总和。所以思政课基本内容的整合就是要将立德树人作为自身的根本任务，结合新时代党、国家和社会对人才培养的需求，根据党

① 陈万柏，张耀灿．思想政治教育学原理[M]．北京：高等教育出版社，2015：130.

②《马克思主义哲学》编写组．马克思主义哲学[M]．北京：高等教育出版社，2009：101.

的教育方针、依据思政课的教育教学规律，遵循学生的成长规律，结合学生的问题和需要，在理清各学段思政课的共性和个性的基础上，做到整体设计、科学规划，统筹好构成思政课整体内容的思政要素的一体化，做到既守好各学段思政课的“责任田”，又同时形成有效衔接、有序对接、层次分明、螺旋上升的思政课育人体系。

## 一、教学目标一体化

虽然教学目标是教学活动开展者主观意愿的具体体现，但教学目标却遵循了教育教学活动开展的规律，因此从这个角度而言它是客观的、符合事物发展规律的。当下，大中小学思政课教学目标的一体化还面临着衔接不完善和层次不分明等问题，使得思政课育人实效的张力体现得不甚理想。就学生的成长规律而言，大中小不同学段的学生认知水平和知识接受能力具有显著的差异，因此不同学段的思政课教学应循序渐进，逐步引导学生明事理、懂学理、悟真知，进而使学生通过思政课的学习，做到立大志、明大德、成大才、担大任。这就要求大中小学思政课教学目标必须衔接紧密、逻辑合理，遵循学生的成长规律，为立德树人，培育合格的社会主义建设者和接班人打下坚实的基础。为此，各学段思政课的教学目标应各有侧重、衔接紧密、过渡有序，进一步强化各学段学生的核心素养，逐步健全其人格，强化其道德素养、法治素养，增强其政治认同，筑牢其使命和责任担当。例如小学阶段的思政课应注重学生的道德启蒙与培育，强化其认知能力和辨别能力。初中时期的思政课应注重塑造学生的道德意识，筑牢其思想道德的基础。高中时期的思政课应注重学生的政治素养提升，培养其辩证思维。大学时期的思政课要强化学生的使命担当，要在加强加深理论学习的基础上，引导学生立足当下，着眼于国际国内发展大势，为实现中华民族的伟大复兴而不懈奋斗。

## 二、教学理念一体化

理念是行为的先导，对于教学活动的开展亦是如此，一个科学合理的教学理念对于教学活动的开展有着重要的意义。教学理念的贯彻实施离不开教师这一教学主体，因此在大中小学思政课一体化建设的过程之中，要充分发挥教师的主体作用，遵循以学生为本的教学宗旨，根据不同学段学生的知识基础、认知能力、心理水平，采用逐步提高、逐步加强的教学理念，对学生精心栽培、用心引导。具体而言小学阶段的教学理念应以“启蒙”为主，增强观察式教学和体验性教学，强化教学的形式，做到情景交融、生动有趣，进而激发学生对本门课程的学习兴趣，逐步陶冶其道德情操，让课堂“活跃”起来。中学阶段的教学理念应以“塑造”为主，这一时期是学生认知能力和辩证思维能力快速发展的一个时期，因此这一时期应注重对学生进行理论知识的教育和逻辑思维能力的培养，在教学内容设置上应有一定的深度，拓展学生思维，引发学生的思考，让课堂“思辨”起来。大学阶段的教学理念应以“提升”为主，这一时期学生的知识储备、心理水平和认知能力都达到了一个较高的水平，应进一步强化教学的理论深度，多增加探究性教学的内容，多增加一些带有思维性的问题，同时要让这一阶段的学生从理论教学的小课堂逐步融入社会的大课堂，锻炼学生的科研素养，让课堂“研学”起来。因此，实现大中小学思政课教学理念的一体化，归根结底要和学生的成长特点和兴趣点相结合，激发学生兴趣，做到教学理念契合教学规律，符合学生实际，在这一过程之中，作为教学主体的大中小学思政课教师要增强理论素养、陶冶价值情操、厚植家国情怀，在传道授业解惑的同时，做到“讲准、讲深、讲透、讲活”思政课，充分发挥思政课筑梦铸魂、沁润心智的作用。

## 三、教学内容一体化

教学内容是思想政治教育活动的体现，也是整个教学活动中的核心部分，教学内容设置得合理与否关系着教学目标能否实现，并对教学质量产生直接的影响，因此教学内容的设置对于大中小学思政课一体化建设至关重要。①大中小学思政课一体化建设要重视教学内容的一体化建设，这是强化思政课整体育人实效的重要举措。作为一门铸魂育人的关键课程，思政课教学的主题主要包含了道德教育、思想政治教育、社会主义先进文化教育、革命文化教育、中华优秀传统文化教育、爱国主义教育、集体主义教育、法治教育、心理健康教育等基本内容。此外还可以根据经济社会的发展和时代的变迁，与时俱进地融入与国情、社情相符合的内容。而思政课要想做到教学内容的一体化，就应该从思政课教学的主题着手，根据主题的内容来明确各学段的思政课内容，并且思政课的内容还应与学生的核心素养培育要求相契合。如强化学生的道德品质修养，需要加强中华民族优良传统道德教育、社会公德教育、职业道德教育、环境道德教育和道德评判能力等的培养。强化学生的政

① 刘石成，陈潞．课程目标一体化：大中小学思政课一体化的关键[J]．思想政治课研究，2020（1）：106-110，126.

治认同，需要培养学生的爱国爱党之情，对学生进行中华民族悠久历史教育和优秀传统文化教育，党的基本路线和社会主义现代化建设成就教育，中国国情教育，社会主义民主和法治教育，“和平统一、一国两制”的方针教育等。还有坚定学生的理想信念，需要对学生进行人生理想教育、道德理想教育、职业理想教育和社会理想教育，培养学生树立献身社会主义现代化建设事业的坚定信念。思政课的教学内容与核心素养并非强制性地一一对应，而是可以根据教学的安排和育人的需要有机地作出调整，但是需要保证的是学生核心素养的培养都应该有与之相对应的教学内容。这是思政课教学内容的大的主题方向，在大的主题之下还应该有更为细化的内容要求和内容要点。大中小学思政课的一体化建设，应在确保大主题统一的前提下，根据不同学段学生的知识基础、认知能力、心理水平、生活经验等对具体的内容要求和内容要点进行细化。这些内容要求和内容要点并非要在各学段思政课中平均分配，同样也可以根据教学的安排和育人的需要有机地作出调整。总之，实现大中小学思政课内容的一体化，需要不同学段思政课的教学内容根据学生的成长规律有效衔接、有序对接，形成体系丰富、特色鲜明的育人体系，从而使得思政课的整体效能得到最大程度的发挥。

## 四、教师队伍一体化

思政课教师是办好思政课的关键主体，思政课的育人成效如何，与思政课教师的主观能动性发挥有着直接关系。①大中小学思政课一体化建设作为一项系统的工程，要确保其广度“适中”、深度“适当”，这些都离不开思政教师深厚的家国情怀、扎实的理论功底以及娴熟的业务能力，更离不开各学段思政课教师的同向同行，所以思政课教师队伍的一体化是确保思政课能够更好发挥整体育人效能的一个关键举措。思政课教师队伍的一体化建设对于当下思政课的教学改革而言具有积极的意义。第一，能够有效地缓解因学段衔接不畅而导致的学生学情闭塞情况。由于各学段思政课教师教学活动的开展都是在本学段内进行，对于其他学段教学工作的了解相对较少，这就会导致不同学段之间思政课教师出现学情闭塞的情况。例如部分高校的思政教师就存在对学生在高中时期思政课的学习不够了解的情况，导致开展思政课教学时对重点把握不够准确，出现课程内容低级别重复、课程连接不顺畅的

① 习近平. 思政课是落实立德树人根本任务的关键课程（2019 年 3 月 18 日）[M]. 北京：人民出版社，2020.

情况，影响了思政课的教学实效。第二，有助于激发思政课课程改革的主体动力。教师作为思想政治教育活动的主要参与主体，无疑是思政课课程改革的执行主体和主要动力，因此思政课教师是否有与思政课程改革相匹配的思维，影响着思政课课程的改革实际成效。而大中小学思政课教师队伍的一体化建设有助于思政课教师在入职前和入职后，通过共同的培训植入相同的育人理念、教学信念和职业责任感，有助于避免不同学段思政课教师因育人理念、教学信念不同所导致的改革阻力，促进大中小学思政课一体化建设。

## 五、教学评价一体化

教学评价是衡量教学活动是否取得实效的关键环节，在教学活动的开展过程之中发挥着“指挥棒”的作用，这是因为教学评价的要求，客观上决定了教师该怎么教、学生该怎么学的问题。教学评价通常位于教学活动的最后一个环节，其直接目的是对整个教学活动的开展做出一个客观公正的评价，找出其中的优点和不足之处，使下一次的教学活动得以改进，促进学生的全面发展。[①]由此可见，一个科学合理的教学评价体系对于思政课的一体化建设有着重要作用。但是对于思政课而言，要对其进行科学合理的教学评价并非易事，这是因为思政课所开展的思想政治教育活动是一个知、情、意、信、行相统一的过程，很难从量化的角度进行客观评价，如认知能力容易评价，但是情感价值、意志力和理想信念等却难以客观地衡量。如果只单独地评价认知能力，那思政课的教学目标便无法得到客观呈现。盲目地评价情感价值、意志力和理想信念等内容，又会导致思政课教学评价的初衷偏离。所以思政课的教学评价应跳出传统教学评价的思维，不能只局限于课堂教学，而应从一个更为广泛的角度来建立一个客观的评价体系。

对于思政课而言，评价的基本依据是思政课教学过后的学业质量，也就是学生们在学习完这门课程之后的收获，反映的是学生核心素养的提升。第一，就对象而言，思政课的教学评价应指向学生的核心素养。核心素养就是通过思政课教学对学生进行各种能力的塑造，比如道德品质，世界观、人生观、价值观，政治认同、文化认同、主流意识形态认同等。因此思政课的评价应以学生这些核心素养的发展情况为依据，以此来衡量思政课的教学有没有发挥应有的效果。第二，就评价的过程而言，应强调表现性评价。学生的道德品质的发展是一个循序渐进、逐步加深的过程，不可能通过短暂的教学

① 金龙德. 新课程评价理念摭谈[J]. 吉林教育，2014（33）：25-26.

就突然达到理想中的一种应然状态。所以思政课的评价应摒弃即时评价这种功利性指标,将思政课的教学评价有机地融入整个思政课教育教学的全过程,开展过程性评价。第三，就评价的方式而言，应注重多元化评价。思政课教学活动的开展是一个多元主体协同合作的过程，包括教师、学生、学校、家庭、社会等。思政课的教学评价不能仅采用上级评价的方式，而应综合多元主体，将其评价结果糅合起来进行综合考量。第四，就评价的目的而言，应注重教学活动的更好开展。思政课教学评价的目的不在于单纯地衡量这门课上得好还是不好，而是应通过评价找出学生核心素养提升所存在的问题，并根据问题改进教师的教学活动，改变学生的学习行为。因此关于大中小学思政课教学评价的一体化，我们可以依据此思路来制定一个客观、有效的评价体系，实现以评促教，更好地发挥思政课的整体育人实效。

# 第二章
# 大中小学思政课一体化建设的学理阐释

大中小学思政课一体化建设作为一个系统的整体应在学理上对以下三个关键问题作出回应：其一，如何确立大中小学思政课一体化建设的整体内容构成；其二，在整体规划大学、中学、小学全过程思政课建设的基础上，如何实现各学段思政课的有效衔接；其三，如何处理大中小学思政课一体化建设过程中整体与部分、部分与部分之间的关系。对这三个问题的回答，需要我们从学理层面澄明各学段思政课整体内容确立的价值逻辑、各学段思政课有效衔接的基本方法、处理好各学段思政课一体化建设的主要原则等问题，从而为大中小学思政课的一体化建设提供支撑。

## 第一节 大中小学思政课整体内容确立的价值逻辑

思政课就其内容而言并非孤立、分离、割裂的，而是一个由多种思政要素组成的系统整体，这也是大中小学思政课一体化建设的前提所在。因此推进大中小学思政课一体化建设要从前提条件着手，明确思政课究竟要给学生讲授哪些内容，勾勒出思政课教学的内容全貌。当下学界的研究多关注思想政治教育内容确立的价值逻辑，对思政课整体内容确立的价值逻辑的研究较为少见。思政课作为思想政治教育的重要载体和立德树人的核心课程，是增强学生主流意识形态认同的主要方式，其特殊性主要体现在教育对象和教育内容上。唯物辩证法认为事物的特殊性与普遍性是个性与共性的关系，二者辩证统一、密切联系，是你中有我、我中有你的关系。所以，学界关于思想政治教育内容确立的价值逻辑的研究对于思政课整体内容确立的价值逻辑的研究是具有借鉴意义的。对于思想政治教育内容确立的价值逻辑，目前学界尚未形成共识，有的学者从国家、阶级和社会等角度入手，认为正是有了阶级的形成和国家的产生才有了市民社会，才逐步产生了思想政治教育的主体——一定社会的阶级或集团；有的学者从经济社会和时代发展的角度入手来思考思想政治教育的开展；还有的学者则从思想政治教育开展的目标、对象、理论依据、内在要求以及人的全面发展等角度着手来研究和探讨思想政治教育。[①]可以看到学者们关于思想政治教育内容确立的价值逻辑的研究层次跨度较大，具有显著的差异性，而造成这种差异性的原因在于，这些学者们研究的出发点和落脚点不同，有的学者立足于人类社会阶级来讨论思想政治教育，有的学者则立足于我国经济社会发展的要求来讨论思想政治教育，还有的学者立足于学校、学生这一对特殊的主体来讨论思想政治教育。由此可以看出对思想政治教育研究的出发点和落脚点的不同，是造成思想政治教育内容确立的价值逻辑产生差异的一个主要因素，而这些差异性如"国家和阶级""社会和时代""目标、对象、理论依据、内在要求"等都是思想政治教育内容确立的价值逻辑。由此，关于思政课整体内容确立的价值逻辑，我们可以从思想政治教育内容确立的价值逻辑着手。具体而言，思政课整体内容确立的价值逻辑大致可从国家意志、社会需求和学生实际三个层面展开。同样，大中小学思政课的一体化建设也要从这三个层面着手，确立自身的价值逻辑。

## 一、体现国家意志

思想政治教育活动就参与的核心主体而言，主要包括教育者与受教育者两大主体。对应到思政课中，教育者主要指向的是思政教师这一群体，他们是思想政治教育内容的主要传播者。然而思政教师所讲授的内容并非自身独创，而是来源于国家这一上层建筑。思想政治教育作为社会主义国家特有的教育形式，其概念虽最早由无产阶级政党所提出，却并非由无产阶级所独创，相反思想政治教育作为一项教育活动自古便有。发展到今天，虽然国外有的国家没有开设专门的思政课程，但是在其开设的其他课程之中也包含着"公民教育""社会教育""道德教育"等内容，其实这些内容从实质上看均属于思想政治教育。由此可见，"自从人类社会以来，特别是阶级形成和国家

① 在陈万柏、张耀灿、郑永廷等主编的几部思想政治教育学原理著作中，对思想政治教育内容的确立依据进行了研究和探讨，参见陈万柏，张耀灿．思想政治教育学原理[M]．北京：高等教育出版社，2015；张耀灿，郑永廷，吴潜涛，等．现代思想政治教育学[M]．北京：人民出版社，2006．

产生以来，思想政治教育就是一种客观存在的社会活动，具有普遍性”[①]。一个国家的统治阶级要维护自身的统治除了要依靠“刚性”的上层建筑之外，还需要发挥“柔性”的作用，诸如政治、法律、宗教、文化、艺术等意识形态的作用，以此来表征自身统治的合法性。在阶级社会里，“统治阶级的思想在每一时代都是占统治地位的思想”[②]“调节着自己时代的思想的生产和分配”[③]。因此，统治阶级的意志在阶级社会里即表现为国家的意志，这便是一个国家的思想，即意识形态的由来。而思想的分配，即统治阶级用国家思想（意识形态）来教育被统治阶级，使得被统治阶级认同统治阶级的价值观，成为符合统治阶级维护自身统治需要的合格市民。要把统治阶级的思想，诸如政治、法律、宗教、文化、艺术等意识形态传输给人们，需要通过一定的途径来实现，这个途径就是思想政治教育。学校作为人才培育的专门机构，思政课作为思想政治教育开展的特殊载体，其课程内容应充分反映统治阶级的意识形态，体现国家的意志。由此，大中小学思政课一体化建设就内容而言也必须体现国家意志，反映统治阶级思想。

习近平总书记强调，“古今中外，每个国家都是按照自己的政治要求来培养人的”[④]。这就需要各学段思政课坚持把立德树人作为根本任务，明确“培养什么人、怎样培养人、为谁培养人”这一根本问题。这是因为我国作为中国共产党领导的社会主义国家，决定了我国对人才培养的政治要求是培养一代又一代拥护中国共产党领导和我国社会主义制度，认同社会主义核心价值观和主流意识形态的社会主义建设者和接班人。党的十七大明确指出“社会主义核心价值体系是社会主义意识形态的本质体现”[⑤]。在党的十九大报告中，坚持社会主义核心价值体系被确立为新时代坚持和发展中国特色社会主义的一个重要举措，并同马克思主义思想、共产主义远大理想和中国特色社会主义共同理想一起成为全国人民都必须要长期坚持的基本方略。而党的二十大报告上又强调要广泛践行社会主义核心价值观，“深入开展社会主义核

① 陈万柏，张耀灿. 思想政治教育学原理[M]. 北京：高等教育出版社，2015：1.

② 马克思，恩格斯. 马克思 恩格斯文集（第1卷）[M]. 北京：人民出版社，2009：550.

③ 马克思，恩格斯. 马克思 恩格斯文集（第1卷）[M]. 北京：人民出版社，2009：551.

④ 习近平. 在北京大学师生座谈会上的讲话[J]. 中国高等教育，2018（9）：4-6.

⑤ 胡锦涛. 高举中国特色社会主义伟大旗帜 为夺取全面建设小康社会新胜利而奋斗——在中国共产党第十七次全国代表大会上的报告[J]. 求是，2007（21）：3-22.

心价值观宣传教育，深化爱国主义、集体主义、社会主义教育，着力培养担当民族复兴大任的时代新人”①。因此，反映党和国家的意志的思政课，在一体化建设的过程中其教育内容也必须反映党和国家的意识形态、指导思想，以社会主义核心价值体系作为各学段思政课的主要内容，把立德树人成效作为检验各学段思政课开展的主要标准，在坚定理想信念、厚植爱国主义情怀等方面下功夫。同时，还应坚持“论从史出”的原则，围绕中国共产党伟大建党精神和中国共产党人的精神谱系，围绕党史、新中国史、改革开放史、社会主义发展史、中华民族发展史开展“五史”教育，坚定学生的“四个意识”、增强学生的“四个认同”。

## 二、反映社会需求

马克思、恩格斯在《德意志意识形态中》指出：“全部人类历史的第一个前提无疑是有生命的个人的存在。”②在这里马克思和恩格斯强调了唯物史观的前提，那就是有现实的、有生命的个人，否则就没有人类历史。而这也侧面地说明了社会是由无数的个体所组成的，离开了个体，人类社会将不复存在。因此个人与社会就如水滴与海洋的关系，是相互联系、密不可分的，社会要想发展延续，就必须依靠一代又一代的人从事再生产活动。其中第一种延续人类生存的物质资料再生产，所依靠的必须是“自然人”，而“自然人”要延续生命离不开物质生产资料，这就需要第二种“延续双重生命”的生产——物质生产资料的再生产。这种生产不仅延续“自然人”的生命，同时也是社会存在和发展的基础。而在生产的过程之中，人必然会形成一种不以人自身意志为转移的相互关系，即生产关系。在人类社会中，生产关系是一种最基本的关系，除此之外还包括上层建筑关系、家庭关系等。人类社会为了维系这些关系的运转，在长期的实践过程之中，还逐渐产生了诸如道德、宗教、法律等规则与规范体系。所以正如马克思所强调的“人的本质是一切社会关系的总和”③，人是社会之中的人，他应具有什么样的本质，取决于他

① 高举中国特色社会主义伟大旗帜　为全面建设社会主义现代化国家而团结奋斗[N]. 人民日报，2022-10-17（2）.

② 马克思，恩格斯. 马克思　恩格斯文集（第 1 卷）[M]. 北京：人民出版社，2009：519.

③ 马克思，恩格斯. 马克思　恩格斯文集（第 1 卷）[M]. 北京：人民出版社，2009：501.

在诸多社会关系之中所处的地位，也因此一个真正意义上的人应该是具备自然属性和社会属性的人。人的本质属性以及人与社会的辩证关系决定了社会要实现有序运转，需要组成社会的个体遵守和维护社会关系运行的规则与规范体系，使人努力成长为一名认同社会规则与规范体系的合格成员。然而，这些社会规则与规范体系并不会自发地在社会成员的头脑中产生，也不会自发地得到他们的遵守，必须要依靠一定形式的教育活动才能产生。这里需要值得注意的一点是，社会对成员的要求并不等同于国家意志，二者具有显著的差异性。国家意志的产生来源于国家和阶级社会的产生，其灭亡也会随着国家和阶级社会的灭亡而消失。而人类社会的出现则要比国家和阶级社会更为久远，且存续也更加长久，哪怕未来共产主义社会消灭国家和阶级之后，人类社会依旧存在，也依旧需要开展一定形式的教育活动来培养合格的社会公民。所以社会要求的存在是不以国家的存在为转移的，只是在国家和阶级社会里，社会要求被打上了深深的国家烙印，因此不能简单地把社会要求等同于国家意志，要注意避免这种错误的认知。

习近平总书记曾强调："教育必须培养社会发展所需要的人。"①思想政治教育就是从思想层面培养满足社会需求的人的特殊教育活动，这就要求思想政治教育的内容必须要有一个鲜明的育人目标，要能满足当下社会发展的要求，让学生成为德智体美劳全面发展的社会主义建设者和接班人，成为在社会主义现代化建设中可堪大用、能担重任的栋梁之材，确保党的事业和社会主义现代化强国建设后继有人。要确保这一目标的实现，就是要把当下社会发展的需求有机地融入思政课的教学内容中，并通过教育活动的开展传授给学生，让学生了解当下社会发展需要什么样的人，从而实现思政课的育人目标。具体来看，社会的发展离不开社会的有序运转，离不开维系社会关系运行的规则与规范体系，这就需要每一个社会成员都发自内心地遵从和维系这些规则与规范体系。因此，思政课的总体内容的建设就应该反映社会发展需求，把法治、社会公德、职业道德、家庭美德、个人品德等维系社会关系运行的规则与规范体系作为各学段思政教育的基础内容。

## 三、结合学生实际

思政课整体内容的确立除了要体现国家意志、反映社会需求之外，还需

① 习近平. 在北京大学师生座谈会上的讲话[J]. 中国高等教育，2018（9）：4-6.

要结合学生的实际展开。人的实践活动的开展都是有目的、有意图，并追求一定实际效果的。思政课作为一门立德树人的核心课程，通过育人实践来对人的道德素养产生深刻影响，必然也会追求思政课的育人实践效果。思政课作为开展思想政治教育的一种实践活动，既包含了所有思想政治教育都具有的普遍性，也有自身的特殊性。就教育对象而言，与一般的思想政治教育活动相比，思政课的特殊性就在于其所开展的思想政治教育活动的教育对象为学生。马克思主义基本的方法论要求人们想问题、办事情要一切从实际出发，坚持实事求是。对思政课而言亦是如此，必须要考虑其受众对象，即广大学生的实际，一切从学生实际出发，如此才能确保思政课不会脱离学生实际而成为空中楼阁。在思想政治教育活动开展的过程之中有一个绕不开的矛盾，即社会发展对社会成员道德品质的要求和社会成员实际道德品质水平之间的矛盾。[①]这个矛盾的消弭和缓解需要思想政治教育活动发挥实效，将社会成员的道德素养提升到与社会需求相同的层次。而这里面有同思想政治教育内容密切关联的地方，具体表现为思想政治教育活动开展过程中的矛盾决定了思想政治教育活动的存在，如果矛盾已经消弭，那么思想政治教育活动自然没有存在的价值。而落实到思政课，这一矛盾则体现为社会对学生道德品质的要求和学生实际道德品质水平之间的矛盾，且这一矛盾有加深的趋势，也正因为如此才有了加强思政课建设的必要。而在加强思政课建设的过程之中，这一矛盾、差距实际上就是思想政治教育内容的来源。所以思想政治教育活动开展的目的就是把学生的道德品质提升到社会对成员道德品质要求的过程，落实到实践中，这个过程就是用社会发展对社会成员的道德需求作为思想政治教育活动的内容来对学生进行教育。由此可以看到在这个过程之中，思想政治教育活动内容的来源主要还是社会需求。但是如果仅依靠社会需求，却不考虑受教育主体，也就是广大学生的实际，就无法清楚地掌握思想政治教育活动开展过程中的矛盾究竟有多大，这些矛盾究竟存在于哪些方面，会导致思想政治教育活动的内容过于宏大而没有具体的针对性。所以思想政治教育活动的开展，还必须考虑广大学生群体的实际，从学生的实际出发，确保思想政治教育的实践活动能够取得成效。

据此可以明确大中小学思政课一体化建设过程中整体内容的确定，既要依据国家和社会的要求，同时也要依据学生的实际需要，找出学生的道德品质水平与经济社会和时代发展需求的道德品质之间的差距，以及造成差距的

① 《思想政治教育学原理》编写组．思想政治教育学原理[M]．北京：高等教育出版社，2018：159.

影响因素，并以此为依据来确定大中小学思政课一体化建设的整体内容。如此制定出来的思政课整体内容才是从学生实际出发的，亦是有针对性的，对于提升思政课的整体实效具有显著作用。而在明确学生的道德品质水平与经济社会和时代发展需求的道德品质之间的差距的时候也需要注意两个方面：第一个就是学生道德品质的共性和个性的问题，思政课总体内容的确定在考虑学生道德品质共性的同时也要适度地兼顾学生道德品质的个性；第二个就是要充分考虑学生道德品质的形成规律是一个由浅到深逐步发展的过程，并且在一定阶段之后会形成一种相对稳定的状态,但这个状态并非一成不变的，而是会受外界的影响而发生变化，因此思政课总体内容的确定要以学生实际的道德品质为依据。

## 第二节　大中小学思政课各学段有效衔接的基本方法

大中小学思政课一体化建设在确立了整体内容之后，还要思考大中小学思政课各学段之间的有效衔接问题。对于思政课而言，其思想政治教育活动目标的实现是依靠各学段思政课的开展来实现的，是一个循序渐进的过程。那么在这一过程中，各学段的思政课应该如何进行梯次衔接？这就涉及从学理层面来思考各学段思政课之间有效衔接的方法问题。各学段的学生在知识基础、认知能力、心理水平等方面都存在着较大的差异，都有各自阶段的特征，正是这些差异和特征导致了各学段之间的思政课形成了教育壁垒。因此，要实现大中小学思政课一体化建设，必须要充分地考虑各学段思政课建设的衔接问题。

### 一、遵循各学段学生的认知规律

课程学科知识的学习是一个识记、理解、运用、分析、综合和评价相结合的过程，而思政课学科知识的学习除了具备上述特征外，还有自身的特殊性。道德品质的形成过程是一个循序渐进的过程，一般要经历知、情、意、行等阶段，其中“知”即对所学知识的认知，是排在首位的。人对事物的认知是一个由浅入深、由表及里的过程，这也就是说人只有在对事物形成一个初步认知的情况之下，才会有后面的情、意、行等过程。在中共中央办公厅、国务院办公厅印发的《关于深化新时代学校思想政治理论课改革创新的若干意见》中，强调要“遵循学生认知规律设计课程内容”[①]。这一精神贯彻落实到大中小学思政课一体化建设之中，则表现为各学段思政课课程的设计要遵循学生的认知规律。人的认知是感性认识和理性认识的辩证统一，一个完整的认知过程是感性认识在实践的基础上，经过抽象思维的加工转变为理性认识，然后再将理性认识回归实践，用于指导实践。正如毛泽东所说：“一个正确的认识，往往要经过由物质到精神，由精神到物质，即实践到认识，与认识到实践这样多次的反复，才能够完成。”[②]对于学生而言，其在各学段的认识活动都是包含感性认识和理性认识的。但是学生的感性认识能力和理性认识能力并非时刻一致的，而是会根据学生年龄的不同而呈现出差异性。感性认识是认识的初级阶段，主要是对事物的表面现象进行认识，尚未触及事物的本质。感性认识就其表现而言主要有三种形式，分别是感觉、知觉和表象。对于感性认识，各学段学生之间的差异性并不大，就如对一个梨的感性认知，无论是小学生还是大学生均能通过观察、品尝等行为得到，他们的感觉、知觉、表象等都不会有太大的区别。但是理性认识却不同，各学段学生之间的理性认识会有较大的差异，这是因为理性认识是认识的高级阶段，需要借助和运用到抽象思维，但是这种抽象思维并非生来就有的，而是会伴随着学生的成长逐步增强。理性认识主要包含概念、判断和推理三个方面。首先是关于事物的概念，这是形成理性认识的前提。概念主要依靠人们运用自己的抽象思维来对大量感性材料的加工才能获得，因此一个学生抽象思维的强弱将会对其理性认识能力的强弱产生影响。虽然不同年龄段的人对于事物的认识都会包含感性认识和理性认识，但是小学生和大学生的感性认识却会由于彼此抽象思维的差异而呈现出较大的区别，并呈现出一个逐步增强的趋势。这是因为就学生的心理发展规律而言，学生的心理水平会随着年龄的增长，经历一个“从具体形象到抽象逻辑的发展阶段”[③]。因此，不同学段思政课之间的衔接应充分考虑学生的感性认识发展规律，作出有针对性的设置，如此方能实现大中小学不同学段思政课之间的前后贯通。如小学阶段，学生的抽象思维刚开始萌芽，但能力较弱，但对事物的观察认知能力却比较强，因此这一时期的思政课应围绕“看”来进行设置，以一种较为直观且易于被小学生接受的形式来呈现。而初中和高中时期是学生抽象思维能力形成和发展的阶段，这一时期的学生理性认识能力快速增强，因此这一时期的思政课

① 中共中央办公厅、国务院办公厅印发《关于深化新时代学校思想政治理论课改革创新的若干意见》[Z]. 中华人民共和国国务院公报，2019（24）.

② 中共中央文献研究室. 毛泽东文集（第 8 卷）[M]. 北京：人民出版社，1999：321.

③ 王立仁. 学生思想政治教育论纲[M]. 北京：中国社会科学出版社，2015：103.

应围绕“是什么”和“为什么”来设置，注意拓展学生思维，引发学生的思考。到了大学阶段，学生的心理水平已经趋于成熟，并具备较强的抽象思维能力，这一时期的思政课，应围绕“怎么办”来设置，加强理论知识教育的力度，多增加一些带有思维性的问题，让其抽象思维能力能够得到充分的训练和提高。

## 二、遵循各学段学生的成长规律

思政课作为各学段的一门必修课程，贯穿于学生的整个成长历程，是引导学生全方面成人成才的一项德育工程。要实现思政课的这一育人目标，就必须以学生为中心，遵循学生的成长规律，重点关注学生成长过程中面临的烦恼、困难、挑战和需要。目前整个社会把学生从小学到大学的这一成长阶段亲切地称为“拔节孕穗期”。“拔节孕穗”生动地说明了这一时期是学生成长较快的时期，也是学生收获较大的时期，所以这一时期也是学生面临各种问题和需要最多的时期。而思政课作为贯穿学生“拔节孕穗期”的一门必修课程，应该要直面学生的问题和需要，并积极地作出回应，为学生的健康成长保驾护航。这样做一方面可以使各学段的思政课更贴近学生成长的实际，提升育人实效；另一方面，也能让学生学有所获，增强对思政课的学习兴趣。因此，不同学段思政课之间的有效衔接还应充分考虑成长阶段学生的问题和需求，避免各学段思政课程的设置出现对接无序、层次不分、内容出现低级别重复的现象。

在学校思想政治理论课教师座谈会上，习近平总书记指出：“青少年阶段是人生的‘拔节孕穗期’，这一时期心智逐渐健全，思维进入最活跃状态，最需要精心引导和栽培。”[①]拔节孕穗这一词语原用于农业上，主要指农作物生长周期中的一个重要阶段，这一阶段农作物的生长情况将会决定农作物的收成。因此，在农作物的拔节孕穗期，需要对其施肥加水，以保证农作物在拔节孕穗期能够获得大量的营养供给。而一旦错过了农作物拔节孕穗这一生长周期，后期无论如何施肥加水都将于事无补，结果只能是收成的大量减少。农作物的这一生长规律对于青少年而言亦同样适用，青少年从小学到大学这一成长周期其实对应的就是农作物的拔节孕穗期，在这一时期必须及时地给青少年的成长“施肥加水”，以保证青少年的成长能够获得大量的“营养供给”，进而获得全面发展，成为满足党、国家和社会需要的高素质综合人才。

① 习近平. 思政课是落实立德树人根本任务的关键课程[J]. 求是，2020（17）：4-16.

一旦错过了青少年这一重要的生长周期，可能就会导致青少年面临“营养供给”不足的问题，面临各种各样的成长问题。习近平总书记在十八届中央政治局第一次集体学习时的讲话强调，“理想信念就是共产党人精神上的‘钙’”[①]。钙是人体生长的必备元素，一旦缺了钙，人就会得软骨病无法站立。而理想信念对一个人的精气神塑造就如同钙对于人的肉体一样，是人的精神之“钙”，缺乏理想信念会导致人们精神上的萎靡不振，缺少作为人的精气神。这样的人才显然是不合格的，也是无法满足党、国家和社会发展对人才的需求的。所以，对于拔节孕穗期的青少年，应高度重视其“营养供给”，从物质和精神层面着手，提供满足青少年成长需要的“营养物质”，确保青少年能够拥有健康的体魄和阳光的心态，做到身体和精神层面的全面发展。这里的“物质营养”主要指满足青少年生长所需的蛋白质、脂类、碳水化合物、矿物质、维生素等；而“精神营养”则主要指文化知识、理想信念、道德品质、理性智慧等。可以看到学生成长所需要的精神营养，大部分都需要思想政治理论课这一关键课程提供，这也印证了思政课这门课程的重要性。所以，作为给青少年拔节孕穗期提供精神营养的关键课程，应高度重视成长期学生的精神需要，及时地提供丰富的“精神营养物质”，为学生的成人成才提供保障。因此，各学段思政课之间的衔接必须要满足成长时期学生的需要，并针对小学、初中、高中、大学阶段学生的成长变化特点有针对性地提供相应的思政课内容。

各学段思政课的衔接除了要遵循学生成长期的需要之外，还应充分考虑学生成长期所面临的问题。就如农作物在其拔节孕穗这一重要的生长周期除了要施加足够的营养物质之外，还要及时地驱除病虫害，不然哪怕农作物有充足的营养依旧无法健康地生长。同样地，对于学生而言亦是如此，要保证学生的成长，除了要满足成长期学生的需要之外，还应直面不同时期学生成长期面临的问题，并给出正确的应对方法。每个人都是社会中的人，学生亦是如此，在其成长的过程之中势必会受到社会环境的影响。所以教育的开展，尤其是思想政治教育的开展，也需要放到一定的社会环境和社会背景下来进行，否则思想政治教育就会变成空中楼阁，培养出来的学生也会成为温室的花朵无法经历风吹雨打。然而社会环境，无论是微观层面的家庭和学校环境，中观层面的社会环境，还是宏观层面的国际环境，都会对学生的思想产生影响，这个影响既有有利的一面，也有消极之处。正如习近平总书记所指出的

---

① 共产党员网. 习近平治国理政关键词：精神之“钙”[EB/OL].（2016-10-11）. https://news. 12371.cn/2016/10/11/ARTI1476134525887568. shtml?from=groupmessage.

“面对世界的深刻复杂变化，面对信息时代各种思潮的相互激荡，面对纷繁多变、鱼龙混杂、泥沙俱下的社会现象，面对学业、情感、职业选择等多方面的考量，一时有些疑惑、彷徨、失落，是正常的人生经历”①。习近平总书记所提的这些问题其实都是成长阶段的学生所面临的社会共性问题，也是学生最容易产生迷茫和困惑的地方。因此各学段的思政课要针对本学段学生最容易产生迷茫和困惑的地方循序渐进地进行引导，使各学段思政课能够相互配合形成衔接合力，确保学生能够健康地成长。如小学阶段，对应的是学生的“播种出苗期”，这一时期是学生道德品质培养的起步阶段，对外界事物充满好奇，所以这一阶段的思政课应注重在学生心里播下真善美的种子，使其扎根于学生心灵，体现于学生言行；中学阶段，对应的是学生的“生长拔节期”，这一时期是学生快速成长的时期，也是最容易受影响的时期，心理和精神世界动荡较大，所以这一阶段的思政课应精心守护好学生的成长，及时回应他们的需求；大学阶段，对应的是学生的“孕穗灌浆期”，这一时期学生心智逐渐成熟，并即将面临社会，这一阶段的思政课要注重增加学生的思想营养，塑造学生的世界观、人生观、价值观，进一步强化学生的道德素养和政治认同，使之成为新时代德智体美劳全面发展的社会主义建设者和接班人。总而言之，各学段思政课的衔接要遵循学生的成长规律，以学生的实际需要和面临的实际问题为依据，重点关注学生成长期面临的普遍问题和困惑，确保各学段思政课之间实现有效衔接、有序对接，形成育人合力。

## 三、依据思政课课程的育人目标

不同学段思政课的衔接还要依据思政课的课程育人目标，这是确保各学段思政课形成合力，保持整体性和连续性的关键所在。思政课的课程育人目标是确定某一阶段思政课的授课内容、教学目标、教学方法、教学手段和教学效果的基础。此外，思政课的课程育人目标还是党、国家和社会要求的集中体现，它的设置也体现了整体和部分的关系，分为思政课总的课程育人目标和各学段的课程育人目标。思政课课程的总目标体现的是党、国家和社会对思政课人才培养的总要求，即在遵循学生认知规律的基础上，培育一代又一代拥护党的领导，认同社会主流意识形态和拥有正确世界观、人生观、价值观的社会主义建设者和接班人。思政课各学段的课程目标，体现的是党、

① 习近平．青年要自觉践行社会主义核心价值观——在北京大学师生座谈会上的讲话[N]．人民日报，2014-05-05（1）．

国家和社会对某一学段思政课人才培养的预期要求，如小学阶段要注重学生的道德启蒙，中学阶段要筑牢学生的思想之基，高中阶段要强化学生的政治素养，到了大学阶段则要强化学生的责任和使命担当。这些目标对思政课的开展起着统领作用，所以不同学段思政课的衔接，除了要遵循学生的成长规律，依据学生的需要和问题之外，还应依据思政课的课程育人目标。

关于思政课的课程育人目标，2020年中共中央宣传部、教育部印发的《新时代学校思想政治理论课改革创新实施方案》细化了思政课的教育目标，为新时代思政课的改革指明了方向。一是要把握两个大局。在两个大局相互交织的背景之下，我国迎来了中华民族伟大复兴最好的历史时期，而要实现中华民族的伟大复兴离不开人才的培养，离不开人才的使命和责任担当，思政课作为立德树人的关键课程，需要承担起这一历史使命。二是要把握思政课的政治属性。政治性是思政课的根本属性，所以讲好思政课，不能让思政课肤浅化、泛娱乐化，更不能让思政课教学内容随意化、庸俗化和碎片化，要突出思政课的思想性、政治性和理论性，使思政课能够符合社会主义核心价值观，体现党、国家和人民的利益。三是要把握知情意行的目标。要建设好思政课，强化学生的使命感、责任感和担当精神，需要把握知、情、意、行的具体目标。其中“知”即理论认知，这是强化学生认知能力的基础所在，要将思政课讲深、讲透、讲活，让学生透过现象看本质。“情”即情感认知，这是深化学生价值认同的重点，要通过思想引领和价值塑造，培养学生的价值认同和爱国情感，厚植学生的爱国主义情怀，使之成为综合素质高、社会责任感强，能够堪当民族复兴大任的时代新人。“意”即坚定意志，要把马克思主义理论讲好、讲活，展现出马克思主义的科学性和真理魅力，让学生能够用马克思主义理论武装头脑，去辩证地看待、分析和解决问题，确保他们能够坚定马克思主义信仰不动摇，矢志为中华民族的伟大复兴而奋斗。“行”即躬行实践，这是培养学生的归宿所在，思政课必须要体现实践性的原则，要让学生走出思政小课堂，融入社会大课堂，做到理论与实践的结合，在实践中讲理论，在理论中还原实践，自觉将个人理想融入国家、民族事业中，争做堪当民族复兴大任的时代新人。

## 第三节 大中小学思政课一体化建设的主要原则

大中小学思政课的一体化建设作为一个系统的工程，要取得成功必须理顺其中夹杂着的各种复杂关系和矛盾冲突点，制定大中小学思政课整体与部分、部分与部分都应认可和遵循的原则，如此才能保证大中小学思政课一体化建设能够在目标、方向和行动上形成向心力，保持一致性。

## 一、政治性与学理性相统一

习近平总书记强调："推动思政课改革创新，要坚持政治性与学理性相统一，以透彻的学理分析回应学生，以彻底的思想理论说服学生，用真理的强大力量引导学生。"①一方面，从思政课教学的作用来看，思政课是学生开展思想政治教育的主阵地和主渠道，是增强学生增强主流意识形态认同的主要方式。在思政课教学实现以"内容为中心"的教材语言向以"学生为中心"的教学语言的转化过程中，思政课教师从始至终都扮演着关键的角色。另一方面，从思政课教学的目标来看，开展思政课教学是为了培育"有理想、敢担当、能吃苦、肯奋斗的新时代好青年"。所以从以上两个角度可以看出思政课是相当严肃的，且具有高度的政治性。这是因为在开展思政课教学的过程之中，无论是教材内容、思政课教师的教学语言还是政治立场，都会对学生的认知能力产生巨大影响，这就要求在开展大中小学思政课一体化建设的进程之中必须全方位地坚持政治性不能动摇。而思政课作为一门课程，有其独特的课程属性和内容特色，这就要求各学段的思政课建设应环环相扣，形成一个内容紧密、层次分明、层层递进的内容体系，这一过程就需要进一步加强各学段思政课建设的学理性。因此，要想更好地实现大中小学思政课的一体化建设，必须坚持政治性与学理性相统一。

## 二、目标性与政治性相统一

大中小学思政课一体化建设的目标会对其发展方向和发展道路产生深远影响。当下我国正经历历史上最为广泛和深刻的变革，人们的思想观念发生了深刻的变化，这一变化极易对学生的思想活动产生影响。因此，为了应对新历史背景下的新挑战，我国的大中小学思政课一体化建设就应更加坚定思想引领、价值塑造和立德树人的根本目标，积极探索大中小学思政课一体化建设的新模式，引导学生成为能够堪当民族复兴大任的时代新人。思政课是

① 习近平主持召开学校思想政治理论课教师座谈会强调用新时代中国特色社会主义思想铸魂育人贯彻党的教育方针 落实立德树人根本任务[N]. 人民日报，2019-03-19（1）.

一门政治属性强的课程，必须毫不动摇地坚持党的领导，才能更好地发挥思政课的引导功能。因此办好思政课的前提是要讲好思政课，不能让思政课肤浅化、泛娱乐化，更不能让思政课教学内容随意化、庸俗化和碎片化，要突出思政课的思想性、政治性和理论性，使思政课能够符合社会主义核心价值观，体现党、国家和人民的利益，这是今后各学段思政课一体化建设的着力点和重中之重。所以，在推进大中小学思政课一体化建设进程之中，必须坚持目标性与政治性相统一的原则，从各学段思政课的政治属性着手，统筹推进各学段思政课同向同行、有机联动、共担使命。

## 三、整体性与部分性相统一

大中小学思政课一体化建设是一个有机的整体和系统的工程，这就要求在各学段思政课一体化建设进程之中坚持系统性思维和整体性原则，做到整体和部分的统一。所谓整体性，即在各学段思政课一体化建设的进程中要坚持宏观视野。思政课作为各学段的一门必修课程，贯穿于学生的整个成长历程，是引导学生全方面成人成才的一项德育工程。因此各学段的思政课并非孤立、分离、割裂的，而是一个由各要素组成的系统的整体。所谓部分性，即在统筹推进大中小学思政课一体化建设进程中，要着眼于不同学段学生的认知发展水平与特殊学情，立足于不同学段思政课的育人要求与实际问题，对教学理念、教学目标、教学内容、课程评价等核心要素进行现实性、可操作性的改革优化，推动大中小学思政课做到有效衔接、有序对接，如此方能使各学段的思政课朝着一体化的方向发展，搭建起大中小学思政课有效衔接的育人体系，推动各学段思政课内涵式发展。

## 四、横向知识与纵向发展相统一

大中小学思政课是一个横向发展和纵向提升相统一的过程。小学、初中、高中、大学各阶段的思政课在教学理念、教学内容、能力要求以及价值观呈现等方面呈现出不同层次和不同要求，而大中小学思政课一体化建设又对各学段的思政课提出了整体性、层次性、衔接性和有序性等规定。办好思政课的本质在于讲好道理、做好思想的传递，不断洗涤学生心灵，提升学生的道德品质素养。而要讲好道理、做好思想的传递，离不开思政课核心知识的讲述。以思政课核心知识为基础是各学段思政课一体化建设的内在逻辑，这就需要各学段思政课在一体化的进程之中要紧扣核心知识，立足于各学段学生的认知发展水平，在横向上拓宽知识的广度，在纵向上延伸知识的深度，使得各学段的思政课内容得以夯实的同时做到上学段的知识的讲述能够为下学段知识的讲解奠定基础，下一学段知识的学习能够巩固、加深和拓展上一学段的知识，进而构建起体系完备的思政课横向知识系统，更好地发挥思政课启润心智、洗涤心灵的作用。大中小学思政课一体化建设除了要构建体系完备的横向知识系统，还要在兼顾各学段学生的成长规律和认知水平的基础上，体现阶段性和渐进性的纵向发展逻辑，这是因为思政课内容的广度和深度最终还是要取决于学生的接受能力和认知水平。因此，思政课在一体化建设的过程中，要充分兼顾各学段学生的认知能力、思维水平，遵循学生道德品质的形成规律，让各学段思政课之间渐进式发展，而非跨越式发展和本末倒置。所以大中小学思政课一体化建设的一个核心要素是要坚持以学生为中心，在注重整体性建设的同时不能忽视各学段的特殊性，做到各学段之间有效衔接、有序对接，实现横向知识与纵向发展相统一。

## 五、知识教育与价值塑造相统一

从课程思政的角度而言，学校各学科课程的开设都负有思想引领和价值塑造的任务，但是思想引领和价值塑造并非这些专业课程的主责，他们只是在完成本学科知识教育的基础之上深挖本课程中所蕴含的思政元素，做到与思政课同行、同向、同在。而思政课则不同，作为一门立德树人的关键课程，对学生进行思想引领和价值塑造是其职责所在。正如习近平总书记所说："思政课重在塑造学生的价值观，这一点必须牢牢抓住。"[①]所以思政课并不能止步于本学科知识的讲授，还要充分发挥其课程属性对学生进行思想引领和价值塑造，这才是思政课的本质要求和课程属性所在。人对事物的认知是一个由浅入深的过程，需要透过现象才能看到本质。与此同理，学生对于思政课的学习，以及自身道德品质和价值观的塑造也是一个由浅入深的过程，需要在掌握一定理论知识的基础上结合自身的亲身实践方能形成正确的价值观和高尚的道德品质。因此，思政课是一门学科知识教育与学生价值塑造的辩证统一的课程，没有学科知识理论做支撑，学生的价值观塑造就是空中楼阁，而离开了学生的价值观塑造，思政课的课程属性和本质要求也无法得到彰显。在开展大中小学思政课一体化建设的过程之中，各学段的思政课既要注重开展马克思主义理论教育，又要注重在理论知识教育的基础上对学生进行思想

① 习近平. 思政课是落实立德树人根本任务的关键课程[J]. 求是，2020（17）：4-16.

引领和价值塑造，做到知识教育与价值塑造相统一。理论知识教育依据各学段的学情和学生的认知能力循序渐进地开展，而思想引领和价值塑造则要贯穿小学、初中、高中、大学各个学段，塑造学生的世界观、人生观、价值观，进一步强化学生的道德素养和政治认同，使之成为新时代德智体美劳全面发展的社会主义建设者和接班人。

## 六、理论性与实践性相统一

思政课是思想政治理论课的简称，具有突出的理论属性，所以思政课是要讲理论的，尤其是马克思主义理论。关于思政课的理论性，目前存在着两种较为典型的观点，其中一种观点认为思政课所讲的理论包含了马克思主义基本原理以及马克思主义中国化时代化等内容，这些内容政治属性强、理论要求高、内容较为抽象，因此思政课被认为是一门具有理论深度且不易被理解和掌握的课程；而另一种观点则觉得思政课就是讲故事、摆道理、谈人生，没有多大的理论深度。这两种观点其实代表了大部分人对思政课的一个感观，其实质都是一种悖论，这种悖论会加深人们对思政课的误解，因此必须对其加以辩证的剖析。持第一种观点，认为思政课内容抽象、不易被理解的其实大部分都是正在上思政课的学生，特别是高校的学生，这是因为大学阶段的思政课具有高度的政治性和理论性，注重思想引领和价值塑造，教材中的鲜有解释性的话语，很多都是直接的理论阐释，所列举的案例也与 Z 世代大学生的兴趣爱好相差甚远，使得他们的参与感、认同感不高，这也造就了大学生对思政课会产生这样一种观感。持第二种观点的人，大多数都是没有对思政课实际内容进行过深入了解的人，所从事的专业也与思想政治教育相距甚远。其实思政课恰恰与这种观点相反，因为思政课的本质在于讲道理，在于用思想理论铸魂育人，这就势必会涉及马克思主义科学理论。但是强调思政课的理论属性，并非要将思政课讲得晦涩难懂，而是要将道理讲深、讲透、讲活，就如马克思主义所说："理论只要说服人，就能掌握群众；而理论只要彻底，就能说服人。所谓彻底，就是抓住事物的本质。"①因此，思政课要实现用科学理论武装人，就要把马克思主义理论讲明白，让学生能够掌握马克思主义的世界观和方法论，所以思政课是一门内涵丰富、理论深刻的课程。在解决了思政课的理论性问题之后，第二种观点所持的悖论也就得到了解决。

① 马克思，恩格斯．马克思 恩格斯文集（第 1 卷）[M]．北京：人民出版社，2009：11.

而第一种观点则恰恰与第二种观点相反，它不仅承认思政课的理论性，而且认为思政课内容抽象、不易被理解，这种观点出现的原因就在于当下的思政课重理论轻实践，出现了理论与实践相分离的现象。理论来源于实践，是对实践经验的科学总结，是人们抽象思维的结果；理论又高于实践，一个理论只有被应用到实践之中并经受实践的检验，才有价值和意义。所以理论与实践是密切联系、不可分割的，对于思政课而言亦是如此。要讲好思政课还必须体现实践性的原则，做到理论与实践的结合，要让学生走出思政小课堂，融入社会大课堂，增强学生的参与感与认同感，从而强化其对马克思主义理论的认识和理解。基于对两种观点的辨析，可以看出思政课是一门理论性与实践性均较强的学科，因此在大中小学思政课一体化建设的进程中，要注重在理论和实践的结合中发挥思政课育人作用。

## 七、守正与创新相统一

守正与创新其实对应的就是思政课内容的变与不变。有的学者认为思政课是一门理论与实践密切结合的学科，要更好地发挥其育人效果，应做到在实践中育人，在社会大课堂中增强学生的参与感与获得感，因此思政课的内容应该随着经济社会的发展和时代的变化而常变常新；但有的学者也觉得思政课作为一门具有鲜明意识形态属性的课程，其内容应当保持稳定性，总是变来变去会给人营造一种思政课内容不严肃，较为随意的印象，进而影响思政课育人效果的发挥。以上两种观点均言之有理，但也有失之偏颇的地方。变与不变的问题其实对应的是辩证唯物主义里的运动与静止的辩证关系问题。辩证唯物主义认为“事物的运动是绝对的，而静止是相对的”，所以思政课内容的“变”是绝对的，“不变”则是相对的。“物质世界都是绝对运动和相对静止的统一”，因此思政课内容的变与不变应当是统一于事物的变化发展过程之中，是一种辩证统一的关系，我们既要承认思政课内容的变，又要看到思政课内容在变的过程之中存在着相对静止，这也说明了思政课的守正和创新是一种辩证统一、密切联系的关系。

正如习近平总书记在探讨中国特色社会主义理论的守正与创新问题时所强调的：“守正就不能偏离马克思主义、社会主义，但不是刻舟求剑，还要往前发展、与时俱进，否则就是僵化的、陈旧的、过时的。”[①]守正就是要守住正确的方向、道路和性质，具体表现为在理论上要高举马克思主义的理论

① 习近平. 思政课是落实立德树人根本任务的关键课程[J]. 求是，2020（17）：4-16.

旗帜毫不动摇，落实到具体的实践中则是要坚持党的领导和社会主义道路毫不动摇。而创新则是推陈出新，具体表现为在理论上不能死板、因循守旧，要说出马克思主义理论与时代相结合的新话语，即推进马克思主义的中国化时代化，而在实践中则表现为做新事，即要敢于探索、勇于创新，推动中国特色社会主义理论的不断向前发展。因此，在大中小学思政课一体化建设的进程之中应该遵循各学段思政课内容守正与创新相统一的原则。坚持守正，就是要总结各学段思政课内容建设的成果经验，在遵循思政课课程内容建设规律的基础上，尽可能地保持思政课内容的相对稳定，使之能够坚持正确的方向、道路和性质毫不动摇。不断创新，就是各学段思政课的课程内容在建设的过程之中要顺应经济社会和时代发展的要求，与时俱进地融入马克思主义中国化时代化的最新理论成果，做到常变常新。进而科学地设计大中小学各学段思政课的课程的内容，统筹推进各学段思政课课程内容的改革创新，助力大中小学各学段思政课的一体化建设。

# 第三章
# 大中小学思政课一体化建设的历史回顾

## 第一节　大中小学思政课一体化建设的发展历程

我国的大中小学思政课一体化建设问题不是凭空出现的，而是一个逐步推进、不断深化的过程。在这个漫长的发展过程中，我们不断探索如何更好地将思想政治教育贯穿于各级各类学校的教育教学中，如何更好地发挥思政课在培养学生思想道德素质和价值观方面的重要作用。总体而言，我国大中小学思政课一体化建设经历了从新中国成立，到改革开放后，再到步入新时代三个时期的历史演进。

### 一、新中国成立：大中小学思政课建设初步探索和发展

新中国成立后，我国教育事业取得了巨大成就，为提高广大人民群众的文化素质、促进社会主义现代化建设作出了重要贡献。但是，由于长期受“左”的思想影响，教育战线存在着许多亟待解决的突出问题。为了进一步贯彻党对教育工作的总要求，切实解决教育战线存在的问题，教育部决定召开全国教育工作会议。1949 年 12 月 23 日至 31 日，第一次全国教育工作会议在北京召开。这次会议确定了全国教育工作的总方针，也开启了我国对思政课程建设的探索与发展。随后，马克思主义理论、思想品德教育、时事政策等大中小学思政课程开始出现，奠定了我国思政课教育体系的基本框架和格局。

从 1949 年新中国成立到 1978 年改革开放前，我国针对大中小学思政课程建设共出台或颁布相关指导性政策或文件 50 余份，一方面体现了国家对大中小学思政课建设的重视程度很高，另一方面也从侧面反映了这一时期我

国对大中小学思政课建设的指导性政策频繁修改或变动，还处于摸索阶段。尤其在国民经济恢复时期，我国教育部门出台的相关法规中，明确要求将“政治课”列于各学科之首，这充分印证了思政课在我国各教育阶段的重要作用和关键地位。到了社会主义改造时期，思政课的作用和地位开始被不断削弱。从 1954 年到 1956 年，中央有关部门相继出台一系列关于大中小学思政课建设的指导性政策，明确要求陆续取消初中阶段的思政课和高中一二年级的思政课，并进一步削减高中三年级的思政课学时数。而同一时期的大学思政课教学几乎全盘照搬苏联的教科书和政治讲义等。而到了社会主义建设时期，我国教育部门开始对大中小学思政课建设进行重新调整和进一步规范。1957 年 8 月，教育部颁布《关于中学、师范院校设置政治课的通知》，明确指出政治课是每一个青年学生的必修课，并决定在中学、师范学校普遍设立政治课。这一通知明确了思政课的重要性，并使得中学阶段的思政课得以恢复，切实推动了思政课的普及和发展。同年 12 月，教育部出台了《关于在全国高等学校开设社会主义教育课程的指示》，开始从目的和要求等方面对大学生和研究生的思政课做出明确规定，以进一步规范高等学校的思政课建设。1966 年至 1976 年的“文化大革命”时期，我国大中小学思政课建设开始处于缓慢发展期。

总而言之，新中国成立后我国大中小学思政课建设经历了一个跌宕起伏的发展阶段。由于受当时大环境的波及，这一时期的大中小学思政课建设工作大多围绕彼时的社会现实问题展开，而较少关注学生的个体发展需求。相较于思想政治教育的内部规律性，外部因素反而决定了相关指导性政策的出台和思政课程的设置。但不可否认的是，即便这一时期的大中小学思政课建设历经波折而缓慢前行，但也初步构建起了我国思政课教育体系的框架和格局。这一时期的曲折探索，也为后续我国大中小学思政课一体化建设提供了宝贵的历史经验和教训。

## 二、改革开放后：大中小学思政课建设快速重建和完善

改革开放以后，随着党和国家的工作重心转移到经济建设上来，我国教育事业取得了举世瞩目的辉煌成就，大中小学思政课建设也受到前所未有的高度重视，进入了一个新的发展时期。但改革开放之初，在各种思潮的冲击之下，人们的价值观念发生了巨大变化。尤其是青年群体的思想不可避免地受到各种思潮、文化，特别是受西方文化的影响，青年的精神危机进一步导致各种社会问题层出不穷，不仅阻碍了我国经济社会的快速发展，还严重影

响了我国青年思想品德的健康发展。这一突出问题开始受到社会的普遍关注和国家的高度重视，于是重新构建思政课教育体系，严抓学生德育工作，是提升我国青年思想道德素质的重要举措。

1978 年至 1992 年，我国的大中小学思政课建设进入一个快速恢复和重新建构的时期。1979 年 4 月至 5 月，教育部召开了全国中小学思想政治教育工作座谈会。会议明确了加强学校思想政治工作的任务和要求，对于推动当时乃至今后的学校德育工作具有重要指导意义。同年 9 月，教育部印发的《全国中小学思想政治教育工作座谈会纪要》中指出："教育战线是为社会主义现代化建设培养人才的重要阵地，一定要把德育放在首位。"①这是国家颁布的第一个关于加强学校思想政治工作的文件。会议纪要强调了德育的重要性，提出了"德育为首"的思想，明确了各级各类学校的政治任务和思想品德教育的目标要求，并就如何做好新时期学校德育工作和思想政治工作提出了一系列措施。这个文件的出台为我国大中小学思政课建设指明了方向，也为后来的思想政治教育改革提供了重要的政策依据。1985 年到 1992 年期间，国家有关部门开始对思政课的教学大纲进行不断调整和优化。1985 年 8 月，中共中央颁布了《关于改革学校思想品德和政治理论课程教学的通知》（简称"85 方案"），强调了马克思主义基本原理教育的重要性，提出了"以坚定正确的政治方向为前提，以马克思主义基本原理为主线，以爱国主义、集体主义、社会主义教育为核心"②的指导思想，并就教学内容、教学方法等问题进行了具体规定。总的来说，"85 方案"是我国大中小学思政课建设的重要里程碑之一，对于加强学生思想政治教育、培养合格的社会主义接班人具有重要意义。1986 年 5 月和 6 月，原国家教育委员会（简称"原国家教委"）相继颁发了《全日制小学思想品德课教学大纲的通知》《中学思想政治课改革实验教学大纲（初稿）》，更加明确地规定了具体的教育内容，使得教育内容不断条目化、清晰化和具有逻辑性。总的来说，这些教学大纲的出台，对于规范和指导中小学思想政治教育工作，提高思政课建设的针对性和实效性，起到了积极的作用。之后，经过六年的改革实验，1992 年，原国家教委颁布了《全日制中学思想政治课教学大纲（试行稿）》，首次按照初中与高中分别规定教学目标。同时，为实现各年级课程内容的综合化，决定从 1992

① 汪青松，陈宁，等. 新中国大中小学思政课程的历史发展[M]. 上海：上海社会科学院出版社，2020：47.

② 汪青松，陈宁，等. 新中国大中小学思政课程的历史发展[M]. 上海：上海社会科学院出版社，2020：49.

年 9 月开始将各门中学政治课都统称为“思想政治”。

1993 年以后，我国大中小学思政课建设不断趋于规范化。1993 年和 1995 年，原国家教委先后颁布了《小学德育纲要》和《中学德育大纲》，对中小学德育工作的展开作了整体性的规划，对不同学段的学生制定了明确的教育目标。“小学主要引导学生初步培养爱祖国、爱人民、爱劳动、爱科学、爱社会主义的思想感情和良好品德。初中阶段的德育目标比小学阶段更加深化，主要是引导学生遵纪守法、树立公民意识，并立志为祖国的社会主义现代化而努力学习。而高中阶段的德育目标则比前两个学段更进一步，主要引导学生树立正确的三观，培养自尊自爱、诚实正直、积极进取、不怕困难等心理品质和一定的分辨是非、抵制不良影响的能力，积极拥护党的领导与方针政策。”①这两个德育纲要的出台，充分体现了国家对中小学德育工作和学生品德的基本要求，是学校、家庭、社会对中小学进行品德教育的基本依据，也进一步表明我国中小学思政课一体化建设开始谋划发展，思想政治教育实践也步入规范化与专业化之路。1997 年，原国家教委颁布了《九年义务教育小学思想品德课和初中思想政治课课程标准（试行）》。这一标准首次将小学和初中作为一个整体进行思政课规划与建设，是一次实现中小学思政课衔接的重要尝试。在 2002 年至 2004 年间，教育部先后颁布了小学、初中、高中的《全日制义务教育思想品德课程标准（实验稿）》《全日制普通高级中学思想政治课程标准（实验稿）》，以适应不同学段学生的生活实际与身心发展特点。这一阶段的思政课建设遵循“贴近实际、贴近生活、贴近学生”的原则，注重实践教育、体验教育、养成教育，做到知识学习与能力培养和行为养成相统一，切实增强针对性、实效性和吸引力。2005 年教育部印发《关于整体规划大中小学德育体系的意见》，指出大中小学德育工作要“遵循学校德育工作规律和青少年学生成长成才规律……使大中小学德育纵向衔接、横向贯通、螺旋上升”②。这一文件对大中小学德育进行了一体化设计和整体规划，使德育在纵向维度上实现相互衔接，在横向维度上实现相互贯通。之后教育部提出要求，对不同学段的德育课程标准进行修订与完善。

由上可见，改革开放以后，我国大中小学思政课建设已呈现科学化、规范化和整体化的发展趋势。随着我国对大中小学思政课建设的不断重视，各

---

① 汪青松，陈宁，等. 新中国大中小学思政课程的历史发展[M]. 上海：上海社会科学院出版社，2020：55-56.

② 教育部关于整体规划大中小学德育体系的意见[J]. 中华人民共和国教育部公报，2005（6）：25-29.

级学校思想政治教育工作的重心已经逐渐转向满足学生自由全面发展的需求，引导学生自主思考、自我教育、自我成长，培养为中国特色社会主义事业奋斗终身的有用人才。总之，改革开放后我国大中小学思政课建设更上了一层楼，为接下来的大中小学思政课一体化建设奠定了重要基础。

## 三、步入新时代：大中小学思政课一体化建设统筹推进

党的十八大以来，改革开放和社会主义现代化建设取得历史性成就，我国发展站到了新的历史起点上，中国特色社会主义进入新时代。新时代也是互联网快速发展和普及的时代，大中小学思政课建设既充满机遇也面临不少挑战。由于互联网上的信息繁杂，价值观多元，容易对青年学生的思想观念产生冲击，影响他们的价值观和行为习惯。因此，如何树立正确的思想道德观念，如何培养符合时代发展要求的社会主义建设者和接班人是当前我国思想政治教育工作的首要任务。这些变化与挑战，对我国大中小学思政课建设提出了更新更高的要求。

2013 年 12 月，中央办公厅印发《关于培育和践行社会主义核心价值观的意见》，强调“构建大中小学有效衔接的德育课程体系和教材体系”[①]。2014 年 3 月，教育部印发《关于全面深化课程改革落实立德树人根本任务的意见》，指出“建设大中小学各学段有机衔接的课程教材体系、确立教育教学各环节协调一致的人才培养体制、形成校内外多方参与配合的育人工作格局”[②]。其目的就是要统筹各学段、各学科、各教学环节和各方力量，有序递进与过渡各学段的育人功能定位与育人目标，实现纵向各学段与横向各学科的衔接与配合。这进一步展示了大中小学各学段思政课一体化建设的发展趋势。2019 年 8 月，中共中央办公厅、国务院办公厅印发了《关于深化新时代学校思想政治理论课改革创新的若干意见》，重点强调“统筹推进大中小学思政课一体化建设”[③]。2022 年 4 月，教育部印发《义务教育道德与法治课程标准（2022 年版）》，新标准进一步优化了课程设置，改进了课程内容组

① 中共中央办公厅印发《关于培育和践行社会主义核心价值观的意见》[J]. 党建，2014（1）：9-12.

② 教育部关于全面深化课程改革落实立德树人根本任务的意见[EB/OL].（2014-04-08）. http：//www. moe. gov. cn/srcsite/A26/jcj_kcjc gh/201404/t20140408_167226. html.

③ 中共中央办公厅、国务院办公厅印发《关于深化新时代学校思想政治理论课改革创新的若干意见》[J]. 中华人民共和国国务院公报，2019（24）：9-15.

织与呈现形式，在课程名称上加强了九年一体化设计，注重幼小衔接、小学初中衔接，注重学科内知识关联、学科间关联。可见，我国在思政课一体化建设中迈出了实质性的关键一步。同年 7 月，教育部等十部门联合印发《全面推进“大思政课”建设的工作方案》，指出要开门办思政课，强化问题意识、突出实践导向，充分调动全社会力量和资源，建设“大课堂”、搭建“大平台”、建好“大师资”，建设全国高校思政课教研系统。[①]总体而言，步入新时代以来，我国思政课建设逐步实现了向大中小学思政课一体化的转变、深化与发展。

综上所述，从新中国成立到改革开放前的这段时期，由于受当时国际国内形势大环境的限制和影响，这一时期的思政课建设还不够成熟，还处于曲折探索期。早期主要借鉴苏联教学模式，后期开始结合中国具体实际自主探索我国的思政课建设方案。改革开放之后，随着我国工作重心转移到经济建设上来，教育领域的发展也开始更加科学化、规范化、专业化，而这一时期思政课建设改革的重心也从关注社会发展需要逐渐转向关注学生自由全面发展的需求。进入新时代，面临百年未有之大变局，世情、国情、学情都发生了复杂深刻的变化，立德树人的目标更加明确，大中小学思政课一体化建设的问题也亟待落实。总之，从新中国成立到改革开放，再到步入新时代，经历 70 多年的探索与调整、改革与创新，我国思政课建设取得了令人欣喜的发展成就，也为后续大中小学思政课一体化建设提供了宝贵的经验，奠定了坚实的基础。

## 第二节　大中小学思政课一体化建设的主要成就

大中小学思政课一体化建设工作在摸索与实践中不断发展，取得了非常宝贵的成就，具体体现为新时代大中小学思政课一体化相关政策不断完善、育人格局逐渐形成、课程建设有效推进和教师队伍日益壮大。

---

① 教育部等十部门关于印发《全面推进“大思政课”建设的工作方案》的通知[EB/OL].（2022-08-10）. http://www. moe. gov. cn/srcsite/A13/moe_772/202208/t20220818653672. html.

## 一、大中小学思政课一体化的有关政策日益完善

党的十八大以来，特别是习近平总书记亲自主持召开学校思想政治理论课教师座谈会以来，思政课在党中央治国理政战略全局中的地位日益凸显，思政课建设、日常思想政治工作、课程思政全面推进。①在这样的大背景下，探索大中小学思政课一体化建设的实践越来越受到党和国家的高度关注，逐步将其纳入国家的顶层设计，颁布一系列相关政策，有利于我国大中小学思政课一体化建设的顺利推进，充分发挥思政课立德树人的关键作用。

### （一）大中小学思政课一体化建设的顶层设计持续加强

党的十八大以来，习近平总书记对教育事业特别是培养社会主义建设者和接班人的工作高度重视，强调“思政课是落实立德树人根本任务的关键课程”②。进入新发展阶段，我国要继续大力推动思政课改革创新，逐步健全大中小学思政课一体化建设的政策体系，不断强化顶层设计。步入新时代以来，中央有关部门陆续出台了一系列指导性文件，2013 年 12 月 11 日，中央办公厅印发《关于培育和践行社会主义核心价值观的意见》；2014 年 4 月 1 日，教育部印发《关于培育和践行社会主义核心价值观进一步加强中小学德育工作的意见》；2014 年 10 月 17 日，教育部党组、共青团中央联合印发《关于在各级各类学校推动培育和践行社会主义核心价值观长效机制建设的意见》；等等，这些政策文件的出台表明了国家在推动各级各类学校培育和践行社会主义核心价值观方面的主动作为，一方面强化了大中小学思政教育衔接的实效性，另一方面也推动了立德树人根本任务的落实。2016 年 12 月 7 日，习近平总书记出席全国高校思想政治工作会议并发表重要讲话，科学回答了高校思想政治工作一系列方向性、根本性问题，特别强调：“要坚持把立德树人作为中心环节，把思想政治工作贯穿教育教学全过程，实现全程育人、全方位育人，努力开创我国高等教育事业发展新局面。”③2017 年 8 月 17 日，教育部印发《中小学德育工作指南》，提出了分学段的德育目标，明确小学学段（又分为小学低年级、小学中高年级）、初中学段和高中学段的详细目标要求，既强调德育工作要符合各学段学生的年龄特点、认知规律和教育规

---

① 「光明论坛」推动红色文化融入高校“大思政课”[EB/OL].（2023-05-12）. https://baijiahao. baidu. com/s?id=1765636761523296400&wfr=spider&for=pc.

② 落实立德树人根本任务[EB/OL].（2021-0317）. https://m. gmw. cn/baijia/2021-03/17/34693328. html.

③ 习近平谈治国理政（第二卷）[M]. 北京：外文出版社，2017：376.

律，又注重各学段的有机衔接和逐级递进，努力增强德育工作的吸引力、感染力和针对性、实效性。2018 年 5 月 2 日，习近平总书记在北京大学师生座谈会上的讲话中指出："高校要把立德树人成效作为检验学校一切工作的根本标准，努力构建德智体美劳全面培养的教育体系。"[①] 2019 年 3 月 18 日，习近平总书记主持召开了学校思想政治理论课教师座谈会并发表重要讲话，带头推动思政课建设，要配齐建强思政课专职教师队伍，要把统筹推进大中小学思政课一体化建设作为一项重要工程，推动思政课建设内涵式发展。[②] 2020 年 12 月 15 日，为深入贯彻落实习近平总书记关于教育的重要论述特别是在学校思想政治理论课教师座谈会上的重要讲话精神，加强对不同学段不同类型思政课建设分类指导，推动新阶段学校思政课高质量发展，教育部大中小学思政课一体化建设指导委员会正式成立。[③]该指导委员会的成立，对于推动大中小学思政课一体化建设，加强思政课教师队伍建设，提高思政课教学质量和水平，落实立德树人根本任务具有重要意义。

### （二）大中小学思政课一体化建设的政策支持不断推进

随着顶层设计的不断优化，有关部门的政策保障和支持力度持续增强，颁布了一系列政策文件，打出了政策落地见效"组合拳"，为推动大中小学思政课一体化建设的顺利开展奠定了坚实基础。

第一，根据有关政策要求细化工作部署，切实推动并落实大中小学思政课一体化建设。为深入贯彻落实习近平总书记关于教育的重要论述特别是在学校思想政治理论课教师座谈会上的重要讲话精神，持续深化新时代思政课改革创新，充分发挥思政课落实立德树人根本任务关键课程的作用，国家有关部门相继出台了《关于开展"一省一策思政课"集体行动的通知》（2019 年 4 月 29 日）、《"新时代高校思想政治理论课创优行动"工作方案》（2019 年 9 月 2 日）、《关于加强新时代中小学思想政治理论课教师队伍建设的意见》（2019 年 9 月 18 日）、《新时代高等学校思想政治理论课教师队伍建设规定》（2020 年 1 月 16 日）、《关于加快构建高校思想政治工作体系的

① 习近平. 在北京大学师生座谈会上的讲话[M]. 北京：人民出版社，2018：7.

② 习近平主持召开思政课教师座谈会：在这个根本问题上必须毫不含糊[EB/OL].（2019-03-19）. https://baijiahao.baidu.com/s?id=1628359703036149839&wfr=spider&for=pc.

③ 教育部办公厅关于成立教育部大中小学思政课一体化建设指导委员会的通知[EB/OL].（2020-12-15）. http://www.moe.gov.cn/srcsite/A13/moe772/202012/t20201216_505813.html.

意见》（2020 年 4 月 22 日）、《新时代学校思想政治理论课改革创新实施方案》（2020 年 12 月 18 日）、《全面推进“大思政课”建设的工作方案》（2022 年 7 月 25 日）、《关于进一步加强新时代中小学思政课建设的意见》（2022 年 11 月 4 日）、《关于开展大中小学思政课一体化共同体建设的通知》（2022 年 12 月 29 日）等一系列政策文件，为进一步推动各地教育部门抓思政课建设主体责任，指导各方面工作部署落细、落实指明了方向，切实推动全员、全过程、全方位大中小学思政课一体化建设。

第二，在相关政策的支持引领下逐渐落细、落实、落深大中小学思政课一体化建设，确保我国思政课一体化建设改革工作扎实稳步推进。一方面，积极组织召开与大中小学思政课一体化建设有关的交流研讨会，如大中小学思政课教师座谈会、大中小学思政课内涵建设学术研讨会、大中小学思想政治教育一体化建设推进会、全国中小学党建德育工作会议、大中小学“大思政课”建设经验分享会等，通过一系列交流研讨，有助于各级各类学校及时总结推进大中小学思政课一体化建设的特色做法、实践经验等，明确思政课一体化建设的成效、不足以及下一阶段的工作方向，进一步优化大中小学思政课一体化建设的路径，切实推动工作部署和改革落实。另一方面，根据教育部“推进重大主题教育进课程教材”的有关规定，明确把中华优秀传统文化、革命传统、劳动、总体国家安全观、国防、生命安全与健康等重大主题教育列入课程教材，强化整体设计，并先后研制和印发一系列课程教材指南或指导纲要，如《习近平新时代中国特色社会主义思想进课程教材指南》《中华优秀传统文化进中小学课程教材指南》《革命传统进中小学课程教材指南》《大中小学劳动教育指导纲要（试行）》《大中小学国家安全教育指导纲要》《国防教育进中小学课程教材指南》《生命安全与健康教育进中小学课程教材指南》等，这一系列指导性文件明确了重大主题教育是普及性、通识性教育，面向全体学生持续开展，必须贯穿各学段，覆盖各学科。根据不同学段学生年龄差异和不同学科专业特点，整体谋划进课程教材工作，递进设计目标，精心选择内容，合理安排载体形式，有助于进一步增强课程教材育人导向和育人功能，推动大中小学思政课一体化建设行稳致远。

## 二、大中小学思政课一体化的育人格局逐步确立

当前，大中小学思政课一体化建设重在促进不同学段思政课程的衔接和贯通，提高思政教育的质量和效果。这一建设聚焦学生的成长成才，引导学生树立正确的世界观、人生观和价值观，提高学生的思想觉悟和道德水平，

逐步确立了大中小学思政课一体化的合力育人工作格局，让“思政课”无处不在。

## （一）始终坚持党对大中小学思政课一体化建设的领导

加强党对大中小学思政课一体化建设的领导，是确保思政课建设正确方向和高质量发展的关键。一方面，各级党组织要加强对思政课一体化建设的专业指导，及时研究解决工作中的重大问题；另一方面，又要建立健全党委统一领导、有关部门各负其责、全社会协同配合的工作格局，形成强大工作合力。

第一，各级党组织要加强对大中小学思政课一体化建设的专业指导，及时明确发展方向。当前，大中小学思政课一体化建设需要加强分级分类指导和专业化指导的有机结合，这是新时代思政课高质量发展的关键所在。这种结合能够更好地适应不同学段学生的需求，提高思政课的针对性和实效性，确保思政课建设工作始终沿着正确的方向前进。一方面，2020 年 12 月 4 日，教育部印发《关于成立教育部大中小学思政课一体化建设指导委员会的通知》，决定成立教育部大中小学思政课一体化建设指导委员会。该委员会是在教育部党组领导下，对大中小学思政课一体化建设进行领导、指导、咨询、示范、培训、研判的专家组织。其主要职能是对大中小学思政课一体化建设进行政治领导和工作指导，具体包括：分析大中小学思政课一体化建设的基本态势；研制大中小学思政课一体化建设的指导性文件和教学指南；开展大中小学思政课一体化建设的示范培训；开展大中小学思政课一体化建设的课题研究；以及承担教育部党组交办的其他任务。另一方面，组建专家指导组是推动大中小学思政课一体化建设的重要举措之一。专家指导组应该明确工作职责和工作方式。工作职责包括制定思政课一体化建设的指导性文件和教学指南、开展示范培训、进行课题研究等。工作方式可以采取定期会议、专题研讨、实地考察等多种形式，加强交流合作，推动理论与实践的结合。同时，专家指导组应该注重发挥咨询、研判、评估、培训和指导等方面的作用。通过开展前瞻研究、评价指导、工作研讨、经验总结、问题研判等工作，不断推动思政课一体化建设的深入发展。

第二，建立健全党委统一领导、有关部门各负其责、全社会协同配合的工作格局，形成强大工作合力服务于思政课一体化建设。始终坚持发挥党的领导协调作用，“树立整体系统思维，协调各方力量，统筹推进大中小学思政课课程一体化建设”[1]。这既需要充分坚持党的领导，又需要积极协调各方，调动各方面积极性，切实推动大中小学思政课一体化建设。大中小学思政课一体化建设是一项系统工程，需要积极协调各方力量，调动各方面积极性。首先，建立健全各学段思政课教师之间的沟通机制，定期召开联席会议，共同商讨思政课一体化建设的重大问题，协调解决推进过程中的困难和问题。同时，要加强与相关部门的沟通协调，形成工作合力。其次，根据各学段的特点和实际情况，制定具体的思政课一体化建设方案，明确建设目标、任务、措施和时间安排等。同时，要注重方案的科学性和可操作性，确保方案的有效实施。再次，加强校际合作，共享优质教学资源，共同开展教研活动，提高思政课的教学质量和水平。最后，要注重整合社会资源，加强与相关企事业单位的合作交流，拓展实践育人渠道。

### （二）学校、家庭和社会的合力育人网络日益健全

大中小学思政课一体化建设是一项系统工程，需要学校、家庭和社会各方面共同努力。通过一体化建设，可以使思政课在学校教育中“茁壮成长”，在家庭教育中“生根发芽”，在社会各界协助下“焕发生机”，为培养德智体美劳全面发展的优秀人才做出积极贡献。首先，学校是大中小学思政课一体化建设的主阵地。学校应该根据不同学段学生的认知特点和接受能力，科学设置教学内容和方法，注重培养学生的思想道德素质、法治素养和创新能力。其次，要加强师资队伍建设，提高教师的专业素养和教学能力，鼓励教师开展教学研究和实践创新。再次，家庭是大中小学思政课一体化建设的重要补充。家长要注重培养孩子的思想道德品质和行为习惯，加强对孩子的教育和引导。同时，家长也要积极参与学校的教育活动，与学校密切配合，共同促进孩子的健康成长。最后，社会是大中小学思政课一体化建设的重要支撑。政府和社会各界要提供必要的政策和资源支持，加强社会文化建设和社会实践活动的开展，为学生提供更多的实践机会和社会体验。同时，媒体和社会组织也要发挥舆论引导和宣传推广的作用，营造良好的社会氛围。除此之外，广大媒体的积极参与和正面宣传可以营造良好的舆论环境和社会氛围，推动大中小学思政课一体化建设的发展。媒体可以通过多种形式如新闻报道、专题节目、网络直播等，扩大思政课的影响力，提高社会的认知度、认同度和支持度，让更多的人认识到思政课在培养学生思想道德素质、法治素养和

① 谢峰. 大中小学思政课课程一体化的价值逻辑和实践路径[J]. 学校党建与思想教育，2020（8）：33-35.

创新能力等方面的重要作用，引导社会各界更加关注和支持思政课的发展。同时，媒体还可以通过开展社会实践活动、组织公益活动等形式，积极推动思政课的实践育人工作。这有助于让学生在实践中深入理解和体验思政课的教学内容，增强思政课的实效性和感染力。总之，通过建立健全学校、家庭和社会的合力育人网络，可以有效地推动大中小学思政课一体化建设的发展。这种网络可以为学生提供更加全面、系统的教育支持，促进学生的全面发展，培养更多德智体美劳全面发展的优秀人才。

## 三、大中小学思政课一体化的课程建设持续推进

课程作为国家意志在教育领域的直接体现，对于立德树人发挥着至关重要的作用。在新时代背景下，大中小学思政课一体化的课程建设成为一项重要任务，并取得了一定的成绩。

### （一）一体化推进大中小学思政课课程建设

为了贯彻落实《中共中央 国务院关于进一步加强和改进未成年人思想道德建设的若干意见》（中发〔2004〕8 号）和《中共中央 国务院关于进一步加强和改进大学生思想政治教育的意见》（中发〔2004〕16 号）精神，2005 年，教育部印发了《关于整体规划大中小学德育体系的意见》，就整体规划大中小学德育课程提出了意见，为我国大中小学思政课一体化建设奠定了坚实的基础。该意见强调了各教育阶段之间的衔接和贯通，要求根据学生的身心发展特点和认知规律，科学地规划德育目标和内容，逐步推进德育课程的设置和实施：在小学阶段开设以公民基本道德素质教育为基本内容的“品德与生活”“品德与社会”等课程，重在引导学生养成讲文明、懂礼貌、守纪律的行为习惯和良好的道德品质，树立集体主义精神和爱国主义情感。课程设置更注重生动活泼、形式多样，以实践活动为主，更符合低中高年级小学生身心发展的特点，强调贴近实际、贴近生活。在中学阶段开设以提高学生思想道德水平为基本内容的“道德与法”“中国特色社会主义”“经济与社会”等课程，重在加强民族精神、理想信念和公民道德教育，培养学生树立正确的世界观、人生观和价值观，提高学生的思想觉悟和道德水平。课程设置更注重知识传授与品德培养的有机统一，加强实践环节，注重培养学生的自我教育能力。在大学阶段开设“马克思主义基本原理”“毛泽东思想、邓小平理论和‘三个代表’重要思想概论”和“思想道德修养与法律基础”等

课程，重在提高学生的思想道德素质和文化素质，培养德智体美劳全面发展的优秀人才。课程设置更注重理论联系实际，强调学生的主体性和参与性，培养学生的创新能力和社会责任感，帮助大学生提高思想道德素质。

进入新时代，构建以习近平新时代中国特色社会主义思想为核心内容的思政课课程群是一项系统工程，需要从多个方面入手，结合大中小学各学段特点构建形成必修课加选修课的课程体系，更加注重整体性、实践性、应用性和创新性，为培养德智体美劳全面发展的社会主义建设者和接班人提供有力保障。小学阶段开设"道德与法治"必修课程和选修课程；初中阶段开设"道德与法治"必修课程和相关选修课程；高中阶段开设"中国特色社会主义""经济与社会""政治与法治"等必修课程和"当代国际政治与经济""法律与生活"等选修课程；大学阶段开设"思想道德与法治""毛泽东思想和中国特色社会主义理论体系概论""形势与政策"等必修课程，以及围绕"马克思主义经典著作""四史"和"中华文化"等内容开设选修课程，为学生提供更加全面、多样化的学习资源和发展机会。特别是对小学和初中思政课程进行了一体化设计，将原来小学的"品德与生活""品德与社会"课程和初中"思想品德"课程整合设置为"道德与法治"课程，这是思政课程改革的重要举措。通过这一举措，可以更好地培养学生的法治意识和道德观念，提高学生的综合素质和社会责任感。同时，这一举措也有助于推动思政课程的改革和创新，提高思政课程的教学质量。

大中小学各学段思政课课程设置见表 3-1。

表 3-1　大中小学各学段思政课课程设置

| 学段 | 课程设置 |
| --- | --- |
| 小学 | "道德与法治"必修课程+选修课程 |
| 初中 | "道德与法治"必修课程+选修课程 |
| 高中 | "思想政治"必修课程+选择性必修课程+选修课程 |
| 大学 | "思想政治理论课"必修课程+选择性必修课程+选修课程 |
| 总 | 构建以习近平新时代中国特色社会主义思想为核心内容的思政课课程群，结合大中小学各学段特点构建形成必修课+选修课的课程体系 |

### （二）积极打造思政"金课"，加强示范引领

积极打造思政"金课"，不断加强示范引领，是提高思政课程质量和教

学效果的关键措施，有利于进一步发挥优秀课程资源的重要作用。

一方面，坚持把推动习近平新时代中国特色社会主义思想“三进”（进教材、进课堂、进头脑）工作摆上重要议事日程，加强组织领导，分学段明确目标任务，持续深化学校思政课建设，加快构建以习近平新时代中国特色社会主义思想为核心内容的思政课程体系，不断推动“三进”工作往深里走、往实里走。[①]其中，中国人民大学在全国率先建成“高精尖”水平的思想政治理论金课，增设“习近平法治思想”“习近平经济思想”，新设“中共党史一百年”“社会主义发展五百年”和“中华优秀传统文化概论”等体现人大历史传统、学科特色和优势的思政选修课。同时，中国人民大学坚持“吸收最前沿内容、集中最优秀教师、给予最全面保障”的“三最原则”，科学设置教学专题，强化课堂过程管理，组织知名专家编写教学大纲和学生读本。充分利用北京高校思政课高精尖创新中心的学术平台和习近平新时代中国特色社会主义思想研究院的学术资源，联合打造“习近平新时代中国特色社会主义思想概论”课程一体化教学资源，为全国高校全面开设“习近平新时代中国特色社会主义思想概论”课起到引领示范作用。[②]总之，全国各级各类学校都应该积极组织学习经验，打造思政“金课”。正如习近平在中国人民大学考察时强调，“希望人民大学绵绵用力，久久为功，止于至善，为全国大中小学思政课教学提供更多‘金课’”[③]。

另一方面，积极打造一批思政“金课”，不断增强思政“金课”的引领示范作用。比如在各级各类教学成果奖中单设思政课类别，在国家级、省级等人文社科类课题申报中单设思政专项，举办全国高校思想政治理论课教学展示活动，举办思政课微课教学比赛，举办大学生讲思政课大赛等。尤其是众多优秀的思政微课案例诸如“一个都不能少”“璀璨灯光，革命先烈为我们点亮”“‘船’说中国精神”“传承红色基因 延伸生命价值”等得到了广泛传播和认可，对于加强思政“金课”示范引领作用、提高思政课的教学质量和水平、引导学生树立正确的世界观、人生观和价值观具有积极意义。与此同时，还应该积极发挥高校思政“金课”在大中小学思政课一体化课程建

① 习近平新时代中国特色社会主义思想“三进”推进会暨第三届全省学校思政课教指委成立大会召开[EB/OL].（2023-03-16）. https://baijiahao.baidu.com/s?id=1760474411173928554&wfr=spider&for=pc.

② 中国人民大学：打造高精尖水平的思政“金课”[EB/OL].（2023-03-20）. https://www.sizhengwang.cn/a/dxjy_djtz/230320/1238115.shtml.

③ 坚持党的领导传承红色基因扎根中国大地 走出一条建设中国特色世界一流大学新路[N]. 人民日报，2022-04-26（1）.

设中的示范引领作用。比如，2017 年，教育部委托中国人民大学和北京高校思想政治理论课高精尖创新中心，致力于共同打造全国高校思想政治理论课教师网络集体备课平台，平台已覆盖 2700 多所高校思政课专兼职教师。该平台打造了包括课程精讲、经典教学案例库和知识点集萃在内的“习近平新时代中国特色社会主义思想概论”课程一体化教学资源，可供各高校学生在线使用；疫情防控系列公开课“在经历中学习”“在比较中学习”“在反思中学习”，在线浏览量达 2000 万人次；研制系列 VR 精品课件、XR 项目，创设虚拟仿真沉浸式的教学体验，推动精湛技术与教学内容的深度融合；为庆祝建党百年推出的“名师大家讲党史”系列网络公开课、“党史百年：人物·事件—文献”系列微视频和“跟着总书记学党史”系列微故事，开拓了思政课可视化教材的新模式。[①]高校思政“金课”为全国思政课教师提供全方位、多层次、立体化的服务，发挥示范引领作用，助力全国思政课教育教学改革创新。

## 四、大中小学思政课一体化的教师队伍不断优化

随着我国大中小学思政课一体化建设的推进，思政课教师队伍建设得到了更多的关注和支持。尤其是针对思政课师资队伍建设的有关政策文件逐一得到落实，教师队伍规模日益壮大，这对于适应新时代、新要求具有重要现实意义。同时，也需要继续加强教师队伍的培养和建设，提高教师的专业素养和教学能力，推动大中小学思政课一体化建设的创新和发展。

### （一）大中小学思政课教师队伍规模持续壮大

随着大中小学思政课一体化建设的持续推进，我国大中小学思政课教师队伍的规模正在持续增长。

一方面，高校思政课教师队伍的结构和素质得到明显提升和优化。根据教育部的数据显示，截至 2021 年年底，登记在库的高校思政课专兼职教师超过 12.7 万人，其中专职教师超过 9.1 万人，队伍配备总体达到师生比 1∶350 的要求。与 2016 年相比，思政课教师总数增加 6 万人，其中专职教师增加 4.5 万人。除了数量显著增长，思政课教师队伍结构素质也明显优化。9 万多名专职思政课教师中，49 岁以下教师占 77.7%，拥有研究生以上学历的占

① 绵绵用力 久久为功 建设高精尖水平的思政“金课”[EB/OL].（2022-05-13）. http://theory.people.com.cn/n1/2022/0513/c40531-32420679.html.

72.9%，具有高级职称的占 35%。2021 年，思政课专职教师中拥有博士学位的有 17 866 人，比 2016 年增加 8486 人，增幅达 89%。高学历、年轻化已成为思政课教师队伍发展新状态。[①]同时，思政课教师队伍的社会影响更是不断扩大。2020—2021 年，有 10 位高校思政课教师被中宣部表彰为“全国基层理论宣讲先进个人”。2019 年，有 8 所高校马克思主义学院、49 名高校思政课教师获得全国教育系统先进集体和先进个人荣誉称号。思政课教师在推动党的创新理论深入人心、汇聚社会正能量等方面，日益发挥出不可替代的重要作用。[②]此外，各地一体化推进青年马克思主义人才培养，目前高校马克思主义理论学科专业本硕博在校生达 6.2 万人；陆续落实专职思政课教师岗位津贴，国家社科基金、教育部“繁荣计划”设立思政课研究专项，3 年累计立项近 1000 项，支持经费近 3 亿元。每两年举办一次全国高校思政课教学展示活动，网络直播观看量超过 34 万次。[③]

另一方面，中小学思政课教师队伍规模持续扩充。根据教育部 2021 年公布的数据显示，2021 年小学、初中、高中思政课教师数量分别达到 26.25 万人、25.85 万人、12.52 万人[④]，较 2012 年分别增加 4.76 万人、2.74 万人、2.66 万人，比 2018 年分别增加 3.38 万人、2.41 万人、1.29 万人。各高中和初中学校严格遵循和落实教育部有关规定，根据学校班级数量和课时量，配足思政课专职教师。2022 年 11 月，教育部印发《关于进一步加强新时代中小学思政课建设的意见》，指出，到 2025 年，中小学思政课关键地位进一步强化、建设水平全面提高。思政课教师队伍专职化专业化水平明显提升，小学专职教师配备比例达到 70%以上，初高中配齐专职教师，绝大多数教师具有比较扎实的思政教育相关专业知识。该文件进一步要求，要统筹使用中小学教职工编制，有效保障思政课专职教师配备，并对兼职教师选配作出规范；建立思政课教师轮训制度和校外实践教育制度，鼓励支持教师进修思政教育

① 写好立德树人“大文章”——三年来全国各地学校思想政治理论课改革创新纪实[N]. 光明日报，2022-03-18（7）.

② 教育部：5 年来思政课教师总数增加 6 万人，结构素质明显优化[EB/OL].（2021-12-07）. https：//baijiahao. baidu. com/s?id=1718473492775878935&wfr=spider&for=pc.

③ 全国高校思政课专兼职教师超 12. 7 万人[EB/OL].（2022-03-18）. http：//www. moe. gov. cn/fbh/live/2022/54301/mtbd /202203/t20220318_608611. html.

④ 2021 年全国教育事业发展统计公报[EB/OL].（2022-09-14）. http：//www. moe. gov. cn/jyb_sjzl/sjzl_fztjgb/202209/t20220914_660850. html?eqid=cfc6737e0003e6b600000006648531ed.

专业、开展教学重点难点问题课题研究。[①]与此同时，还可以实行中小学思政课特聘教师制度，聘请本地区党政干部、社科理论界专家、爱国主义教育基地负责人以及各行业先进模范、英雄人物等定期到中小学讲课或作报告。这些特聘教师具有丰富的实践经验和专业知识，他们能够为学生提供更加生动、具体、实际的案例和故事，帮助学生更好地理解和掌握思政知识。同时，他们的亲身经历和感悟也可以感染和激励学生，培养学生的爱国情感和社会责任感。这一举措可以助推中小学思政课兼职教师人数的不断增长。因此，随着我国大中小学思政课一体化建设的持续推进，各级各类学校对思政课教师的需求量必然会持续提升，大中小学思政课教师队伍的规模也会不断扩充。

### （二）大中小学思政课教师培养体系日益完善

随着我国教育事业的不断发展，全方位体系化的大中小学思政课教师培养体系正在日趋成熟并完善，不仅扩大了大中小学思政课教师队伍的规模，还进一步提高了大中小学思政教师的专业素养和教学能力。

一方面，一体化推进马克思主义人才培养。首先，切实推动青年马克思主义者培养工程。2019 年起设立马克思主义理论本科专业，将马克思主义理论学科列入“国家关键领域紧缺高层次人才培养专项招生计划”，2021 年高校马克思主义理论学科专业本硕博在校生达 6.2 万人，到 2022 年累计共培养超 300 万人[②]，充实了我国青年马克思主义人才。其次，高校马克思主义学院的规模和质量持续攀升。据统计，全国高校马克思主义学院已由 2012 年的 100 余家发展到 2021 年的 1440 余家。中宣部、教育部重点建设了 37 家全国重点马院，教育部支持建设 200 余个优秀教学科研团队[③]，为培养青年马克思主义人才提供了广阔平台。再次，高校马克思主义理论学科的学位点数量迅速增长。据统计，2016 年至 2021 年，全国马克思主义理论一级博士学位授权点由 39 个增至 104 个，一级硕士学位授权点由 129 个增至 279 个，学位

① 教育部：到 2025 年小学思政课专职教师配备比例达到 70%以上[EB/OL].（2022-11-11）. https：//baijiahao. baidu. com/ s?id=1749152130181044528&wfr=spider&for=pc.

② 教育部：全国高校马克思主义学院九年增长十余倍 由 100 余家发展到 1440 余家[EB/OL].（2022-03-17）. http：//www. moe. gov. cn/fbh/live/2022/54301/mtbd/202203/t20220318_608685. html.

③ 教育部：全国高校马克思主义学院增至 1440 余家[EB/OL].（2022-03-17）. https：//m. chinanews. com/wap/detail/chs/sp/9704415. shtml.

点数量位居各学科前列。[①]最后，各地陆续落实专职思政课教师岗位津贴。国家社科基金、教育部“繁荣计划”设立思政课研究专项，3 年累计立项近 1000 项，支持经费近 3 亿元。每两年举办一次全国高校思政课教学展示活动，网络直播观看量超过 34 万次。中国教师发展基金会设立奖励基金，奖励表彰高校优秀思政课教师和马克思主义理论学科学生。[②]由此可见，这些培养举措正在持续为我国大中小学思政课教师队伍输送高水平高素质青年人才。

另一方面，一体化推进大中小学思政课教师培训。各地应积极推动“大中小学一体化建设联盟”成立，组织高校与中小学结对共建，高校应带领结对单位共同开展一体化教学研究，共同组建一体化教师团队，搭建一体化资源共享平台。充分发挥高校在教育教学、学术研究、理论阐释、思想引领等方面的优势，通过组织开展教学研讨、集体备课、听课评课、教学交流等系列活动，加强一体化培训，指导帮助共建联盟所属的中小学不断提升思政课教育教学质效。其一，高校马克思主义学院积极发挥领头雁作用，带头对接中小学思政课教师队伍建设：（1）建立结对帮扶机制。高校马克思主义学院与中小学建立长期稳定的合作关系，明确结对帮扶的目标和任务，制定具体实施方案，确保帮扶工作的有效开展。（2）加强教师交流互动。高校马克思主义学院的教师与中小学思政课教师之间可以开展多种形式的交流互动，如互访、听课评课、共同开展教研活动等，相互学习、借鉴教学经验和教学方法，提高教学质量和效果。（3）共享教学资源。高校马克思主义学院与中小学可以共享教学资源，如课程教材、教学课件、案例库等，同时也可以共同开发教学资源，提高教学资源的质量和适应性。其二，资源向中小学思政课教师倾斜，加强中小学思政课教师培训交流：（1）政府、高校、企事业单位和社会团体等应该加大对中小学思政课教师的支持力度，包括提供更多的培训机会、教学资源、科研项目等，帮助他们提高专业素养和教学能力。同时，应该加强对思政课教师的考核和评价，建立完善的评价机制，激励他们不断提高教学水平和专业素养。（2）要加强中小学思政课教师之间的培训交流。通过组织各种形式的培训、研讨、交流活动，让教师们分享教学经验和教学资源，共同探讨教学中遇到的问题和难点，促进教师之间的合作和共同进步。

---

① 教育部：全国高校马克思主义学院九年增长十余倍 由 100 余家发展到 1440 余家[EB/OL].（2022-03-17）. http：//www. moe. gov. cn/fbh/live/2022/54301/mtbd/202203/t20220318_608685. html.

② 教育部：全国高校马克思主义学院九年增长十余倍 由 100 余家发展到 1440 余家[EB/OL].（2022-03-17）. https：//baijiahao. baidu. com/s?id=1727513816293512747&wfr=spider&for=pc.

同时，也可以通过这些活动，让教师们了解最新的教学理念和教学方法，提高他们的教学能力和水平。以上举措都在不断激励着大中小学思政课一体化教师队伍规模的不断扩大。

## 第三节　大中小学思政课一体化建设的基本经验

### 一、思政课内容一体化建设必须全面贯彻党的教育方针

回顾我国思政课一体化建设的发展历程，可以明显地发现，思政课内容一体化建设必须全面贯彻党的教育方针是一条经得起实践和历史检验的基本经验，也是确保思政课教学沿着正确方向发展的重要保障。思政课贯彻党的教育方针可以通过课程目标、内容和方法等多个途径，但根本上是要落实在课程内容上。思政课的内容由思想教育、政治教育、道德教育、法治教育、心理教育等方面构成，而政治教育在其中起着规范和指引的作用。“政治及其教育在思想政治教育中具有‘管’立场观点方向原则等规范规约作用，在思想政治教育系统中占有统摄地位。”[①]政治教育是思政课的核心内容，它主要涉及对国家政治制度、政治体系和政治理念的教育，旨在培养学生的政治觉悟和政治素养，使他们具备正确的政治观念和政治行为。通过政治教育，可以引导学生正确认识国家和社会的发展规律，增强他们的国家意识和爱国精神。可见，政治教育在思政课的内容中起着规范和指引的作用，它不仅规定了其他教育内容的内涵边界和方向，还与其他教育内容相互补充、相互促进，共同构成了思政课完整的教育体系。

党的教育方针强调以立德树人作为教育的根本任务，注重培养学生的德、智、体、美、劳全面发展。因此，思政课作为立德树人的关键课程，具有鲜明的政治性和导向性，这个政治导向是以党的教育方针为导向的。其内容建设应该始终坚持马克思主义的指导地位，弘扬社会主义核心价值观，突出培养学生的思想道德素质，引导学生树立正确的世界观、人生观和价值观。由此可见，全面贯彻党的教育方针是思政课内容一体化建设的根本方向，思政课一体化内容建设要按照党的教育方针所指引的方向和目标进行建设。1993

---

① 张澍军．学科重要理论探索：我的 18 个思想政治教育见识见解[M]．北京：中国人民大学出版社，2018：21.

年 3 月，中共中央、国务院发布《中国教育改革和发展纲要》，指出教育改革和发展的根本目的是提高民族素质，多出人才，快出人才。各级各类学校要认真贯彻“教育必须为社会主义现代化服务，必须与生产劳动相结合，培养德、智、体全面发展的建设者和接班人”的方针，努力使教育质量在 90 年代上一个新台阶。①这一文件是指导 20 世纪 90 年代乃至 21 世纪初我国教育改革和发展的纲领性文件，是对党的教育方针的集中表述，其后的历次修订都是在此基础上开展的。

2002 年党的十六大报告对党的教育方针进行了完善和创新，增加了“为人民服务”“以马克思列宁主义、毛泽东思想、邓小平理论和‘三个代表’重要思想为指导”“与生产劳动和社会实践相结合”“全面发展”的要求。②进一步明确了新时期教育改革和发展的目标与任务，对于推动教育事业科学发展具有重要意义。党的十八大以来，以习近平同志为核心的党中央高度重视教育事业，坚持把教育摆在优先发展战略地位，对教育工作作出一系列重大决策部署③，进一步修订和完善了新时代党的教育方针。2021 年 4 月 29 日，经十三届全国人大常委会第二十八次会议审议，《中华人民共和国教育法》第五条修改为“教育必须为社会主义现代化建设服务、为人民服务，必须与生产劳动和社会实践相结合，培养德智体美劳全面发展的社会主义建设者和接班人”④。这将党的教育方针落实为国家法律规范，把劳动教育纳入社会主义建设者和接班人的要求之中，提出“德智体美劳”的总体要求，进一步完善了新时代党的教育方针，使培养什么人、怎样培养人、为谁培养人的方向更加鲜明，内容更加完善，要求更加明确，充分体现了党的创新理论成果，在我国教育史上具有标志性意义和深远影响。其中，关于怎么样培养人，关键是要通过思政课内容来培养人。这就要求思政课的内容应该紧密围绕立德树人的根本任务来设计，注重培养学生的思想道德素质、法治素养和创新能力，同时也要关注学生的心理健康和全面素质发展。因此，思政课内容的一体化建设必须以新时代党的教育方针为根本方向，尤其要解决好“培养什么

① 中国教育改革和发展纲要[M]. 北京：中国教育出版社，1993.

② 江泽民. 全面建设小康社会，开创中国特色社会主义事业新局面——在中国共产党第十六次全国代表大会上的报告[J]. 求是，2002（22）：3-19.

③ 认真学习宣传贯彻党的十九大精神 优先发展教育事业[EB/OL].（2018-01-08）. http：//theory. people. com. cn/GB/n1/2018/0108/c40531-29750313. html.

④ 全国人民代表大会常务委员会关于修改《中华人民共和国教育法》的决定[Z]. 中华人民共和国全国人民代表大会常务委员会公报，2021.

人、怎样培养人、为谁培养人”这一教育根本问题。

## 二、推进党的创新理论“三进”工作是思政课一体化建设的关键任务

纵观我国思政课一体化建设的发展历程，党的理论创新每推进一步，理论武装就跟进一步。推进党的创新理论“三进”（进教材、进课堂、进学生头脑）工作一直是各个历史时期思政课一体化建设的关键任务。党和人民事业发展离不开一代又一代有志青年的拼搏奉献。把青年一代培养成德智体美劳全面发展的社会主义建设者和接班人，是事关党和国家前途命运的重大战略任务，是全党的共同政治责任，是党的事业代代相传的根本要求。[①]现在的青年学生，就是未来社会主义的建设者和接班人。要实现中华民族伟大复兴的中国梦，就必须把青年学生培养成堪当民族复兴大业的时代新人。立德树人是党的教育方针，也是高校思政课最根本的任务。立德和树人是辩证统一的关系，立德是树人的前提和基础，只有具备了良好的道德品质，才能成为真正的人才。立德是为了更好地树人，树人是立德的目标和归宿。通过立德，可以引导学生树立正确的世界观、人生观和价值观，培养学生的道德品质和社会责任感，为培养德智体美劳全面发展的社会主义建设者和接班人打下坚实的基础。同时，树人也是立德的目标和归宿，通过树人，可以进一步弘扬社会主义核心价值观，推动社会文明进步和发展。

马克思主义基本原理同中国具体实际相结合，同时也是发展马克思主义的实践过程，在这个结合过程中马克思主义获得了最新鲜、最直接、最深刻的实践源泉和实践检验，实现了党的创新理论的不断发展，主要包括毛泽东思想、邓小平理论、“三个代表”重要思想、科学发展观和习近平新时代中国特色社会主义思想。党的创新理论与马克思主义是一脉相承的，是对马克思主义的丰富和发展，是中国化的马克思主义。坚持马克思主义基本原理，推进实践基础上的理论创新，是真正坚持马克思主义的必然要求。只有把马克思主义基本原理同中国具体实际相结合、同中华优秀传统文化相结合，才能始终保持马克思主义的蓬勃生机和旺盛活力。时代是思想之母，实践是理论之源。离开中国特色社会主义的生动实践，马克思主义就会失去生机和活

---

① 让青春在强国建设、民族复兴新征程上绽放光彩（深入学习贯彻习近平新时代中国特色社会主义思想）[EB/OL].（2023-07-13）. http：//opinion. people. com. cn/n1/2023/0713/c1003-40034445. html.

力，就会陷入僵化和教条。中国共产党之所以能带领中国人民开辟伟大道路、创造伟大事业、取得伟大成就，一个根本原因就在于我们党始终把马克思主义作为思想指引和行动指南，勇于推动实践基础上的理论创新，善于用党的创新理论指导新的实践。因此，我们要用马克思主义教育学生，需从注重理论教育与实践相结合、注重培养学生的创新思维和道德品质等方面入手，从而让学生更好地理解和掌握党的创新理论——中国化的马克思主义。中国化的马克思主义是马克思主义在中国的运用和发展，符合中国具体实际，是被实践证明了的关于中国革命、建设、改革的理论原则和经验总结，是党和人民实践经验和集体智慧的结晶。

党的创新理论——毛泽东思想、邓小平理论、“三个代表”重要思想、科学发展观、习近平新时代中国特色社会主义思想相继被写入党章和宪法，成为党和国家的指导思想。思政课要实现立德树人的根本任务，就要用党的创新理论即马克思主义中国化的最新理论成果教育和武装青年学生的头脑。

纵观我国思政课建设发展历程，推进党的创新理论“三进”工作始终是思政课一体化建设的关键任务。以大学生思政课为例，新中国成立之初就已开设“新民主主义论”课程，这是毛泽东思想的重要组成部分。1997 年中国共产党第十五次全国代表大会通过的关于《中国共产党章程（修正案）》的决议，把邓小平理论同马克思列宁主义、毛泽东思想一道作为党的指导思想写进党章。1998 年 4 月，中宣部、教育部发出《关于普通高等学校开设〈邓小平理论概论〉课的通知》，规定从 1998 年秋季开始，普通高校都要以“中国特色社会主义建设”课程为基础，开设“邓小平理论概论”课，使之进入课堂，武装大学生的头脑。[①]2002 年中国共产党第十六次全国代表大会通过关于《中国共产党章程（修正案）》的决议，把“三个代表”重要思想同马克思列宁主义、毛泽东思想、邓小平理论一道确立为中国共产党必须长期坚持的指导思想。2003 年教育部印发《关于进一步深化“三个代表”重要思想“三进”工作的通知》，将“邓小平理论概论”课调整为“邓小平理论和‘三个代表’重要思想概论”课，同时还指出各地和各高校要认真贯彻党中央的有关指示精神，采取有力措施，大力推进邓小平理论和‘三个代表’重要思想进课堂、进教材、进学生头脑工作。[②]2007 年中国共产党第十七次全国代

① 普通高校思想政治理论课文献选编（1949—2008）[Z]. 北京：中国人民大学出版社，2008：180.

② 普通高校思想政治理论课文献选编（1949—2008）[Z]. 北京：中国人民大学出版社，2008：193.

表大会把科学发展观确立为党必须长期坚持的指导思想并写入党章。为贯彻落实党的十七大精神，经研究决定，自 2008 年秋季学期开始，将高校思想政治理论课“毛泽东思想、邓小平理论和‘三个代表’重要思想概论”课程名称调整为“毛泽东思想和中国特色社会主义理论体系概论”。[①]2009 年 10 月，中央宣传部、教育部联合印发《在学校进一步深化科学发展观“三进”工作》的通知，指出，“要认真研究各个不同学习阶段科学发展观‘三进’工作的有机衔接、校园各种活动载体与课堂系统教学的有机衔接，实现课堂与课外活动、教学与实践环节有机结合，使科学发展观‘三进’工作收到切实效果”[②]。2017 年中国共产党第十九次全国代表大会把习近平新时代中国特色社会主义思想写入党章，确立为党必须长期坚持的指导思想，实现了党的指导思想又一次与时俱进。2021 年 7 月 21 日，国家教材委员会关于印发《习近平新时代中国特色社会主义思想进课程教材指南》的通知指出，“要牢牢把握习近平新时代中国特色社会主义思想的基本立场观点方法，注重系统整体设计、分段分科推进，在不同学段不同学科不同课程中有序铺开，强化大中小学思政课一体化建设，确保习近平新时代中国特色社会主义思想在大中小学课程教材中相互衔接、层层递进，实现全覆盖，全面增强课程教材铸魂育人功能”[③]。2023 年 8 月，为进一步推动习近平新时代中国特色社会主义思想进教材、进课堂、进头脑，更好地落实立德树人根本任务，中央宣传部会同教育部组织编写了《习近平新时代中国特色社会主义思想概论》。该教材的编写出版和使用，对于更好地用党的创新理论铸魂育人，引导青年学生树立正确的世界观、人生观、价值观，努力成为担当民族复兴大任的时代新人具有重要意义。综上所述，始终把马克思主义中国化最新理论成果的“三进”工作作为关键任务，坚持思政课发展改革与党的创新理论武装同步推进，是思政课一体化建设的重要经验。

---

① 教育部办公厅关于将高校思想政治理论课“毛泽东思想、邓小平理论和‘三个代表’重要思想概论”课程名称调整为“毛泽东思想和中国特色社会主义理论体系概论”的通知[EB/OL].（2016-11-09）. http：//www. jyb. cn/zyk/jyzcfg/200812/t20081215_56659. html.

② 中宣部、教育部：要求在学校进一步深化科学发展观“三进”工作[J]. 小学德育，2009（21）：4.

③ 国家教材委员会关于印发《习近平新时代中国特色社会主义思想进课程教材指南》的通知[EB/OL].（2021-07-21）. https：//www. gov. cn/zhengce/zhengceku/2021-08/25/content_5633152. htm?ivk_sa=1023197a&wd=&eqid=a267bf16000f1db3000000056465c2d3.

## 三、思政课一体化建设必须始终把马克思主义理论作为根本内容

马克思主义是马克思主义理论体系的简称，它由马克思主义哲学、马克思主义政治经济学和科学社会主义三大部分组成，是马克思、恩格斯于19世纪40年代创立的，并在实践中不断地丰富、发展和完善的无产阶级思想的科学体系。在我国，居于主导地位的意识形态就是马克思主义。马克思主义是社会主义意识形态的旗帜和灵魂，是我们立党立国的根本指导思想。在改革开放的历史进程中，我国社会经济成分、就业方式、分配方式和利益关系日益多样化，人们思想活动的独立性、选择性、多变性、差异性不断增强，人们的思想观念也呈现出多样化趋势。一方面，马克思主义在创新中不断发展，形成了中国特色社会主义理论体系、社会主义核心价值体系这样系统化的社会主义意识形态，在社会意识形态领域发挥着指导和引领作用；另一方面，社会思想领域仍然存在着反马克思主义和非马克思主义的思潮，巩固马克思主义在意识形态领域的指导地位面临着各种挑战。因此，我国思想政治教育首要的就是要巩固马克思主义在意识形态领域的指导地位。①

当前，世界正经历百年未有之大变局，我国面临的意识形态斗争日益激烈，思政课一体化建设也就必须始终把马克思主义理论作为根本内容。首先，思政课一体化建设必须以马克思主义为指导。马克思主义是社会主义意识形态的旗帜和灵魂，是我们立党立国的根本指导思想。办好思政课要始终坚持马克思主义指导地位，把中国特色社会主义学科体系建设不断加以完善，从而为思政课一体化建设提供根本保证。马克思主义自诞生以来，一直是立党立国的根本指导思想，为我们提供了科学的世界观和方法论，面对当前思想观念深刻变化，思想大活跃、观念大碰撞、文化大交融的背景下，思政课一体化建设必须以培养社会主义建设者和接班人为己任，必须高举马克思主义旗帜，始终坚持马克思主义指导地位。②只有坚持以马克思主义为指导，才能保证思政课一体化建设始终朝着正确的方向前进。当前，我国正处在强国建设的加速期，发展由“大”向“强”的关键期，思政课要加强社会主义核心价值体系教育，同时更应该加强对马克思主义的理解，把马克思主义基本原

① 思想政治教育学原理编写组．思想政治教育学原理[M]．北京：高等教育出版社，2018：83.

② 开好思政课的四个“着力点”[EB/OL]．（2022-05-24）．https：//new. qq. com/rain/a/20220524A02WAF00.

理与学生日常生活行为联系起来，通过思政课教育，让广大学生的政治素质不断提高，坚定马克思主义立场，促进学生德智体美劳全方面发展，从而为大中小学思政课一体化建设提供政治保证。

其次，思政课一体化建设必须把马克思主义理论教育作为核心内容。这是因为，马克思主义既是一种科学理论，同时又是一种崇高的信仰体系。当今时代，马克思主义理论占据着人类精神文明的思想制高点。马克思主义是我们的科学世界观和方法论，内蕴着洞察天地人世的大智慧，是人类伟大的认识工具，是人们观察世界、分析问题和解决问题的有力思想武器，同时也是人们改变世界、创造美好新生活的方法论。[①]中国共产党自诞生以来，始终坚持以马克思主义为指导思想，在为实现中华民族伟大复兴的艰苦卓绝奋斗中，始终致力于将马克思主义基本理论与中国革命、建设和改革实际相结合，不断实现马克思主义中国化，先后创立了毛泽东思想、邓小平理论、“三个代表”重要思想、科学发展观、习近平新时代中国特色社会主义思想，形成了中国化的马克思主义，丰富和发展了马克思主义。在波澜壮阔的百年历史进程中，中国共产党之所以能够完成近代以来各种政治力量不可能完成的艰巨任务，就在于始终把马克思主义这一科学理论作为行动指南。思想政治教育本质上是培养人的活动，即通过教育把一定社会的思想意识和政治观点转化为个体的思想品德素质的发展过程。在我国，思想政治教育的本质是社会主义意识形态教育，马克思主义是社会主义意识形态的核心和灵魂。因此，思政课必须始终把马克思主义理论作为核心内容，注重引导学生学习、理解、运用马克思主义理论，帮助学生树立正确的世界观、人生观和价值观，为我国社会主义现代化建设培养合格的人才。纵观我国各个时期的思政课，其课程内容都是以马克思主义理论教育为核心内容设置的。以高校思政课为例，从 1952 年高校开设的“新民主主义论”“政治经济学”“辩证唯物论与历史唯物论”，到当前开设的“马克思主义基本原理概论”“毛泽东思想和中国特色社会主义理论体系概论”等思政课，可以发现，我国思政课的课程名称和课程内容无论怎么调整，万变不离其宗的就是马克思主义理论教育一直是思政课的核心内容。贯穿思政课发展历程的课程内容是马克思主义基本原理，不断增加新的内容是马克思主义中国化的理论成果。综上所述，始终坚持把马克思主义理论作为思政课的核心内容是思政课一体化建设的基本经验。

① 用马克思主义科学理论育人化人[EB/OL].（2016-12-10）. http://opinion.people.com.cn/n1/2016/1210/c1003-28939762.html.

## 四、重视教材建设是思政课一体化建设取得成效的关键

教材是教师开展教学活动的重要依据，也是学生学习知识的重要来源。在思政课一体化建设中，教材建设是一个关键环节。思政课一体化建设尤其是要处理好不同学段思政课教材内容之间、同一学段不同思政课教材内容之间的关系，各部分教材内容之间分工合理、紧密联系、彼此协作、密切配合。首先，要明确好分工，即精准划分各个学段的思政课、同一学段的不同思政课各自应该教育什么内容。纵观思政课一体化建设的发展历程，1985 年 8 月，中央发出《中共中央改革学校思想品德和政治理论课和教学的通知》，根据小学、中学、大学、研究生四个学段列出了马克思主义思想品德和政治理论课教材的主要内容和要求。[①]2005 年《教育部关于整体规划大中小学德育体系的意见》指出“整体规划大中小学德育体系，就是根据不同教育阶段学生身心特点、思想实际和理解接受能力，准确规范德育的目标和内容，科学规划德育教材”，同时还对小学、中学、大学三个学段德育教材的目标和内容作出了规定。[②]2020 年 12 月中宣部联合教育部印发的《新时代学校思想政治理论课改革创新实施方案》指出，“持续开展课程教材一体化研究，每门思政课教材内容、不同学段及同一学段各门思政课教材内容的相互关系研究，教材文献资料、学术话语、表述方式、呈现形式研究，以及思政课课程与教材、教学评价之间的互动研究等，促进思政课教材的科学性、权威性与针对性、生动性有机结合”[③]。由上可知，在思政课一体化建设的过程中，虽然不是每一次都会对各门思政课教材的总体内容做出规定，但是大多数情况下都会对各学段思政课教材的具体内容做出较为明确的规定。因此，准确划分大中小学各学段思政课教材的内容构成是思政课一体化建设的第一步。

第一步完成之后，思政课一体化建设的第二步就是要切实做好衔接工作。即加强不同学段的思政课内容之间、同一学段不同思政课内容之间的合作、协调、配合，密切彼此之间的联系。换句话说，大中小学不同学段思政课内容之间的衔接和同一学段不同思政课内容之间的衔接，是思政课一体化建设的重要组成部分。如果从学校思政教育的角度来看，衔接也应该把思政课内

---

① 普通高校思想政治理论课文献选编（1949—2008）[Z]. 北京：中国人民大学出版社，2008：106-107.

② 教育部关于整体规划大中小学德育体系的意见[J]. 中华人民共和国教育部公报，2005（6）：25-29.

③ 新时代学校思想政治理论课改革创新实施方案[EB/OL].（2020-12-18）. https://www. gov. cn/zhengce/zhengceku/202101/01/content_5576046. htm?eqid=e7b81b4200075dac000000046455fbad.

容与其他课程的内容、思政课内容和日常思想政治教育内容进行有机结合。例如，在历史课程中，可以结合历史事件和人物，讲解爱国主义、民族精神等方面的内容；在语文课程中，可以通过文学作品和传统文化，引导学生树立正确的世界观、人生观、价值观。再如，在班级活动中，可以组织学生开展主题演讲、辩论赛等活动，加深学生对思政课内容的理解；在社会实践中，可以组织学生参观革命历史遗址、开展志愿服务等活动，让学生亲身体验和实践思政课所学的理论知识。只有这样，才能进一步提高思政课的教学效果，当然这不是思政课一体化建设的主要方面。

最后，思政课一体化建设的第三步，就是要从整体上落实分工和衔接的结果。在思政课一体化建设的过程中，分工和衔接的结果最后都是落实在思政课教材之中的。思政课教材是思政课内容的承载者，它承载着思政课教学内容，是学生学习和教师教学的重要依据。思政课一体化建设中的分工和衔接，旨在将各个部分有机结合成为一个整体，以更好地实现思政课的教学目标。这个整体的最主要承载者就是大中小学思政课教材。纵观我国思政课建设的发展历程，可以发现国家有关部门出台的一系列关于思政课内容、课程标准、教学大纲等指导性意见或通知都只是条和框的宏观性规定，且这两者都不直接对学生产生作用，最终都是通过教材发挥作用的。这是因为，思政课教材是思政课教学内容的载体，是教师进行教学的基本遵循，也是学生进行学习的重要依据。故此，通过教材，学生可以系统地了解思政课的知识体系和理论观点，掌握相关的学习内容和方法。同时，教师也可以根据教材进行备课、教学和评估，确保教学质量和效果。这就要求我们必须更加重视思政课的教材建设，把思政课一体化建设的成果落实在教材内容之中。综上所述，处理好学段内容之间的关系、在合理分工的同时加强有效衔接、重视从整体上加强教材建设是思政课一体化建设的重要经验之一。

# 第四章
# 大中小学思政课一体化建设的现状考察

## 第一节　问卷设计和问卷调查

大中小学思政课一体化建设是一个复杂而长期的过程，各地的推进情况步调不一，需要进行实地调查来确切地掌握实际情况。通过针对性的实地调查，可以了解各地在大中小学思政课一体化建设中的经验和问题，探究其背后的原因和影响因素，评估实际效果，为进一步推进大中小学思政课一体化建设提供依据和建议。所以，为了更好地了解当前大中小学思政课一体化建设的实际状况，我们设计了本次调查问卷，将各学段的思政课教师作为调查的对象，范围包括大学、高中、初中以及小学这几个学段，旨在真实反映当前大中小学思政课一体化建设的状况，为后续研究提供事实依据。调查问卷见附录。

### 一、问卷设计

本次调查问卷的题目共有 24 道，内容设置共分为两个层面，包括调查对象的基本情况及调研的主要内容。其中，就被调查者的基础信息方面设定了 5 道题目，包括性别、教龄、学历、最高学位所属学科门类、任教学段。在调查主体这一方面共设计了 19 道单选、多选及开放型题目，重点围绕教学的目标、内容、方法、评价以及教师队伍这几个方面。

### 二、调查方式

本次问卷调查主要是以线上填写与线下调查相结合的方式实施调研的，线上调研以问卷网为载体，两种调研形式均采取匿名填写的方式。在向各学段思政课教师发放问卷时，谨慎选择调查对象，并向被调查者强调数据的重要性，避免出现随意填写数据的现象，以保证数据的信度和效度。本次调研共收集问卷 512 份（包括网络问卷和纸本问卷），去除无效样本，共获得有效问卷 480 份。涉及大中小学思政课教师，覆盖面较广。

## 三、调查对象

办好思政课关键在教师。教师自身的专业素养和能力、教师对大中小学思政课一体化建设的认同感和执行力度是影响思政课一体化建设的关键因素，因而统筹推进大中小学思政课一体化建设必须发挥好各学段思政课教师的作用。鉴于学生对大中小学思政课一体化建设的了解不是很全面，且管理者中真正了解现状的人数十分有限，不便开展调研工作，故本次调研主要针对思政课教师群体。根据统计，个人基本情况如表 4-1 所示：

表 4-1　个人基本情况

| 基本情况 | 选项 | 小计 | 比例 |
|---|---|---|---|
| 性别 | 男 | 219 | 45.6% |
| | 女 | 261 | 54.4% |
| 教龄 | 1~3 年 | 70 | 14.6% |
| | 3~5 年 | 10 | 2.1% |
| | 5~10 年 | 107 | 22.3% |
| | 10 年以上 | 293 | 61.0% |
| 最高学历 | 专科 | 10 | 2.1% |
| | 本科 | 316 | 65.8% |
| | 硕士研究生 | 94 | 19.6% |
| | 博士研究生 | 60 | 12.5% |
| 最高学历所属专业 | 马克思主义理论类 | 140 | 29.2% |
| | 法学类 | 126 | 26.3% |
| | 教育学类 | 164 | 34.2% |
| | 哲学类 | 0 | 0.0% |
| | 其他学科 | 50 | 10.4% |

续表

| | 选项 | 小计 | 比例 |
|---|---|---|---|
| 所任教的学段 | 小学 | 30 | 6.3% |
| | 初中 | 244 | 50.8% |
| | 高中 | 65 | 13.5% |
| | 大学 | 141 | 29.3% |

在调查的样本中，对大中小学思政课一体化不了解的有 10 人，占总数的 2.1%；对大中小学思政课一体化有一些了解的有 210 人，占总数的 43.8%；对大中小学思政课一体化比较了解的有 160 人，占总数的 33.3%；对大中小学思政课一体化非常了解的有 100 人，占比为 20.8%。可见，受访的绝大部分思政课教师对大中小学思政课一体化都较为了解。如图 4-1、表 4-2 所示：

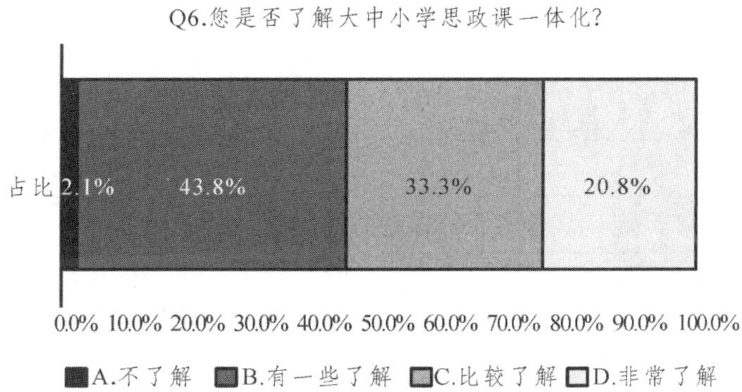


图 4-1　Q6 统计结果

表 4-2　Q6 统计结果

| 选项 | 选择次数 | 百分比 |
|---|---|---|
| A. 不了解 | 10 | 2.1% |
| B. 有一些了解 | 210 | 43.8% |
| C. 比较了解 | 160 | 33.3% |
| D. 非常了解 | 100 | 20.8% |
| 回答人数：480 | | |

同时，根据本研究的调查数据显示，有 14.6%的思政课教师认为所在地区思政课一体化推行处于刚刚开始阶段；也有 56.2%的思政课教师认为所在

地区思政课一体化推行正在摸索进行中；还有 29.2%的思政课教师认为所在地区思政课一体化推行正在深入开展中。由此可见，大部分地区的思政课一体化建设都已进入摸索推进阶段。如图 4-2、表 4-3 所示：

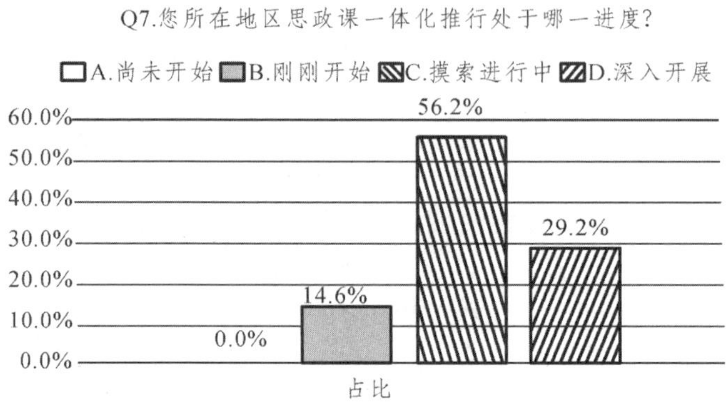


图 4-2　Q7 统计结果

表 4-3　Q7 统计结果

| 选项 | 选择次数 | 百分比 |
| --- | --- | --- |
| A. 尚未开始 | 0 | 0.0% |
| B. 刚刚开始 | 70 | 14.6% |
| C. 摸索进行中 | 270 | 56.2% |
| D. 深入开展 | 140 | 29.2% |
| 回答人数：480 | | |

## 第二节　调查结果分析

按照教育部大中小学思政课一体化建设的总体要求和安排部署，当前全国各地大中小学思政课一体化建设正在积极推进中，并取得了一系列进展和成果。但大中小学思政课一体化建设是一项复杂的系统工程，涉及很多方面，需要协调和整合各方面的力量和资源。现阶段，思政课一体化建设涉及教学目标、教学内容、教师队伍、教学方法和教学评价等方面。因此，对思政课一体化建设中存在的问题也主要从上述几个方面进行剖析。

## 一、教学目标

教学目标是教育者在教学过程中，希望受教育者达到的要求或结果，它包括知识、技能、态度、价值观等方面的内容。教学目标是思政课教学的核心，它贯穿于整个教学过程之中，是教师制订教学计划、选择教学方法和组织教学内容的重要依据。同时，教学目标也是学生自我评价和反思的重要标准，是学生实现自我发展的重要导向。在思政课一体化建设中，教学目标的作用尤为重要。根据我们的调查数据分析发现，从各学段教学目标的主要内容和实现状况来看，当前各学段的思政课在教学目标达成情况方面总体较为理想，但各学段思政课教学目标之间的连接性不强。

在调查的样本中，认为在思政课教学过程中秉承的目标是讲授课本知识的有 30 人，占总数的 6.3%；认为在思政课教学过程中秉承的目标是提高学生成绩的有 40 人，占总数的 8.2%；认为在思政课教学过程中秉承的目标是传授理论知识的有 78 人，占总数的 16.3%；认为在思政课教学过程中秉承的目标是提高学生道德修养的有 332 人，占比为 69.2%。可见，受访的绝大部分思政课教师都认为在思政课教学过程中秉承的目标应该是提高学生的道德修养。如图 4-3、表 4-4 所示：

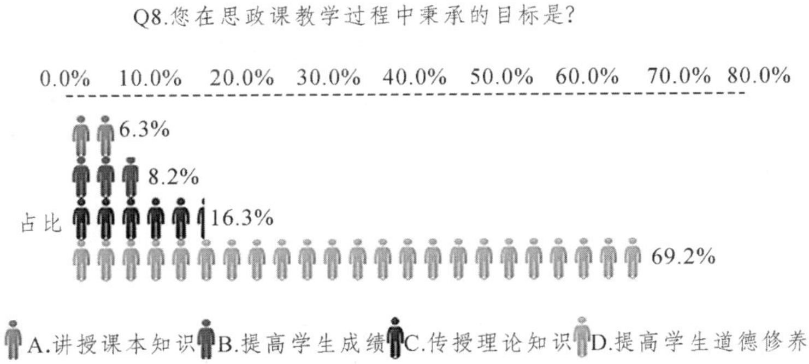


图 4-3　Q8 统计结果

表 4-4　Q8 统计结果

| 选项 | 选择次数 | 百分比 |
|---|---|---|
| A. 讲授课本知识 | 30 | 6.3% |
| B. 提高学生成绩 | 40 | 8.2% |
| C. 传授理论知识 | 78 | 16.3% |
| D. 提高学生道德修养 | 332 | 69.2% |
| 回答人数：480 | | |

根据调研数据分析发现，有 12.5%的思政课教师认为在自身在教学过程中的教学目标达成情况不太理想；有 45.8%的思政课教师认为自身在教学过程中基本达成了教学目标；也有 35.4%的思政课教师认为自身在教学过程中较好地达成了教学目标；还有 6.3%的思政课教师认为自身在教学过程中完全实现了教学目标。可见，大部分受访的思政课教师都认为自己的教学目标能够达成，只是程度有些差异。如图 4-4、表 4-5 所示：

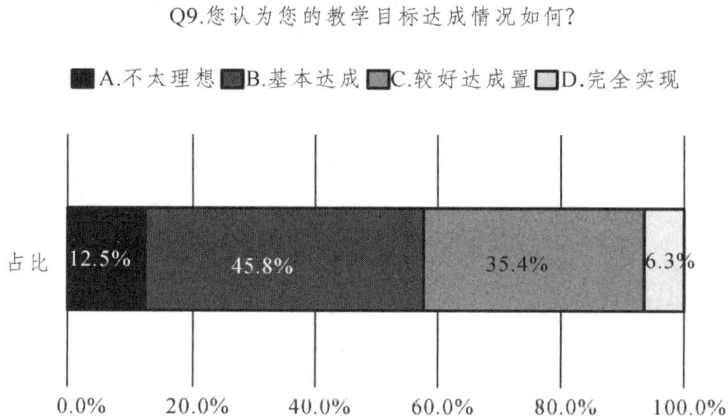


图 4-4　Q9 统计结果

表 4-5　Q9 统计结果

| 选项 | 选择次数 | 百分比 |
| --- | --- | --- |
| A. 不太理想 | 60 | 12.5% |
| B. 基本达成 | 220 | 45.8% |
| C. 较好达成 | 170 | 35.4% |
| D. 完全实现 | 30 | 6.3% |
| 回答人数：480 | | |

小学阶段的思政课教学目标重在培养学生的道德情感；初中阶段的思政课教学目标重在打牢学生的思想基础；高中阶段的思政课教学目标重在提升学生的政治素养；大学阶段的思政课教学目标重在增强学生的使命担当意识。可见，各个学段教学目标之间的不同体现了渐进性和衔接性的特点。但不可忽视的是，应试教育体制对中学阶段的思政课教学目标产生了深远的影响。为了满足升学的需要，许多学校和教师将教学重点放在知识目标的实现上，更注重学生对知识的掌握和成绩的提高。这种倾向可能导致对学生的思想道德素质、政治素养等方面的培养不够重视，从而影响了思政课的教学效果和

质量。此外，大中小学各学段思政课在教学目标的衔接方面大体上还是以知识衔接为主，但由于大学思政课的教学目标更加侧重于实践层面，而中小学思政课对学生学习方法和思考能力的培养和训练较为不足，这就容易导致大学思政课的教学目标难以充分达成。

根据调查发现，各学段思政课教学目标之间的连接性不太强。有 18.8%的思政课教师表示不熟悉其他学段思政课的教学目标和教材内容；有 43.8%的思政课教师对于其他学段思政课教学目标和教材内容的熟悉程度一般；有29.2%的思政课教师表示较为熟悉其他学段思政课的教学目标和教材内容；还有 8.3%的思政课教师表示非常熟悉其他学段思政课的教学目标和教材内容。由此可见，需要进一步增强思政课教师积极了解其他学段思政课教学目标和教材内容的主动性，以提升各学段思政课教学目标的衔接性。如图 4-5、表 4-6 所示：

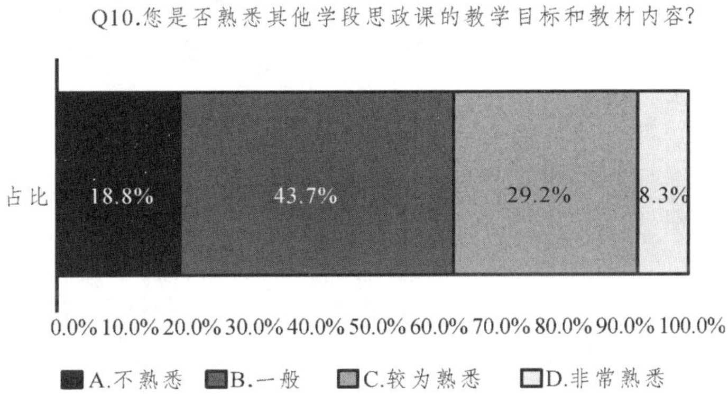


图 4-5 Q10 统计结果

表 4-6 Q10 统计结果

| 选项 | 选择次数 | 百分比 |
|---|---|---|
| A. 不熟悉 | 90 | 18.8% |
| B. 一般 | 210 | 43.7% |
| C. 较为熟悉 | 140 | 29.2% |
| D. 非常熟悉 | 40 | 8.3% |
| 回答人数：480 | | |

## 二、教学内容

教学内容是教学过程中所传递的信息的总和，它包括课程设置、教材建设、教学资源等。在大中小学思政课一体化建设中，教学内容的整合和衔接是至关重要的环节，它关系到整个教学体系的连贯性和进阶性。教学内容的选择和组织应该根据教学目标和各年龄段学生的实际情况来进行，注重思想性、政治性、科学性和实践性，以培养学生的思想道德素质和政治素养为核心。要推进大中小学思政课一体化建设，思政课教师一方面要重视本学段的教学内容，另一方面也应该对其他学段的教学内容有所了解，把握好教学内容的尺度和深度，避免超前或消极懈怠、应付授课的情况发生。思政课教师需要通过深入研究和分析教学内容、根据学生实际情况和认知发展水平选择和组织教学内容、根据时代发展要求和社会的需求更新和优化教学内容等方式，来确保教学内容的准确性和科学性，提高思政课的教学质量和效果。只有这样才能“守好一段渠”“种好责任田”，做到大中小学思政课教学内容上的有序衔接、递进发展。

但调查结果显示，只有 10.4%的思政课教师能够做到总是在开展本学段教学的过程中关注其他学段思政课的教学内容，表示不关注和偶尔关注的思政课教师分别占比为 4.2%和 45.8%，也有 39.6%的思政课教师表示自己在开展本学段教学的过程中经常关注其他学段思政课的教学内容。可见，有一半左右的思政课教师平时较少关注其他学段的教学内容，应积极激发各学段思政课教师主动了解其他学段教学内容的意愿。如图 4-6、表 4-7 所示：

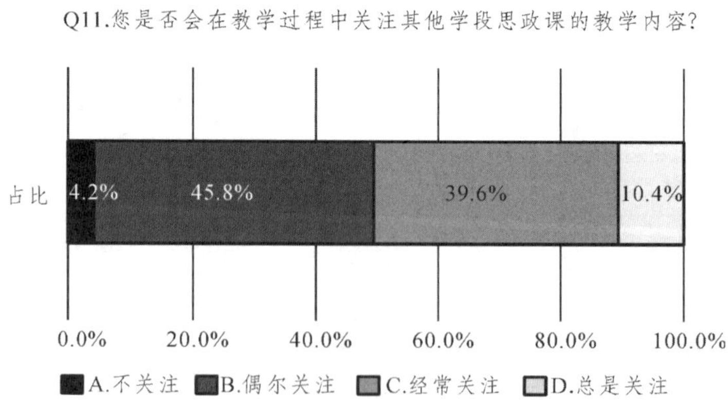


图 4-6 Q11 统计结果

表 4-7　Q11 统计结果

| 选项 | 选择次数 | 百分比 |
|---|---|---|
| A. 不关注 | 20 | 4.2% |
| B. 偶尔关注 | 220 | 45.8% |
| C. 经常关注 | 190 | 39.6% |
| D. 总是关注 | 50 | 10.4% |
| 回答人数：480 | | |

教材在教师的教学活动和学生的学习过程中扮演着非常重要的角色。教材是教师传递知识、学生获取信息的主要载体，也是教学评估和考试的重要依据。教材质量的优劣会对教师的教学和学生的学习产生深远的影响。因此，在教材的编写和使用过程中，我们应该注重教材的质量和效果，选择符合学科特点和发展趋势、注重学生认知规律和心理特点、体现时代精神和价值导向的教材，为提高教学质量和学习效果提供有力保障。思政课教材的一体化建设是推进大中小学思政课一体化建设的重要部分，不同学段思政课教材内容的合理衔接是实现大中小学思政课一体化的关键所在。虽然当前的思政课教材建设取得了一些成绩，但思政课教材内容仍存在一些问题，亟待解决。

如对于"大中小学思政课在教材一体化建设中存在哪些问题"的回答中，有 54.2%的思政课教师认为各学段教材存在部分内容交叉重叠、简单重复的问题；有 52.1%的思政课教师发现各学段教材存在过渡内容缺乏、断层脱节的问题；64.6%的思政课教师认为教材一体化建设规划设计较完备，但实际落实还不够；有 62.5%的思政课教师指出思政课教师在备课时对教学内容挖掘不够深入、课堂深度不够；还有 6.3%的思政课教师指出了其他问题。如图 4-7、表 4-8 所示：

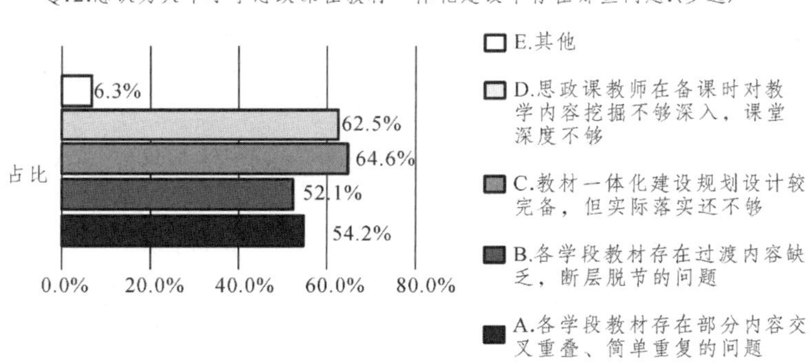


图 4-7　Q12 统计结果

表 4-8　Q12 统计结果

| 选项 | 选择次数 | 百分比 |
|---|---|---|
| A. 各学段教材存在部分内容交叉重叠、简单重复的问题 | 260 | 54.2% |
| B. 各学段教材存在过渡内容缺乏、断层脱节的问题 | 250 | 52.1% |
| C. 教材一体化建设规划设计较完备，但实际落实还不够 | 310 | 64.6% |
| D. 思政课教师在备课时对教学内容挖掘不够深入、课堂深度不够 | 300 | 62.5% |
| E. 其他 | 30 | 6.3% |
| 回答人数：480 | | |

教材是思政课教师上好思政课的重要课程资源之一。教材不仅是知识的载体，更是教师教学和学生学习的指导性工具。但由于思政课的课程特点和学科属性，思政课教师必须深度挖掘和运用丰富的思想政治教育资源来进一步丰富思政课的教学内容，提高思政课的育人性和实效性。除了教材之外，教辅资料、社会时政热点、中国传统文化、地方红色资源、实践教学基地、其他课程教材等都可以作为思政课的课程资源来加以利用。在教学过程中，思政课教师需要整合各种思想政治教育资源，遵循德育目标、教学原则和课程育人原则，发挥课堂教学的主阵地作用，促进课程思政与思政课程朝着共同的目标迈进。通过不断优化教学方法和手段、关注社会热点和时事政治、注重课程的阶段性和持续性等措施，不断提高思政课的教学质量和效果，为培养德智体美劳全面发展的优秀人才提供有力支撑。

调查结果显示，有 58.3%的思政课教师表示自己在备课过程中会采用教辅资料作为教材内容的补充；有高达 91.7%的思政课教师在备课过程中会把社会时政热点作为教材内容的补充嵌入课堂教学中；也有 79.2%的思政课教师会主动挖掘地方文化资源以充实教材内容；还有 31.3%的思政课教师表示会借鉴其他学科教材的内容。由此可见，大部分思政课教师都能积极主动挖掘课程资源，以充实教材内容。如图 4-8、表 4-9 所示：

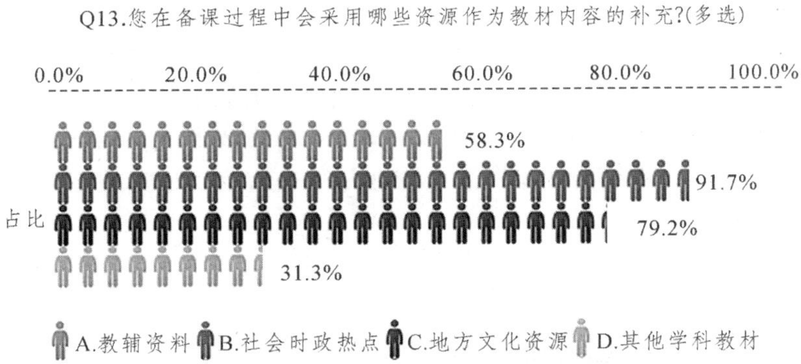


图 4-8　Q13 统计结果

表 4-9　Q13 统计结果

| 选项 | 选择次数 | 百分比 |
|---|---|---|
| A. 教辅资料 | 280 | 58.3% |
| B. 社会时政热点 | 440 | 91.7% |
| C. 地方文化资源 | 380 | 79.2% |
| D. 其他学科教材 | 150 | 31.3% |
| 回答人数：480 | | |

## 三、教师队伍

思政课教师队伍指的是从事思政课教育教学和科研工作的教师团队。这支队伍的主要任务是承担学校思政课的教学任务，传授马克思主义理论知识，引导学生树立正确的世界观、人生观和价值观。在思政课教师队伍建设方面，需要注重教师的师德师风建设、教育教学能力和科研水平的提高。同时，也需要建立科学的评价机制和管理制度，加强对思政课教师队伍的管理和监督，提高教育教学质量。需要强调的是，思政课教师之间的有效沟通，是各学段思政课教师进行教学经验分享、了解其他学段思政课教学情况的重要途径之一，也是思政课教师上好本学段课程，合理规划教学内容，促进各学段思政课教学内容有效衔接的重要方式。通过多种形式的沟通交流，可以提高思政课教师的教学水平和专业素养，提高教学质量和效果，为培养德智体美劳全面发展的优秀人才提供有力支撑。

调查结果显示，只有 25.0%的思政课教师表示经常参加跨学段思政课交流活动；另有 10.4%和 16.7%的思政课教师表示从未参加和很少参加跨学段思政课交流活动；也有 47.9%的思政课教师表示偶尔参加跨学段思政课交流活动。由此可见，目前思政课教师参与跨学段思政课交流活动的情况不容乐观，有关部门应积极为各学段思政课教师的交流互动创造便利条件。如图 4-9、表 4-10 所示：

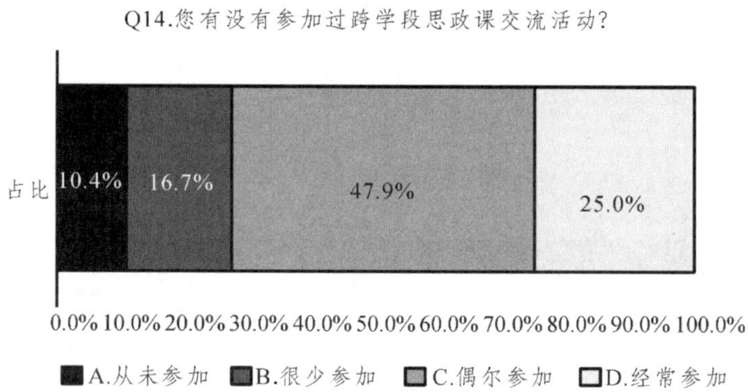


图 4-9　Q14 统计结果

表 4-10　Q14 统计结果

| 选项 | 选择次数 | 百分比 |
|---|---|---|
| A. 从未参加 | 50 | 10.4% |
| B. 很少参加 | 80 | 16.7% |
| C. 偶尔参加 | 230 | 47.9% |
| D. 经常参加 | 120 | 25.0% |
| 回答人数：480 | | |

对于影响跨学段思政课交流的因素方面，调查显示有高达 70.8%的思政课教师表示教学任务繁重会影响跨学段思政课交流；有 62.5%的思政课教师认为影响跨学段思政课交流的主要因素是缺少跨学段交流平台；也有 60.4%的思政课教师把影响跨学段思政课交流的主要因素归咎于缺少跨学段交流机会；还有 29.2%的思政课教师指出不在考核范围内也是影响跨学段思政课交流的重要因素；其他因素占比 12.5%。如图 4-10、表 4-11 所示：

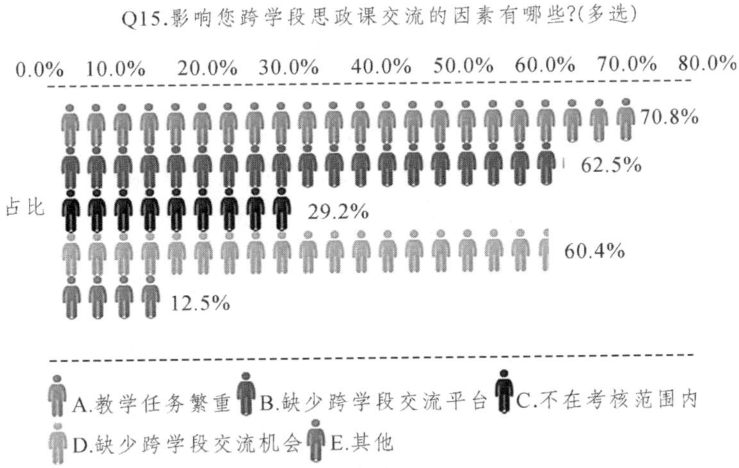


图 4-10　Q15 统计结果

表 4-11　Q15 统计结果

| 选项 | 选择次数 | 百分比 |
| --- | --- | --- |
| A. 教学任务繁重 | 340 | 70.8% |
| B. 缺少跨学段交流平台 | 300 | 62.5% |
| C. 不在考核范围内 | 140 | 29.2% |
| D. 缺少跨学段交流机会 | 290 | 60.4% |
| E. 其他 | 60 | 12.5% |
| 回答人数：480 | | |

一方面，教师自身的教学水平是影响教学效果的直接因素。教师的教学水平高低直接决定了教学质量的好坏。因此，教师需要不断提升自己的专业素养和教学能力，以适应不断变化的教学需求和学生需求。另一方面，教师的培训和培养也是影响教学效果的重要因素。教师的专业发展和进步离不开专业的、专门的教师培训。通过参加教师培训和培养项目，教师可以提升自己的专业素养和教学能力，学习新的教学理念和方法，从而更好地进行教学工作。因此，为了进一步提高各学段思政课教师之间的协作育人，必须注重教师的培训和培养工作。

我们应该通过提供专业的、专门的教师培训项目，帮助思政课教师提升自己的专业素养和教学能力，提高他们的教育教学水平。同时，我们也需要鼓励思政课教师进行教学交流和合作，了解其他学段思政课的内容，借鉴其他学段思政课教师的教学经验和方法，更好地推动大中小学思政课一体化建设的进程，共同促进思政课教学质量的提高。

然而，对于“您是否愿意参加跨学段思政课教师进修培训”的调查，显示只有 37.5%的思政课教师表示非常愿意参加跨学段思政课教师进修培训；有 31.2%的思政课教师不做选择，服从学校安排；也有 27.1%的思政课教师表示视自身情况而定；还有 4.2%的思政课教师表示不愿意参加跨学段思政课教师进修培训。由此可见，学校层面要强化思政课教师的自我提高意识，鼓励思政课教师积极参与各种进修培训活动。如图 4-11、表 4-12 所示：

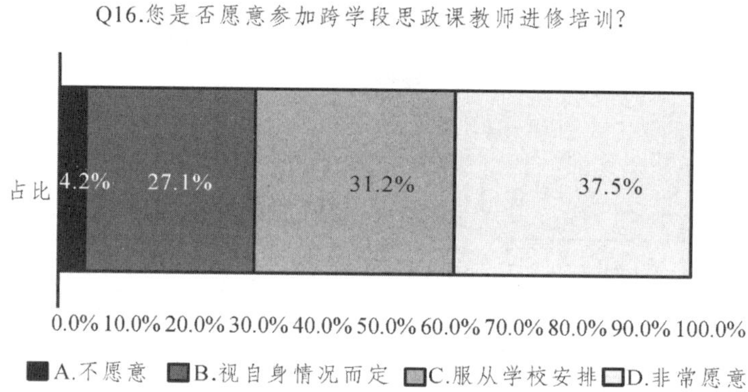


图 4-11　Q16 统计结果

表 4-12　Q16 统计结果

| 选项 | 选择次数 | 百分比 |
|---|---|---|
| A. 不愿意 | 20 | 4.2% |
| B. 视自身情况而定 | 130 | 27.1% |
| C. 服从学校安排 | 150 | 31.2% |
| D. 非常愿意 | 180 | 37.5% |
| 回答人数：480 | | |

对于“针对大中小学思政课一体化建设，您希望相关部门多组织哪些方面的培训研讨活动”的调查，显示有 50.0%的思政课教师表示应该组织大中小学思政课一体化建设的政策和理论解读讲座；有 79.2%的思政课教师表示应该组织大中小学思政课一体化建设的教学指导培训活动；有 62.5%的思政课教师表示应该组织大中小学思政课一体化建设的教师集体备课活动；有

75.0%的思政课教师表示应该组织大中小学思政课一体化建设的优秀课例展示研讨活动；有 43.8%的思政课教师表示应该组织大中小学思政课一体化建设的教师教学技能比赛活动；有 72.9%的思政课教师表示应该组织大中小学思政课一体化建设的教学资源、教学经验交流研讨会；还有 10.4%的思政课教师提出了其他建议。如图 4-12、表 4-13 所示：

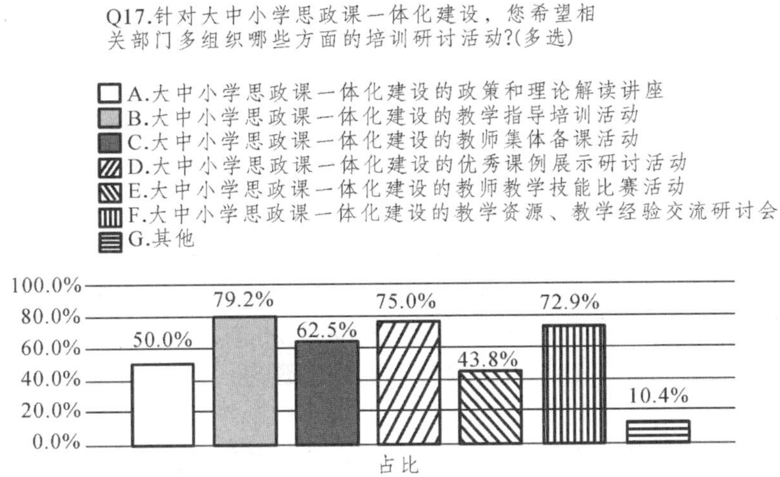


图 4-12 Q17 统计结果

表 4-13 Q17 统计结果

| 选项 | 选择次数 | 百分比 |
|---|---|---|
| A. 大中小学思政课一体化建设的政策和理论解读讲座 | 240 | 50.0% |
| B. 大中小学思政课一体化建设的教学指导培训活动 | 380 | 79.2% |
| C. 大中小学思政课一体化建设的教师集体备课活动 | 300 | 62.5% |
| D. 大中小学思政课一体化建设的优秀课例展示研讨活动 | 360 | 75.0% |
| E. 大中小学思政课一体化建设的教师教学技能比赛活动 | 210 | 43.8% |
| F. 大中小学思政课一体化建设的教学资源、教学经验交流研讨会 | 350 | 72.9% |
| G. 其他 | 50 | 10.4% |
| 回答人数：480 | | |

除了跨学段交流外，大中小学各学段思政课教师的师资结构和水平也是影响思政课教学效果的重要因素之一。师资结构对教学效果的影响主要体现在年龄结构、性别比例、职称结构等方面。如果思政课教师队伍过于老化，缺乏年轻教师的加入，可能会导致教学方法和思路的陈旧。而性别比例和职称结构的不合理，也可能影响教学效果和学科发展。教师的专业素养和教学水平对教学效果的影响更是直接而显著。教师的知识储备、教学能力、教学方法、课堂组织能力等方面的水平，都会直接影响到学生的学习效果。如果教师具备扎实的专业基础、先进的教学理念、灵活的教学方法，就能够有效地激发学生的学习兴趣和动力，提高学生的学习效果。因此，我们需要采取有效措施来优化师资结构，提高教师的教学水平，为提高思政课的教学质量和效果提供有力保障。

但调查结果显示，有 22.9%的思政课教师认为自身所在学校的思政课教师配备的结构与水平不太合理；有高达 37.5%的思政课教师认为自身所在学校思政课教师配备的结构和水平一般；也有 29.2%的思政课教师认为自身所在学校的思政课教师配备的结构与水平较为合理；只有 10.4%的思政课教师认为自身所在学校的思政课教师配备的结构与水平很合理。由此可见，受访的大部分思政课教师都认为所在学校思政课教师配备的结构与水平算不上理想。如图 4-13、表 4-14 所示：

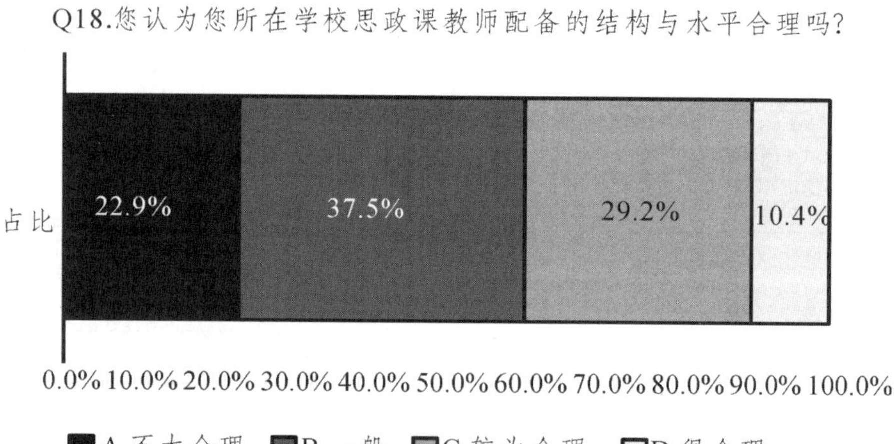


图 4-13 Q18 统计结果

表 4-14　Q18 统计结果

| 选项 | 选择次数 | 百分比 |
| --- | --- | --- |
| A. 不太合理 | 110 | 22.9% |
| B. 一般 | 180 | 37.5% |
| C. 较为合理 | 140 | 29.2% |
| D. 很合理 | 50 | 10.4% |
| 回答人数：480 | | |

## 四、教学方法

教学方法是教师和学生为了实现共同的教学目标，完成共同的教学任务，在教学过程中运用的方式与手段的总称。教学方法的分类就是把各种教学方法，按照一定的规则或标准，将它们归属为一个有内在联系的体系。教学方法包括教师教的方法（教授法）和学生学的方法（学习法）两大方面，是教授方法与学习方法的统一。教授法必须依据学习法，否则便会因缺乏针对性和可行性而不能有效地达到预期的目的。由于教师在教学过程中处于主导地位，所以在教法与学法中，教法处于主导地位。思政课教师在教学过程中只有合理选择教学方法，才能顺利完成各项授课任务、实现预期教学目标和提升课堂效果。很多教师在教学工作中能够取得优异的成绩，主要归功于他们对教学方法的合理探索和创新运用。此外，不同的学生有不同的学习需求和特点，教师需要根据学生的实际情况选择合适的教学方法，只有这样才能营造轻松愉快的课堂氛围，激发学生的学习兴趣和动力，更为有效地传递知识，提高学生的学习效果。

调查数据显示，有高达 93.8%的思政课教师在授课过程中会采用案例教学法；有 89.6%的思政课教师在授课过程中会采用情境教学法；也有 81.3%的思政课教师在授课过程中会采用活动教学法；还有 75.0%和 72.9%的思政课教师在授课过程中会采用讨论法和讲授法。由此可见，绝大部分思政课教师在授课过程中都能灵活运用各种教学方法，丰富有趣且新颖的教学形式有助于提升课堂教学的效果，增进学生的获得感和幸福感。如图 4-14、表 4-15 所示：

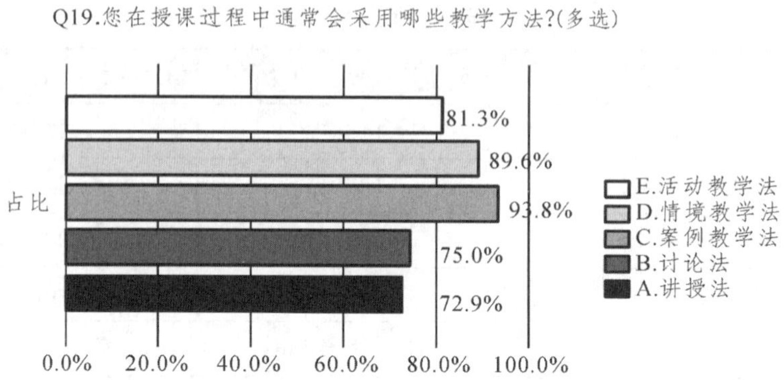


图 4-14　Q19 统计结果

表 4-15　Q19 统计结果

| 选项 | 选择次数 | 百分比 |
|---|---|---|
| A. 讲授法 | 350 | 72.9% |
| B. 讨论法 | 360 | 75.0% |
| C. 案例教学法 | 450 | 93.8% |
| D. 情境教学法 | 430 | 89.6% |
| E. 活动教学法 | 390 | 81.3% |
| 回答人数：480 | | |

教师在教学过程中需要关注学生的个体差异和群体差异，采用多样化的教学方法和手段，以满足不同学生的需求。只有这样，才能更好地促进全体学生的发展，提高教学效果和教育质量。因此，各学段思政课教师要了解掌握相邻学段的教学方法，并有所侧重地使用讲授法，做好教学方法的衔接和优化升级，将各学段有所区别的教学方法贯彻落实到课堂教学的实践中去。

调查数据显示，有近一半的思政课教师表示不关注（4.2%）和较少关注（41.7%）其他学段思政课教师的教学方法；有 43.7%的思政课教师表示经常关注其他学段思政课教师的教学方法；还有 10.4%的思政课教师表示总是关注其他学段思政课教师的教学方法。这一数据显然不利于促进各学段思政课教学方法的过渡与衔接。如图 4-15、表 4-16 所示：

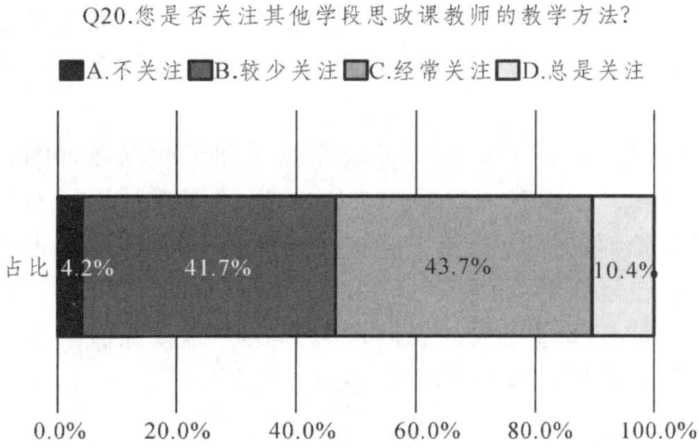


图 4-15　Q20 统计结果

表 4-16　Q20 统计结果

| 选项 | 选择次数 | 百分比 |
|---|---|---|
| A. 不关注 | 20 | 4.2% |
| B. 较少关注 | 200 | 41.7% |
| C. 经常关注 | 210 | 43.7% |
| D. 总是关注 | 50 | 10.4% |
| 回答人数：480 | | |

## 五、教学评价

教学评价是对教师的教学工作和学生的学习效果进行全面系统的测量和评价的过程，其目的是为改进教学和学习提供依据。教学评价不仅包括对教师教学工作的评价，也包括对学生学习效果的评价。教学评价的方法有很多种，包括量化评价和质性评价等。教学评价是教学过程中不可或缺的重要环节，它对于提高教学质量和学习效果具有重要的作用。通过科学、客观、全面的教学评价，我们可以更好地了解教学状况、发现问题、改进教学，为学生提供更好的教育服务。当前，思政课教学评价的一体化机制建设还存在很多不足，如从评价方式来看，小学阶段采用的是定性评价的方式，主要是对学生的总体表现（日常表现情况+平时测验情况）做出合理评价，通常是予以“优秀”“良好”或“合格”的成绩反馈。中学阶段多采用总结性评价的方式，主要是以学生的学业成绩作为评估学生综合表现的关键指标。同时，中学阶段对思政课教师的教学评价也以学生的学业成绩为主要依据。这种不尽合理的评价方式不仅会影响学生的学习态度，也无法真实反映教师的教学水平和教学效果。

根据我们对“您认为贵校对思政课教学和思政课教师的评价考核方式是否合理”的调查，分别有 6.2%和 27.1%的思政课教师表示所在学校对思政课教学和思政课教师的评价考核方式极不合理和不太合理；也有 66.7%的思政课教师表示所在学校对思政课教学和思政课教师的评价考核方式比较合理。由此可见，还是有超过三成的思政课教师认为思政课教学和思政课教师的评价考核方式不尽合理。如图 4-16、表 4-17 所示：

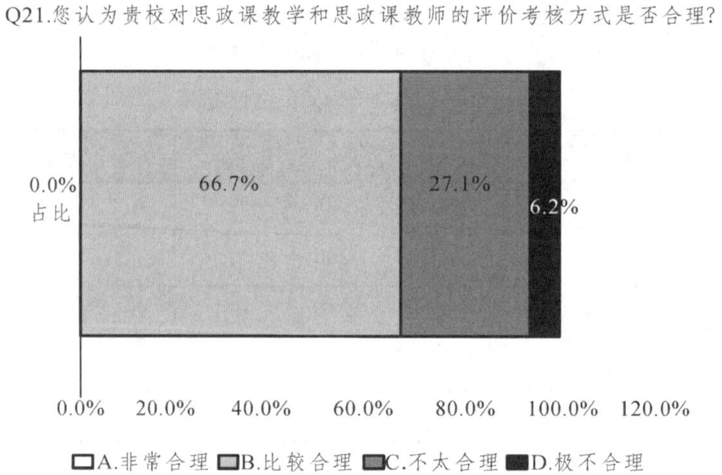


图 4-16 Q21 统计结果

表 4-17 Q21 统计结果

| 选项 | 选择次数 | 百分比 |
| --- | --- | --- |
| A. 非常合理 | 0 | 0.0% |
| B. 比较合理 | 320 | 66.7% |
| C. 不太合理 | 130 | 27.1% |
| D. 极不合理 | 30 | 6.2% |
| 回答人数：480 | | |

对“您所在学校对思政课教师进行教学评价的依据有哪些”的调查显示，有 72.9%的思政课教师认为自身所在学校对思政课教师进行教学评价的依据主要有教学目标完成度、教学设计和效果、教学反馈和学生评价；有 60.4%的思政课教师认为自身所在学校对思政课教师进行教学评价的依据主要是教学方法和手段；有 54.2%的思政课教师表示自身所在学校对思政课教师进行教学评价的依据主要是学生参与度；有 39.6%的思政课教师表示自身所在学校对思政课教师进行教学评价的依据主要是教师素养；还有 16.7%的思政课教师提出了其他依据。总体而言，目前各学校对思政课教师进行教学评价的依据是丰富多样的，也较为客观公正。如图 4-17、表 4-18 所示：

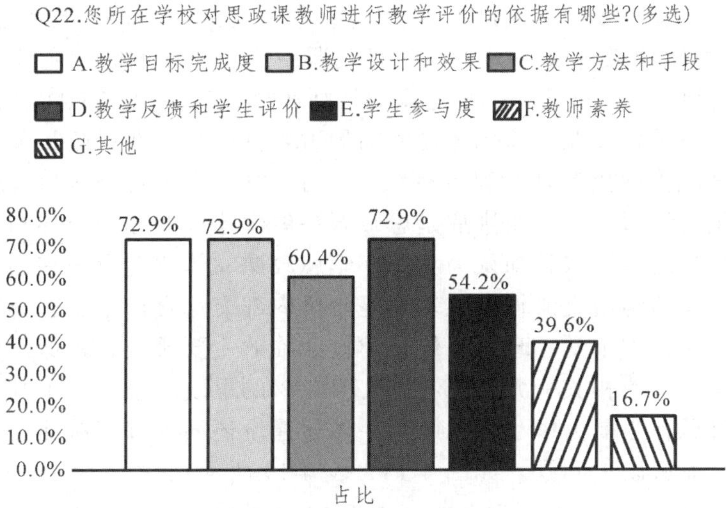


图 4-17　Q22 统计结果

表 4-18　Q22 统计结果

| 选项 | 选择次数 | 百分比 |
| --- | --- | --- |
| A. 教学目标完成度 | 350 | 72.9% |
| B. 教学设计和效果 | 350 | 72.9% |
| C. 教学方法和手段 | 290 | 60.4% |
| D. 教学反馈和学生评价 | 350 | 72.9% |
| E. 学生参与度 | 260 | 54.2% |
| F. 教师素养 | 190 | 39.6% |
| G. 其他 | 80 | 16.7% |
| 回答人数：480 | | |

思政课教学评价是一个复杂而重要的过程，需要不断地完善和改进。在评价过程中，不仅需要关注学生的知识掌握情况，更需要关注学生的思想层面、情感态度和价值观等方面的变化。同时在对思政课教师进行评价时，需要从多个方面进行综合评价，不仅关注教师的教学效果，还要考虑教师的教学态度、教学方法、教学内容等方面的表现。除了要细化评价的标准以外，还应该制定思政课教师教学评价的细则，促进不同学段思政课教学评价的协同发展，推动教学评价的一体化建设。

此外，我们还对大中小学思政课一体化建设面临的挑战进行的调查，研究发现，69.0%的思政课教师认为大中小学思政课一体化建设面临的主要挑战是学生与思政教师的配比不平衡，存在学科之间的差距与城乡之间的差距；60.4%的思政课教师认为大中小学思政课一体化建设面临的主要挑战是教师专业不对口，存在非思政相关专业的教师教授思政课程；35.2%的思政课教师认为大中小学思政课一体化建设面临的主要挑战是存在思政相关专业毕业的教师被分配去教授其他学科的现象；52.1%的思政课教师认为大中小学思政课一体化建设面临的主要挑战是思政课一体化建设的相关指导与培训不够；也有 75.4%的思政课教师认为大中小学思政课一体化建设面临的主要挑战是各学段之间的沟通交流较少，基本是学段内部交流合作；还有 60.0%的思政课教师认为大中小学思政课一体化建设面临的主要挑战是备课过程中缺乏一体化教学设计的相关资源与资料；还有 6.3%的思政教师指出了其他仍存在的挑战。可见，当前大中小学思政课一体化建设还面临许多挑战，需要各方共同努力来克服以上问题。如图 4-18、表 4-19 所示：

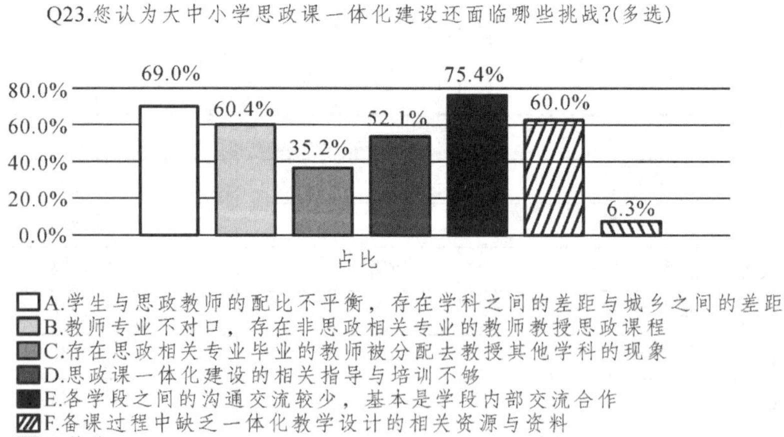


图 4-18　Q23 统计结果

表 4-19　Q23 统计结果

| 选项 | 选择次数 | 百分比 |
|---|---|---|
| A.学生与思政教师的配比不平衡，存在学科之间的差距与城乡之间的差距 | 331 | 69.0% |
| B.教师专业不对口，存在非思政相关专业的教师教授思政课程 | 290 | 60.4% |
| C.存在思政相关专业毕业的教师被分配去教授其他学科的现象 | 169 | 35.2% |
| D.思政课一体化建设的相关指导与培训不够 | 250 | 52.1% |
| E.各学段之间的沟通交流较少，基本是学段内部交流合作 | 362 | 75.4% |
| F.备课过程中缺乏一体化教学设计的相关资源与资料 | 288 | 60.0% |
| G.其他 | 30 | 6.3% |
| 回答人数：480 | | |

最后，我们还对思政课教师进行了开放式提问："就目前来说，您对推进大中小学思政课一体化建设还有哪些建议呢？"根据调查显示，有些思政课老师认为：不能过于看重学生的考试成绩；有个别思政课老师认为：首先得让小学思政课教师专职化，才会使小学思政课校本教研得以有效开展，才能使大中小思政一体化建设走深走实；部分思政课教师表示：应通过一些主题活动的开展来推进大中小学思政课一体化建设；也有思政课老师强调：关键是相关政策的落地，并且对思政课教师、思政课的评价不能是"两张皮"；还有思政课教师指出：应加强思政课教师理论素养的培训和提升。

## 第三节　大中小学思政课一体化建设取得的成效

### 一、学科建设更加成熟

马克思主义理论学科建设是办好新时代思政课的根基，背离马克思主义，思政课就会失去灵魂、走偏方向。因此，大中小学思政课一体化建设也必须以马克思主义理论学科建设为基础和前提。换句话说，大中小学思政课一体化建设始终与作为其核心内容的马克思主义理论研究相伴随。2005 年，国家批准设立马克思主义理论一级学科，下设五个二级学科，分别是马克思主义基本原理、马克思主义发展史、马克思主义中国化研究、国外马克思主义研究、思想政治教育。后来，又增设了中国近现代史基本问题研究这个二级学科，初步构建了马克思主义理论一级学科的学科体系，学科发展有了重大突破。马克思主义理论学科的设立为每一门课程提供了学科和专业支撑，使思想政治理论课教育教学有了学理支撑和理论指导，提高了科学化水平。同时，高校思想政治理论课课程设置越来越科学、系统、完整。可以说，马克思主义理论一级学科的设立产生于高校思政课的实践需要，也正是思政课实践中需要解决的现实问题催生了马克思主义理论一级学科的设立。

马克思主义理论学科的设计初衷是为了推动马克思主义理论的发展和应用，而思政课只是其中的一个方面。然而，随着时代的变化和社会的发展，思政课的重要性逐渐凸显出来，成为培养学生思想道德素质和社会主义核心价值观的重要途径之一。因此，加强和改进大学生思想政治教育被提上了日程。在这样的背景下，马克思主义理论学科的建设与思政课教学相结合成为必然趋势。当前，马克思主义理论学科的不断成熟助推了思政课的研究，只有把思政课变为“彻底的理论”，才能“说服人”。以大学本科思政课为例，每一门课程都有与其相对应的马克思主义理论二级学科：如“思想道德与法治”对应思想政治教育学科；“马克思主义基本原理”对应马克思主义基本原理学科；“中国近现代史纲要”对应中国近现代史基本问题研究学科；“毛泽东思想和中国特色社会主义理论体系概论”对应马克思主义中国化研究学科。通过深入研究马克思主义基本原理、马克思主义发展史、马克思主义中国化研究、国外马克思主义研究等二级学科，可以更好地理解马克思主义理论的基本原理和方法论，为思政课的教学提供理论依据和实践指导。同时，这些学科的理论研究也为思政课的教学提供了更深入的理论基础，帮助了更多的学生理解和掌握马克思主义理论。此外，马克思主义理论学科的建设还有利于提高思政课教师的专业素养。通过加强学科建设和教师培训，可以培养一批具备马克思主义理论素养和教育教学能力的专业教师，提高思政课教师的专业素养和教学能力。同时，马克思主义理论学科的建设同样也有利于中小学思政课科学性的提高。思政课是由大中小学思政课构成的系统的课程体系，小学、中学的思政课都是为大学思政课打基础的。马克思主义理论学科的建设可以促进中小学思政课教学的改革和创新。通过加强学科建设和教学研究，可以不断探索新的教学方法和手段，提高中小学思政课的教学质量和水平。而且也能够加强中小学思政课与其他学科的交叉融合，推动相关学科的发展和进步。总之，大中小学思政课都以马克思主义学科为支撑学科，不断推进大中小学思政课一体化建设。

## 二、课程内容趋于完善

大中小学思政课一体化建设中需要解决的核心问题主要是课程内容上存在的“重复”问题，虽然也存在其他的诸如倒挂、脱节、断层等问题，但“重复”问题一直是所有问题中最核心的问题。要解决这一棘手的难题，只能在“衔接”上下功夫，这一点在党和国家出台的一系列关于大中小学思政课一体化建设的文件和通知中得以充分体现。2019 年中共中央办公厅、国务院办公厅印发的《关于深化新时代学校思想政治理论课改革创新的若干意见》中正式提出“大中小学思政课一体化建设”，体现了党和国家对于推进大中小学思政课一体化建设的坚定决心，也反映了对于加强学校思想政治理论教育的实际需求。当前，全国各地围绕统筹推进大中小学思政课一体化建设开展了大量的实践和理论研究工作，在大中小学思政课程一体化建设过程中，课程内容的一体化建设是极为关键一环。

在严格落实国家规定思政必修课程的前提下，思政课程内容的一体化构建逐步趋于完善，提升了大中小学课程设置的针对性与实效性。具体体现在以下几个方面：（1）内容体系更加具有连贯性和渐进性。从小学到大学，思政课程内容逐步深化，循序渐进，形成了连贯而又有层次的内容体系。这种体系符合学生的认知发展规律，有助于学生逐步理解和掌握思政知识。比如小学与初中阶段开设必修课程“道德与法治”，普通高中开设必修课程“思想政治”，中等职业学校开设“中国特色社会主义”“职业道德与法治”等在内的思政必修课程，大学阶段开设国家规定的“思想道德与法治”“马克思主义基本原理概论”“习近平新时代中国特色社会主义思想概论”等 6 门必修课程，硕士研究生开设“新时代中国特色社会主义理论与实践”必修课程，博士研究生开设“中国马克思主义与当代”必修课程。在以上必修课程的基础上，再增加符合各学段学生的实际发展情况、各有侧重目标的选修课程。（2）强化了中华优秀传统文化教育。大中小学思政课程内容中，中华优秀传统文化教育占据重要地位。通过深入挖掘中华优秀传统文化的内涵和价值，引导学生传承和弘扬中华文化，增强文化自信。一方面，将更多的中华优秀传统文化元素融入思政课程内容中，如诗词、曲赋、书法、艺术等，通过多样化的形式展现中华文化的魅力，激发了学生的学习热情。另一方面，在思政课程内容中更注重中华优秀传统美德的教育，如诚信、孝顺、仁爱、忠诚等，引导学生传承和弘扬中华传统美德，培养良好的道德品质。（3）更加注重实践性和应用性。当前，大中小学思政课程内容更为注重实践性和应用性，实现了思政教育的知行合一，通过引导学生参与各种实践活动，如社会调查、志愿服务等，培养学生的实践能力和创新精神。同时，课程内容也更加强调知识的应用性和实际效果，使学生能够更好地运用所学知识解决实际问题。总而言之，我国思政课程设置循序渐进、逐渐深化，充分体现出目前大中小学思政课一体化建设正朝着科学化、规范化方向发展，课程内容逐渐趋于完善。

## 三、教学方式不断丰富

思政课作为一门理论性较强的课程，如果教师只是单纯地讲授理论知识，容易让学生感到枯燥乏味，甚至产生厌倦情绪。因此，各学段的思政课教师在教学过程中通常会采用多种多样的教学方式，以激发学生的兴趣和积极性，提高教学效果。通过调研我们也发现，目前各学段思政课教师最常采用以下几种教学方式：

（1）案例教学法。通过分析真实的案例，引导学生思考、讨论，帮助学生理解抽象的理论知识。这种方式可以让学生更加深入地理解课程内容，提高分析和解决问题的能力。（2）小组合作学习。将学生分成小组，通过小组讨论、协作等方式共同完成任务。这种方式可以培养学生的团队协作精神和沟通能力，同时也可以促进学生对课程内容的理解和掌握。（3）互动式教学。通过问答、抢答、辩论等方式，增加师生之间的互动，让学生更加积极地参与到课堂中来。这种方式可以形成观点碰撞，激发学生的学习兴趣，培养学生的问题意识与辩证思维，进而提高教学效果。（4）情境模拟法。通过模拟真实的场景，让学生扮演不同的角色，亲身体验和感受课程内容。这种方式可以让学生更加深入地理解课程内容，同时也可以培养学生的实践能力和创造力。（5）研究型学习。引导学生开展自主学习和研究，通过查阅资料、撰写论文等方式深入探究某一问题。这种方式可以培养学生的自主学习能力和创新精神，同时也可以促进学生对课程内容的深入理解和掌握。此外，有的思政课教师还会根据实际情况选择其他适合的教学方式，如讲授法、启发法、讨论法等。

同时，思想政治教育还需要注重“思政小课堂”与“社会大课堂”的贯通，以实现理论与实践的有机结合。通过利用生动、真实的情景体验，可以帮助学生更好地理解理论知识，增强感性认识，开阔眼界和思维，提高教学效果。近年来，各地也在不断探索开发社会教育资源，为大中小学思政课的实践教学提供社会资源与平台。有的学校积极组织学生参加各种社会实践活动，如志愿服务、社会调查、实地考察等，让学生亲身体验社会生活，了解国情民情，增强社会责任感和使命感。还有的学校经常邀请社会各界人士走进校园，与学生分享他们的经验和见解，引导学生树立正确的世界观、人生观和价值观。此外，部分学校开始尝试利用现代信息技术手段，如虚拟现实、增强现实等技术，模拟真实的情景体验，让学生在虚拟环境中感受真实的社会场景，增强感性认识。这些做法不仅能够弥补理论教学的不足，还能更好地实现思政教学过程中理论与实践的有机结合，从而改善优化思政课的教学效果，帮助学生更好地掌握知识、培养能力、树立正确的价值观。目前，教学方式的丰富与课外实践的补充已充分说明，各学段思政课教师在教学过程中，不断更新教育理念和优化教学方式，将讲授灌输与自主探究相结合、理论教学与实践教学相结合，不断提高学生的学习效果和学习能力，让知识更加高效地进课堂、进学生头脑。思政课教学方式的不断优化更新，也有助于推进大中小学思政课一体化建设进程。

## 四、群体认识持续提升

国家有关部门出台的一系列关于大中小学思政课一体化建设的文件或通知，为各地区教育部门推进一体化建设工作提供了指导性意见。在各地教育部门的积极推动下，各地大中小学学校领导和教师对大中小学思政课一体化建设的认识不断提高。首先，学校领导正在不断加强对大中小学思政课一体化建设的重视，将其纳入学校整体发展规划和教育教学的重点工作中，提供必要的支持和保障。如开始招收更多思想政治教育专业毕业的本科生、研究生来校任教、组织全校性的思想政治教育活动、为各学段的思政课教师搭建共同交流的平台等。同时，学校领导更加深入地了解了思政课一体化建设的理念、目标和要求，明确了工作职责和任务，加强教师培训和培养工作，建立健全了奖惩清晰、权责明晰的制度机制，为大中小学思政课一体化建设提供必要的资金保障和队伍支持等，以确保各项工作有序开展。其次，教师群体也加强了对大中小学思政课一体化建设的认识，不断深入学习和理解相关文件精神和要求，逐步掌握思政课一体化建设的基本理念和方法。教师们更加注重在教学实践中探索和创新，积极参与到大中小学思政课一体化建设的实际工作中来，发挥自身的主观能动性，尝试了解和借鉴其他学段思政课的教学内容和教学方法，并在实际教学过程中进行串联衔接，加强与其他学校或各学段思政课教师的交流与合作,持续为推进思政课一体化建设贡献力量。再次，学校和教师开始注重加强与其他相关方面的合作和交流，共同推进大中小学思政课一体化建设。如与当地政府、企事业单位、社会团体等建立合作关系，共同开展思政教育活动和实践探索，形成良好的社会氛围和工作合力。最后，学校和教师更加注重对大中小学思政课一体化建设的评价和总结。如通过制定具体的评价标准和方法，对各项工作进行评价和监督，同时总结经验教训，不断完善和优化思政课一体化建设的工作机制和方法。总之，学校领导和教师对大中小学思政课一体化建设的认识不断提高，是推进该项工作的重要基础。正是学校领导和教师充分认识到其重要性，不断加强合作交流，更加注重评价总结，才使大中小学思政课一体化建设工作得以快速推进，进而不断提高我国思想政治教育的质量和效果。

# 第五章
# 大中小学思政课一体化建设存在的问题

进入新时代以来，大中小学思政课一体化建设取得了一定的成效，但是仍面临着教学内容与方法不连贯、师资力量分配不均、学生参与度不足、教材内容更新滞后以及评价体系单一等现实问题。质言之，大中小学思政课一体化建设出现的问题不仅影响了大中小学思政课的教育效果，也对学生的全面发展构成了阻碍。

## 第一节　教学内容与方法的脱节：课程内容与教学方法的不匹配导致教学效果下降

在大中小学思政课一体化建设中，存在教学内容与方法不连贯的问题，这一问题影响了大中小学思政课一体化体系的质量和学生的综合素养发展。

### 一、思维的断裂：思政课内容扩展与方法局限的错位

在大中小学的思政课一体化建设中，课程内容的不断更新与拓展与传统的教学方法之间存在显著的断裂。这种断裂导致了教学过程中，学生难以跟上内容的深度和广度，从而影响了教学效果。

1. 知识量与教学时长的不平衡

在大中小学思政课一体化建设中，教学内容的持续深化与拓展为教学带来了新的挑战。这种挑战的核心是知识量与教学时长之间的明显不平衡。此不平衡并不仅仅是数量上的差异，更关乎教育的本质与目标。首先，当知识量迅速扩张时，教师在有限的教学时长内面临的不仅是内容的涵盖问题，更

深层次的是如何在有限的时间里，为学生构建一个有机的知识体系。在这种背景下，单纯的知识传授已不再足够，更需要通过对核心概念的精练和对学生实际需求的精准把握，来确保教学内容的深度与广度得以平衡。[①]其次，教学时长的短缺也为学生的深度思考与批判性思维提供了压力。在快节奏的思政课教学环境中，学生可能更易于陷入被动接受知识的状态，而难以有足够的时间和空间去挑战、质疑或反思所学内容。这种情境下，思政课教学可能更多地变成了“灌输”而非“启发”，从而影响了其核心价值和效果。通过调查数据分析显示，一些学校在追求知识量增长的同时，通过创新教学方法和课程设计，成功地实现了教学时长与教学内容的有效匹配，为学生提供了更为丰富和深入的学习体验。而在其他场合，尽管有意识地增加了教学时长，但由于缺乏有效的教学策略和资源支持，教学效果并未得到明显提升。

2. 理论与实践教学方法的脱节

在大中小学思政课一体化建设的框架内，思政课课程设置注重了理论知识与实践应用的双重融合，意图培养学生的理论思维与实践操作能力。然而，在思政课教学实践中，多数教学方法仍沿袭传统的理论讲授模式，而对于实践内容的教学策略与方法探索则相对不足。[②]这种教学方法的脱节，不仅在理论与实践之间造成了距离，还可能阻碍学生有效地将所学知识应用于实际情境中。首先，从教育学理论的角度来看，学生的学习效果和深度理解往往与其所接受的教学方法密切相关。例如，学生通过与实际情境的互动和实践经验的积累，更容易构建起对理论知识的内化和应用。因此，单一依赖理论讲授的教学方法，可能无法满足学生多元化的学习需求和深度探究的目标。其次，一些学校在思政课教学实践中，已开始探索结合理论与实践的教学策略，如采用项目式学习、情境模拟等方法，使学生能够在具体的社会、文化背景中，对理论知识进行实际操作和实践应用。与此同时，也有部分教育机构或教师对于实践教学方法的应用仍持保守态度，认为传统的理论讲授已足够满足教学需求，忽视了实践教学方法在思政课程中的价值与意义。[③]不容忽视的是，对于这种教学方法的脱节现象，也存在一些不同的观点。部分教育者认

① 冯刚，孙贝，束永睿. 大中小学思想政治教育一体化的教育学解读[J]. 中国远程教育，2024，44（1）：90-96.

② 侯勇，邹小娟. 新时代大中小学思想政治教育一体化建设的四维探赜[J]. 江苏大学学报（社会科学版），2023，25（6）：101-112.

③ 李禹潞，唐俊. 大中小学思政课一体化共同体建设策略研究[J]. 社会主义论坛，2023（5）：31-33.

为，传统的理论讲授模式在思政教育中仍具有其不可替代的价值，能够为学生提供坚实的理论基础和思考框架。然而，这种观点未能充分考虑到，随着社会、文化和技术环境的变化，学生需要更为灵活和多元的学习方式，以适应未来不确定性和复杂性的挑战。

3. 教学资源与教学内容的不匹配

在大中小学思政课一体化建设的进程中，教育者们致力于为教学活动提供丰富且高质量的资源支持，期望这些资源能够有效地促进学生的学习与发展。然而，在资源配置与教学内容设计的交叉点上，存在的不匹配现象却为思政课教学实践带来了一系列的挑战和问题。尤其是在当前知识更新速度加快、技术应用日新月异的时代背景下，如何确保思政课教学资源与教学内容之间的紧密对接，已成为教育界关注的焦点。首先，从教育技术学理论的角度考察，优质的教学资源在提供信息、激发学习兴趣和支持教学活动等方面具有无可替代的价值。例如，多媒体教学、虚拟实验室和在线互动平台等先进资源的引入，本质上为教育带来了更为广阔的发展空间。然而，这些资源的有效性和适用性往往与其所服务的教学内容紧密相关。如果资源的选择和应用与教学内容存在脱节，那么即使这些资源再先进、再高效，也难以为教育实践带来实质性的推动。其次，有些学校在追求教育技术化、数字化进程中，大量引进了各类高科技教学设备和平台。由于没有充分考虑到资源与内容的匹配度，这些先进设备在实际教学中并未发挥预期效果，甚至有时可能成为教学过程中的“摆设”。然而，对于教学资源与教学内容不匹配的问题，也存在一些不同的观点和解读。一部分教育专家认为，资源与内容的匹配并不是单纯的技术或方法问题，更多的是关于教育理念和教学目标的认识与定位。①他们指出，只有当教育者明确了教学目标、理解了学生的学习需求，并在此基础上进行资源选择和应用，才能真正实现教学资源与教学内容的有效匹配。

4. 评估标准与教学内容的不一致

评估标准的制定和应用直接影响到思政课教学过程的质量和效果。然而，在大中小学思政课一体化建设的背景下，评估标准与教学内容之间的不一致性问题逐渐显露，给思政课教学实践带来了一系列的挑战。从理论角度来看，

① 邓兴华. 面向一体化的高中政治协同创新[J]. 中学政治教学参考，2023（17）：9-11.

评估标准应当是教学内容的直接反映和延伸。只有当评估标准与教学内容相适应、相匹配时，教育者才能够真实、准确地评价学生的学习效果和教学的实际效果。然而，在实际的教育实践中，评估标准与教学内容之间的不一致性问题仍然普遍存在。这种不一致性可能来源于多个方面，例如教育机构的评估体系与课程设置之间的脱节，或是评估方法的固化导致的评估内容与实际教学内容的脱钩。当评估标准与教学内容存在明显的不匹配时，教师可能会面临教与学的分歧，感受到评估压力，从而影响到教学的连贯性和学生的学习动力。①值得深入探讨的是，这种评估标准与教学内容不一致的问题背后可能隐藏着教育评估体系的局限性和教学实践的复杂性。一方面，教育评估体系需要不断地与时俱进，确保评估标准与教学内容保持一致；另一方面，教育实践者也应当积极参与评估标准的制定和应用，确保评估活动真实、准确地反映教学内容和教学效果。

5. 教学目标与教学方法的不匹配

在大中小学思政课一体化实践中，教学目标与教学方法被认为是相互关联、相互作用的两个核心要素。教学目标为教育者提供了明确的指引和期望，而教学方法则为实现这些目标提供了具体的途径和策略。然而，在大中小学思政课的一体化建设过程中，教学目标与教学方法之间的不匹配现象逐渐显现，给教育实践带来了深远的影响。②从理论上讲，教学目标应当与教学方法形成有机的整合和统一。只有当教学目标与教学方法相匹配、相协调时，教育者才能够有效地指导学生，帮助他们实现预定的学习目标。然而，在实际的教学实践中，教学目标与教学方法之间的不匹配问题仍然普遍存在。这种不匹配可能是由于多种因素导致的，例如教育者对教学目标的理解与实际教学方法的选择之间的偏差，或是教育环境和资源限制导致的教学方法的局限性。当教学目标与教学方法存在明显的不匹配时，教育者可能会感到困惑和无力，导致教学活动失去方向性和针对性，进而影响到教学效果和学生的学习成果。值得进一步研究和探讨的是，教学目标与教学方法不匹配的现象背后可能反映出教育实践的复杂性和多样性。一方面，教育者需要不断地审视和调整教学目标，确保其与时俱进、与教学方法相匹配；另一方面，教育者还需要深入研究和探索不同的教学方法，确保其能够有效地服务于教学目标

① 冯江，张淑媛. 着力推进大中小学思想政治教育一体化建设[J]. 学校党建与思想教育，2023（8）：52-54.

② 谢春风，殷蕾. 我国大中小学思政课一体化建设新样态的分析与启示[J]. 中国教育学刊，2023（4）：38-42.

的实现。

## 二、教学的固化：思政课内容创新与方法更新的失衡

当前的思政课教学方法往往固守传统，缺乏对新兴教育技术和方法的引入。与此同时，课程内容的更新速度明显加快，使得传统教学方法无法满足学生的学习需求，导致教学效果下降。

### 1. 内容创新速度与教学方法更新的滞后性

思想政治教育作为一门学科，其内容的创新与更新是适应时代变迁、满足学生需求的必然要求。近年来，教育部门在大中小学思政课的一体化建设中，不遗余力地进行了思政课教学内容的更新和拓展，以适应社会的发展和变化。然而，值得关注的是，思政课教学内容创新的速度与教学方法更新的滞后性问题逐渐显现，给大中小学思政课一体化建设带来了一系列的挑战和反思。首先，从理论角度来看，思政课教学内容的创新与教学方法的更新应当是相互促进、相互支持的。思政课教学内容的创新为教学方法提供了新的可能性和方向，而教学方法的更新则能够更好地服务于思政课教学内容的传授和应用。然而，在实际的教学实践中，这种理想状态并不常见。例如，新的思政课教学内容可能涉及现代社会的新问题和挑战，如网络伦理、全球化背景下的国家关系等。[①]简言之，目前教学方法仍然停留在传统的讲授式教学，缺乏对思政课教学新内容的深入挖掘和应用。客观而言，这种思政课教学内容创新速度与教学方法更新的滞后性问题，不仅仅是教育实践中的一个小问题，而是涉及教育改革、教学质量和学生发展的重要议题。当教学方法与内容不匹配时，学生可能会感到困惑和挫败，导致其对思政课的学习兴趣和动力下降。同时，教育者也可能面临教学困境和挑战，如如何有效地传授新的思政知识、如何激发学生的学习兴趣等。

### 2. 教学资源分配与内容更新的不平衡

在大中小学思政课一体化建设的过程中，对于思政课教学资源的充分利用与合理分配一直是教育者关注的焦点。从理论和实践的角度审视，尽管有丰富的思政课教学资源可供选择和应用，如先进的教学工具、技术以及丰富

① 冯江，张淑媛. 着力推进大中小学思想政治教育一体化建设[J]. 学校党建与思想教育，2023（8）：52-54.

的教育资料，但其分配和应用却未能与思政课内容的创新步伐相匹配。在当今数字化和信息化的时代背景下，教育技术与教育内容的结合已经成为教育改革的重要方向。例如，虚拟现实、增强现实等先进的教学工具和技术在教育领域得到了广泛的应用和认可。然而，在大中小学思政课的教学实践中，这些先进的教学工具和技术却并未被充分地引入和利用，导致思政课教学方法与内容更新之间出现了不平衡的现象。[①]此外，从教育资源的分配机制来看，教育者在资源分配时往往更多地考虑传统的思政课教学需求和模式，而忽视了新的思政课教学内容和方法的需求。这种资源分配的方式不仅限制了教育者尝试和实践新的思政课教学方法和策略，还可能导致思政课教学活动的单一和创新能力的降低。更为关键的是，教育资源的不平衡分配和利用不仅仅是教育者和学生面临的问题，也是整个教育系统和社会发展的问题。

3. 评估标准与内容创新的冲突

在大中小学思政课一体化建设的背景下，评估体系与内容创新之间的关系日益成为学者和教育者关注的焦点。从教育学理论的视角出发，评估标准在很大程度上塑造了教学的方向和内容。然而，当评估标准与内容创新之间出现冲突时，这不仅可能导致教学策略的困惑，还可能影响到学生的学习效果和教育质量。以思政课教学理念和内容创新为例，如跨文化交流、全球化视野、数字时代的公民责任感等，这些内容在现代社会中具有重要的教育意义。然而，当这些新的教育理念和内容被引入到传统的教育评估体系中时，往往面临着评估工具和方法的局限性。传统的教育评估方法往往偏重知识的量化评价和应试能力的测试，如考试分数、作业完成情况等。这种评估方式可能无法全面、深入地反映学生在新的思政课内容中所获得的能力和素养。例如，学生在跨文化交流方面的能力、批判性思维和创新能力等，在传统的评估体系中可能难以得到恰当的评价和认可。此外，评估标准与内容创新之间的冲突还可能导致教育者在教学实践中面临选择困境。在追求内容创新的同时，教育者也需要考虑如何确保学生能够在评估体系中获得公正、客观的评价。这不仅涉及评估工具和方法的改革，还需要对评估目标和标准进行重新定义和调整。

① 赵婷，史文瑞，柳歆智，等. 北京市大中小学思政课一体化建设的现状及对策研究[J]. 北京教育（高教），2022（12）：85-87.

4. 教学目标与方法更新的不匹配

在思想政治教育学的理论框架下，思政课教学目标与教学方法的匹配性被认为是确保大中小学思政课一体化有效性的关键因素。然而，在当前的思政课教学实践中，教学目标与教学方法之间的不匹配现象仍然普遍存在。这一问题主要表现在思政课教学目标的设定与教学方法的选择之间存在明显的脱节。以某些思政课程为例，虽然教学目标明确强调培养学生的批判性思维和创新能力，但在教学实践中，教师往往仍然依赖于传统的讲授和记忆式教学方法。这种教学方法的选择不仅可能导致教学过程的单一和创新能力的忽视，还可能限制学生在实践中应用和发展批判性思维的机会。①理论上，教学目标与教学方法的匹配性是基于教育学理论和教育心理学研究的。教育学理论强调教学过程应当以学生为中心，注重学生的主体性和主动性，而教育心理学研究则指出，有效的教学方法应当能够激发学生的学习兴趣，促进学生的思维深度和广度。此外，教育评估体系也应当与教学目标和方法的匹配性相一致。有效的教育评估应当能够全面、准确地反映学生的学习成果和教学效果，而不仅仅是基于传统的考试和测试。因此，教育者需要不断探索和创新教学评估方法，以适应教育改革和社会发展的需求。

5. 教师培训与方法创新的不一致

在大中小学思政课一体化建设中，教师培训作为保障思政课教学质量的关键环节，受到了广泛的关注和重视。然而，仅仅对教师进行培训，并不意味着培训内容和方法已经达到了与新的思政课内容创新和方法更新的完全一致性。实际上，培训内容与新的教学理念和方法之间的不匹配现象依然存在，并对教师的教学实践产生了不小的挑战。首先，教师培训应当以学生为中心，注重培养教师的教育教学能力和教育教学观念的更新。然而，在实际的教师培训过程中，由于受到多种因素的影响，培训内容往往更多地偏向于传统的教学方法和教育观念。②例如，一些培训课程可能过于重视教育技能的传授，而忽略了教育理念和教育方法的深入探讨。这种情况下，即使教师参加了培训，也可能难以真正理解和应用新的教学策略。其次，教师个体的接受度和应用能力也是影响教师培训效果的关键因素。由于每位教师的教育背景、教

① 赵婷，史文瑞，柳歆智，等. 北京市大中小学思政课一体化建设的现状及对策研究[J]. 北京教育（高教），2022（12）：85-87.

② 冯江，张淑媛. 着力推进大中小学思想政治教育一体化建设[J]. 学校党建与思想教育，2023（8）：52-54.

学经验和教育观念都存在差异，因此，相同的培训内容和方法可能对不同的教师产生不同的影响。有些教师可能能够快速地接受和应用新的教学策略，而有些教师可能需要更多的时间和支持来适应和应用新的教育理念和方法。此外，教师培训的持续性和有效性也是影响教师培训效果的关键因素。仅仅通过短期的培训活动，很难确保教师能够全面、深入地理解和掌握新的教育理念和方法。

## 三、学习的消解：思政课教学深陷的多维困局

当课程内容过于冗余时，学生可能会感到学习动机的减弱。而采用单一的教学方法则难以激发学生的学习兴趣和积极性，使得教学效果受到严重影响。

### 1. 思政课内容冗余对学习动机的影响

在大中小学思政课的一体化建设过程中，内容的重复性问题逐渐凸显出其对学生学习动机的不利影响。内容的重复不仅仅体现在教材的布局和组织上，更深层次地，它反映了思政教育中对于知识传授与学生主体性培养的平衡问题。首先，学习动机是影响学生学习行为和学习效果的重要因素。学生的学习动机受多种因素影响，其中之一便是教学内容的吸引力和新颖性。当学生在不同的学段中反复接触到相同的政治事件或思想理论时，他们可能会感受到学习的重复性和单调性，从而导致学习兴趣的减退。这种重复性的内容布局可能使得学生产生一种“学过的感觉”，从而降低他们对学习的热情和积极性。其次，内容的重复性还可能影响到学生的思政教育效果。大中小学思政课教学旨在培养学生的政治觉悟、思想道德和社会责任感。然而，当学生在不同学段中反复接触到相同的内容时，他们可能会对这些内容产生麻木和疲劳的情绪，从而影响到他们对于这些内容深入理解和应用的能力。通过调查研究发现，有一些学校和教师出于确保思政课教学质量及教育效果的考虑，可能在不同学段重复讲授某些关键的理论知识点。然而，这种做法可能忽视了学生的主体性和个性化需求，使得教学过程更加注重知识的传授，而忽略了学生的情感体验和学习动机的激发。此外，一些研究也指出，内容的重复性可能与教师的教学方法和教学资源的有限性有关。[①]在思政教育里，

① 赵婷，史文瑞，柳歆智，等．北京市大中小学思政课一体化建设的现状及对策研究[J]．北京教育（高教），2022（12）：85-87.

为保证教学的连贯性与完整性，教师或许在不同学段重复采用相同的教学内容和教学资源。然而，这种做法可能忽视了学生的学习需求和学习动机的变化，从而影响到他们的学习效果和学习体验。

2. 单一教学方法对学习动机的冲击

在大中小学思政课的一体化建设过程中，教学方法的选择与学生的学习动机密切相关。首先，学生的学习动机是影响其学习行为和学习效果的重要因素。学习动机分为内在动机和外在动机两种。内在动机是指学生基于自身兴趣和价值观进行学习的动机，而外在动机则是指学生基于外部奖励或惩罚进行学习的动机。然而，当教学方法过于单一，如过于依赖讲授式或复述性学习，可能会导致学生的学习动机下降。因为这种教学方法往往缺乏趣味性和挑战性，使得学生感到学习过程单调乏味，从而降低了他们的学习兴趣和主动性。其次，内容的呈现方式也会影响学生的学习动机。在思政课的教学中，缺乏互动性和探究性的教学方法可能会使得学生对学习内容产生抵触情绪。例如，当教师仅仅以讲授和复述的方式来传递知识，而忽视了学生的参与和反馈，学生可能会感到学习内容与他们的实际生活和兴趣脱节，从而降低他们的学习动机。[①]从实际调查的结果来看，一些学校和教师在教学实践中可能过于依赖于单一的教学方法，如纯粹的讲授式教学或复述性学习。然而，这种教学方法可能忽视了学生的多样性和个性化需求，使得学生在学习过程中缺乏参与感和成就感，从而影响到他们的学习动机和学习效果。此外，一些研究也指出，单一的教学方法可能与教师的教育观念和教学能力有关。在思政教育中，为了确保教学内容的连贯性和完整性，教师可能会选择使用熟悉和容易掌握的教学方法，而忽视了学生的学习需求和学习动机的变化，从而导致教学过程缺乏灵活性和多样性。

3. 教材内容滞后对学习动机的弱化

在现代教育体系中，教材的编写和更新一直是确保教育内容与社会发展同步的关键环节。然而，在大中小学的思政课一体化建设中，思政课教材内容滞后的问题已成为一大难题。当思政课教材内容与现实社会和学生生活出现脱节时，这不仅可能导致学生对所学内容产生疏离感，还可能影响他们的学习动机和学习效果。首先，从教育心理学的角度分析，学生的学习动机是

① 侯勇，邹小娟．新时代大中小学思想政治教育一体化建设的四维探赜[J]．江苏大学学报（社会科学版），2023，25（6）：101-112．

他们参与学习活动、积极投入学习过程的内在驱动力。学习动机受到多种因素的影响，其中之一就是教材内容的相关性和实用性。当教材中的案例和理论内容与学生的日常生活和社会现实产生较大差异时，学生可能会对学习产生怀疑，质疑所学内容的价值和意义。其次，教育内容的滞后性可能会影响学生的思维方式和认知结构。在当今快速变化的社会环境中，新的信息和知识不断涌现，而教育内容的滞后可能会使学生错过关键的学习机会，导致他们在面对复杂和多变的社会问题时，缺乏有效的思考和判断能力。从实际教学的效果来看，一些学校和教师在教学实践中可能会过于依赖于教材内容，而忽视了学生的实际需求和兴趣。当教材内容滞后时，教师应该采取创新的教学方法，引入更多的实例和案例，以激发学生的学习兴趣和探究欲望。然而，如果教师仍然沿用旧的教学方式，不加以更新和调整，可能会加剧学生的学习疲劳和动机减弱的问题。

4. 评价机制僵化对学习动机的消解

评价机制在教育领域中的作用不言而喻，它旨在为教育活动提供反馈，帮助教育者和学生了解学习效果并进行调整。然而，在大中小学的思政课一体化建设中，评价机制的某些偏差和不足已经引起了广泛关注。具体地说，一些评价机制过于依赖传统的量化指标，如考试成绩，而忽略了学生的综合素质和实际能力的培养。首先，评价应该是多维度、多层次的，旨在全面了解学生的学习状况和成长。然而，在实际操作中，由于各种原因，包括时间、资源和技术等限制，评价机制往往偏向于简单、直观的量化指标。例如，对于学生的思政课学习，如果仅仅依赖于传统的笔试和口试来评价学生的学习成绩，而忽略了对于学生综合素质和实际能力的考查，就可能导致评价结果的片面性和不准确性。其次，实际的教育实践也证明了评价机制的僵化对学生学习动机的消解产生了负面影响。学习动机是学生参与学习活动、投入学习过程的内在驱动力，它受到多种因素的影响，其中之一就是学生对于评价结果的期待和认知。当学生感觉到自己的学习成果和努力无法得到公正的评价和认可时，他们可能会逐渐失去对学习的兴趣和热情。[①]例如，如果一个学生在思政课中表现出色，具有很强的创新和实践能力，但由于评价机制的局限性，他的努力可能无法得到应有的回报和认可，这就可能导致他对学习的动机逐渐消解。

---

① 赵婷，史文瑞，柳歆智，等. 北京市大中小学思政课一体化建设的现状及对策研究[J]. 北京教育（高教），2022（12）：85-87.

5. 教师角色单一对学习动机的削弱

在教育领域中，教师的角色被视为至关重要的，不仅仅是知识的传授者，更是学生学习动机的关键激发者。然而，在大中小学的思政课一体化建设中，一些教师在实际教学中可能过于偏重自己的知识传授角色，而忽略了与学生之间的互动与沟通，从而导致学生的学习动机逐渐减弱。首先，从教育心理学的角度来看，学生的学习动机是多种因素共同作用的结果。除了学生自身的兴趣和动机外，教师的教学方法、态度和行为等也会对学生的学习动机产生深远的影响。例如，当教师过于强调自己的知识传授角色，而忽略了对学生兴趣和需求的关注，学生可能会感到学习的压力和困惑，从而减少对学习的投入和热情。其次，实际的教育实践也证实了教师角色单一对学生学习动机削弱的不良影响。在一些学校和课堂中，教师可能过于依赖传统的讲授和复述式教学方法，而忽略了学生的主体性和创造性。例如，教师可能会长时间地在讲台上进行单向的知识传授，而忽略了与学生的互动和交流，导致学生对学习内容的理解和应用能力得不到有效的提升。

## 四、资源的浪费：思政课内容丰富与方法狭隘的错配

当课程内容丰富多样时，如果教学方法狭隘、单一，那么教学资源可能会被浪费。学生难以有效地消化和吸收内容，导致资源的浪费和教学效果的下降。

1. 教学内容深度与教学方法表层的不匹配

在教育的实践中，教学内容与教学方法的匹配程度直接关系到教学效果的高低。特别是在思想政治教育这一领域，教学内容的深度与教学方法的选择之间的关系显得尤为关键。在大中小学的思政课一体化建设中，尽管课程内容涉及多元和深入的政治思想和理论，但许多教学实践中的问题也逐渐显现出来。[①]首先，从教育心理学和教学设计的角度来看，教学内容的深度和广度应当与教学方法的选择和运用相匹配。例如，对于涉及深入的政治思想和理论的课程内容，过于依赖传统的讲授和复述式教学方法可能会导致学生对于内容的理解和应用能力得不到有效的提升。此外，教学方法的表层性可能会限制学生的主体性和创造性，使得教学过程中的互动和探究变得受限。其

① 侯勇，邹小娟．新时代大中小学思想政治教育一体化建设的四维探赜[J]．江苏大学学报（社会科学版），2023，25（6）：101-112.

次，实际的教育实践和案例分析也进一步证实了教学内容深度与教学方法表层的不匹配问题。在一些学校和课堂中，教师可能过于依赖传统的教学模式和教学资源，而忽视了学生的多样性和个性化需求。例如，某些课程内容可能涉及复杂的政治事件和思想理论，但教学方法的选择和运用却未能充分考虑到学生的实际情况和学习特点，导致教学效果的降低和资源的浪费。再者，从教育改革和创新的角度来看，提高教学内容的深度和教学方法的多样性是促进教育质量和效果的关键。当前，一些先进的教育体制和实践已经开始强调教学内容和方法的创新和优化，旨在提高学生的学习兴趣和参与度。例如，通过引入问题导向的教学、项目式学习和合作学习等教学方法，可以有效地促进学生的思维发展和能力培养，从而提高教学效果和学生的学习动机。

2. 思政课互动性内容与教学方法的单向传递性

思政课作为培养学生政治素养和思辨能力的重要途径，其教学内容和方法的匹配程度直接影响到学生的学习效果和能力培养。在当前大中小学思政课的一体化建设中，虽然部分课程内容强调了思辨、讨论和交流的重要性，但在实际的教学实践中，教学方法的选择和运用却往往偏向于单向的知识传递，如教师主导的讲解和学生的被动学习。从教育学理论的角度来看，教学内容和方法的互动性应当是促进学生主体性和创造性发展的关键。社会发展理论强调社会交往和互动在学习过程中的重要性，认为学习是一个社会性的活动，通过与他人的交往和合作，学生可以更好地理解和掌握知识。因此，对于强调思辨和讨论的思政课内容，过于依赖单向的教学方法可能会限制学生的思维发展和能力培养，使得学生的主动性和参与度受到影响。此外，在实际思政课教学中，思政课互动性内容与教学方法单向传递性之间也存在不匹配问题。在一些课堂教学中，教师可能过于强调知识的传授和内容的呈现，而忽视了学生的主体性和参与度。[①]例如，某些教学环境中，教师可能长时间地进行单向的讲解和解释，而未能充分引导学生进行思辨和讨论，导致学生的学习兴趣和参与度逐渐降低。

3. 实践性思政课内容与理论教学方法的不匹配

在教育的众多领域中，思政课的独特性和重要性不言而喻。它不仅仅是传授政治理论知识，更多的是培养学生的思考能力、判断力和实践能力。然

① 赵婷，史文瑞，柳歆智，等. 北京市大中小学思政课一体化建设的现状及对策研究[J]. 北京教育（高教），2022（12）：85-87.

而，在当前大中小学的思政课一体化建设过程中，一些具有鲜明实践性的教学内容与理论化的教学方法之间的不匹配问题逐渐受到教育界的关注。在教育理论中，特别是基于经验主义和行为主义的学习理论，强调学生通过实践活动来获得知识和经验。例如，学生通过参与真实的、与生活紧密相关的活动，如社会实践和案例分析，可以更好地理解和掌握知识，形成持久的记忆和认知结构。因此，对于思政课这种涉及政治、社会和文化等多方面内容的课程，应当注重实践性教学方法的引入和应用，以促进学生的全面发展。然而，实际的教学实践中，一些思政课教师可能过于依赖于理论化的教学方法，如传统的讲授和复述，而忽视了实践性内容的重要性。例如，一些思政课程可能过于注重理论知识的传授，而忽视了与现实生活和社会实践相结合的教学方式，导致学生的学习兴趣和动机逐渐降低。此外，缺乏实地考察和实践活动的思政课程也可能使得学生的实践能力得不到充分的发展，影响其对政治和社会问题的深入理解和思考。

4. 多样化思政课内容与教学方法的单一化

在现今的教育领域中，思政课作为培养学生政治观念和思想品质的重要途径，其内容的丰富性和多样性被广大教育者所看重。然而，当我们深入探索其在教学实践中的具体运用时，发现了一个不容忽视的问题：尽管思政课的内容设计十分丰富，但在教学方法的选择上却呈现出明显的单一趋势。[①]思政课的核心内容涉及多种政治体制、思想流派及其相应的实践案例。这一内容设置旨在使学生能够全面、深入地了解和掌握各种政治思想和实践，从而培养其批判性思维和政治判断能力。然而，当这些内容被简单地纳入传统的课堂讲授中时，其丰富性和多样性未能得到有效的展现和应用。例如，思政课程依赖于教师的单向讲授，缺乏与学生的互动和讨论，这导致了学生在接触到多元内容时缺乏深度的思考和实践应用。这种单一的教学方法不仅限制了学生对内容的深入理解，还可能导致他们对学习过程的兴趣和动力逐渐减退。

5. 思政课跨学科内容与教学方法的局限性

思政课的内容设计旨在培养学生的政治观念和思想品质，其中涉及的学科背景多种多样。例如，历史为学生提供了政治发展的背景与脉络；社会学从宏观和微观层面探讨了政治现象的形成与变迁；而法律则关注政治行为的

① 侯勇，邹小娟. 新时代大中小学思想政治教育一体化建设的四维探赜[J]. 江苏大学学报（社会科学版），2023，25（6）：101-112.

规范与实践。这种跨学科的内容设置有助于学生从多个角度深入理解和分析政治问题。然而，当这些跨学科的内容融入教学实践中时，往往面临教学方法的局限性。当前的教育体制和教学模式往往基于单一学科的教学模式，例如，历史课可能更注重事件的描述和时间线的呈现；社会学课程可能更偏向于理论的讲解和分析；而法律课程则可能更多地侧重于法规的解读和案例的分析。这种单一学科的教学模式可能导致跨学科内容在教学过程中的综合性和连贯性得不到有效的体现。例如，当教师在思政课中讲述一个历史事件时，如果仅仅停留在历史背景和事件描述上，而未能结合社会学和法律的角度进行深入探讨，那么学生可能只能从一个维度理解和分析该事件，而缺乏全面和深入的认识。

## 五、机制的偏离：思政课内容深度与方法适应的失衡

在评价学生的学习效果时，如果评估机制未能与课程内容的深度和广度相匹配，或者与教学方法的适应性不符，那么评估结果可能会偏离实际，导致教学效果的下降。

### 1. 思政课知识点评估中深度探究的不足

在当前的教育评估体系中，尤其是在思政课的评价机制中，普遍存在一种倾向，即对学生的知识点进行量化的、表面性的考查。这一现象在很大程度上是由于传统的教育观念和评价方法的影响。教育评估被过度地侧重于考核学生对基础知识点的记忆和应用，而对于学生在思政课程中所展现出的深度探索和批判性思考能力的评价则相对缺乏。客观而言，真正的教育不仅仅是传授知识，更重要的是培养学生的批判性思维和解决问题的能力。然而，在当前的评估体系中，这一理念往往被忽略或边缘化。学生在面对思政课的学习时，更多的是被动接受知识，而非主动思考和探索。①例如，某高中的思政课教学中，教师经常通过讲解历史事件和政治理论来传授知识。在课堂上，学生会被要求记住某个事件的时间、地点和相关人物，而对于事件背后的深层次原因和影响，以及这些事件与当前社会、政治的关联性的探讨则很少涉及。这种教学模式导致学生的学习重心过于侧重于事实的记忆，而其思考和分析的能力得不到有效的培养。此外，这种评估机制也可能导致学生在学习

① 侯勇，邹小娟．新时代大中小学思想政治教育一体化建设的四维探赜[J]．江苏大学学报（社会科学版），2023，25（6）：101-112.

过程中过于追求分数和成绩，而忽视了真正的学习目标。学生可能会选择性地学习和掌握那些容易被测试和评价的知识点，而对于那些需要深入思考和探索的内容则避之不及。

2. 传统评估方式对实践性内容的轻视

在思政课的教学实践中，强调的不仅是理论知识的传授，更是实践性学习的实施，其中包括但不限于社会实践、团体讨论、实验活动等。这种实践性学习的重视是基于教育理论的发展和现实需求的变化，旨在培养学生的社会责任感、批判性思维和团队合作能力。然而，当我们转向评价这种实践性学习时，常见的评估方式却往往无法完全捕捉到学生在实践活动中的真实表现和反思。从教育评估的角度看，传统的笔试评估方式，如选择题、填空题和问答题等，虽然在传统学科中有其合理性和有效性，但当应用于思政课的实践性内容评估时，其局限性和不足显得尤为明显。例如，某高校的思政课程中，教师组织了一次关于社会公平与正义的团体讨论活动。在活动中，学生积极参与，表现出对社会问题的敏感性和深入的思考。然而，当这部分内容被转化为笔试题目进行评估时，往往只能评价学生对于已有知识点的掌握，而无法评价学生的思考深度、批判性思维和团队合作能力等实践性技能。此外，传统的评估方式往往更注重学生的答题技巧和记忆能力，而忽略了学生在实践中的体验和反思。①客观而言，真正的教育应该基于学生的实践经验，鼓励学生从实践中学习、反思和成长。然而，在当前的评估体系中，这种理念往往被忽略，导致评估与实际学习活动之间存在偏差。

3. 思政课探究性学习与现有评估机制的抵牾

在教育的发展过程中，思政课的目标不仅仅是传授政治知识，更重要的是培养学生的独立探究能力和创新性思考能力。这种教育理念是基于教育学中的建构主义理论，强调学生在学习过程中的主体地位和积极参与。然而，当我们观察当前的思政课评估机制时，会发现存在与这种教育理念相冲突的现象。传统的评估机制，尤其是在大多数学科中，往往更加注重学生对于标准答案的掌握和结构化的回答能力。例如，对于某一政治事件的评价，学生需要给出与教材内容相匹配的答案，而这种答案往往已经被教材或教师定义好。在这种情境下，学生的回答被限制在某种程度上，很难表达出自己的独

① 赵婷，史文瑞，柳歆智，等. 北京市大中小学思政课一体化建设的现状及对策研究[J]. 北京教育（高教），2022（12）：85-87.

立见解和创新思考。更为重要的是，当思政课鼓励学生进行独立探究和创新性思考时，其背后的目的是培养学生的批判性思维、问题解决能力和终身学习能力。然而，当前的评估机制可能会产生相反的效果，使得学生更多地追求标准答案和结构化的回答，而忽视了探究性和创新性的培养。概言之，真正的科学进步来源于科学家对传统观念的质疑和挑战，而非简单地接受已有的答案。同样地，思政课也应该鼓励学生对政治现象和问题进行深入的探究和思考，而不是简单地接受教材或教师提供的答案。

4. 思政课评估要点与教学方法的脱节

在教育领域中，评估机制和教学方法是相互关联、相互影响的。当我们观察思政课的教学内容和评估机制时，不难发现二者之间存在一定的不一致性，这不仅挑战了教育的本质目标，也可能影响到学生的全面发展。[①]首先，考虑到思政课的特点，它强调学生的思辨能力、团队合作和社交交流技巧。例如，进行对话、辩论和小组活动有助于学生开阔视野、理解多元观点和培养批判性思维。这种教学方法背后的理论支撑可以追溯到社会建构主义教育理论，它认为学生通过社交互动和实践经验来构建知识和理解。然而，当我们转向评估机制时，可能会发现它更偏向于传统的、个人的单一答题方式。在这种情境下，学生被要求提供标准化的答案，而很少有机会展示他们在团队合作和交流中的实际能力。这种评估方式的背后，可能与教育体制、教育资源和教师培训等因素有关。事实上，教育者往往受到现有教育体制和文化的制约，导致评估方法与教学目标之间存在不一致性。在思政课的情境下，评估机制的不一致性可能进一步加剧了这一挑战。此外，还有观点认为，传统的评估方法可能会限制学生的创新和探究能力。可以说，过度依赖笔试和标准化测试可能会导致学生追求短期记忆和应试技巧，而忽视了深入理解和批判性思维的培养。

5. 综合素质评价与思政课内容全面性的落差

思政课作为一门旨在培养学生全面素质和综合能力的学科，其内在价值和目标不仅仅局限于学术性和知识点的传授。这门课程的核心理念是培育学生的思想道德素养、社会责任感以及批判性思维能力。为了更好地实现这些目标，课程内容涵盖了从政治理论到社会实践的多个维度。然而，当我们观

① 侯勇，邹小娟. 新时代大中小学思想政治教育一体化建设的四维探赜[J]. 江苏大学学报（社会科学版），2023，25（6）：101-112.

察当前的思政课教学评估机制时，可能会发现其存在一定的局限性。许多评估方式更偏向于学术性和知识点的测试，例如传统的笔试、选择题和论文写作。这种评估方式的局限性在于它可能无法全面反映学生在思政课中所获得的综合能力和素质，尤其是在批判性思维、社会交往和实践能力方面。客观而言，在实际中，仅仅依赖于传统的学术性评估可能会忽视学生的实际表现和潜能。例如，Smith（2015）在其研究中发现，那些在传统测试中表现平平的学生，在实际的团队合作和社会实践中展现出了惊人的能力和潜力。此外，有观点认为，过度依赖于学术性评估可能会导致思政课的内容被简化和夸大。为了迎合评估需求，教师可能更偏向于教授那些容易被测试和评估的内容，而忽视了课程的多元性和综合性。①

## 第二节　师资力量配置的不均衡：思政课师资分配不均导致教学质量参差不齐

师资力量分配不均是大中小学思政课一体化建设中的一个严重问题，它直接影响着大中小学思政课的教育质量和教育公平。这一问题的存在，既是教育体制中的病症，也反映了教育资源配置的不公平性。

### 一、素养与需求：思政课教师对一体化教学的认知与应用

#### 1. 内容多元化下的教学方法困境

在当前的教育背景下，思政课作为一门旨在培养学生综合素质和思想政治能力的课程，其内容已经逐渐呈现出多元和复杂的特点。这种多元化不仅反映在内容的丰富性上，还表现在教学目标和方法的多样性上。多元化的课程内容为教育者提供了丰富的资源和机会，但同时也带来了一系列的教学挑战和困境。在实际的教学实践中，部分思政课教师在面对丰富多样的思政课内容时，往往过于依赖传统的讲授式教学。②这种教学模式主要以教师为中

① 赵婷，史文瑞，柳歆智，等．北京市大中小学思政课一体化建设的现状及对策研究[J]．北京教育（高教），2022（12）：85-87.

② 闫晓静，孟悌清．大中小学思政课一体化建设几个问题的探讨[J]．中学政治教学参考，2023（19）：99-100.

心，学生作为被动的接受者，缺乏互动和参与的机会。这种教学方法可能会导致学生对课程内容的兴趣和动机降低，从而影响教学效果。可以说，过度依赖讲授式教学可能会限制学生的批判性思维和问题解决能力。在一个多元化和复杂化的社会环境中，学生需要培养的不仅是知识和技能，还有批判性思维、创新能力和团队合作精神。此外，教育界也有观点认为，过于依赖传统的教学方法可能会忽视学生的个性差异和特点。每一个学生都是独特的，他们有着不同的学习风格、兴趣和需求。因此，教育者需要探索和采用更为灵活和多样的教学方法，以满足不同学生的需求和期望。

2. 评价机制与实际教学目标的脱节

在教育体系中，评价机制常常被视为一个关键的驱动因素，它指导着教育实践的方向和教学策略的选择。然而，在思政课的实践中，现行的评价体系在很大程度上仍然注重学生对知识点的记忆和理解，而忽视了培养学生批判性思维、实践能力和综合素质的重要性。部分思政课教师在教学实践中面临着评价机制与教学目标之间的脱节问题。由于评价体系过于强调知识点的测试和分数的分配，教师在教学时可能更偏向于迎合考试评价，而忽略了课程的整体目标和学生的综合发展。此外，另一种观点认为，现行的评价机制可能会对教育资源的分配产生不利影响。①由于评价体系过于强调学生的学术成绩，可能会导致教育机构和教育者过度关注成绩排名和竞争力，而忽视了对于学生综合素质和个性发展的关注。

3. 学生参与度与教师角色的转变

在教育领域的演变过程中，学生参与度的提高逐渐被认为是教学效果和学生学习体验的关键因素。学生通过与他人的互动和参与来构建知识和理解。因此，学生的主动参与不仅可以增强他们的学习效果，还可以促进他们的社会交往和批判性思维能力。然而，在实际的教学实践中，许多教师仍然扮演着传统的主导者角色。尽管现代教学理念强调学生中心的教学方法，但在实际的课堂环境中，许多教师仍然依赖于讲授式的教学方法，而忽视了学生的实际需求和参与度。这种现象背后可能存在多种原因。一方面，教师可能缺乏足够的培训和资源来实施以学生为中心的教学方法。另一方面，教育体制和评价机制可能也对教师的教学行为产生了影响，使得他们更加关注学生的

① 闫晓静，孟悌清．大中小学思政课一体化建设几个问题的探讨[J]．中学政治教学参考，2023（19）：99-100.

学术成绩和考试表现，而忽视了学生的整体发展和参与度。然而，这种教师中心的教学模式与现代教育理念之间存在明显的冲突。真正的教育应该以学生为中心，鼓励他们的主动参与和探索。因此，为了更好地实现教育的目标，教师需要重新审视自己的教学角色，积极探索和应用以学生为中心的教学方法，以满足学生的实际需求和提高他们的学习效果。

4. 资源配置与教学需求的不匹配

在当今的教育环境中，资源配置与教学需求的匹配度已成为影响教学效果的关键因素之一。随着技术的不断发展，数字化工具、在线资源和实践活动等多种教学资源为思政课的一体化教学提供了广阔的可能性。然而，如何有效地配置和利用这些资源，以满足教学的实际需求，却是一个亟待解决的问题。[①]在实际的教学实践中，许多学校或机构在资源配置上仍然存在一定的短板。尽管许多学校已经引入了数字化工具和在线教学平台，但在实际的操作中，这些资源往往没有得到有效的整合和利用。这不仅影响了教学的连贯性和一致性，还可能导致教师在教学过程中面临诸多挑战和困惑。此外，教师在教学过程中的实际需求也可能与现有的资源配置存在一定的不匹配。例如，尽管某些学校提供了丰富的在线资源和数字化工具，但如果教师缺乏相应的培训和支持，他们可能难以充分利用这些资源，从而实现课程的预期教学效果。

5. 跨学科知识整合的实际挑战

在大中小学思政课一体化建设的进程中，跨学科知识整合面临着诸多切实的挑战。首先，学科壁垒的根深蒂固是一个显著障碍。不同学科在发展过程中逐渐形成了各自独特的理论体系、研究方法和话语方式，这使得学科之间的交流与融合存在天然的障碍。比如，政治学强调权力结构和政治制度，而社会学更关注社会结构和社会变迁，两者在研究视角和重点上存在明显差异。这种差异导致思政课在整合相关知识时，难以找到有效的衔接点和融合方式。其次，教师的知识结构单一也是一个关键问题。思政课教师通常在本学科领域接受专业训练，对其他学科的知识储备相对有限。即便他们意识到跨学科整合的重要性，但由于自身知识的局限性，在实际操作中往往力不从心。例如，当需要将心理学中的认知发展理论与思政课中的道德教育内容相

① 马宝娟，张婷婷. 大中小学思政课一体化：问题与对策[J]. 思想政治课教学，2020（2）：4-8.

结合时，教师可能因对心理学知识的了解不够深入，而无法准确把握两者的内在关联，从而影响整合效果。最后，课程标准和教材的局限性不容忽视。现行的思政课课程标准和教材在跨学科整合方面的指导和支持相对不足。它们往往侧重于本学科的知识体系和教学要求，对跨学科知识的整合缺乏明确的规划和引导。这使得教师在进行跨学科整合时缺乏权威的依据和参考，增加了教学的难度和不确定性。

## 二、经验与革新：思政课的传统教学模式与一体化更新的冲突

### 1. 课程更新速度滞后致使需求难满足的窘境

随着社会的快速变化，新的思想观念和社会现象层出不穷。然而，在传统的思政教学模式中，教材更新的周期相对较长，导致教学内容与实际社会的变化脱节。这种更新速度与学生实际需求之间的不匹配，限制了思政课的教学效果。在当今社会，信息技术和全球化使得知识的传播前所未有地快速。然而，思政课程的更新速度相对滞后，主要表现在教材内容的更新周期较长。以传统的教材审定、编写、印刷等程序，一本新教材从提出到实际应用需要较长的时间。[①]这导致思政课程中所涉及的思想观念和社会现象可能已经发生了重大变化，而教材仍停留在之前的状态，从而导致脱节现象的产生。理论上，思政课的目标是培养学生对时事、社会现象的敏感性和理解力，使其具备独立思考和判断的能力。然而，教材更新的不及时性使得教学内容无法及时反映社会新变化，从而限制了学生对于实际社会需求的深刻理解。例如，某一时期特定的社会热点问题可能在教材中并未涵盖，而这对学生在课程中进行深度思考和讨论构成了阻碍。

### 2. 教师主导型教学压制互动性的现实困境

在现代教育理念中，强调学生的主体性和参与度。然而，在一体化更新的过程中，许多学校仍然沿用传统的教学模式，教师主导的教学方式仍然占据主导地位。这种教师与学生之间的互动不足，限制了学生的主动学习和思考。[②]随着教育理念的不断发展，学生的主体性和参与度日益受到重视。传统

① 闫晓静，孟悌清. 大中小学思政课一体化建设几个问题的探讨[J]. 中学政治教学参考，2023（19）：99-100.

② 侯勇，邹小娟. 新时代大中小学思想政治教育一体化建设的四维探赜[J]. 江苏大学学报（社会科学版），2023，25（6）：101-112.

的教学方式强调教师的主导地位，学生只是被动接受知识。然而，在一体化更新的教育背景下，这种教学方式的矛盾逐渐显现。学生要求更多的互动，希望能够参与到课堂中，发表自己的见解，与教师和同学进行深度互动。教育理论中有关互动性的理念强调学生作为学习的主体，乐于通过互动获得知识。然而，现实中的一些学校和教师仍然保持传统的教学方式，即教师主导型教学模式。在这种模式下，教师在教学中占据主导地位，学生的参与度相对较低。教师主导型教学的特点是以教师为中心，课堂往往是单向的信息传递，学生缺乏主动性和创造性。这种矛盾对学生的学习产生了一定的负面影响。学生在被动接受知识的情境下难以培养自主思考和解决问题的能力。而现代社会对于学生的要求更加强调创新、合作和批判性思维等能力，这些能力在传统的教师主导型教学中难以得到有效锻炼。

3. 教材内容层次与学生认知发展适配的难关

在思政教育领域，教材的编排常常遵循一定的知识层次和逻辑结构，旨在为学生提供一个系统且有序的学习框架。然而，这种层次性的教学方法在实际教学中可能与学生的认知发展存在不匹配的情况。①客观而言，学生的认知水平和思维方式会随着年龄、经验和社会文化背景的变化而发展。不同年龄段的学生在认知上有其独特的特点和需求。例如，初中阶段的学生可能更倾向于直观和感性的学习方式，而高中学生则更偏向于抽象和逻辑性的思维。因此，当教材内容过于偏向于抽象或理论性的描述时，可能会超出某个年龄段学生的认知范围，导致他们对教材内容感到困惑或难以理解。这种情况下，教学内容与学生的认知发展存在脱节，可能影响到教学效果。此外，教材编写往往基于成人的知识结构和认知模式，可能没有充分考虑到学生的实际需求和认知特点。如果教材内容与学生的认知发展不匹配，可能会限制他们的学习动机和兴趣，进而影响到学习效果。因此，在教学实践中，教师需要深入了解学生的认知特点和需求，灵活调整教学策略和方法，确保教学内容与学生的实际情况和认知水平相匹配。例如，可以通过引入具体的实例、进行互动式教学或组织小组讨论等方式，促进学生的主动参与和深入理解。

4. 评价标准固化阻碍多元化教学的症结

在现代教育环境中，多元化教学模式逐渐成为一种主流趋势。这种教学模式旨在满足不同学生的学习需求和特点，促进他们的全面发展。然而，与

① 马宝娟，张婷婷. 大中小学思政课一体化：问题与对策[J]. 思想政治课教学，2020（2）：4-8.

此同时，教育评价体系并没有相应地进行调整和创新。评价标准仍然处于一种相对固化的状态，与多元化教学的实际需求存在一定的冲突。从教育心理学的角度来看，学生的学习成果和表现是受多种因素影响的，包括他们的个性特点、学习风格、背景知识等。因此，采用单一或固化的评价标准可能无法全面和准确地反映学生的真实学习情况。例如，某些学生可能在某一方面表现出色，而在其他方面则相对较弱。如果评价标准过于固化，可能会忽视学生在多元化教学中的特定成就和潜力。此外，固化的评价标准可能会对教师的教学方法和策略产生限制，教师可能会更加注重满足评价标准的要求，而忽视了个性化和差异化教学的重要性。这可能会导致教学活动的单一化和教育资源的浪费。

5. 跨学段整合教学平衡学生个体发展的难点

在这大中小学思政课一体化建设过程中，跨学段的整合教学被视为一种有效的教育手段，旨在通过跨学科、跨年级的融合，为学生提供更为全面和连贯的学习体验。然而，这一教学模式也带来了一系列的挑战，尤其是如何在确保教学内容和方法满足统一教学要求的同时，兼顾学生个体的认知和发展需求。从教育学理论的角度来看，学生的学习是一个动态和复杂的过程，受到诸多因素的影响，包括他们的认知水平、兴趣爱好、学习风格等。因此，教学设计应该更加注重学生的个体差异，提供多样化和差异化的学习机会。然而，当前的跨学段整合教学在实施过程中，可能存在内容过于简化或复杂化的问题，导致某些学生在学习中感到困惑或失去兴趣。①例如，一些教育机构在实施跨学段整合教学时，可能过于强调统一的教学标准和评价体系，忽视了学生个体发展的多样性。这种做法可能会导致部分学生在学习过程中感到压抑和焦虑，影响他们的学习积极性和自我发展。另一方面，跨学段的整合教学也为学生提供了更多的学习机会和资源，例如，通过跨学科的学习活动，学生可以更加深入地探索和理解知识的内涵和应用。然而，要实现这一目标，教育者需要在教学设计和实施中，充分考虑到学生的个体差异和需求，确保教学内容和方法既具有深度，又具有广度。

① 闫晓静，孟悌清．大中小学思政课一体化建设几个问题的探讨[J]．中学政治教学参考，2023（19）：99-100.

## 三、困局与根源：思政课一体化建设中的师资症结

### 1. 教师理念与现代思政教育的偏离之因

在大中小学思政课一体化建设的进程中，教师理念与现代思政教育出现偏离的现象并非偶然，而是由多种因素共同作用所致。首先，教育背景的局限性是一个重要原因。部分教师在接受教育时，所接触的教育理念和方法较为传统，导致其在面对现代思政教育的新要求时，难以迅速转变和适应。例如，一些年长的教师在其求学阶段，所接受的思政教育更侧重于知识的灌输，而非对学生思维能力和价值观的全面培养。当他们走上讲台后，这种固有的教育模式在潜意识中影响着他们的教学理念。其次，教学环境的相对封闭也起到了一定的阻碍作用。部分学校在教学交流和学术研讨方面存在不足，教师缺乏与外界先进教育理念接触和交流的机会。在这种相对封闭的环境中，教师容易陷入自身固有的教学思维和方法，难以吸收新的教育理念。比如，一些地处偏远地区的学校，由于资源和条件的限制，教师很少有机会参加高水平的思政教育研讨会或培训活动，无法及时了解和掌握现代思政教育的最新动态和发展趋势。最后，教师自身的学习动力不足也是导致理念偏离的关键因素。一些教师在教学工作中满足于现状，缺乏主动学习和更新知识体系的积极性。他们没有意识到现代思政教育的重要性和紧迫性，对于新的教育理念和方法缺乏探索的热情。例如，部分教师在日常教学工作之余，很少投入时间和精力去研究现代思政教育的相关理论和实践案例，无法及时更新自己的教学理念和方法。

### 2. 传统教材运用中教师观念滞后的缘由

在大中小学思政课一体化建设中，传统教材运用中教师观念滞后的现象普遍存在，其背后有着深层次的原因。一方面，对教材权威性的过度依赖是导致教师观念滞后的重要因素。长期以来，教材在教学中被视为权威的知识来源，教师习惯于严格按照教材的内容和顺序进行教学。这种过度依赖使得教师在面对教材内容的更新和变化时，缺乏主动探索和创新的意识。例如，一些教师在教学中，对于教材中已经过时或不符合现实情况的内容，仍然照本宣科，而没有思考如何对其进行补充或更新，以适应时代的发展和学生的需求。另一方面，教师对教材解读能力的不足也是观念滞后的一个关键原因。部分教师在解读教材时，缺乏对教材编写意图的深入理解和把握，无法从整体上把握教材的知识体系和育人目标。这导致他们在教学中无法灵活运用教材，无法将教材中的知识与现实生活中的实际问题相结合。比如，在讲解某

个思政概念时，有些教师只是简单地阐述教材中的定义，而没有引导学生思考其在现实生活中的具体体现和应用，使得学生对知识的理解停留在表面，无法真正掌握其内涵和意义。此外，教师缺乏对教育改革动态的关注也是导致观念滞后的重要原因之一。教育改革不断推进，对教材的使用和教学方法提出了新的要求。然而，一些教师由于自身的工作繁忙或缺乏主动学习的意识，没有及时了解和掌握这些新的要求和理念。这使得他们在运用传统教材进行教学时，仍然沿用过去的教学方法和思路，无法适应教育改革的发展趋势。

3. 教师培训无法满足思政课一体化需求的根由

在大中小学思政课一体化建设的背景下，教师培训未能充分满足实际需求，其根源是多方面的。第一，培训内容的针对性不足是一个突出问题。当前的教师培训往往采用通用的培训课程和模式，没有充分考虑到思政课一体化建设的特殊性和复杂性。例如，在培训中，对于如何将不同学段的思政课内容进行有机衔接和整合，缺乏具体的指导和案例分析。这使得教师在实际教学中，面对一体化教学的任务时，感到无从下手。第二，培训方式的单一性限制了培训效果。目前的教师培训以集中授课和理论讲座为主，缺乏实践操作和互动交流的环节。这种单一的培训方式难以激发教师的学习积极性和主动性，也无法让教师在实际操作中提升自己的教学能力。比如，在关于现代教育技术在思政课中的应用培训中，仅仅是理论讲解，而没有让教师进行实际的操作和演练，导致教师在回到教学岗位后，仍然无法熟练运用这些技术。第三，培训师资的专业性和权威性不够也是影响培训质量的重要因素。一些培训讲师自身缺乏丰富的思政课教学经验和深入的理论研究，无法为教师提供具有前瞻性和指导性的建议。比如，某些培训讲师在讲解思政课一体化的教学策略时，只是泛泛而谈，没有结合实际教学案例进行深入分析，使得培训内容缺乏实用性和可操作性。此外，培训时间的短暂和不连续性也制约了培训的效果。教师培训通常是短期的、集中的，而且间隔时间较长，无法形成系统的、持续的学习过程。这使得教师在培训中所学的知识和技能难以得到巩固和深化，在实际教学中也难以长期有效地运用。

4. 教师对学生需求把握不足的内在原因

在大中小学思政课一体化建设中，教师对学生需求把握不足是一个较为普遍的问题，其内在原因是复杂且多元的。其一，教师与学生之间的沟通渠道不畅是一个重要因素。在教学过程中，部分教师未能建立起有效的沟通机制，与学生交流的机会有限，无法深入了解学生的想法和需求。例如，一些教师在课堂上以讲授为主，很少留出时间让学生发表自己的观点和疑问，课后也没有与学生进行充分的交流和互动。这导致教师无法及时了解学生对教学内容的理解程度和兴趣点，难以根据学生的需求调整教学策略。其二，教师对学生个体差异的关注度不够。每个学生都具有独特的性格、学习风格和需求，但一些教师在教学中往往采用一刀切的教学方法，忽视了学生的个体差异。比如，对于学习能力较强和较弱的学生，没有提供有针对性的辅导和支持，使得部分学生在学习过程中感到困惑和无助，无法满足他们的个性化学习需求。其三，教师对学生所处社会环境的变化缺乏敏锐的洞察力。随着社会的快速发展，学生的成长环境和价值观念发生了深刻变化。然而，部分教师没有及时关注到这些变化，仍然按照传统的思维和方式进行教学。例如，对于网络文化对学生价值观的影响，一些教师缺乏深入的研究和了解，无法在教学中引导学生正确看待和应对这些变化。其四，教师对学生心理发展特点的了解不足。不同年龄段的学生在心理发展上具有不同的特点，但部分教师在教学中没有充分考虑到这一点。比如，对于青春期学生的自我意识和叛逆心理，教师如果没有采取恰当的教育方法，可能会导致学生对思政课产生抵触情绪，影响教学效果。

5. 现代教育技术应用中教师能力欠缺的本质

在大中小学思政课一体化建设的推进过程中，现代教育技术的应用日益广泛，但教师在这方面能力欠缺的问题逐渐凸显，其本质原因值得深入探讨。第一，从教师自身角度来看，缺乏主动学习和更新知识的意识是关键。一些教师习惯于传统的教学方式，对新技术的出现和发展缺乏敏感性和好奇心，没有积极主动地去学习和掌握现代教育技术。例如，对于在线教学平台、多媒体教学软件等新工具，他们不愿意花费时间和精力去研究和尝试，仍然依赖于传统的黑板和粉笔进行教学。第二，教育资源分配的不均衡也是导致教师能力欠缺的重要原因之一。在一些地区，特别是经济欠发达地区，学校的硬件设施和软件资源相对匮乏，教师缺乏接触和使用现代教育技术的条件和机会。比如，部分学校无法提供先进的教学设备和优质的教育软件，教师即使有学习的意愿，也没有实践的环境来提升自己的能力。第三，教师培训体系的不完善也在一定程度上制约了教师能力的提升。现有的教师培训在现代教育技术方面往往不够系统和深入，无法满足教师的实际需求。例如，培训内容可能只是简单介绍一些技术的基本操作，而没有针对思政课的教学特点和需求，提供具体的应用案例和教学策略。这使得教师在培训后，仍然无法将所学的技术有效地应用到实际教学中。第四，教师缺乏团队合作和交流的机会也是一个不容忽视的因素。在现代教育技术的应用中，团队的协作和经验分享非常重要。但一些教师在教学中处于孤立的状态，没有与同事进行有效的合作和交流，无法共同探索和解决在技术应用中遇到的问题。比如，对于一些复杂的教学软件的使用，教师之间如果能够相互交流和分享经验，将会大大提高他们的应用能力。

## 四、发展与挑战：教师成长与思政课一体化教学改革的平衡

### 1. 教师知识储备与现代思政课程内容的落差

教育学中的“教师专业发展”理论强调了教师持续学习和自我提升的重要性，特别是在不断变化的社会和教育环境中。然而，尽管现代思政教育课程在内容和目标上已经发生了深刻的变化，但仍然存在教师知识储备与现代课程内容之间的不匹配问题。一方面，师资队伍的结构和构成在一定程度上影响了教学质量和效果。近年来，随着思政教育课程的深化和拓展，对教师的专业素养和知识储备提出了更高的要求。然而，在实际教学中，由于多种原因，如教育资源分配、培训机会等，部分教师可能没有获得足够的现代思政教育培训和专业发展机会。这使得他们在面对现代社会、经济和文化变革所带来的复杂议题时，可能无法做出准确、深入的解读和引导。另一方面，教师的教学方法和策略往往受到他们教育背景、经验和培训经历的影响。一些教师可能更倾向于使用传统的教学方法和教材，因为这些方法和教材符合他们的教育背景和经验。然而，这种传统的教学方式可能无法满足现代思政教育课程的需求和目标，特别是在处理新兴的社会议题和挑战时。[①]此外，教师的专业发展和知识储备也受到教育制度、政策和资源的影响。在一些情况下，由于缺乏足够的教育资源和支持，教师可能难以获得与现代思政教育相关的最新信息、研究和培训机会。这种资源分配的不均衡可能进一步加剧教师知识储备与现代课程内容之间的落差。

### 2. 教师教学策略与学生批判思维培养的脱节

在现代教育体系中，教学策略的选择和实施是培养学生思维能力的关键因素。特别是在思想政治教育这一领域，旨在培养学生的批判性思维和问题

① 闫晓静，孟悌清. 大中小学思政课一体化建设几个问题的探讨[J]. 中学政治教学参考，2023（19）：99-100.

解决能力，而这些能力的培养需要教师采取有针对性和创新性的教学方法。然而，在实际教学中，教师教学策略与学生批判思维培养之间常常出现脱节。这主要是由于师资缺失和教学资源有限性所造成的。在许多地区和学校，教师数量不足、质量参差不齐，导致他们在教学中更倾向于采用传统的、固定的教学方法，如直接讲授和记忆性学习。这种依赖传统教学方法的现象，使得教师难以有效地引导学生进行实际探究和讨论。在如此的教学环境之下，学生极易陷入被动学习的境地，不但批判性思维匮乏，而且主动探究的动力也严重不足。从教育学理论的角度来审视，教师与学生之间的互动和合作在学生的认知发展进程中发挥着至关重要的作用。这意味着，想要真正有效地培养学生的批判性思维，教师务必要具备与之相匹配的教学策略和能力，进而推动学生在合作和互动的过程中构建思政课知识体系，并深化理解。然而，实际的教学现场往往受到各种因素的影响，使得教师在选择和实施教学策略时面临诸多挑战。为了解决这些问题，需要从教师培训、教学资源配置等多个方面进行综合考虑和创新。

3. 教师教育背景与思政课跨学科整合的不足

在思政课的一体化建设中，跨学科的整合被认为是一种前瞻性和必要的教学策略。这种整合旨在使学生在学习思政课程时，能够获得跨越单一学科的深入洞见，从而更好地理解和解读复杂的社会现象和问题。然而，实际的教学环境中，我们发现教师的教育背景和专业领域往往存在一定的局限性。师资缺失、教育资源分配不均等因素，都可能导致教师在相关学科的知识和视野上存在局限。这种局限性在思政课的教学中表现得尤为明显。例如，一些教师可能在历史、经济、社会学等相关学科的知识领域上存在空白或盲点。这种教育背景和专业领域的局限性，直接影响到思政课内容与现代社会复杂性的跨学科要求的整合。当教师在某一学科领域的知识和视野受限时，他们可能难以将不同学科的理论和方法有效地整合到思政课的教学中。这不仅可能导致思政课的内容与现代社会的实际需求脱节，还可能限制学生对复杂社会现象的全面理解和分析。由于教师在教育背景和专业领域上的局限性，思政课在跨学科整合方面存在明显的不足。[①]这种不足不仅限制了思政课的教学效果，也挑战了思政教育的核心目标和价值。通过跨学科的学习和实践，学生可以获得更为广泛和深入的知识，从而更好地适应和应对复杂的社会环

① 闫晓静，孟悌清. 大中小学思政课一体化建设几个问题的探讨[J]. 中学政治教学参考，2023（19）：99-100.

境。然而，在实际的教学实践中，跨学科整合面临着诸多挑战和障碍。除了教师教育背景和专业领域的局限性外，还包括教学资源的匮乏、课程设置的僵化等因素。这些因素共同作用，使得思政课在跨学科整合方面仍然存在一定的不足和挑战。

4. 教师与学生互动模式与现代思政教学的互动策略间的隔阂

在现代思政教学的背景下，教师与学生之间的互动模式被视为教学过程中不可或缺的一部分。这种互动模式不仅有助于增强教学效果，还能够促进学生的主动参与和深入思考。然而，师资缺失的问题使得部分教师在实施现代思政教学的互动策略时面临一定的困境。首先，缺乏相关培训和指导是影响教师与学生互动模式的关键因素。在教育领域，教师的专业发展和培训是确保教学质量和效果的重要保障。然而，由于各种原因，包括教育资源分配、师资培训机制等，部分教师可能没有受到与现代思政教学相匹配的专业培训和指导。由于师资缺失和培训不足，某些教师在与学生的互动中无法有效地应用现代思政教学的互动模式。[①]这种情况不仅限制了教师教学策略的多样性和灵活性，也可能影响到学生的学习体验和成效。其次，教师与学生之间的互动模式受到诸多因素的影响，包括教育文化、教学环境、学生特点等。在某些情况下，教师可能因为文化背景、教育观念或其他因素，对某些互动策略持有保守或偏见的态度。这种态度可能导致教师在实践中避免或限制与学生的深入讨论、案例分析或角色扮演等交互式教学方法。理论上，现代思政教学强调学生的主体性和参与性，提倡教师与学生之间的平等互动和合作学习。然而，在实际的教学实践中，教师与学生之间的互动模式往往受到多种因素的制约。除了师资缺失和培训不足外，还包括教学资源的匮乏、课程设置的僵化、学校管理的限制等。这些因素共同作用，使得教师在实施现代思政教学的互动策略时面临一定的挑战和难题。

5. 教师自我发展与思政课教学资源的获取和利用之间的差距

教育领域中，教师的自我发展与思政课教学资源的获取和利用之间的差距是一个值得深入探讨的话题。思政课一体化建设的推进，要求教师不仅具备坚实的学科知识，更需要持续地刷新自己的教学知识和教学方法。这一点，与现代教育的发展趋势紧密相连，要求教师能够适应新的教育环境和需求，

---

① 侯勇，邹小娟. 新时代大中小学思想政治教育一体化建设的四维探赜[J]. 江苏大学学报（社会科学版），2023，25（6）：101-112.

为学生提供更为优质的教学体验。然而，在当前的教育实践中，由于多种因素的影响，特别是师资结构的问题，导致很多教师在实际教学过程中面临与思政课一体化相匹配的教学资源和培训机会的不足。[①]这种不足不仅限于教材或教学资料的获取，更涉及教师如何将现代教育技术，尤其是数字化资源和在线平台，有机地融入思政课的教学中去。这样的现状不仅影响到教师自身的教学效果和教学质量，也可能影响到学生对思政课的学习兴趣和参与度。此外，这种差距的存在还可能引发更深层次的问题。例如，教师如何在没有足够资源和培训的情况下，确保思政课的教学内容既具有深度，又能够与时俱进？如何确保教师能够不断地更新自己的教学方法，以满足学生不断变化的学习需求和期望？这些问题都需要我们进一步思考和研究。

## 五、研究与实践：教师学术探索与思政课一体化实际教学的断裂

### 1. 教师学术研究的深度与思政课教学内容的实用性不匹配

在教育实践中，教师学术研究的深度与思政课教学内容的实用性之间的不匹配问题引发了广泛关注。思政课一体化的建设意味着教师需要在保持学术研究深度的同时，确保教学内容与中小学生的认知水平和实际需求相适应。这一挑战既关乎教育质量，也涉及思政课在学生中的实际效果和影响。在当前的教育环境中，一些教师可能会过于偏向深入的学术研究，导致教学内容过于理论化和抽象化。这样的教学方式可能会使得学生难以理解和接受，因为他们可能缺乏与之相匹配的生活经验和实际社会背景。这种情况可能会导致教学效果的降低，甚至可能影响到学生对思政课的学习兴趣和参与度。[②]理论上，思想政治教育学强调教育内容应该紧密结合学生的实际生活和社会实践，以确保教学内容的实用性和针对性。然而，在实际的教学实践中，由于各种因素的影响，如教师的教学观念、教育资源的限制等，可能会出现教学内容与学生实际需求不匹配的情况。

① 马宝娟，张婷婷．大中小学思政课一体化：问题与对策[J]．思想政治课教学，2020（2）：4-8.

② 闫晓静，孟悌清．大中小学思政课一体化建设几个问题的探讨[J]．中学政治教学参考，2023（19）：99-100.

2. 教师的学术探索与思政课实践教学方法的不一致性

在教育领域的研究中，教师的学术探索与思政课实践教学方法的不一致性成为一个值得关注的问题。从理论到实践，这种不一致性反映了教育体系中的某些深层次矛盾和挑战，也突显出思政课教学的复杂性和多元性。首先，教师在学术研究方面的成果确实为教育领域带来了丰富的理论资源和知识积累。许多教师在研究方法和理论分析上投入了大量的精力和时间，从而推动了思政教育理论的深入发展和创新。然而，当这些学术探索转化为实际的教学实践时，往往会面临一系列挑战和难题。一些教师在思政课的教学方法上表现相对保守，未能充分运用和体现他们在学术研究中所获得的成果。这种不一致性可能源于多种因素，包括教师的教学观念、教育体制的制约、教学资源的限制等。但无论是哪种原因，都不应忽视这种不一致性对教学效果和学生学习体验的潜在影响。从教育理论的角度来看，思想政治教育学强调教育内容、方法和评价应该相互匹配和支持，以确保教学的有效性和效果性。然而，在实际的教学实践中，由于各种复杂的因素和限制，可能会出现教育内容和教学方法之间的不一致性。这不仅可能影响到教学效果，还可能导致学生对思政课的学习兴趣和参与度下降。

3. 教师在教学策略上的创新与思政课实际教学需求的错位

在当代教育背景下，教师在教学策略上的创新与思政课实际教学需求之间的错位问题引发了广泛的关注和探讨。这一问题涉及教育理念、教学方法、学生需求等多个方面，具有复杂性和多样性。首先，现代教育理念强调学生主体性和参与性,这意味着教学过程应该更加注重学生的主体地位和参与度。然而，一些教师在实际的教学实践中可能仍然依赖于传统的教学模式，如单向讲授和记忆性测试。这种教学模式可能会限制学生的思维发展和创新能力，导致教学内容与学生的实际需求和学习方式产生脱节。这种情况可能会导致教学效果的降低，学生对思政课的学习兴趣和参与度下降，甚至可能影响到学生的思想政治教育效果。从教育理论的角度来看，思想政治教育学强调教育过程应该是学生中心的，注重培养学生的思维能力、创新能力和批判性思维能力。这要求教师在教学策略和方法上进行创新，积极探索和应用符合现代教育理念的教学方法。然而，在实际的教学实践中，教师可能会面临多种挑战和困难，如教育资源的限制、教育体制的制约、教师培训的不足等。这些因素可能会影响到教师的教学策略和方法选择，导致教学内容与学生的实际需求和学习方式不匹配。

4. 教师的学术背景与思政课实际案例教学的关联性不足

在思政课一体化的实践教学背景下，教师的学术背景与实际案例教学之间的关联性成为一个值得深入探讨的议题。从教育实践到理论研究，这一问题涉及如何在教学中有效地结合学术理论与实际案例，以促进学生的思维发展和实践能力。首先，教师的学术背景往往与其在教学中的教学方法和内容有直接关系。一些教师可能过于关注学术理论和抽象概念，从而忽视了实际案例和现实问题的引入。这种教学方式可能会限制学生的思维空间和创新能力，使得教学内容与学生的实际需求和学习方式产生脱节。这种情况可能会导致教学效果的降低，学生对思政课的学习兴趣和参与度下降，甚至可能影响到学生的思想政治教育效果。[①]从教育理论的角度来看，思想政治教育学强调教育内容、方法和评价应该相互匹配和支持。这要求教师在教学策略和方法上进行创新，积极探索和应用符合现代教育理念的教学方法。特别是在思政课的教学中，教师应该注重结合学术理论和实际案例，以提高教学的实际效果和学生的学习体验。然而，在实际的教学实践中，教师可能会面临多种挑战和困难，如教育资源的限制、教育体制的制约、教师培训的不足等。这些因素可能会影响到教师的教学策略和方法选择，导致教学内容与学生的实际需求和学习方式不匹配。

5. 教师在学术领域的前沿研究与思政课实际教学内容的更新速度不匹配

在当今社会，随着科技进步和社会变革的加速，政治理论和实践领域也呈现出日新月异的特点。这种变化背景下的思政教育面临着与时俱进的压力。尽管教师在学术领域的前沿研究中取得了许多成果，但与此同时，思政课的教学内容更新速度与学术研究的进展并不匹配。这种不匹配性可能源于多种因素，包括教育体制、师资培训、教学资源等。首先，教师在学术领域的前沿研究往往涉及深入的理论探讨和复杂的分析，这要求教师具有扎实的学术背景和研究能力。然而，当这些教师转向思政课的教学时，可能面临着如何将学术研究成果与实际教学内容相结合的挑战。这种挑战可能导致教学内容与当前社会和政治现实的关联性减弱，从而影响到教学的针对性和实效性。[②]

---

① 马宝娟，张婷婷．大中小学思政课一体化：问题与对策[J]．思想政治课教学，2020（2）：4-8.

② 闫晓静，孟悌清．大中小学思政课一体化建设几个问题的探讨[J]．中学政治教学参考，2023（19）：99-100.

这种情况可能会限制学生的思维发展和创新能力，使得教学效果和学生的学习体验受到影响。从教育理论的角度来看，思想政治教育学强调教育内容、方法和评价应该相互匹配和支持。这要求教师在教学策略和方法上进行创新，积极探索和应用符合现代教育理念的教学方法。特别是在思政课的教学中，教师应该注重结合学术理论和实际案例，以提高教学的实际效果和学生的学习体验。然而，在实际的教学实践中，教师可能会面临多种挑战和困难，如教育资源的限制、教育体制的制约、教师培训的不足等。这些因素可能会影响到教师的教学策略和方法选择，导致教学内容与学生的实际需求和学习方式不匹配。

## 第三节　学生互动交流的不主动：学生互动不足影响思政课教学知识吸收

学生参与度不足在大中小学思政课一体化建设中是一个令人担忧的问题。这一问题反映出了大中小学思政课教学的诸多挑战，包括课程内容、教学方法、学生动机等多个方面。

### 一、互动的障碍：思政课中学生的参与难题与一体化教学挑战

1. 课程内容的超前与学生认知的落后

在当前的教育环境中，思政课的一体化建设已成为大中小学教育改革的重要方向。然而，课程内容的超前性与学生认知发展的落后性之间的不匹配性，已成为该领域的一个关键问题。首先，课程内容的超前性在某种程度上反映了教育者对于思政教育的重视和追求。教育者希望通过引入先进的思政概念和理论，促进学生的思维发展和价值观培养。然而，与此同时，学生的认知和心智发展并没有同步进行。这导致了学生在面对过于复杂或抽象的思政内容时，难以建立有效的认知框架和参与互动的动机。这种情况可能会限制学生的思维发展和创新能力，使得教学效果和学生的学习体验受到影响。从教育理论的角度来看，思想政治教育学强调教育内容、方法和评价应该相互匹配和支持。这要求教育者在教学策略和方法上进行创新，积极探索和应用符合学生认知发展和实际需求的教学方法。特别是在思政课的教学中，教

育者应该注重结合学生的认知水平和心理特点，以提高教学的实际效果和学生的学习体验。然而，在实际的教学实践中，教育者可能会面临多种挑战和困难，如教育资源的限制、教育体制的制约、教师培训的不足等。这些因素可能会影响到教育者的教学策略和方法选择，导致教学内容与学生的实际需求和学习方式不匹配。

2. 缺乏与学生实际生活经验相结合的互动设计

在当今的教育实践中，思政课的教学模式和方法受到了广泛关注和讨论。其中一个重要的议题是如何更好地将课程内容与学生的实际生活经验相结合，以提高教学的针对性和有效性。首先，大中小学的学生在认知水平和生活阅历上存在明显差异。然而，当前的思政课教学在不同学段之间未能充分考虑这种差异，导致互动设计缺乏针对性。例如，小学阶段的学生更需要通过生动有趣的故事和简单的实践活动来理解思政概念，而中学阶段则需要更多与社会现象相结合的案例分析。但实际情况是，各学段的互动设计常常千篇一律，没有根据学生特点进行个性化设计。其次，由于教材内容的更新速度跟不上社会发展的步伐，使得思政课的教学内容与学生当下的实际生活存在脱节。比如，在讲述社会主义核心价值观时，如果只是照本宣科地讲解理论，而不联系学生在网络世界中所面临的信息筛选、道德判断等实际问题，那么学生就很难将所学知识运用到生活中，互动效果也会大打折扣。最后，教学方法的单一也是造成互动设计不足的重要原因。在很多课堂上，教师仍然以传统的讲授式教学为主，缺乏小组讨论、角色扮演、实地调研等多样化的互动形式。即使有互动环节，也往往流于形式，没有真正引导学生深入思考。

3. 互动方式的单一化与学生多元化需求的不匹配

在当今教育环境中，教育者对于如何设计和实施思政课的互动方式面临着诸多挑战和考量。互动方式的选择不仅关乎教学效果的提升，还涉及如何更好地满足学生多元化的学习需求和提高他们的学习动机。然而，当前的情况显示，思政课的互动方式在很大程度上仍然局限于传统的教学模式，如提问和回答、小组讨论等，缺乏足够的创新和多样性。理论上，思想政治教育学强调教育应该是学生中心的，注重激发学生的主体性和参与性。这要求教育者在教学设计和实施中充分考虑学生的多元化需求和学习方式，以提高教学的有效性和学生的学习体验。然而，在实际的教学实践中，教育者可能受到多种因素的影响，导致思政课的互动方式相对单一和创新不足。[①]这些学生可能更加倾向于通过观看视频、听取讲座或参与实地考察等方式进行学习，而传统的提问和回答、小组讨论等互动方式可能无法激发他们的学习兴趣和参与度。这一问题的存在，不仅反映了教育者在教学设计和实施中的局限性，还提醒我们需要进一步探索和研究如何更好地满足学生的多元化学习需求。这可能涉及教育技术的应用、教育资源的整合、教师培训和发展等多个方面，需要教育者、研究者和政策制定者共同努力和合作。

4. 评价机制与互动教学策略的不协调

在当前的教育实践中，评价机制与互动教学策略之间的不协调问题日益引起关注。评价机制在教育领域扮演着至关重要的角色，它不仅反映了教育目标的实现程度，还影响着教学活动的质量和效果。然而，当前的评价机制往往更偏向于量化和结果导向，这在一定程度上忽视了互动教学策略的质量和效果。理论上，思想政治教育学强调教育的目的是培养学生的思考能力、批判性分析能力和社会责任感。为实现这些目标，教育者需要设计和实施有效的互动教学策略，以促进学生的主体性参与和深层次学习。然而，在现实的教学实践中，教师可能面临来自评价机制的压力，导致他们在教学过程中过分关注学生的表面参与和即时反馈，而忽略了学生深层次的思考和批判性分析。客观而言，当前的评价机制可能导致教师过度依赖表面性的互动形式，如简单的提问和回答、小组讨论等，而忽略了培养学生深入思考和批判性思维能力的核心目标。这种现象反映了评价机制与互动教学策略之间的不协调，需要我们深入探讨其背后的原因和影响，以及如何改进和完善当前的评价机制。

5. 教师角色转变与互动教学策略的不匹配

在当代教育背景下，教育观念的转变和学生需求的多样化对教师的角色提出了新的挑战和要求。传统上，教师被视为知识的传授者，负责向学生传递特定的信息和技能。然而，随着教育观念的更新和社会的变化，教师的角色正在逐渐转变，从传统的知识传授者转变为学生学习和成长的引导者。这种角色转变不仅要求教师具备更加广泛和深入的专业知识和技能，还要求他们能够灵活地运用多种教学策略和方法，以满足学生的不同需求和兴趣。然

① 闫晓静，孟悌清. 大中小学思政课一体化建设几个问题的探讨[J]. 中学政治教学参考，2023（19）：99-100.

而，在实际的思政课教学中，我们发现部分教师仍然沿用传统的教学方式和教学模式，导致与新的教师角色定位不匹配。[①]这种教学方式可能导致学生的参与度和学习效果受到限制，影响教育目标的实现。理论上，教育学强调教师应该是学生学习和成长的伙伴，而不是简单的知识传授者。这意味着教师需要更加关注学生的需求和兴趣，与他们建立良好的关系，以促进学生的主体性参与和深层次学习。然而，在实际的教学实践中，教师可能面临多种挑战和障碍，如教学资源的限制、教育政策的制约、学生的多样性需求等。这些因素可能导致教师难以完全实现新的教师角色定位，从而影响教育质量和效果。除了教师的角色转变，互动教学策略的不匹配也是一个重要的问题。互动教学策略强调教师和学生之间的平等互动和合作学习，旨在促进学生的思考能力、批判性分析能力和社会责任感。然而，在实际的思政课教学中，部分教师可能过于依赖传统的教学方法，如讲授和问答，而忽视了互动教学策略的重要性和价值。

## 二、交流的空缺：思政课一体化缺失与思政课质量下降的联系

### 1. 基础知识与实际联系的脱节

在现代教育体系中，思想政治教育作为一门核心课程，其教学目标不仅仅是传授基础知识，更重要的是培养学生的思想品德和社会责任感。然而，近年来，一些教育者和学者对当前的思政课教学提出了怀疑，指出存在基础知识与实际互动之间的脱节现象。在传统的思政教育模式中，教师通常强调对政治理论、历史事件等基础知识的教授。这些知识内容在课堂上得到了详尽的解释和分析，学生也在此基础上进行了系统的学习和掌握。然而，当这些学生走出课堂，面对复杂的社会现实和多元的价值观念时，他们往往发现所学的理论知识与实际生活存在明显的脱节。例如，学生可能在课堂上学习到了一些关于政治理论的基本概念和历史事件的发展过程，这些知识在考试中能够得到很好的体现和应用，学生也能够获得相应的成绩。然而，当他们尝试将这些理论知识应用到实际生活中，与身边的人进行深入的讨论和交流时，往往会发现难以找到与之相匹配的实际情境和话题。这种基础知识与实际联系的脱节不仅影响了学生对思政课内容的认同感，也限制了他们的主体性参与和积极性发挥。学生可能会对思政课产生怀疑和反感，认为这门课程

---

① 马宝娟，张婷婷. 大中小学思政课一体化：问题与对策[J]. 思想政治课教学，2020（2）：4-8.

缺乏实际价值和意义。同时，这种脱节现象也反映了当前思政教育中存在的一些问题和挑战，需要教育者和学者共同研究和解决。理论上，思想政治教育应该是与实际生活紧密相连的，能够帮助学生理解和解读社会现象，提升他们的思考能力和判断力。然而，在实际的教学实践中，由于多种因素的影响，基础知识与实际互动之间的脱节现象仍然存在。

2. 传统教学方式与现代学生的沟通障碍

在现代社会中，随着信息技术的飞速进步和普及，学生们的学习方式和沟通习惯也在逐渐发生转变。他们更加习惯于通过数字化工具和平台获取信息，与人进行交流和互动。这种变化不仅对学生的学习行为产生了深远的影响，也对教育教学模式提出了新的挑战和要求。然而，在思想政治教育领域，尽管部分教育者意识到了这一变革趋势，但在实际的教学实践中，仍然存在着传统教学方式与现代学生沟通习惯之间的显著差异。传统的思政课教学模式往往以教师为中心，侧重于单向的讲授和知识的灌输。[①]在这种模式下，教师通常扮演着主导和引导的角色，而学生则被动接受和消化所提供的信息。例如，在课堂上，教师可能会详细讲解某一政治理论或历史事件的发展过程，而学生则需要认真听讲、做好笔记，并在考试中对所学内容进行回答。这种教学方式在一定程度上确保了知识的传授和学生的学习效果，但同时也忽略了学生的主体性和创造性发展。客观而言，现代学生的学习习惯和沟通方式已经发生了显著的变化。他们更加倾向于通过互联网和数字化平台获取信息，参与在线讨论和交流。例如，学生可能会利用社交媒体平台或在线论坛进行政治话题的讨论和分享，与同龄人和意见领袖进行互动和交流。这种方式不仅丰富了学生的知识视野和思维深度，也提高了他们的沟通能力和创新思维。然而，当这些现代学生走进传统的思政课堂时，他们往往会遭遇与教学模式不匹配的问题。在这样的教学环境中，学生可能会感到沟通障碍，难以与教师建立有效的互动和对话。例如，学生可能会在课堂上提出自己的看法和观点，但由于教师的单向讲授和控制，他们的声音往往难以得到充分的听取和认同。这种沟通障碍不仅限制了学生的主体性发展，也影响了思政课教学的深入和广泛。

① 闫晓静，孟悌清. 大中小学思政课一体化建设几个问题的探讨[J]. 中学政治教学参考，2023（19）：99-100.

3. 教学内容的单一性与学生多元化需求的冲突

教育者们在设计和组织思想政治教育课程时，应该深入理解学生的多元化学习需求。目前，许多思政课程过于侧重于传统的政治理论和历史知识，而忽视了学生对实际互动和实地探索的渴望。传统的教学模式往往将学生置于被动接受知识的位置，而缺乏对学生实际需求和兴趣的考量。[①]例如，许多学生更倾向于通过实地考察、访谈或案例分析来探讨政治现象和社会问题，而不是简单地接受书本中的理论知识。这种教学内容的单一性和与学生实际需求的脱节，可能会导致学生的参与度下降和学习动机减弱。此外，随着社会的发展和学生群体的多样性增加，单一的教学内容很难满足不同学生的学习需求。教育者们应该更加灵活地调整和创新教学内容，以便更好地吸引学生的注意力，激发他们的学习兴趣，并培养他们的批判性思维和实际应用能力。

4. 课堂氛围的压抑与学生自由交流的限制

在思政课的教学实践中，课堂氛围的营造是决定教学效果的关键环节。一个开放、包容和互动的课堂环境可以激发学生的学习兴趣，促进他们的思考深度和广度。然而，一些现实中存在的问题表明，课堂氛围的压抑与学生自由交流的限制，可能会成为阻碍教学质量提升的重要因素。在一些教学实践中，由于教师对教学内容的严格控制和指导，课堂氛围往往变得相对封闭和单一。这种教学模式可能源于对教学过程的传统认知，即教师为主导，学生为被动接受者。然而，这样的教学方式可能会限制学生的思考和创新，使得他们在课堂上难以发表独立见解和观点。此外，课堂氛围的压抑还可能对学生的心理健康和学习动机产生负面影响。在一个缺乏互动和交流的环境中，学生可能会感到孤立和焦虑，从而影响他们的学习积极性和参与度。这种长期的教学环境可能会导致学生的学习厌倦和自我封闭，进一步加剧课堂氛围的压抑和学习效果的下降。

5. 教师与学生之间角色定位的模糊性

教师与学生之间角色定位的模糊性，指的是在大中小学思政课一体化建设的实际过程中，教师和学生对于自身在教学活动中应承担的角色认知不够清晰、明确，导致双方在教学互动中的职责与行为出现混淆和不确定。

---

① 马宝娟，张婷婷. 大中小学思政课一体化：问题与对策[J]. 思想政治课教学，2020（2）：4-8.

在大中小学思政课一体化建设中，这种角色定位的模糊性带来了诸多问题。首先，由于教师对自身角色把握不准，可能会过度强调权威，将教学变成单方面的知识灌输，而忽视了学生的主体地位和需求。例如，在课堂上，教师滔滔不绝地讲授，不给学生足够的思考和表达机会，这使得学生处于被动接受的状态，积极性受挫。其次，学生对自身角色认识不清，可能会缺乏主动参与和自主学习的意识。比如，有些学生习惯了被教师引导，不善于主动提出问题、参与讨论，导致学习效果不佳。再者，角色定位的模糊性还会影响教学方法的选择和运用。教师可能无法根据学生的实际需求和特点，灵活采用合适的教学方法，导致教学效果大打折扣。最后，这种模糊性也不利于良好师生关系的建立。教师和学生之间缺乏清晰的角色界定，可能会引发沟通不畅、理解不够等问题，进而影响教学氛围和质量。

## 三、沉默的挑战：思政课一体化教学中多元困境对学生互动的制约

### 1. 思政课内容的丰满与学生实际体验的落差

在大中小学的思政课一体化教学中，对于课程内容的完整性和连贯性的追求是必要的,因为这有助于确保学生对政治学科有一个全面和深入的理解。然而，在追求内容的广度和深度时，一个常见的问题是课程内容与学生的日常生活、经验和认知之间出现了明显的脱节。这种脱节性不仅降低了学生对课程的兴趣和参与度,而且可能导致他们对政治理论的理解产生偏差或误解。从教育学理论的角度看，内容的有效传递需要建立在学生已有知识和经验的基础上。教育者应当努力将抽象的政治理论与学生的实际生活经验相结合，使其变得更加具体和贴近学生的实际需求。这种内容的贴近性可以促进学生的学习兴趣和参与度，同时也有助于他们建立起对政治学科的深入理解。以某一课程内容为例，如果课程过于深入地探讨了某一政治理论的细节，但没有将这些理论与学生日常生活中的实际社会现象相联系，那么学生可能会感到这些内容与他们的生活相去甚远，从而导致他们对学习的积极性和热情下降。这种情况下，即使课程内容再丰富、再深入，也难以激发学生的学习兴趣和动力。进一步来说，这种内容与实际接触的差距可能会引发学生对政治学科的偏见或误解。学生可能会认为政治学科是一个与他们生活无关、充满复杂和抽象理论的学科，从而导致他们对政治学科的兴趣和信心逐渐丧失。因此，教育者在设计和传递课程内容时，应当充分考虑到学生的实际需求和经验，确保内容能够与学生的日常生活和现实社会现象产生联系，从而提高

教学效果和学生的学习满意度。

### 2. 教学方法的复杂性与学生参与的困难

教学方法的复杂性与学生参与的困难，指的是在大中小学思政课一体化建设的实际进程中，所运用的教学方法呈现出多样且复杂的态势，进而给学生的积极参与带来了诸多难题。在大中小学思政课一体化建设中，教学方法的复杂性体现在诸多方面。其一，不同学段间教学方法差异明显，且缺乏自然合理的过渡衔接。比如，小学阶段常采用直观形象的教学方式，中学阶段却陡然加大理论分析和逻辑推理的比重，学生难以快速适应这种巨大转变。其二，同一学段内，教师为丰富教学形式，有时会同时运用多种复杂手段。像在一堂课中，既安排小组讨论，又引入多媒体展示和角色扮演，令学生在应对时感到眼花缭乱、力不从心。正因为教学方法如此复杂，学生在参与过程中遭遇了一系列难题。一方面，复杂的教学流程和繁多的要求，导致学生难以精准把握学习目标和任务，进而降低了他们参与的积极性。例如在小组讨论中，规则和分工若不清晰，学生就会感到迷茫，不知如何有效参与。另一方面，复杂的教学方法通常要求学生具备较强的综合能力和丰富的知识储备。比如某些深度的案例分析，需要学生有出色的逻辑思维和分析能力，而这对于基础薄弱的学生而言，无疑是巨大的挑战，致使他们因力不从心而选择退缩。

### 3. 教学内容的更新速度与学生的学习负担

在当前的教育背景下，思政课作为一门旨在培养学生政治素养和思想道德品质的核心课程，其内容和教学策略也在持续地演进和刷新。这种更新不仅反映了社会和时代的变迁,还体现了教育者对于培养学生全面发展的追求。然而，教学内容的更新速度和深度也给一部分学生带来了不小的学习压力。理论上，思政课应当囊括最新的政治理论、社会现象以及国家政策等多个方面，以确保学生能够获得全面而深入的政治知识。然而，在实际操作中，过于迅速地引入和更新教学内容可能导致一些学生感到措手不及。特别是那些基础知识掌握尚浅、经验积累较少的学生，他们可能会因为与新内容的接轨困难而感到学习压力增大。例如，当思政课程频繁地涉及与学生日常生活和实际经验脱节的前沿理论或时事政治议题时，一些学生可能会感到困惑和挫败。他们可能会发现自己在课堂上难以跟上教学的步伐，从而在课堂上选择保持沉默，避免暴露自己的不足。这种情况的出现，不仅可能影响学生的学习积极性和参与度，还可能进一步加剧学生的学习焦虑和压力。[①]因此，教育者在更新思政课程内容时，需要更加审慎和周到地考虑到学生的学习需求和接受能力，确保教学内容的更新既能反映时代和社会的最新变化，又能够满足学生的学习需求和能力水平。

4. 课堂氛围的紧张度与学生的主动性

在当前的教育环境中，思政课的教学策略和方法在不断地创新和变革。课堂上的互动与讨论被视为激发学生思考和参与的有效途径，因此，教师们纷纷尝试引入各种互动环节，以期增强课堂的活跃度和教学效果。然而，这种做法在实际操作中也存在一定的挑战。从教育学理论的角度来看，教学环境的氛围对于学生的学习参与度和主动性有着至关重要的影响。当课堂氛围过于紧张时，学生可能会因为担心自己的观点受到质疑或批评而选择保持沉默。例如，某些学生可能担心自己的观点与主流观念不符，或者担心因为表达不当而受到同学的误解或批评。这种担忧和紧张感可能会阻碍学生的自由表达和思考，从而影响到课堂的互动效果和教学目标的实现。从调查结果的分析也显示，一些教师在尝试引入互动环节时，可能未能充分考虑到学生的心理和情感需求。例如，教师在课堂上过于强调竞争和评价，可能会导致学生之间的紧张关系加剧，从而影响到他们的学习积极性和参与度。此外，教师在引导学生进行讨论和互动时，如果未能提供足够的支持和指导，可能会导致学生感到无所适从，从而选择避免参与。然而，应当指出的是，教师引入互动环节的初衷是激发学生的主动性和参与度，这本身是值得肯定的。但在实际操作中，教师需要更加细致和周到地考虑到学生的心理和情感需求，确保课堂氛围既活跃又和谐，既能够促进学生的思考和讨论，又能够保障学生的心理健康和成长。

5. 教师与学生的互动模式与学生的学习风格不匹配

在教育领域中，理解教师与学生之间的互动模式以及如何适应不同学生的学习风格是至关重要的。传统上，思政课一体化教学中，教师往往被视为知识的传递者和引导者，鼓励学生通过提问和分享来参与课堂活动。这种互动模式基于教育学的某些理论，强调教师与学生之间的互动和合作，以促进学生的深入学习和思考。然而，教育学的其他理论也指出，学生的学习风格

① 闫晓静，孟悌清. 大中小学思政课一体化建设几个问题的探讨[J]. 中学政治教学参考，2023（19）：99-100.

和习惯可能受到多种因素的影响，如个人性格、学习经验以及文化背景等。因此，单一的教学互动模式可能无法满足所有学生的需求和期望。[①]例如，一些学生可能更倾向于独立思考和自主学习，他们可能更喜欢独自探索和解决问题，而不是依赖教师的引导和建议。这种学习风格可能源于他们的个人性格特点，如好奇心、探索欲望以及对自主性的追求。此外，调查结果的分析也显示，一些教师在尝试引导学生进行互动和讨论时，可能未能充分考虑到学生的个体差异和学习需求。例如，教师可能过于强调课堂互动的重要性，而忽视了学生的学习风格和习惯，导致一些学生在课堂上选择保持沉默，从而影响到课堂的互动效果和教学目标的实现。

## 四、传统与互动：思政课学生的参与度与一体化建设的教学模式冲突

### 1. 思政课传统教育内容与学生现实生活的脱节难题

在思想政治教育领域，教育内容的选择和设计是至关重要的。传统上，在大中小学的思政课程中,许多政治理论和历史事件被视为基础和核心内容，被广泛地纳入教学大纲。这些内容往往反映了历史和文化的深厚积淀，具有重要的学术和教育价值。然而，随着社会的发展和学生群体的变化，教育者和研究者也越来越关注教育内容与学生实际生活之间的联系和融合。教育学理论中，有一种观点强调教育内容应当紧密结合学生的实际生活和经验，以促进他们的深入理解和参与。例如，维果茨基的社会发展理论强调了社交互动和文化参与在学习过程中的重要性，认为学生的学习活动应当与他们的社会和文化环境相联系。这一理论为我们提供了一个新的视角，帮助我们重新审视教育内容的选择和设计。在实际的教学实践中，一些教育者已经开始尝试将教育内容与学生的实际生活相结合。例如，他们可能会引入一些与学生日常生活和社会现象相关的政治议题和案例，以激发学生的兴趣和参与度。但这样的方法，仍然存在一些挑战和难题，如如何平衡传统的教育内容与现实生活的联系，如何确保教育内容的学术和教育价值等。值得注意的是，虽然强调教育内容与学生实际生活的融合是有益的，但也不能忽视传统的政治理论和历史事件的重要性。这些内容反映了人类社会和政治发展的历史进程，具有不可替代的学术价值。

---

① 马宝娟，张婷婷. 大中小学思政课一体化：问题与对策[J]. 思想政治课教学，2020（2）：4-8.

2. 传统教学法在满足学生互动需求方面的困境

在思想政治教育领域，教学方法的选择和应用一直是一个关键的议题。传统上，直接的讲授和板书方式是最为有效和高效的教学方法。这种观点源于对传统教育方式的尊重和推崇，认为它们积累了丰富的教学经验和教育资源。然而，随着教育技术和方法的不断发展，越来越多的教育者和研究者开始质疑这种传统教学方法的适用性和效果。①在教育学理论中，存在多种关于教学方法的理论和观点。例如，杜威的体验教育理论强调了学生的主体性和参与性，在他看来，学生通过实际的体验和互动来构建知识和理解。这一理论为我们提供了一个新的视角，帮助我们重新审视传统教学方法的局限性和不足。在实际的教学实践中，一些先进的教育者已经开始尝试引入现代技术手段和活动形式来提高教学效果。例如，他们可能会利用多媒体教学、互动式教学软件或者是团队合作的学习活动来激发学生的学习兴趣和参与热情。这些新的教学方法不仅丰富了教学内容和形式，而且也有助于提高学生的学习效果和满意度。然而，值得注意的是，尽管现代教学方法具有许多优点和优势，但也不能完全摒弃传统的教学方法。传统的教学方法积累了丰富的教育经验和教学资源，具有不可替代的价值和意义。

3. 思政教材内容单一与学生多元需求的冲突状况

在现代教育研究领域，教材内容的选择和编排一直是一个备受关注的议题。教材作为教学的重要工具，不仅承载了知识的传授，还反映了教育者对于教学目标、方法和内容的理解和认识。因此，教材内容的设计和编排直接影响到教学质量和效果。在思想政治教育中，教材内容的单一性问题尤为突出。许多教育者和研究者发现，当前的思政教材往往过于强调某一政治理论或历史事件，而忽视了其他与学生实际生活和经验相关的政治话题或现象。这种教材内容的单一性不仅限制了学生的学习视野和深度，还可能导致他们对政治学科的兴趣和热情逐渐减退。②理论上，多元化的教学内容应该是教育的基本要求和目标。根据维果茨基的社会发展理论，学生的学习和发展是一个动态和多元化的过程，他们需要通过与不同的知识、观点和观念进行交互和对话，来构建自己的知识体系和认知结构。因此，教育者和教材编写者应

① 侯勇，邹小娟. 新时代大中小学思想政治教育一体化建设的四维探赜[J]. 江苏大学学报（社会科学版），2023，25（6）：101-112.

② 闫晓静，孟悌清. 大中小学思政课一体化建设几个问题的探讨[J]. 中学政治教学参考，2023（19）：99-100.

该努力确保教材内容的多样性和丰富性，满足学生的多元化学习需求。然而，在实际的教学实践中，教材内容的多样性和丰富性往往受到多种因素的制约。例如，教育资源的有限性、教学时间的限制以及教育政策和指导思想的影响等都可能导致教材内容的单一性问题。

4. 固定教学节奏对学生自主学习的束缚障碍

教学节奏的设置在教育教学过程中扮演着至关重要的角色，它关系到学生的学习效果、教师的教学质量以及教育目标的实现。适当的教学节奏可以帮助教育者更好地组织教学活动，促进学生的学习进度和效果。然而，教学节奏的固定性问题在一些教学实践中逐渐显现，成为制约教学效果提升的重要因素。在思想政治课一体化教学中，教师往往需要面对复杂的教学内容和多样的学生需求。面对这种情境，部分教师可能会选择过于固定的教学节奏和进度，试图通过统一的教学节奏来确保教学的连贯性和完整性。然而，这种做法往往忽视了学生的个体差异和学习需求，可能导致一些学生在学习过程中感到压力过大，参与度下降，甚至出现学习疲劳和抵触情绪。理论上，学生的自主学习是教育教学改革的重要目标之一。根据德鲁克的自主学习理论，学生应当在教育者的指导和支持下，发挥自己的主体性和创造性，积极参与学习过程，掌握知识和技能。然而，在当前的教学实践中，由于教学节奏的固定性问题，学生的自主学习空间受到了一定的限制，他们往往缺乏足够的时间和机会来进行深入的思考和反思。此外，教学节奏的固定性也可能对教师的教学策略和方法产生不利影响。在固定的教学节奏下，教师可能会过于依赖传统的教学方法和手段，缺乏对学生个体差异和学习需求的深入了解和关注。

5. 传统评价标准对学生综合能力发展的限制因素

评价标准在教育领域中占据着至关重要的位置，它直接关系到教学质量、学生学习效果以及教育目标的实现。恰当的评价标准能够全面、准确地反映学生的学习状态和能力发展，为教师提供有力的指导和支持，同时也有助于激发学生的学习兴趣和动力。然而，在当前的大中小学思政课一体化建设中，评价标准的传统性问题逐渐受到关注，成为制约教育教学质量提升的一个关键因素。首先，当前的评价标准往往过于偏重学生的知识掌握程度和记忆能力，忽视了其他重要的学习目标和能力培养。这种评价方式的传统性在一定程度上反映了对学生学习成绩和知识考核的过度重视，而忽略了学生综合素质和能力发展的全面性。例如，学生的批判性思维、创新能力、团队合作能力等都是当前教育教学中非常重要的学习目标，但在传统的评价体系中往往得不到有效的体现和评价。从理论上看，教育评价应当是一个全面、多维度的过程，旨在全面、准确地反映学生的学习成果和能力发展。根据维果茨基的社会文化理论，学生的学习和发展是在社会文化环境的影响下进行的，需要通过多种方式和方法来进行全面评价。然而，在当前的教育实践中，由于评价标准的传统性问题，学生的综合能力发展往往受到一定的限制，他们在学习过程中可能会出现学习兴趣的减退、动机的降低等问题。①此外，评价标准的传统性也可能对教师的教学策略和方法产生不利影响。在传统的评价体系中，教师往往更加注重对学生知识的灌输和考核，而忽视了学生的能力培养和素质教育。

## 五、知识的断层：学生互动与思政课知识的吸收在一体化教学中的断层

### 1. 知识深度与学生理解能力的适配难题

在教育领域中，知识传授和学生的理解能力之间的关系一直是一个重要的研究议题。教育者们普遍认为，有效的教学不仅要求教师掌握丰富的知识和教学技巧，还需要关注学生的实际学习需求和认知发展。然而，在当前的大中小学思政课一体化建设中，知识深度与学生实际理解之间的偏差问题逐渐受到关注，成为制约教学质量提升的一个重要因素。首先，教学内容的深度和广度在一定程度上反映了教育教学的前沿性和专业性。然而，过度强调知识的深度和广度可能会导致教学内容与学生的实际认知水平存在较大的差异。这种情况下，学生可能会对教学内容感到困惑和反感，导致他们在学习过程中缺乏主动性和深度。从教育学理论的角度来看，教育教学应当是一个全面、系统的过程，旨在促进学生的认知发展和能力培养。根据维果茨基的社会文化理论，学生的学习和发展是在社会文化环境的影响下进行的，需要通过与教师和同伴的互动来实现。然而，在当前的教育实践中，由于知识深度与学生实际理解之间的偏差问题，学生的学习兴趣和动机可能会受到一定的影响，他们可能会出现对学习内容的抵触和反感。此外，知识深度与学生实际理解之间的偏差也可能对教师的教学策略和方法产生不利影响。在面对学生的实际学习需求和认知水平时，教师可能会过于强调知识的深度和广度，

① 马宝娟，张婷婷. 大中小学思政课一体化：问题与对策[J]. 思想政治课教学，2020（2）：4-8.

忽视了学生的实际学习状态和能力发展。

2. 教学手段多元性与学生参与度的协调困境

在教育教学的实践中，教学方法的选择和应用一直是教育者们关注和研究的焦点。有效的教学方法不仅可以促进学生的知识掌握和能力培养，还可以激发他们的学习兴趣和参与热情。然而，在当前的思政课一体化教学中，教学方法的多样性与学生参与的不均衡问题日益凸显，成为制约教学质量提升的一个关键因素。首先，教学方法的多样性在一定程度上反映了教育教学的创新性和前瞻性。例如，案例研究和角色扮演等先进教学方法被广泛应用于思政课的教学实践中，旨在提高学生的实践能力和综合素质。然而，这些教学方法的应用并不均衡，导致学生的参与度在不同的教学环节中表现出明显的差异。[①]例如，某些互动环节可能过于依赖固定的教材内容，忽视了学生的实际需求和兴趣，导致教学效果和学习动力受到一定的影响。从教育学理论的角度来看，教学方法的选择和应用应当充分考虑学生的个体差异和认知发展。客观而言，教育教学应当是一个全面、系统的过程，旨在促进学生的认知发展和能力培养。然而，在当前的教育实践中，教学方法的多样性与学生参与的不均衡问题可能会对教育教学的目标和效果产生不利影响。例如，过于依赖固定的教学方法和教材内容可能会导致学生的学习兴趣和参与热情下降，影响他们的学习效果和能力发展。此外，教学方法的多样性与学生参与的不均衡问题也可能对教师的教学策略和方法产生挑战。在面对学生的实际学习需求和认知水平时，教师可能会面临如何有效地组织和实施教学活动的问题。例如，如何在教学过程中合理地运用各种教学方法，满足学生的多元化学习需求和提高他们的学习参与度,是一个值得深入研究和探讨的问题。

3. 教材更新速率与学生学习节奏的适配障碍

在现代教育教学体系中，教材的更新与教学进程的同步性一直是一个备受关注的议题。教材作为教学的核心工具，其内容的质量和更新速度直接关系到教学效果和学生的学习体验。然而，教材更新速度与学生学习节奏的不匹配问题在思政课一体化建设中逐渐显现，引发了广泛的关注和研究。首先，教材内容的更新和扩充是推动教育教学改革和提高教学质量的关键因素。从思政课教学的现实来看，思政课教材应当紧密结合时代发展和学生的学习需

① 闫晓静，孟悌清. 大中小学思政课一体化建设几个问题的探讨[J]. 中学政治教学参考，2023（19）：99-100.

求，不断更新和完善其内容，以适应教育教学的发展趋势和学生的学习水平。然而，在实际的教学实践中，教材更新的速度可能超出了部分学生的学习节奏，导致他们在互动和讨论中感到压力和困惑。以小学生为例，他们的认知发展和学习节奏与教材的更新速度可能存在一定的不匹配性。在小学阶段，学生的认知能力和学习习惯正在逐渐形成和发展，他们可能需要更多的时间和机会来理解和吸收新的教材内容。然而，过快的教材更新可能会导致部分学生在学习过程中出现困惑和迷茫，影响他们的学习效果和学习兴趣。此外，教材更新速度与学生学习节奏的不匹配也可能对教师的教学策略和方法产生挑战。在面对学生的实际学习需求和认知水平时，教师可能需要寻找合适的教学方法和策略，以提高教学效果和满足学生的学习需求。例如，如何在教学过程中合理地组织和实施教学活动，使学生能够有效地理解和吸收新的教材内容，是一个值得深入研究和探讨的问题。

#### 4. 评价机制复杂度与学生知识掌握度的失衡冲突

评价机制在教育领域中扮演着至关重要的角色，它不仅是对学生学习成果的反馈，也是教育教学改革的推动力之一。然而，评价机制的复杂性与学生知识掌握的不均匀性在大中小学思政课的一体化教学中已成为一个备受关注的议题。首先，评价机制的复杂性往往源于多种因素的交织影响。从教育学理论的角度看，评价不仅仅是对学生学习成果的简单衡量，更应该是对学生综合素质和能力的全面评估。因此，评价机制往往涉及多个维度和指标，包括但不限于学习成绩、参与度、创新能力、批判性思维等。然而，过于复杂的评价体系可能会导致学生难以理解和把握评价的标准和要求，进而影响他们对知识的掌握和应用。[①]以部分学生过于关注考试成绩为例，这一现象在实际教学中并不少见。考试成绩作为评价机制中的一个重要指标，往往被学生和家长视为衡量学习成果的唯一标准。然而，过度追求高分可能导致学生忽视了对知识本身的深入理解和探索，从而造成知识掌握的不均匀性和互动时的知识断层。例如，某些学生可能在应对考试时能够熟练掌握和运用知识点，但在实际生活和实践中却难以将所学知识与实际情境相结合，缺乏批判性思维和创新能力。此外，评价机制的复杂性也可能对教师的教学策略和方法产生一定的挑战。在面对多样化的评价指标和要求时，教师需要不断调整和完善教学内容和方法，以满足评价机制的要求和学生的学习需求。然而，

---

① 侯勇，邹小娟．新时代大中小学思想政治教育一体化建设的四维探赜[J]．江苏大学学报（社会科学版），2023，25（6）：101-112.

在实际的教学实践中，教师可能面临时间、资源和能力等方面的限制，导致评价机制与教学实践之间存在一定的脱节和矛盾。

5. 教师角色转型与学生期望的适配挑战

在思政课一体化教学的背景下，教师的角色正在经历深刻的转变。传统上，教师往往扮演着知识传授者的角色，负责向学生传递和解释各种学科知识。然而，在当前的教育改革进程中，教师的角色被重新定义，不仅要承担知识传授的责任，还要充当学生学习过程中的引导者和合作伙伴。这种教师角色的转变背后，反映了教育理论的创新和教育实践的变革。根据教育学理论，学生在学习过程中应该是主体，而不是被动接受者。因此，教师的主要任务是激发学生的学习兴趣和潜能，引导他们主动探索和构建知识。[①]这种教师与学生的互动模式，旨在培养学生的批判性思维、创新能力和合作精神，以应对日益复杂和多变的社会环境。然而，教师角色的转变可能与学生的期望产生冲突。在传统的教育模式中，学生习惯于被动接受知识，依赖教师的指导和帮助。因此，当教师从知识传授者转变为学生的合作伙伴和引导者时，一些学生可能会感到困惑和不适应。他们可能更希望教师提供明确的知识点和答案，而不是引导他们主动探索和学习。通过调查结果的分析来看，在一节思政课的教学实践中，教师采用了问题导向的教学方法，鼓励学生围绕特定主题进行讨论和探索。然而，部分学生反映，他们希望教师能够直接提供答案和解决方案，而不是让他们自己去思考和探索。这种教师与学生之间的期望冲突，可能导致互动中的知识断层，影响教学效果和学生的学习体验。此外，教师角色的转变还可能对教师自身的教学策略和方法产生一定的挑战。在面对学生的不同需求和期望时，教师需要灵活调整教学方法，确保教学内容的有效传递和学生的有效参与。然而，在实际的教学实践中，教师可能面临时间、资源和能力等方面的限制，导致教学与学生之间存在一定的脱节和矛盾。

---

① 马宝娟，张婷婷. 大中小学思政课一体化：问题与对策[J]. 思想政治课教学，2020（2）：4-8.

## 第四节　教材内容更新的不及时：教材内容未能及时反映时事和社会变化

在大中小学思政课一体化建设中，教材内容的滞后更新问题备受关注。这一问题主要表现在教材内容未能及时反映社会发展的新特点和新趋势，导致学生接触到的教材内容较为陈旧，对思政课教学和学生的发展产生了一系列负面影响。

### 一、时事的滞后：思政课教材未能及时与一体化教学融合的困境

1. 教材反映与时事更新速度不同步

在当今社会，信息和知识的更新速度前所未有地快速。随着科技的进步和全球化的加速，新的社会事件、文化现象和政治议题层出不穷，为人们的思考和讨论提供了丰富的素材和视角。在这样的背景下，教育领域也面临着巨大的挑战和机遇。特别是在思想政治教育领域，如何确保教育内容与时俱进，真实反映社会的发展变化，成为教育者和研究者共同关注的焦点。然而，当前的实际情况却显示，思政课的教材更新速度并未能跟上社会变化的步伐，导致教育内容与时事发生了明显的脱节。这种不同步现象不仅限制了学生对当前社会问题的深入理解和思考，还可能影响他们的思维方式和价值观念的形成。例如，一些经典的教材内容可能已经不能完全覆盖或解释当下的社会现象和挑战，使得学生在课堂上接触的知识与实际生活中的经验和观察发生了冲突。这种教材内容与时事不同步的现象，反映了教育体制和教学方法的某种滞后性。[①]根据教育学理论，教育应该是与时俱进的，旨在培养学生适应社会变化和发展的能力。然而，现实中的教育系统往往受到多种因素的制约，如教材编写、审批和发布的流程、教师培训和教育资源的分配等，导致教育内容的更新和改革进程相对缓慢。由于高校的思政课教材长期未进行全面的更新和修订，导致学生在学习过程中难以与时事相结合，缺乏对当前社会问题的深入洞察和批判性思考。例如，当某一社会事件成为热点话题时，学生

① 陈鹏，刘侣萍．大中小学思政课一体化建设的价值意蕴、生成动因与创新展望[J]．学校党建与思想教育，2023（19）：68-70.

可能在课堂上无法找到相关的教材内容进行参考和讨论，影响了教学的有效性和学生的学习动力。

2. 实践案例与教材案例的不匹配

在当代教育领域，一体化教学的理念日益受到广泛关注和认可。这种教学方式强调理论与实践的结合，旨在培养学生的实际操作能力和综合素质。实践活动作为一种有效的教学手段，能够帮助学生将课堂上学到的理论知识应用到实际问题中，从而加深对知识的理解和掌握。然而，实践活动的有效性和实际价值很大程度上取决于所采用的实践案例和教学材料。当前的实际情况显示，一些教材中提供的实践案例与学生实际参与的社会实践活动存在明显的不匹配性。这种不匹配性可能源于多种原因，如教材编写者对社会实践活动的了解不足、教材内容更新滞后或是教育资源分配不均等。例如，某一教材中可能提供了关于传统农业生产模式的实践案例，而学生实际参与的实践活动可能涉及现代农业技术和可持续发展问题，导致理论知识与实际操作之间存在较大的差距。[①]理论上，教育应该是与社会发展和变化相适应的。根据教育学理论，教育内容和教学方法应该反映社会的最新进展和变化，以满足学生的学习需求和发展潜能。然而，实际的教育实践中往往存在一些制约因素，如教育资源的有限性、教育体制的僵化和教育者的教学观念等，导致教育内容和教学方法与社会实践活动之间出现不匹配的现象。在推行大中小学思政课一体化教学过程中，由于教材更新滞后和教学资源匮乏，导致学生在实践活动中面临理论知识与实际操作不相匹配的问题。这种不匹配性不仅影响了学生的学习效果和实践能力的培养，还可能导致学生对教育的质量和有效性产生怀疑，影响其对教育和学习的态度和期望。

3. 多元信息源与教材单一视角的冲突

在当代社会，信息的传播和获取方式经历了前所未有的变革。随着互联网和移动通信技术的飞速发展，学生们日常接触到的信息来源变得更加丰富和多元。他们可以通过各种渠道，如网络、社交媒体、数字平台等，轻松获取到各种时事新闻、社会热点、学术研究等多种类型的信息。这种信息的多元性和广泛性为学生提供了一个开放和包容的知识视野，使他们能够更加全面和深入地了解社会、国家和世界的各种现象和问题。然而，尽管学生们在

① 侯勇，邹小娟. 新时代大中小学思想政治教育一体化建设的四维探赜[J]. 江苏大学学报（社会科学版），2023，25（6）：101-112.

日常生活中接触到的信息丰富多样，思政课的教材却仍常常采用传统的信息采集渠道和单一的视角。这种现象不仅限制了教材内容的广度和深度，而且可能导致教育内容与学生日常接触的信息存在明显的差异。[①]例如，某一思政教材可能主要依赖于传统的文献资料和官方公告，而忽视了网络舆论、社交媒体讨论和学术研究等其他重要的信息来源。这种局限性可能会导致教育内容与学生的实际需求和兴趣不匹配，影响教育的有效性和吸引力。理论上，教育应该是开放和包容的，能够反映社会的多样性和变化性。根据思想政治教育学理论，教育内容和教学方法应该与时俱进，及时吸收和整合各种信息来源和观点，以满足学生的学习需求和发展潜能。然而，实际的教育实践中往往存在一些制约因素，如教育资源的有限性、教育体制的僵化和教育者的教学观念等，导致教育内容和教学方法与社会实践活动之间出现不匹配的现象。在推行思政教育过程中，由于教材编写者的信息获取渠道受限和教育资源分配不均，导致教材内容缺乏多元性和时效性。这种不足不仅限制了学生对社会现象和问题的全面理解，而且可能导致他们对教育的质量和有效性产生怀疑，影响其对教育和学习的态度和期望。

4. 教材结构与一体化教学模式的不匹配

在当前教育改革的大背景下，一体化教学模式被视为一种能够提高学生学习效果和教育质量的先进教学方法。这种教学模式注重学生的主体性和参与性，强调学生在学习过程中的主动探索和实践。与此同时，传统的思政教材结构往往采用线性和层次分明的编排方式，将知识点和内容按照一定的逻辑顺序和层次进行排列。这种结构在一定程度上反映了知识的组织和传递逻辑，为教师提供了清晰和明确的教学指导。然而，教材结构与一体化教学模式的不匹配可能会对教学过程和学生学习体验产生一系列的影响。首先，传统的思政教材结构可能限制了教师在进行一体化教学时的教学策略和方法选择。由于教材内容的线性和层次分明，教师很难将不同来源和形式的教学资源整合在一起，构建一个开放和灵活的教学环境。例如，当教师尝试引入多媒体资料、社会实践活动或跨学科知识时，可能会面临教材结构和教学内容之间的冲突和不协调。其次，教材结构与一体化教学模式的不匹配还可能导致学生在学习过程中缺乏连贯性和完整性的体验。由于教材内容的组织和编排方式，学生可能难以理解和把握教学内容的内在逻辑和关联性，影响其对

① 马宝娟，张婷婷. 大中小学思政课一体化：问题与对策[J]. 思想政治课教学，2020（2）：4-8.

知识点和概念的深入理解和掌握。[①]例如，当学生在学习某一主题或概念时，可能会遇到教材内容的跳跃和间断，导致其在学习过程中感到困惑和挫败。从理论角度看，教材结构与一体化教学模式的不匹配反映了教育内容和教学方法之间的紧张关系。根据思想政治教育学理论，教育内容应该与教学方法相适应，以满足学生的学习需求和发展潜能。然而，实际的教育实践中往往存在一些制约因素，如教材编写者的教育观念、教育资源的有限性和教育体制的僵化等，导致教育内容和教学方法之间出现不匹配的现象。在推行一体化教学模式时，由于教材结构的局限性和教师教学方法的固化，导致教学效果和学生学习体验受到一定程度的影响。这种影响不仅限制了学生的学习动力和参与度，而且可能导致教育质量和效果的下降，影响教育改革的长远发展。

#### 5. 教材内容深度与现实社会议题的脱节

教材内容深度与现实社会议题的脱节，指的是在大中小学思政课一体化建设进程中，教材在内容的深度挖掘以及与现实社会议题的紧密结合方面存在明显的差距和不足。在大中小学思政课一体化的实际推进中，这一问题清晰可见。其一，教材内容的深度安排缺乏对学生认知发展规律的精准把握。小学阶段的教材，在深度上可能未能适度激发学生的思考潜能；中学阶段的教材，深度的递增有时显得过于突兀，令学生难以适应。比如，小学教材中对于道德观念的阐述或许过于简单直观，而到了中学，复杂的政治理论又让学生倍感压力。其二，教材在选取现实社会议题时存在滞后和片面的情况。当今社会变化迅速，新的社会现象和问题不断涌现，但教材未能及时、全面地将这些内容纳入其中。例如，在科技飞速发展的当下，关于人工智能的伦理问题、数字经济中的公平竞争等议题在教材中鲜少涉及。这种脱节造成了诸多不良影响。一方面，学生因教材内容与现实生活的疏离而感到知识的抽象和空洞，学习兴趣随之减弱。另一方面，学生难以将所学的思政知识与现实情境建立有效的联系，使得知识的应用能力受到限制。比如，当面对社会热点事件时，学生可能无法运用教材中的理论进行深入分析和理性判断。

① 侯勇，邹小娟. 新时代大中小学思想政治教育一体化建设的四维探赜[J]. 江苏大学学报（社会科学版），2023，25（6）：101-112.

## 二、内容的失效：教材与时事脱节对思政课一体化教学的影响

### 1. 教材内容与学生实际生活经验的断层

在全球化和技术进步的大背景下，社会发展的速度和节奏日益加快，为人们的生活带来了许多新的挑战和机遇。学生身处于这样一个快速变化的社会环境中，他们的生活经验和感知方式也随之发生了深刻的变化。然而，当前的思政教材内容与这种变化相比，往往呈现出一定的滞后性和局限性。首先，从教材内容的角度来看，许多新兴的科技发展和社交媒体影响等现象在现有的思政教材中可能未能得到充分的关注和反映。例如，人工智能、虚拟现实、区块链等新兴技术在近年来取得了飞速的发展，对社会生活和人们的思维方式产生了深远的影响。然而，在许多传统的思政教材中，这些新兴技术和现象往往被边缘化或者忽视，导致教材内容与学生实际生活经验之间存在明显的断层。其次，从学生的实际需求和兴趣点来看，他们更倾向于接触和探索与自己生活密切相关的议题和话题。随着社交媒体的普及和影响力的增强，学生越来越依赖于从社交媒体平台获取信息和知识，对于教材中未涉及的内容可能产生了一定的陌生感和距离感。这种距离感不仅可能影响学生对思政教育的接受度和参与度，而且可能导致他们对教材内容的质疑和批判，降低教育效果和教学质量。从思想政治教育学理论的角度来看，教育内容应该与学生的实际生活经验和社会现实相结合，以实现教育目标和任务的有效实施。然而，当前的教育实践中往往存在一些制约因素，如教材编写者的教育观念、教育体制的约束以及教育资源的有限性等，导致教育内容与学生实际生活经验之间存在一定的断层和不匹配。由于教材内容与学生实际生活经验的断层，学生在学习过程中可能面临一系列的挑战和困惑。例如，学生可能会对教材中的某些观点和理论感到疑惑，因为这些观点和理论与他们在日常生活和实际社会中所观察和经历的现象存在明显的不一致性。这种不一致性可能会影响学生对教材内容的接受和理解，降低教育效果和教学质量。

### 2. 时事教学与社会主义核心价值观宣传的错位

在教育实践中，时事教学作为一种能够增强思政课程实时性和现实感的教学手段，已经受到了广泛的关注和应用。通过引入和解析与学生日常生活和社会发展密切相关的时事议题，教育者可以更加直观地传达和阐释思政教育的核心内容和价值观。然而，当时事教学与教材中的社会主义核心价值观

宣传存在显著差异时，可能会给学生带来一系列的认知困惑和情感波动。[①]首先，从教育内容的一致性和连贯性来看，时事教学和教材中的社会主义核心价值观宣传应该构建一个相互支持和补充的关系。然而，在实际的教育实践中，由于时事事件的多样性和复杂性，教育者在处理和解读这些事件时可能存在一定的主观性和偏见。例如，某一时事事件可能被过度解读或偏颇解释，与教材中的社会主义核心价值观存在冲突或者背离，从而导致学生对思政教育的整体认知和接受度受到影响。其次，从学生的角度来看，他们在接触和处理时事教学时可能会对教育者的解释和观点产生怀疑。在当今信息爆炸和多元化的社会环境中，学生可能已经形成了自己的思维习惯和价值观体系，对于与自己观点不符或者存在冲突的信息可能会产生抵触和排斥。这种抵触和排斥可能不仅仅是对具体事件或观点的反感，更可能是对整个思政教育体系的质疑和挑战。此外，从教育实践的角度来看，时事教学作为一种新的教学手段和方法，其与传统的教材内容和教育目标之间存在一定的矛盾和摩擦。教育者在进行时事教学时，需要充分考虑到学生的接受能力和认知水平，确保时事教学与教材内容之间的一致性和连贯性。否则，可能会导致学生对思政教育的整体认知和评价产生偏差，降低教育效果和教学质量。

### 3. 教材理论与实践应用的不匹配

在当代教育实践中，教材作为一种核心的教学资源，承载着传授知识、塑造思想和培养能力的重要任务。然而，对于思政教育领域而言，教材理论与实践应用之间的不匹配问题日益引起关注。这种不匹配性不仅影响了教育教学的有效性，还可能对学生的思想品质和社会责任感培养产生负面影响。首先，从教材内容的构建和设计角度来看，很多思政教材过于重视理论知识的传授，而忽视了实际操作和应用方面的培养。这种理论与实践之间的脱节，使得学生在学习过程中往往停留在理论知识的表面，缺乏深入和具体的实践经验。[②]例如，某些教材可能会详细解读和阐释社会主义核心价值观的理论内容，但在如何将这些理论知识应用到日常生活和社会实践中的指导和引导上却相对不足。其次，从教学方法和手段的选择与应用角度来看，教育者在进行思政教学时往往更倾向于传统的讲授和灌输模式，而忽视了实践性和参与性的培养。这种教学方法的单一和刻板，使得学生在接触和学习思政知识时

---

① 陈鹏，刘侣萍. 大中小学思政课一体化建设的价值意蕴、生成动因与创新展望[J]. 学校党建与思想教育，2023（19）：68-70.

② 马宝娟，张婷婷. 大中小学思政课一体化：问题与对策[J]. 思想政治课教学，2020（2）：4-8.

缺乏主动性和参与性，难以将理论知识转化为实际行动和行为准则。例如，某一思政课程可能会重点介绍和讲解社会主义核心价值观的相关内容，但在组织学生参与社会实践和公益活动方面的指导和支持却相对不足。最后，从学生的学习和成长角度来看，教材理论与实践应用的不匹配可能会对他们的思想品质和社会责任感培养产生负面影响。在当今快速变化和多元化的社会环境中，学生需要具备批判性思维、创新性思考和实践能力，而这些都需要在实际操作和应用中得以培养和提升。如果教育教学过程中仍然停留在传统的理论讲授和灌输模式，学生可能会缺乏对复杂社会现象和问题的深入理解和分析能力，从而影响他们的思想品质和社会责任感培养。

4. 教学方法与内容更新速度的不协调

在现代社会，随着科技和信息的迅速发展，时事和社会现象的变化速度前所未有地快速。在这样的背景下，思政教育作为培养学生社会责任感和思想品质的重要途径，同样面临着如何确保教学内容与方法与时俱进的挑战。教学方法与内容更新速度的不协调问题已经逐渐成为思政教育发展的瓶颈。首先，从教学内容的更新与调整角度来看，许多思政教材的内容构建仍然停留在传统的理论框架和思维模式上。这种传统的教材内容构建方式，虽然在一定程度上确保了教学内容的系统性和完整性，但也使得教材与时事和社会现象之间存在一定的滞后性。例如，某些教材可能在一段时间内都未能及时反映出新兴技术、全球化、多元文化等当前社会的重要议题和发展趋势。其次，从教学方法和策略的选择与应用角度来看，随着信息技术和教育技术的发展，教育者已经有了更多的选择和可能性来创新教学方法和手段。然而，由于教材内容更新滞后和教育资源限制等因素的影响，许多思政教学在实际操作中仍然过于依赖传统的讲授和灌输模式。这种教学方法的单一和刻板，使得学生在学习过程中难以获得全面和深入的理解，影响了他们的思考和判断能力的培养。[①]再次，从学生的学习和成长角度来看，教学方法与内容更新速度的不协调可能会对他们的思想品质和社会责任感培养产生负面影响。在当今复杂多变的社会环境中，学生需要具备批判性思维、创新性思考和实践能力。然而，如果思政教育过于依赖传统的教学方法和内容，学生可能会缺乏对复杂社会现象和问题的深入理解和分析能力，从而影响他们的思想品质和社会责任感培养。

① 侯勇，邹小娟．新时代大中小学思想政治教育一体化建设的四维探赜[J]．江苏大学学报（社会科学版），2023，25（6）：101-112.

### 5. 学生参与度与教材内容的互动性不足

在现代教育实践中，学生的参与度和互动性已被广泛认为是影响教学效果的重要因素。特别是在思想政治教育领域，学生的主体性和参与度更是被寄予厚望，因为这不仅涉及知识的传授，还涉及思想品质和价值观的塑造。然而，当教材内容与学生的实际经验和感知脱节时，其引发的参与度和互动性自然会受到挑战。首先，教材内容的互动性是衡量其与学生参与度关系的重要指标。互动性不仅仅是指教材的编排形式，更多的是指教材内容是否能够引发学生的思考和探索。当教材中的案例与学生的日常生活经验和感知存在明显的断层时，学生可能会感到难以与之产生共鸣，从而导致其对教学内容的兴趣和参与度降低。例如，一些教材可能过于理论化，忽视了与学生实际生活和经验相结合的实际案例,这无疑会限制学生的思考深度和参与热情。其次，教材内容与时事的互动性也是影响学生参与度的关键因素。随着时事的快速变化，教材内容如果不能及时更新和调整，可能会导致其与当前社会现象和问题脱节。例如，某一时期的社会热点事件如果未能被纳入教材内容，可能会使得教学过程中的案例分析和讨论与学生的实际感知和关注点失之交臂，从而影响其对教学内容的参与度和互动性。最后，从教育理论的角度来看，学生的主体性和参与度是思想政治教育的核心目标之一。然而，当教材内容与学生的实际生活和经验脱节时，可能会导致学生在思政教育过程中的被动接受，而非主动参与。这无疑会限制学生的思维发展和价值观的形成，从而影响其在未来社会生活中的应对能力和责任感。

## 三、知识的断裂：思政课教材未反映社会变迁与一体化建设的隔阂

### 1. 教材案例与实际社会现象失衡

在现代教育实践中，教材案例的选择和应用一直是教学效果和学生参与度的关键因素之一。特别是在思想政治教育中，教材案例不仅仅是知识传授的工具，更是培养学生思考和判断能力的重要途径。然而，在当前快速变化的社会环境下，教材案例与实际社会现象之间的失衡问题引起了广泛关注。首先，教材案例的时效性是其与实际社会现象失衡的主要原因之一。随着社会的快速发展和变化，许多教材中的案例可能基于过时的数据或情境。例如，某一教材可能使用的是几年前的数据或描述，而当前的社会现象和问题已经发生了巨大的变化。这种时效性的失衡不仅使得教材内容与学生的实际感知和体验脱节，还可能导致学生对教材内容的质疑和怀疑。其次，教材案例的

地域性和文化性也是其与实际社会现象失衡的重要因素。不同的地区和文化背景下，同一社会现象可能有不同的表现形式和影响因素。①然而，许多教材中的案例可能过于局限于特定的地域和文化环境，忽视了多样性和复杂性。这种地域性和文化性的失衡不仅限制了学生对教材内容的理解和接受，还可能导致其对社会现象的认知产生偏差。最后，从教育理论的角度来看，教材案例应当与学生的实际生活和经验相结合，以促进其思维发展和价值观的形成。然而，当教材案例与实际社会现象失衡时，可能会导致学生在思想政治教育过程中的被动接受，而非主动参与。

2. 教学方法与时代特点不合拍

在现代教育领域，教学方法的选择和应用已成为影响教学效果的重要因素之一。随着科技的发展和社会的变革，学生的学习方式和需求也在不断地演变和更新。然而，面对这一变革，部分思政教材仍坚持使用传统的教学方法和策略，这无疑导致了教学方法与时代特点之间的不合拍。首先，从学生的学习需求和特点来看，现代学生更加倾向于活动性和互动性的学习方式。他们希望在学习过程中能够主动参与和互动，以获得更加深入和全面的理解。然而，传统的教学方法往往偏重教师的讲解和传授，缺乏学生的主体性和参与度。例如，某些思政教材仍采用单向传授知识的教学模式，忽视了学生的实际需求和兴趣点。这种教学方法的不合拍，无疑限制了学生的学习效果和参与度。其次，随着信息技术的发展和普及，学生对于教学内容和方法的需求也在发生变化。他们希望通过多种方式和渠道获取知识，以满足自己的学习需求。然而，传统的教学方法往往忽视了这一点，导致了教学方法与时代特点之间的不合拍。例如，某一思政教材可能过于依赖纸质教材和课堂讲解，而忽视了数字化教学资源和在线互动平台的应用。这无疑限制了教学方法的多样性和灵活性，影响了教学效果和学生的学习体验。再次，从教育理论的角度来看，教学方法应当与学生的学习需求和特点相匹配，以促进其学习效果和发展。然而，当教学方法与时代特点不合拍时，可能会导致学生的学习兴趣和动机下降，从而影响其学习效果和发展。这无疑对思政教育的质量和效果提出了挑战，需要教育者不断地完善教学方法，以满足学生的学习需求和特点。

① 陈鹏，刘侣萍. 大中小学思政课一体化建设的价值意蕴、生成动因与创新展望[J]. 学校党建与思想教育，2023（19）：68-70.

3. 教材中的理论知识与实践经验脱节

在思想政治教育的过程中，教材的内容和结构起到了至关重要的作用。理论知识与实践经验的相互结合是确保教学质量和效果的关键因素。然而，当前一些思政教材在内容编排和重点设置上存在明显的问题，过于偏重理论知识的传授，而忽略了实践经验的积累和应用。[①]这种理论与实践的脱节不仅削弱了教育的实效性，还限制了学生在实际生活中应对复杂问题的能力。首先，从教育理论的角度来看，理论知识和实践经验应当相辅相成，以确保学生能够在实际情境中有效地运用所学知识。然而，当教材过于偏重理论知识的传授时，可能会导致学生对实际问题的认知存在偏差。例如，某一思政教材可能过于强调某一理论模型或观点的解释，而忽略了该理论在实际应用中的局限性和问题。这无疑对学生的思考方式和判断能力产生了负面影响，限制了他们在实际生活中的行动选择和决策制定。其次，随着社会的发展和变革，实践经验的积累和应用已成为衡量教育质量和效果的重要标准。然而，当前一些思政教材在内容编排和结构设置上存在明显的问题，未能充分考虑学生的实际需求和应用场景。例如，某一教材可能过于偏重历史事件和理论分析，而忽略了当下社会的变化和挑战。这无疑削弱了教材的实效性和应用价值，使得学生在面对实际问题时缺乏足够的应对策略和思考框架。再次，从学生的学习需求和特点来看，理论知识和实践经验的相互结合是确保教学效果和质量的关键因素。最后，当教材过于强调理论知识的传授时，可能会导致学生的学习兴趣和动机下降,从而影响其对思政教育的认同和接受程度。例如，某一教材可能过于深入地探讨了某一理论模型或观点，而忽略了学生的实际需求和兴趣点。

4. 教材内容与学生现代价值观的碰撞

在当今社会，学生的价值观和认知方式正在经历深刻的变革。随着信息技术的普及和全球化的进程，学生们接触到的文化、思想和观念日益多元和开放。然而，某些思政教材在内容编写和结构设计上仍然保持了传统的理念和观点，与学生的现代价值观形成了一定程度的对立。这种教材内容与学生价值观的冲突不仅反映了教育内容与时代发展的脱节，而且可能导致学生对

---

① 侯勇，邹小娟. 新时代大中小学思想政治教育一体化建设的四维探赜[J]. 江苏大学学报（社会科学版），2023，25（6）：101-112.

思政课程的认知产生偏差，进而影响其对教育的接受和认同。[①]首先，从教育理论的角度来看，教育应当是开放和包容的，旨在引导学生形成独立、批判和开放的思维。然而，当教材内容与学生的现代价值观存在冲突时，可能会导致学生对教育内容产生怀疑和抵触。例如，某一思政教材可能过于强调某一传统观念或理念的解释，而忽略了现代社会的变化和挑战。这无疑对学生的思考方式和判断能力产生了负面影响,限制了其对教育内容的认同和接受。其次，随着社会的发展和变革，学生的价值观和认知方式已经发生了深刻的变化。他们更加注重个性化、多元化和开放性的思维方式，希望通过教育获取更多的知识和技能，以应对未来的挑战和机遇。然而，某些思政教材在内容编排和结构设置上仍然保持了传统的理念和观点，未能充分考虑学生的实际需求和学习动机。这无疑削弱了教材的实效性和应用价值，使得学生在学习过程中缺乏足够的动力和兴趣。最后，从学生的学习需求和特点来看，教育内容与时代背景的匹配是确保教学效果和质量的关键因素。然而，当教材内容与学生的现代价值观存在冲突时，可能会导致学生的学习动机和兴趣下降，进而影响其对思政教育的认同和接受。例如，某一教材可能过于强调某一传统观念或理念的解释，而忽略了学生的实际需求和学习兴趣。

5. 教材内容与学生实际需求脱节

在现今的教育背景下，学生的学习需求和期望正在发生显著的变化。随着社会经济的快速发展和知识结构的日益丰富，学生更加关注与实际生活和未来职业发展紧密相关的教育内容。这种转变不仅反映了教育需求的多样化，而且突显了教育者需要不断更新和调整教学内容，以满足学生的实际需求和兴趣。从教育理论的角度来看，教育的核心目标是培养学生的综合素质和实践能力，使其能够适应社会的变革和挑战。然而，某些思政教材在内容编写和结构设计上可能未能充分考虑到学生的实际需求和兴趣点，导致教学内容与学生期望存在明显的脱节。[②]例如，一些教材可能过于强调某一传统观念或理念的解释，而忽视了学生对现代社会、科技和文化变革的认知和理解。这无疑限制了教育内容的实际应用价值和教学效果，使得学生在学习过程中缺乏足够的动力和兴趣。此外，从学生的学习需求和特点出发，教育者需要更加关注教学内容与学生实际生活和职业发展的关联性。随着信息技术的广泛

① 马宝娟，张婷婷. 大中小学思政课一体化：问题与对策[J]. 思想政治课教学，2020（2）：4-8.

② 马宝娟，张婷婷. 大中小学思政课一体化：问题与对策[J]. 思想政治课教学，2020（2）：4-8.

应用和全球化进程的推进，学生们接触到的知识和信息日益丰富和多样。因此，教育内容需要与时俱进，紧密结合学生的实际需求和兴趣点，以提高教学效果和质量。例如，一些思政教材可以引入与现代社会、文化和科技发展相关的案例和内容，以促进学生的思考和理解。为了提高教学效果和满足学生的学习需求，教育者需要加强教材内容的研究和开发，确保其与学生实际生活和职业发展紧密相关。这不仅需要教育者具有深厚的学术背景和教学经验，而且需要他们关注教育改革和创新，不断探索和实践新的教学方法和策略。

## 四、历史的盲区：教材内容滞后导致思政课一体化建设的盲点

### 1. 历史教育与社会现实的脱节

在教育领域，历史教育一直被视为培养学生国家认同感、文化自豪感和历史责任感的重要途径。历史不仅仅是一系列事件和人物的叙述，更是反映社会变迁和文化演变的镜像。然而，当代的历史教育在内容和方法上仍然存在一些亟待解决的问题，其中之一便是历史教育与社会现实之间的脱节。从教育学理论的角度看，历史教育的核心目标是使学生能够理解和评价历史事件的背景、原因和影响，并将这些知识应用于现实生活中。但是，尽管许多历史教材详细地记录了各个历史时期的事件、人物和文化，但与当今社会的快速变迁和多元挑战相比，这些教材内容往往显得过于静态和孤立。例如，一些教材可能过于侧重于政治、军事或经济事件的描述，而忽视了社会文化、科技进步和环境变化等方面的内容。这种内容上的偏颇和局限性，使得学生在学习历史知识时难以理解其与现实社会的关联和应用。客观而言，这种历史内容与社会现实的断裂不仅限制了学生对历史知识的深入理解，而且影响了思政课程的整体教学效果。在现代社会，学生们生活在一个日益全球化、信息化和多元化的环境中，他们面临的挑战和机遇远远超出了传统历史教材的覆盖范围。[①]因此，为了提高历史教育的实际效果和社会影响力，教育者需要不断更新和完善教材内容，确保其与学生的实际生活和社会现实紧密相连。此外，值得注意的是，历史教育的目标不仅是传授历史知识，更重要的是培养学生的批判性思维、文化认同和社会责任感。因此，当历史教育与社会现实存在断裂时，可能会导致学生对历史事件的误解或偏见，进而影响他们的

① 侯勇，邹小娟．新时代大中小学思想政治教育一体化建设的四维探赜[J]．江苏大学学报（社会科学版），2023，25（6）：101-112.

价值观和行为选择。

### 2. 教学方法与学生认知发展不匹配

在现代教育环境中，学生的认知发展和信息处理方式正在经历前所未有的变革。随着科技的发展和互联网的普及，学生们已经逐渐从被动的信息接受者转变为主动的知识搜索者。他们习惯于通过多种渠道和多媒体工具来获取知识，更加注重与实际生活和实践活动的结合。然而，与此同时，部分历史教学方法似乎仍然停留在传统的教学模式和内容框架中，未能适应学生认知发展的新趋势和需求。教育心理学中的认知发展理论为我们提供了理解学生学习过程和需求的有力工具。客观而言，学生的认知能力和思维方式会随着年龄的增长和经验的积累而发展和变化。而现代学生，特别是数字原生代，他们在信息处理、思维方式和问题解决能力上都具有独特的优势和特点。因此，为了提高思政课的教学效果和吸引学生的兴趣，教育者需要不断创新教学方法，与时俱进地调整教学策略，以更好地满足学生的学习需求和期望。在实际的教学实践中，一些教师已经开始尝试引入多媒体、互动和实践性的教学方法，以丰富教学内容和提高教学效果。例如，利用数字技术和在线资源来展示历史事件和文化背景，通过小组讨论、角色扮演和实地考察等活动来促进学生的参与和互动。这些新颖的教学方法不仅能够激发学生的学习兴趣和主动性，还能够帮助他们更好地理解和应用历史知识，从而提高思政课的整体教学质量。然而，值得注意的是，教学方法的创新和应用并不是一蹴而就的过程，需要教育者和学者共同努力，不断研究和探索有效的教学策略和方法。同时，还需要教育管理部门和社会各界的支持和参与，共同推动思政教育的改革和发展。只有这样，才能够确保思政课程与学生的认知发展和学习需求保持一致，实现教育目标的最大化。

### 3. 历史教学内容与跨学科整合不足

在当代教育领域，跨学科的整合已经成为教学改革和课程建设的重要方向。这一趋势不仅有助于促进知识之间的交流和融合，还能够提高学生的综合素养和批判性思维能力。然而，当我们深入探讨历史教学内容与其他学科和领域的整合时，会发现当前的历史教材在这方面存在一些显著的不足。[①]首先，从教育学理论的角度来看，跨学科整合的目的在于提供一个更加完整和

① 陈鹏，刘侣萍．大中小学思政课一体化建设的价值意蕴、生成动因与创新展望[J]．学校党建与思想教育，2023（19）：68-70.

多维度的知识体系，帮助学生建立起对知识的全面和深入的理解。例如，某些历史事件并不仅仅是在政治领域中发生的，它们还与经济、文化、社会等多个领域有着密切的联系和相互影响。因此，为了更好地揭示历史事件的深层次含义和影响，我们需要将历史教学内容与这些相关领域进行有机的整合和交叉。然而，现实中的历史教材在这方面的表现并不理想。许多教材仍然停留在单一学科的视角，未能全面地展示历史事件与其他领域的关系和相互作用。例如，某一历史时期的经济变革可能对当时的政治格局和社会结构产生深远的影响，但这些复杂的关系在当前的历史教材中往往被忽视或简化，导致学生难以建立起一个完整和多元的历史认知体系。此外，跨学科整合的不足也影响了思政教育的一体化建设效果。思政课程旨在培养学生的思想品德和社会责任感，而这一目标需要建立在对历史事件和现实问题深入理解的基础上。如果历史教学内容未能充分考虑到与其他学科和领域的整合，那么就很难实现思政教育的全面和深入。

#### 4. 历史教学内容与学生价值观冲突

在当今社会背景下，教育的目标不仅是传授知识，更重要的是培养学生的综合素质和价值观念。价值观是人们对于什么是好的、什么是不好的，以及如何评价和行动的基本准则和信念。它在一定程度上影响着人们的行为、决策和与他人的互动。因此，教育内容与学生的价值观之间的关系显得尤为关键。从教育学理论的角度来看，教育应当是与时俱进的，能够反映社会的变革和发展。随着社会的进步和科技的发展，学生的认知方式和价值观念也在不断地更新和改变。他们更加重视个人发展、自主性和创新精神，而传统的教育观念和价值导向可能无法完全满足他们的需求。因此，教育内容需要不断地进行调整和更新，以适应学生的发展和变化。然而，当前的历史教材在这方面存在一些问题。部分教材内容仍然坚守于传统的价值观和观念，未能与时俱进地进行更新和调整。[①]例如，某些历史事件和人物在教材中可能被过度美化或贬低，导致学生对历史的真实性和客观性产生怀疑。这种偏颇的教育观念可能与学生的现代价值观产生冲突，导致他们对历史教学产生反感或抵触。此外，历史教学内容与学生的价值观冲突也可能影响思政课程的教学效果和一体化建设的质量。思政课程旨在培养学生的思想品德和社会责任感，而这一目标需要建立在对历史的客观、全面和深入的理解基础上。如果

① 马宝娟，张婷婷．大中小学思政课一体化：问题与对策[J]．思想政治课教学，2020（2）：4-8.

历史教学内容未能与学生的现代价值观相匹配，那么就很难实现思政教育的目标和效果。

5. 历史教材内容的多元性与一体化建设的局限性

在教育领域，思政教育的核心目标之一是培养学生的批判性思维和多元价值观。为实现这一目标，历史教材的内容设计和呈现显得尤为关键。教材不仅仅是传授知识的载体，更应该是一个展示多元历史观点和解读的平台。从教育学理论的角度来看，多元性的历史观点和解读能够为学生提供更加全面和深入的历史认知。历史并不是一成不变的，它是多元和复杂的，反映了不同文化、时代和地域的交织和碰撞。因此，教育者应当确保教材内容既有广度，涵盖不同的历史事件和人物，又有深度，提供对这些事件和人物多角度的解读和理解。然而，当前的历史教材内容在这方面存在一定的局限性。[①]部分教材可能过于偏重某一特定的历史观点或解读，忽视了其他可能存在的观点和解读。例如，对于某些历史事件的评价和解读可能过于单一，未能反映出不同学者和研究者对该事件的不同看法和理解。这种局限性可能导致学生对历史的认知存在偏差,限制了他们的批判性思维和多元价值观的形成。此外，历史教材内容的局限性也可能影响思政教育的一体化建设。一体化建设旨在将各个学科和领域的教育内容整合到思政课程中，形成一个统一、协调和有机的教学体系。然而，如果历史教材未能充分反映多元的历史观点和解读，那么在实施一体化建设时就可能面临困难和挑战。例如，如何将不同学科和领域的教育内容与历史教材进行有效的整合和对接，确保教学内容的连贯性和一致性，是一个值得关注的问题。

## 五、更新的缺失：思政课教材时效性与一体化教学的挑战对冲

1. 实际事件与教材反映偏差

实际事件与教材反映偏差，指的是在大中小学思政课一体化建设的进程中，教材对于现实中不断涌现的实际事件的呈现存在明显的滞后、片面或不准确，致使教材与实际情况产生脱节。在这一建设过程中，此问题呈现出多样化的表现。其一，社会热点事件如重大科技突破、突发公共卫生事件等，因其发展迅速且影响广泛，教材难以在第一时间做出迅速而全面的反映。例

① 侯勇，邹小娟. 新时代大中小学思想政治教育一体化建设的四维探赜[J]. 江苏大学学报（社会科学版），2023，25（6）：101-112.

如，人工智能领域的飞速发展带来了诸多伦理和社会问题，但教材可能在相关内容的更新上存在滞后。其二，一些具有长期影响力的社会变革，如经济结构调整、文化价值观念的转变等，教材在反映其深度和复杂性时往往显得力不从心。比如，对于消费观念的变化对社会发展的多面影响，教材的分析可能不够深入和全面。其三，对于一些地方性的特色实际事件，教材由于要兼顾普遍性，可能无法充分体现其独特性和重要性。比如某些地区独特的文化传承与创新实践，未能在教材中得到充分展示。这种偏差造成了诸多不良后果。一方面，学生可能会因教材无法及时呈现他们关注的实际事件，而感到思政课与现实生活脱节，降低对课程的兴趣和关注度。另一方面，学生在运用所学知识理解和应对现实问题时，可能因教材提供的信息不充分或不准确而产生困惑和错误的判断。

2. 教学策略落后于时代发展

在当代教育领域中，教学策略与时代发展之间的关系显得尤为关键。随着社会的快速发展和科技的进步，教育领域也在不断地更新和改革。一体化教学作为一种现代教学模式，强调教育内容、教学方法和学生需求的综合性，旨在培养学生的综合素质和创新能力。从教育理论的角度来看，教学策略应当与时代发展和学生需求保持一致。这意味着教师需要不断地更新和调整教学策略，以适应社会和学生的变化。例如，项目学习和合作探究等现代教学方法，强调学生主体性和实践性，有助于激发学生的学习兴趣和提高学习效果。然而，由于教材内容的滞后，教师在实际教学中可能难以有效地运用这些策略，导致教学活动与学生的实际需求脱节。[①]此外，教材内容的更新和完善也是保证教学质量的关键因素。教材作为教学的基础，其内容应当与时俱进，反映社会现实和科技发展的最新成果。只有当教材内容与时代发展保持一致时，教师才能够有效地引导学生进行学习，确保教学活动的有效性和实效性。然而，当前教材内容的更新和完善存在一些问题和挑战。例如，某些教材可能过于注重理论知识的传授，忽视了实践性和应用性的培养。这导致教师在实际教学中难以有效地运用新的教学策略和方法，影响教学活动的质量和效果。

① 马宝娟，张婷婷. 大中小学思政课一体化：问题与对策[J]. 思想政治课教学，2020（2）：4-8.

### 3. 场景模拟与现实情境不符

在教育实践中，场景模拟作为一种教学手段，旨在为学生提供一个模拟的环境，使其能够在没有实际经验的情况下，通过模拟活动进行实践和探究。这种教学方法在多个学科和领域中都有广泛的应用，其中包括思想政治教育。然而，对于思政课教材中的场景模拟，其有效性和实用性受到了一定的质疑。一方面，这些模拟情境往往基于过去的社会背景和环境，反映了历史和文化的特定时期。例如，某些教材中可能包含了与农业社会、计划经济时代或其他特定历史时期相关的情境模拟。然而，在当今社会背景下，学生的生活经验、认知方式和价值观已经发生了显著的变化。他们所处的社会环境、面临的问题和挑战与过去有所不同，这使得教材中的某些模拟情境与学生的实际经验和认知存在差异。这种差异性对教学活动的实效性和针对性产生了直接的影响。当教材中的场景模拟与学生的实际经验和认知不符时，学生可能会感到困惑和不适应。他们可能会对教材中的情境模拟产生怀疑，质疑其与现实生活的相关性和实用性。这不仅可能降低学生的学习积极性和参与度，还可能影响教学活动的整体效果和效果。从教育理论的角度来看，场景模拟应当与学生的实际经验和认知保持一致。这意味着教材中的情境模拟应当能够反映当前社会的发展趋势和学生的实际需求。只有当场景模拟与学生的实际经验和认知相符时，才能够有效地引导学生进行学习，提高教学活动的实效性和针对性。

### 4. 多元视角与单一内容矛盾

在当代教育背景下，思政课作为一门关键的课程，其在培养学生的价值观、思想观和社会责任感方面起到了不可替代的作用。随着全球化的深入发展和社会多元化的增强，学生们所面临的知识和信息也日益丰富和多样化。因此，对于思政课教材的内容和结构要求也越来越高，特别是在反映多元文化、跨文化交流和全球化议题方面。多元视角与单一内容之间的矛盾问题，实际上是当前思政课教育面临的一个重要挑战。①首先，从教育理论的角度来看，思政课应当具有开放性和包容性，能够反映不同文化、价值观和社会体系的多样性。这不仅可以帮助学生建立更为全面和深入的认知，还可以促进他们形成开放、包容和多元的价值观。然而，由于思政课教材更新不及时，很多多元视角和议题未能得到充分反映。例如，在某些教材中可能过于强调

① 侯勇，邹小娟. 新时代大中小学思想政治教育一体化建设的四维探赜[J]. 江苏大学学报（社会科学版），2023，25（6）：101-112.

特定的历史事件、文化观念或政治体系，而忽视了其他文化、历史和社会体系的重要性。这种单一的内容结构不仅可能导致学生的视野受限，难以形成全面的价值观和认知结构，还可能削弱思政课教育的实效性和针对性。此外，从实际案例的角度来看，一些国家和地区已经开始重视思政课教材的更新和优化工作，以反映社会的多元化和全球化趋势。例如，某些国家的思政课教材已经引入了跨文化交流、全球治理、文化多样性等议题，使得学生能够在学习过程中接触到更为广泛、深入的知识内容。然而，应当指出的是，思政课教材的更新和优化工作仍然面临许多挑战和困难。例如，如何确保教材内容的客观性、公正性和权威性，如何平衡不同文化和价值观之间的关系，以及如何确保教材内容的针对性和实效性，都是亟待解决的问题。

5. 实践活动与理论教学脱节

在教育领域，实践活动和理论教学被认为是相辅相成的两个方面，它们共同构建了学生的知识结构和思维方式。特别是在思想政治教育中，理论教学和实践活动的结合具有特殊的重要性，可以帮助学生更好地理解和应用所学知识，培养他们的社会责任感和创新能力。客观而言，实践活动与理论教学之间的脱节问题在当前的思政教育中尤为突出。[①]一方面，一体化教学的理念强调实践活动和体验式学习，鼓励学生主动参与社会实践，将所学知识应用到实际中去。这种教学模式能够激发学生的学习兴趣，提升他们的学习效果，使他们更加深入地理解和掌握思政课的核心内容。另一方面，由于思政课教材内容的时效性问题，学生在实践活动中往往难以找到与教材内容的对接点。例如，某些教材可能过于强调过去的历史事件和理论观点，而忽视了当前社会的变化和发展趋势。这种情况导致学生在参与实践活动时，很难将所学理论知识与实际情况相结合，导致理论与实践脱节，影响思政教育的深度和广度。应当指出的是，更新和优化思政课教材并不是一件简单的任务，它涉及教育政策、教育资源、教师培训等多个方面的问题。因此，需要教育部门、教育研究机构、教师和学生共同努力，共同探索思政教育的新路径和新模式，以适应社会的发展和变化，提高思政教育的质量和效果。

① 马宝娟，张婷婷. 大中小学思政课一体化：问题与对策[J]. 思想政治课教学，2020（2）：4-8.

## 第五节　评价体制机制的单一性：传统评估方法忽略多维度的教学效果评价

在大中小学思政课一体化建设中，评价体系单一是一个显著的问题。这一问题表现在评价方法的单一性。传统评价方法主要以传统的考试和问卷调查为主，缺乏多样性和深度。这种单一性限制了对大中小学思政课一体化建设效果的全面评估，无法充分反映学生在思政课中的真实学习情况以及其综合素养是否提高。

### 一、评价的局限：思政课一体化中教学效果多维度评估的缺失

1. 实际案例与评估题型错位

在教育领域，思想政治课程的核心目标在于培养学生对社会和历史事件的深入理解和批判性思考能力。为了实现这一目标，教育者普遍认为引入真实的社会案例和历史事件至关重要。然而，当这些前沿的教学内容与现有的评估题型相结合时，我们发现存在明显的不匹配性。目前的评估题型，如选择题和填空题，更多地注重学生对知识点的记忆和简单应用，而未能充分反映他们对实际案例的深入理解和批判性分析。这种评估方式与教学内容之间的错位，首先在于其对学生深度思考能力的忽视。在真实的社会和历史事件中，学生需要对多种因素和背景进行综合性分析和判断。[①]但在现有的评估题型中，学生很难有机会展现其深度思考和批判性分析的能力。例如，对于一个复杂的社会案例，学生可能需要从历史背景、社会环境、相关利益方等多个维度进行综合分析。然而，如果评估题型仅限于选择题和填空题，学生的分析过程可能会被简化和局限。此外，这种评估方式也可能导致学生对思政课程的误解和偏见。当他们习惯于应对简单的选择题和填空题时，可能会认为思政课程更多的是关于记忆和应试，而忽视了批判性思维和社会实践的重要性。这种误解可能影响学生的学习态度和动机，进而限制他们在未来社会实践中的发展和应用。

① 陈鹏，刘侣萍．大中小学思政课一体化建设的价值意蕴、生成动因与创新展望[J]．学校党建与思想教育，2023（19）：68-70.

### 2. 学生互动与评估工具不匹配

在当代教育领域，一体化教学模式日益受到重视，其核心理念是通过多种教学手段和活动形式，激发学生的参与热情和主体性。在这样的背景下，学生之间的互动和讨论成为教学过程中的重要组成部分。然而，当前的评估工具似乎并未与这种一体化教学模式相匹配。传统的评估工具，如笔试或个人作业，虽然在某些方面能够准确反映学生的知识水平和理解程度，但在评估学生的团队合作和互动能力方面存在明显的不足。[①]这主要表现在两个方面：一是评估工具的设计与教学目标不匹配；二是评估工具未能全面考查学生的多元能力。首先，从教育学理论的角度来看，评估工具应与教学目标和内容相一致。一体化教学模式强调学生的主体性和参与度，旨在培养他们的团队协作和沟通能力。然而，传统的笔试或个人作业更多地注重学生的个体表现，而忽视了他们在团队合作和互动中的贡献。这种评估方式可能会导致教学效果与评估结果之间存在偏差，影响教育质量和效果。其次，从现实思政课教学的角度来看，许多学校和教育机构在实施一体化教学模式时，仍然采用传统的评估工具，如笔试或个人作业。这种做法可能会限制学生的学习动机和参与度，使他们更加倾向于追求个体成绩，而忽视了团队合作和互动的重要性。此外，一些研究也指出，过于依赖传统评估工具可能会抑制学生的创新思维和批判性思考能力，从而影响他们的综合素质和能力发展。然而，也有不同的观点认为，传统的评估工具在某些情况下仍然具有其价值和意义。例如，笔试能够有效检验学生对知识点的掌握程度和理解深度，而个人作业则可以反映学生独立思考和解决问题的能力。因此，评估工具的选择和应用应基于教学目标、内容和学生的实际需求，确保评估结果既准确反映学生的学习成果，又充分考虑到其团队合作和互动能力的发展。

### 3. 跨学科学习与评估领域存在局限性

在当前的教育背景下，思政课程一体化建设的核心理念之一是鼓励与其他学科的交叉融合和互动。然而，尽管在教学内容和方法上已经实现了一定程度的整合和创新，但在评估领域仍然存在显著的局限性。[②]评估是教育过程中不可或缺的一部分，其目的是准确反映学生的学习成果和能力发展。然而，

---

① 侯勇，邹小娟. 新时代大中小学思想政治教育一体化建设的四维探赜[J]. 江苏大学学报（社会科学版），2023，25（6）：101-112.

② 马宝娟，张婷婷. 大中小学思政课一体化：问题与对策[J]. 思想政治课教学，2020（2）：4-8.

当前的评估工具和方法主要集中在思政学科本身，如笔试、口头答辩等，往往忽视了学生在跨学科学习中所展现出的综合能力和应用能力。这种评估方式的局限性主要体现在以下几个方面：首先，从教育学理论的角度来看，跨学科学习强调的是知识的整合和应用。在多学科交叉的学习环境中，学生不仅需要掌握思政学科的基本理论和知识，还需要能够将其应用于实际问题和情境中，与其他学科的知识和技能相结合。然而，传统的评估工具往往偏重对学生知识掌握的测量，而缺乏对其综合能力和应用能力的全面评价。其次，从实际案例分析的角度来看，许多学校和教育机构在实施跨学科学习项目时，仍然采用传统的评估方法。例如，即使在思政课程中引入了历史、文学等学科的内容，但评估方式仍然依赖于传统的笔试或口头考试，导致学生的综合能力和实践能力得不到有效的体现和认可。

4. 现实问题探索与评估内容分离

评估作为教育过程中的重要环节，其目的是准确反映学生的学习成果和能力发展。然而，当前的评估内容和方法仍然主要集中于传统的理论知识和概念，如何评估学生对现实问题的实际分析和解决能力成为一个尚未解决的问题。这种评估方式的局限性主要表现在以下几个方面：首先，从教育学理论的角度来看，评估内容应与教学目标和教学方法相一致。一体化教学强调的是理论与实践相结合，旨在培养学生的实际应用能力。然而，传统的评估方法往往偏重对理论知识和概念的测量，缺乏对学生实际能力和实践能力的全面评价。①这种评估方式可能会导致评估结果与教学目标存在明显的脱节，影响教育效果和质量。其次，从实际案例分析的角度来看，许多学校和教育机构在实施一体化教学模式时，仍然采用传统的评估方法。例如，即使在教学过程中强调了现实问题的探索和解决，但评估内容仍然依赖于笔试、口头答辩等传统方式，使学生的实际能力得不到有效的体现和认可。这种评估方式可能会限制学生的学习动机和参与度，使他们更加倾向于追求分数，而忽视了实际能力和实践能力的培养。

5. 数字化学习环境与传统评估方式的矛盾

在教育进程中，评估乃是精准衡量学生学习成效与能力发展的关键要素。然而，当下所运用的评估手段，像是纸质考试、口头答辩等，却与数字化学

① 陈鹏，刘侣萍. 大中小学思政课一体化建设的价值意蕴、生成动因与创新展望[J]. 学校党建与思想教育，2023（19）：68-70.

习环境存在显著的冲突。这种冲突主要体现在以下几个层面：首先，从教育学理论层面剖析，评估的内容与方法理应与教学的环境及方法相互适配。数字化学习环境着重突出互动性、实时性以及个性化学习，可传统的评估方式常常依赖于固定的考试时间与地点，忽略了学生于数字化环境中的实际表现与能力发展。比如，纸质考试或许难以全面评估学生在在线讨论、项目合作以及多媒体展示等活动中的表现，致使评估结果和学生的真实能力出现偏差。其次，从实际案例展开分析，众多学校和教育机构在推行数字化学习项目时，依旧沿用传统的评估办法。这种举措可能会抑制学生的学习积极性和参与度，令他们更侧重于追求分数，而漠视了实际能力与实践能力的培育。例如，口头答辩虽然能够反映学生的表达能力和思维能力，然而却可能无法全面衡量他们在数字化环境中的合作和创新能力，从而导致评估结果的不准确。

## 二、单维的视角：传统评估方法对思政课一体化教学的单一性偏见

### 1. 传统评估与一体化教学冲突

大中小学思政课的一体化教学旨在打破学科界限，促进知识的交叉融合，使学生能够在跨学科的背景下，更好地理解和应用所学知识。然而，尽管教学方法和内容已经发生了显著的变化，但在评估领域仍然存在与一体化教学不相适应的问题。传统的评估方法，如笔试和口试，长期以来一直是学校和教育机构主要的评估方式。这种评估方法的主要特点是固定化、标准化和量化，侧重于对学生知识和技能的检验。首先，从教育学理论的角度来看，评估方法应与教学目标和内容相一致。一体化教学强调的是跨学科整合和实践性教学，而传统的评估方法往往侧重于单一学科的知识和技能，忽视了学生在跨学科学习中的综合能力和实践应用能力。[①]例如，笔试虽然能够检验学生对思政学科的掌握程度和理解深度，但可能无法全面评估他们在实际情境中的创新和合作能力，导致评估结果的偏差。其次，从实际案例分析的角度来看，一些学校和教育机构在推广一体化教学时，仍然沿用传统的评估方法。这种做法可能会限制学生的学习动机和参与度，使他们更加倾向于追求分数，而忽视了跨学科能力和实践应用能力的培养。例如，口试虽然可以反映学生的表达能力和思维能力，但可能无法全面评价他们在跨学科项目中的综合能力和实际表现，导致评估结果的失真。

---

① 陈鹏，刘侣萍．大中小学思政课一体化建设的价值意蕴、生成动因与创新展望[J]．学校党建与思想教育，2023（19）：68-70.

### 2. 互动性教学与单向性评估矛盾

互动性教学强调的是学生的主动参与、探究和合作学习，旨在培养学生的批判性思维、团队合作能力和社会责任感。然而，尽管教学方法和理念已经发生了显著变化，但在评估方式和标准上仍然存在与互动性教学模式不相适应的问题。传统的评估方法主要以个体为单位，重点关注学生的个人表现和成绩。这种评估方式的主要特点是单向性、固定性和量化，侧重于对学生知识和技能的单一检验。例如，笔试和口试通常只能反映学生的个体能力和知识掌握情况，而忽视了学生在团队合作、互动交流和社会实践中的综合能力。这种评估方式的局限性主要体现在以下几个方面：首先，从教育学理论的角度来看，评估方法应与教学目标和内容相一致。互动性教学强调的是学生的主体性和合作学习，而传统的评估方法仍然固守于个体表现和成绩导向。例如，笔试和口试可能无法全面评估学生在小组讨论、项目合作和社会实践中的协作和交流能力，导致评估结果的偏差。其次，从实际案例分析的角度来看，一些学校和教育机构在实施互动性教学时，仍然沿用传统的评估方法。这种做法可能会限制学生的学习动机和参与度，使他们更加倾向于追求个人表现和成绩，而忽视了团队合作和社会实践的价值。例如，一些学校在评估学生的学习成果时，仍然主要依赖于笔试和口试，而忽视了学生在团队合作和社会实践中的实际表现，导致评估结果的失真。

### 3. 现实问题解决与评估目标不匹配

传统的评估方法主要侧重于理论知识和概念的测试，重点在于检验学生对学科基本原理和理论框架的掌握程度。这种评估方式的主要特点是定性、定量和客观，通过标准化的测试和考试来评价学生的学习成果。例如，笔试和口试通常以选择题、填空题和问答题的形式出现，主要考查学生对思政学科知识点的记忆和理解，而忽视了学生在实际情境中的应变和创新能力。[①]这种评估方式的局限性主要体现在以下几个方面：首先，从教育学理论的角度来看，评估方法应与教学目标和内容相一致。一体化教学强调的是学生的主体性和实践能力，而传统的评估方法仍然固守于理论知识和概念的测试。例如，笔试和口试虽然能够检验学生对思政学科的掌握程度和理解深度，但可能无法全面评估他们在解决现实问题中的应变和创新能力，导致评估结果的偏差。其次，从实际案例分析的角度来看，一些学校和教育机构在推广一体

① 侯勇，邹小娟. 新时代大中小学思想政治教育一体化建设的四维探赜[J]. 江苏大学学报（社会科学版），2023，25（6）：101-112.

化教学时，仍然沿用传统的评估方法。这种做法可能会限制学生的学习动机和参与度，使他们更加倾向于追求理论知识的积累，而忽视了实际操作和创新的价值。

4. 综合素质培养与评估内容偏窄

传统的评估方法主要侧重于学科知识的掌握和应用，通常采用笔试、口试等方式来测试学生对于学科基本概念和原理的理解程度。这种评估方法在一定程度上能够反映学生的学习成果和掌握情况，但却忽视了学生综合素质的培养和评估，导致评估内容的偏窄性。以教育学理论为基础，评估应该是教育活动的一个重要环节，其目的是了解学生的学习状况和成果，从而为教学活动提供反馈和指导。然而，如果评估内容过于狭窄，只注重学科知识的测试，而忽视了学生其他方面的发展，那么评估的效果和意义就会大打折扣。[①]例如，一些学校在进行思想政治课的评估时，仍然主要依赖于笔试和口试，而对学生的批判思维、创新能力等综合素质的培养和评估则关注不足。此外，过于注重学科知识的评估可能会对学生的综合素质培养造成不利影响。例如，一些学校为了提高学生的学科成绩，可能会采取应试教育的方式，过度讲解考试重点和难点，而忽视了培养学生的批判思维和创新能力。这种做法不仅限制了学生的自主学习和探索，而且可能会导致他们在面对现实问题和挑战时缺乏应变和创新的能力。

5. 学生主体发展与评估机制矛盾

在当代教育改革的大背景下，学生的主体性和个性化发展逐渐成为教育实践中的核心议题。这一转变不仅仅是对传统教育模式的反思和超越，更是对学生个体差异和发展需求的深刻洞察。从教育学的视角来看，每个学生都是独特的，他们在认知、情感、社交等方面都有各自的特点和需求。因此，教育的目标不仅是传授知识，更重要的是激发学生的主体性，培养他们的创新思维和综合素质。然而，尽管在教育目标和理念上已经越来越强调学生的主体性和个性化发展，但在评估机制方面却仍面临着诸多挑战和困境。[②]传统的评估方法通常基于固定的标准和规范，例如笔试、口试等，这些评估方式主要关注学生对于学科知识和技能的掌握程度，往往忽视了学生个体差异和

---

① 陈鹏，刘侣萍．大中小学思政课一体化建设的价值意蕴、生成动因与创新展望[J]．学校党建与思想教育，2023（19）：68-70．

② 侯勇，邹小娟．新时代大中小学思想政治教育一体化建设的四维探赜[J]．江苏大学学报（社会科学版），2023，25（6）：101-112．

发展需求。这种评估方式在一定程度上能够反映学生的学习成果和能力水平，但却未能全面、深入地了解学生的个性特点和发展潜能。传统评估方法往往过于注重学科知识和技能的测试，忽视了学生在思想观念、价值观念、情感态度等方面的发展和变化。这种评估方式可能会导致学生的主体性受到压制，他们可能会出现应试教育的倾向，过分追求分数和成绩，而忽视了真正的学习和成长。此外，还有观点认为，传统的评估机制在某种程度上也反映了社会对教育的期望和要求。在当前的教育体制中，分数和成绩往往被视为衡量学生能力和潜力的重要指标，因此，学校和教育者可能会更加重视这些表面的成果，而忽视了学生个体差异和发展需求。这种现象反映了教育评估与社会价值观念之间的紧张关系，需要我们对教育目标和评估机制进行深入的反思和探索。

## 三、效果的偏狭：多元教学成果在思政课一体化评价中的缺失

### 1. 知识点密集度与思政教学目标错位

在当前教育改革的大背景下，推进思政课一体化建设已经成为许多学校的共同目标。这一过程旨在确保学生不仅能够掌握丰富的思政知识，还能够培养批判性思维、创新能力和综合素质。然而，实际的教学实践中，课程内容的设计和实施往往存在一定的问题和挑战。特别是在知识点的选择和组织上，很多学校可能会过于注重数量而忽视质量，导致教学目标与实际教学内容之间出现错位。一方面，知识点的密集度可能会导致教学过程中的信息过载。当课程内容过于繁杂和密集时，学生可能会感到困惑和压力，难以深入理解和消化所学知识。在一些学校的思政课教学中，内容的累积和密集度过高，导致学生在接受新知识的同时，很难进行深入的思考和反思。[①]这种现象可能会限制学生的批判性思维和创新能力的培养，从而影响教学目标的实现。另一方面，过于注重知识点的累积可能会忽视多元教学方法的应用和探索。多元教学方法，如案例分析、小组讨论、角色扮演等，都可以有效地激发学生的学习兴趣和提高参与度，促进他们的思考和交流。然而，在一些教学实践中，由于课程内容的过度累积，教师可能会缺乏足够的时间和资源来实施这些多元教学方法。这不仅可能会降低教学效果，还可能会限制学生的主体性和创新能力的发展。

---

① 陈鹏，刘侣萍．大中小学思政课一体化建设的价值意蕴、生成动因与创新展望[J]．学校党建与思想教育，2023（19）：68-70.

2. 教材选择与多元文化教育缺失

在思政课一体化建设的过程中，教材的角色被认为是至关重要的，因为它直接影响到学生对于思想政治教育内容的接受与理解。教材不仅仅是知识的载体，更是价值观和文化观念的传递者。然而，在当前的教学实践中，教材的选择和使用却往往存在一定的问题，尤其是在体现多元文化教育方面。首先，某些教材内容在设计和编写时，可能过于强调某一特定的价值观或文化观念，忽视了多元文化的存在和价值。在某些思政教育教材中，对于多元文化的描述和解释相对简单和片面，没有充分体现出不同文化背景和价值观的丰富性和复杂性。这种现象可能会导致学生对于多元文化的认识和理解存在偏差，从而影响他们形成全面、开放的思维视野。其次，教材内容的单一性和片面性也可能会限制学生的思考和探索。当教材过于偏向于某一特定的文化或价值观念时，学生可能会缺乏对其他不同文化和价值观的充分了解和尊重。[①]这不仅可能会导致学生的认知局限，还可能会影响他们的跨文化交往和合作能力的培养。另外，教材内容的缺失也可能会导致教育资源的浪费。在一个日益全球化和多元化的社会背景下，多元文化教育被认为是促进文化交流和相互理解的重要途径。然而，由于教材内容的不足和片面性，学校和教育机构可能会错过提供高质量多元文化教育的机会，从而影响教育质量和效果。

3. 评价体系与实际教学成果不匹配

评价体系在教育领域中扮演着至关重要的角色，它不仅是对学生学习成果的反映，也是对教学质量和效果的直接衡量。然而，当前在思政课一体化建设中，评价体系与实际教学成果之间的不匹配问题逐渐浮现，引发了广泛的关注和讨论。首先，评价体系的构建往往过于注重形式化的考核方式，如笔试和口试，而忽视了多元教学方法在思政教育中的重要价值。例如，某些学校在进行思政课程评价时，可能过于依赖传统的考试方式，而忽略了课堂讨论、小组活动和实践项目等多元化教学方法的应用。这种现象可能会导致评价体系的偏狭性和局限性，无法全面反映学生在思政教育中的综合能力和实践能力。其次，评价体系的不匹配也可能影响到教学目标的实现和效果的达成。当评价标准与实际教学内容和方法不相符时，可能会导致教师在教学

① 侯勇，邹小娟. 新时代大中小学思想政治教育一体化建设的四维探赜[J]. 江苏大学学报（社会科学版），2023，25（6）：101-112.

过程中偏离原有的教学目标和策略，从而影响到学生的学习效果和成长。例如，如果评价体系过于注重知识点的记忆和掌握，而忽视了学生的批判性思维和创新能力的培养，可能会导致学生在思政教育中缺乏深度和广度，无法形成全面、开放的思维方式。此外，评价体系的不匹配也可能引发教育公平和公正的问题。当评价体系过于依赖单一的考核方式时，可能会忽略学生的个体差异和特殊需求，导致评价结果的偏差和不公。例如，某些学生可能因为对笔试和口试方式的不适应而表现不佳，而实际上他们在其他教学活动中可能具有较强的潜能和能力。

#### 4. 教学资源配置与多元教学需求不平衡

教学资源的配置与分配是教育教学活动中的核心环节，它直接影响到教学质量和效果。在推进思政课一体化建设的背景下，如何合理配置和利用教学资源以满足多元教学需求成为一个亟待解决的问题。①首先，当前在一些学校中，教学资源的配置往往过于偏重传统的教学方法和工具，如黑板、课本和 PPT 等，而忽视了多元教学方法在思政教育中的重要价值。例如，某些学校可能过于依赖传统的面授教学，而忽略了在线教学、实践教学和项目式学习等多元化教学方法的应用。这种偏差可能会导致教学内容和方法的单一性，无法满足学生的多样化学习需求和兴趣。其次，教学资源的不平衡配置也可能影响到教学效果和学生的学习体验。当教学资源无法满足多元教学需求时，可能会导致教学过程中的局限性和不足。例如，如果某个学校在教学资源配置上过于侧重理论教学，而忽视了实践教学和实地考察的重要性，可能会导致学生在思政教育中缺乏实践经验和应用能力，影响到其综合素质和能力的培养。此外，教学资源的不平衡配置还可能引发教育资源的浪费和低效使用。当某些教学资源得到过度配置和利用，而其他资源得不到合理利用时，可能会导致资源的浪费和效率的低下。

#### 5. 教师角色定位与多元教学理念冲突

教师作为教育过程中的关键参与者，在思政课一体化建设中的角色定位和行为模式对于教学效果和学生发展具有深远的影响。然而，当前在某些教

---

① 侯勇，邹小娟. 新时代大中小学思想政治教育一体化建设的四维探赜[J]. 江苏大学学报（社会科学版），2023，25（6）：101-112.

学实践中，教师的角色定位往往与多元教学理念存在一定的冲突和摩擦。[①]首先，传统的教育观念和教学模式在一定程度上塑造了教师的角色定位和行为习惯。在这种背景下，教师可能更倾向于采用单一的教学方法和评价标准，而对于多元教学理念的认知和应用存在一定的局限性。例如，某些教师可能过于依赖讲授式教学，而忽视了学生参与式、探究式和实践式学习的重要性。这种情况下，教师可能难以充分发挥多元教学方法的优势，导致教学内容和教学方法的单一性，无法满足学生的兴趣和多样化学习需求。其次，教师的角色定位和行为模式还可能受到教育制度和教学环境的影响。在一些教育体制相对封闭和传统的学校中，教师可能面临更多的教学压力和评价标准，导致其在教学实践中难以灵活运用多元教学理念。例如，某些学校可能过于重视考试成绩和学术表现，而忽视了学生综合素质和能力的培养。在这种情况下，教师可能更加注重知识传授和应试技巧的培训，而对于思政教育的深度和广度存在一定的忽视。此外，教师的个人能力和专业发展也是影响其角色定位和行为模式的重要因素。在当前快速变化的教育环境中，教师需要不断提升自己的教学能力和专业素养，以适应多元教学理念的要求。例如，教师可以通过参加教育培训、研究最新的教育理念和方法，以及与同行进行交流合作等方式，提升自己的教学水平和教育创新能力。

## 四、维度的失衡：思政课一体化教学评价的评估体制机制存在短板

### 1. 内容导向与实践能力脱节

在教育领域，特别是在思想政治教育中，内容与实践能力的关系被广泛讨论和关注。内容导向的教学模式往往强调知识的传授和理论的掌握，这在一定程度上确保了学生对于相关知识的了解和记忆。然而，仅仅满足于此，可能忽略了教育的根本目的：培养学生的能力，使其在面对复杂问题和挑战时，能够灵活运用所学知识和技能进行分析和解决。[②]评价体制在教育中扮演着至关重要的角色，它不仅反映了教学目标的实现程度，还直接影响到教学内容和方法的选择。然而，在当前的大中小学思政课一体化建设中，评价体

① 陈鹏，刘侣萍．大中小学思政课一体化建设的价值意蕴、生成动因与创新展望[J]．学校党建与思想教育，2023（19）：68-70.

② 马宝娟，张婷婷．大中小学思政课一体化：问题与对策[J]．思想政治课教学，2020（2）：4-8.

制往往更加偏重内容的掌握和记忆,忽视了学生实践能力和应用能力的培养。这种评价机制可能会导致教学目标与评价标准之间的脱节，从而限制了思政教育的全面性和深度。除了理论研究外，实际的教学实践也证实了这一问题的存在。在某些学校和教育机构中，为了追求优异的考试成绩和排名，教育者可能过于注重知识的传授，而忽略了学生的实践能力和应用能力的培养。这种现象不仅限制了学生的个人发展和成长，还可能影响到社会的整体进步和发展。

2. 知识点重复与批判思维欠缺

在当今的教育大环境之中，特别是在思想政治教育的一体化课程里，怎样切实有效地评估学生的学习成果已然成为一个亟待解决的关键问题。当下的评价机制常常侧重于知识点的重复与堆砌，此现象的出现绝非偶然。于教育的起始阶段，重复性的教授与评价有助于保障学生扎实掌握基础知识，的确具备一定的合理性。但是，伴随学生年级的逐步攀升，过度的知识点重复毫无疑问会给其学术进步和思维能力的发展带来负面效应。基于此，培养学生的批判性思维变得尤为重要，因为批判性思维在现代教育里属于一个核心概念，它绝非仅仅是对知识的简单消化与吸收，而是要对知识展开深度的反思与应用。然而，当下的评价机制在某种程度上忽视了这一关键要点。所以，学生在接受思政教育之时，往往更多地被要求铭记并重复教材当中的内容，而非针对这些内容展开深入的思索与剖析。概言之，这种过度注重知识点重复，忽视培养批判性思维，一味要求学生铭记和重复教材内容的教育模式极有可能致使学生形成一种依赖心理。当学生遭遇未知的问题或者挑战时，很可能会欠缺独立的思考与判断能力。这一问题绝非仅仅停留于理论层面的忧虑，切实的教育实践也充分证实了这一点。例如，在诸多学校和教育机构当中，存在“某些学生在进行学术研究时过度依赖教材内容，严重缺乏对问题的深入思考”的现象。可以说，当学生展开研究或者进行写作时，如果过度仰仗教材或者其他资料，他们大概率会错失对问题本质的领会与剖析，进而对其学术成果的质量和深度产生不良影响。

3. 量化评价与学生综合素质被忽视

在当代教育体系中，评价方法的选择和应用对于塑造学生的学习态度和价值观具有至关重要的作用。然而，当前的思政课一体化评价体制面临着一个普遍性的问题，即过于依赖量化评价方法，如考试成绩和分数排名，而相对忽视了学生的综合素质和发展潜力。这种评价机制在短期内可能为教育者提供了一种方便和直观的评价工具，但从长远的教育发展和学生个人成长的角度看，其潜在的风险和局限性也逐渐显现出来。首先，量化评价方法的应用在一定程度上简化了复杂的教育过程。通过数值化的考核标准，教育者可以迅速地对学生的学习成果进行评估和比较。然而，这种评价方式往往忽视了学生个体差异的存在。每个学生都是独特的，他们的学习背景、兴趣爱好和学习风格都存在差异。如果仅仅依靠量化的评价方法，可能会忽略学生在其他方面的潜能和能力。此外，过度依赖量化评价可能会导致学生学习动机的偏离。在当前的教育环境中，由于竞争压力的增加，学生可能更加关注分数和排名，而忽视了个人成长和自我实现的重要性。他们可能会过度追求短期的学习目标，而忽略了长期的学习和成长。事实上，这种评价机制可能会对学生的心理健康和自我认知产生负面影响。例如，某些学生可能会因为无法达到预定的学习目标而感到沮丧和失落，从而影响到他们的学习积极性和自信心。

4. 单一评价标准与多元教学方法冲突

评价体制作为教育活动中的重要组成部分，对于教学方法和学生学习成果的塑造具有深远的影响。在当前的思政课一体化教学环境中，评价体制往往采用单一的评价标准和方法，如笔试和口试，而对于多元教学方法的特点和价值缺乏足够的关注。①这种评价机制的应用并非没有其背后的理由，但其潜在的局限性和可能带来的问题也逐渐受到学者和教育者的关注。首先，笔试和口试作为传统的评价方法，确实具有其便利性和普遍性。这些评价方式可以为教育者提供一个相对客观和公正的评价工具，有助于快速地对学生的学习成果进行量化和比较。然而，这种评价方法往往忽视了多元教学方法在思政教育中的重要作用。多元教学方法强调学生的主体性和参与性，鼓励学生在不同的教学环境和场景中进行探究和实践。如果评价体制过于依赖笔试和口试，可能会限制多元教学方法的应用和发展，导致教学过程的单一和僵化。②其次，单一评价标准的应用可能会对学生的学习态度和行为产生不利影响。在当下的思政课教学生态里，学生或许会将过多的精力倾注于分数与排名之上，从而忽略了个人成长以及自我实现所具有的关键意义。如果评价体制不能充分反映学生在思政教育中的多元发展需求，可能会导致学生对于学

① 侯勇，邹小娟. 新时代大中小学思想政治教育一体化建设的四维探赜[J]. 江苏大学学报（社会科学版），2023，25（6）：101-112.

② 陈鹏，刘侣萍. 大中小学思政课一体化建设的价值意蕴、生成动因与创新展望[J]. 学校党建与思想教育，2023（19）：68-70.

习的兴趣和热情逐渐减退。此外，单一评价标准的应用可能会对教育者的教学方法和策略产生限制。如果教育者过于依赖传统的评价方法，可能会忽视多元教学方法在思政教育中的创新和实践。他们可能会更加关注如何提高学生的考试成绩，而忽视了如何培养学生的批判性思维和创新能力。

5. 评价体系与社会实践脱节

评价体系在教育活动中扮演着至关重要的角色，它不仅是教育过程中的一个核心环节，而且直接关系到学生的学习动机、学习态度和学习成果。在思政课一体化教学中，评价体制的构建和应用更是需要特别的关注和深入的思考。然而，当前的评价体系往往未能充分考虑到学生在社会实践中的表现和成果，这种情况引发了一系列关于评价体系与社会实践关系的讨论和研究。首先，评价体系与社会实践的脱节可能导致学生在思政教育中缺乏与社会实践相结合的机会和平台。社会实践是学生接触社会、了解社会、参与社会的重要途径，它不仅可以帮助学生将理论知识应用到实际中去，而且还可以培养学生的社会责任感、团队合作能力和创新精神。如果评价体系未能充分考虑到学生在社会实践中的表现和成果，可能会导致学生对于社会实践的重要性和价值认识不足，进而影响其在思政教育中的学习效果和成长发展。其次，评价体系与社会实践的脱节可能会影响教育者对于教学内容和方法的选择和应用。如果评价体系过于依赖传统的评价方法，如笔试和口试，可能会忽视了社会实践在思政教育中的重要作用和价值。教育者可能会更加关注如何提高学生的考试成绩，而忽视了如何培养学生的社会责任感、批判性思维和实践能力。这种情况不仅会限制教育者的教学创新和实践，而且还会影响学生的学习动机和学习态度。最后，评价体系与社会实践的脱节可能会对学生的职业规划和发展产生不利影响。在当前的社会环境中，企业和组织越来越重视员工的综合素质和实践能力，而不仅仅是其学术成绩。如果学生在思政教育中未能充分参与社会实践，可能会导致其在职业规划和发展中缺乏竞争力和优势，进而影响其个人和社会的长远发展。

## 五、创新的受阻：思政课一体化评估与多维教学成果的冲突

1. 知识量化与实践能力缺失

评价机制在教育领域中的作用不言而喻，它是教学活动的重要组成部分，直接影响着教育过程和教育结果。在大中小学思政课一体化评估中，评价机制对于教育的方向和目标具有决定性的影响。然而，当前的评价机制往往更加倾向于对知识点的量化考核，而忽略了学生实践能力的培养和评估，这种

现象引发了教育界的广泛关注和讨论。首先，知识量化与实践能力的缺失可能导致学生在思政教育中缺乏综合素质的培养。作为一门综合性学科，思政教育旨在培养学生的思想品德、政治觉悟、社会责任感等。然而，如果评价机制过于注重知识点的量化考核，可能会导致教育者和学生过分关注考试成绩和书面作业，而忽视了学生在思政实践活动、社会参与和团队合作等方面的实际能力培养。[①]这种情况不仅会限制学生的综合素质和能力发展，而且还会影响到教育的整体效果和社会的长远发展。其次，知识量化与实践能力的缺失可能会影响到教育者的教学方法和策略选择。教育者在教学活动中需要根据学生的实际需求和能力选择合适的教学方法和策略。如果评价机制过于注重知识点的量化考核，可能会导致教育者过分关注教学内容和教学方法的选择，而忽视了学生在思政实践活动、社会参与和团队合作等方面的实际能力培养。这种情况不仅会限制教育者的教学创新和实践，而且还会影响到学生的学习动机和学习态度。最后，知识量化与实践能力的缺失可能会对学生的个人发展和社会参与产生不利影响。在当前的社会环境中，个人的综合素质和实践能力越来越受到社会的重视和关注。倘若学生在思政教育的领域中未能达成实践能力的充分拓展与优化，这大概会使其在社会参与和个人发展的情境里缺乏强有力的竞争实力与显著优势，由此对其个人未来的成长轨迹以及社会的长远发展带来不利影响。

2. 单一表现形式与多样化学习方式冲突

在大中小学思政课一体化的评估进程中，所采用的评价途径和手段对思政课教学成效以及学生的学习积极性起着直接作用。当下，评价常常依托于单一的呈现方式，像是笔试、口头答辩之类，却未能全面顾及学生多元化的学习方式和表现形态。此类状况引发了教育领域对于评价机制的关注与反思。首先，单一的评价呈现方式或许会对学生的学习方式和表现形式的多元性形成束缚。在思政课教学过程中，学生的学习方式和表现形式理应是丰富多样且灵活多变的，以契合不同学生的需求与能力。但是，倘若评价机制过度依赖单一的表现形式，就有可能使得学生在实际学习进程中的创新和探索之举无法得到充分的展现与认同。举例来讲，某些学生可能在团队协作和社会实践方面更具优势，而单一的评价呈现方式或许会忽略这些学生的长处和特点。其次，单一的评价呈现方式可能会左右教育者的教学方法与策略抉择。教育者在教学活动当中需要依据学生的实际需求和能力选取适宜的教学方法与策

① 侯勇，邹小娟．新时代大中小学思想政治教育一体化建设的四维探赜[J]．江苏大学学报（社会科学版），2023，25（6）：101-112.

略。如果评价机制过度依赖于单一的表现形式，可能会致使教育者过度注重教学内容和教学方法的选择，而忽略了学生学习方式和表现形式的多元性。这种情形不但会制约教育者的教学创新与实践，而且还会对学生的学习动力和学习态度产生影响。最后，单一的评价呈现方式可能会给学生的个人发展和社会参与带来消极作用。在现今的社会环境中，个人的综合素养与实践能力愈发受到社会的重视与关注。倘若学生在思政教育中未能充分拓展并践行其多样化的学习方式和表现形式，可能会导致其在社会参与和个人发展中欠缺竞争力与优势，进而对其个人和社会的长远发展造成影响。

3. 固化知识体系与跨学科综合能力被忽视

当前的思政课一体化评估体系在评价方法和内容上面临着一系列的挑战和争议。其中，最为突出的问题之一是过于强调固定的知识体系和教学内容，而对学生跨学科的综合能力和思维方式给予的关注不足。这种现象背后反映了评估体系在设计和实施过程中存在的局限性和偏见。首先，对于思政课的评价重点过于固化的现象，实际上是对教育理念的一种误读。教育的真正目的不仅仅是传授知识，更重要的是培养学生的综合能力和思维方式。然而，当前的评估体系在设计时过于侧重于思政课的基础知识和概念，导致了学生在学习过程中的创新和探索能力得不到充分的发展和认可。例如，一些学校在评价中过于侧重思政课的基础知识和概念，而忽视了与其他学科内容的融合和交叉学习。这种现象不仅限制了学生的学习动力和兴趣，而且还可能导致学生对思政课的认知和理解存在偏差。其次，忽视学生跨学科的综合能力和思维方式需要得到培养的事实，可能会导致思政教育的目标和任务无法实现。在当前的社会环境中，学生需要具备跨学科的综合能力和思维方式，以适应和应对复杂多变的社会问题和挑战。然而，如果评估体系过于侧重于固定的知识体系和教学内容，可能会导致学生在学习过程中的跨学科交流和合作能力得不到有效的培养和实践。这种现象不仅影响了学生的综合素质和能力发展，而且还可能影响到思政教育的长远发展和社会效果。最后，固化的知识体系和评估方法可能会限制思政教育的创新和发展。在当前的教育改革和发展中，思政教育需要不断地适应和响应社会变革和发展的需求，以保持其教育内容和方法的活力和吸引力。然而，如果评估体系过于固化和僵化，可能会导致教育内容和方法的更新和创新受到限制。这种现象不仅影响了思政教育的教育效果和社会影响，而且还可能导致思政教育在教育改革和发展中的地位和作用受到挑战和质疑。

4. 标准化评价与个性化学习路径冲突

在当今教育领域，标准化评价与个性化学习路径的问题逐渐受到广泛关注。特别是在思政课一体化评估中，这种冲突表现得尤为明显。评价机制在设计时往往过于偏向标准化的评价标准和方法，如统一的考试内容和分数排名，这无疑是基于对教育质量和公平性的追求。[①]然而，这种过度的标准化评价模式是否真的能够全面反映学生的学习情况和能力，以及是否适应每一个学生的个性化学习需求，成为教育界的一大疑问。首先，过度依赖标准化评价可能会忽视学生个性化学习需求的差异性。每位学生都是独特的，他们的学习风格、兴趣点和认知模式都存在差异。因此，单一的标准化评价体系很难捕捉到这些差异，从而可能导致对学生学习情况的不准确评估。其次，标准化评价体系可能会对学生产生过度焦虑和压力。例如，某些学生可能因为与标准答案稍有出入而感到焦虑，这种焦虑可能会影响到他们的学习积极性和创新思维。因此，如何在维护评价公平性的同时，更好地关注学生的个性化学习需求，是当前思政课一体化评估亟待解决的问题。此外，过度的标准化评价也可能导致教育内容的僵化和创新能力的削弱。在教育实践中，教育者需要根据学生的实际需求和学习风格进行灵活的教学调整。然而，如果评价体系过于固定，可能会限制教育者对教学内容和方法的创新和调整，从而影响到教育质量和效果。

5. 知识传授与批判性思维偏离

在现代教育实践中，一个不容忽视的问题是知识传授与批判性思维之间的偏离现象。尽管在教育领域，对于知识传授的重要性已有广泛共识，但与此同时，学生的批判性思维和创新能力似乎未能得到应有的重视和培养。正是这种偏离，使得在教育过程中，学生在接受大量知识的同时，其深度思考和批判性分析的能力受到了制约。对于知识传授，教育者往往更加关注其内容的量化和评价。这种偏重可能源于对传统教学方法的执着，或是基于当前教育评估体系的限制。例如，一些学校在评估中过于依赖教师的教学内容和方法，而未能充分鼓励学生的独立思考和批判性分析。这种现象反映出了评价机制与教育目标之间的脱节，使得学生更多地成为知识的“接收者”而非“创造者”。然而，批判性思维与创新能力的培养是教育的核心任务之一。真正的教育应当激发学生的好奇心和探索欲望，培养其独立思考和解决问题的能力。但在当前的教育环境中，这一目标往往被知识的传授所掩盖，导致学生的批判性思维能力得不到充分的发展。

① 陈鹏，刘侣萍. 大中小学思政课一体化建设的价值意蕴、生成动因与创新展望[J]. 学校党建与思想教育，2023（19）：68-70.

# 第六章
# 大中小学思政课一体化建设的优化路径

大中小学思政课一体化建设是一项系统工程，需要教学模式的创新、教学方式的革新、教材内容的翻新、师资队伍的焕新，以及评价体系的全面改革。这些综合性优化措施的提出，基于对大中小学思政课一体化建设的深刻理解与实践中问题的准确识别，旨在提高大中小学思政课的教学质量和有效性，也着眼于促进学生全面发展，为当前和未来的大中小学思政课一体化建设改革提供指导和理论支撑。

## 第一节　教学模式更新：构建高效互动的大中小学思政课一体化方案

创新与发展大中小学思政课一体化教学模式不仅有助于推动思政教育的持续优化与创新，更为促进学生全面发展打下坚实的基础。

### 一、教学资源的整合：打破旧有界限，实现教学内容的流畅衔接

随着社会的快速发展，在思想政治教育领域，传统的学科划分逐渐受到挑战，而跨界课程设计正应运而生，这为大中小学思政课的一体化提供了创新的路径。

1. 融合多学科视角：跨界课程设计的理论基础

在当今教育领域中，融合多学科的视角已经成为一种趋势和需求。特别是在大中小学思政课一体化的进程中，跨界课程设计不仅为学科之间的交叉

提供了可能性，更为思政课教学注入了新的活力和意义。首先，多学科视角的融合可以促进学生的综合素质发展，使其在接触思政课教学内容的同时，也能够获取其他学科的知识和技能，从而实现知识的互通有无。①例如，通过与历史、地理或文学等学科的结合，使学生在学习思政课教学内容时，也能够了解到其在不同历史背景或文化环境下的演变和影响。其次，跨界课程设计的理论基础还强调了知识的整合和交融。传统的学科划分常常导致知识的碎片化和孤立化。②而通过跨界的课程设计，可以打破这种局限，使学生能够在一个更加完整和连贯的知识体系中进行学习和思考。例如，当思政课教育与科学、艺术或技术等学科相结合时，可以引导学生探索知识的多维度和深度，培养其批判性思维和创新能力。最后，在实际的教学实践中，跨界课程设计也已经取得了一些积极的成果。例如，某些学校已经尝试将思政教育与STEM（科学、技术、工程、数学）教育相结合，通过项目式学习和跨学科研究，使学生能够在解决实际问题的过程中，不仅增强对思政课教学的理解，同时也提高其实际操作和解决问题的能力。③

2. 跨界实践：思政教育的多元教学策略

在当代教育背景下，跨界实践逐渐成为教学的新趋势。特别是在大中小学的思政课教学领域，跨界课程设计为教学带来了更为丰富和多元的策略。这种策略的核心在于将不同学科的知识与思政课教学的核心内容相结合，从而创造出一个更为开放和综合的学习环境。首先，多元化的教学方式可以增强学生对思政课教学的理解和认同。例如，在历史与思政课教学的结合中，学生可以通过探索历史事件中的思想背景和意识形态，更加深入地理解思政课教学的价值和意义。其次，跨界实践还能够促进学生的跨学科思维和能力培养。在与其他学科的融合中，学生不仅能够接触到多样化的知识，还能够学习到如何将这些知识与思政课教学相结合，形成一个有机的整体。④例如，通过与艺术或文学学科的结合，学生可以从中感受到思政课教学中所强调的人文关怀和价值追求，从而增强其对思政课教学的认同和情感投入。最后，

---

① 徐晓琴，张永强. 贯彻党的二十大精神 建构大中小学思政课一体化新格局[J]. 忻州师范学院学报，2023，39（6）：1-5.

② 潘材兴. 乡村中小学思政课一体化建设研究[J]. 贺州学院学报，2023，39（S1）：106-110.

③ 黄伟良. 思政课一体化建设的价值意蕴与实践指向[J]. 中学政治教学参考，2022（41）：18-20.

④ 王傑婷，刘华 大中小学思政课一体化建设的实践路径研究[J]. 中国高等教育，2023（9）：37-40.

在实际的教学实践中，多元化的教学策略已经得到了广泛的应用和认可。例如，某些学校通过组织跨学科的教学项目或活动，如“思政与科技”“思政与艺术”等，旨在提升学生的综合素质和跨学科的能力。这些活动不仅能够丰富学生的学习体验，还能够提高其对思政课教学的认同和理解。①

3. 定位转换：教师在跨界教学中的新角色

在大中小学思政课一体化的背景下，教师需要拥有跨学科的教学视野和能力，以更好地满足学生的学习需求和教育目标。首先，教师在跨界教学中的新角色要求其能够超越传统的学科边界，将多学科的知识和技能融合到思政课教学中。这不仅能够丰富思政课教学内容，还能够促进学生的全面发展和综合素质的提升。其次，教师在跨界教学中的新角色还要求其具备强烈的创新意识和实践能力。在面对不同学科的结合和融合时，教师需要不断地探索和尝试，寻找最适合学生的教学方法和策略。②例如，某些教师通过组织跨学科的教学活动或项目，如“思政与艺术”“思政与科技”等，旨在提供一个开放和多元的学习平台，从而激发学生的学习兴趣和积极性。最后，在实际的教学实践中，教师在跨界教学中的新角色已经得到了一些有益的尝试和实践。例如，某些学校已经建立了跨学科的教学团队，由不同学科的教师共同参与和协作，共同设计和实施跨界教学项目。这种模式不仅能够整合资源，还能够提高思政课教学效果和学生的学习体验。③

4. 激发学习兴趣：跨界设计与学生参与度的关联

跨界课程设计在大中小学思政课一体化的背景下，不仅为学生提供了一个全新的学习视角，更重要的是，它有效地激发了学生的学习兴趣。这种激发的背后，是跨界设计成功地打破了传统学科的界限，为学生创造了一个开放和多元的学习环境。首先，跨界设计能够将思政课教学与其他学科的知识和技能相结合，使学生在学习思政课教学内容的同时，也能够感受到其他学科的魅力。例如，通过与艺术、科技或社会学等学科的结合，学生可以从多

① 吴晓云，李珍琦. 论大中小学思政课一体化建设的课程观创新[J]. 中国教育学刊，2022（11）：43-48.

② 杨永政. 徐州大中小学思政课一体化建设的实践路径[J]. 现代职业教育，2023（12）：173-176.

③ 岑礼霞. 西宁市大中小学思政课一体化建设现状分析与对策研究[J]. 青海教育，2023（4）：27-28.

角度和多维度去探索和理解思政课教学中的核心内容。[①]其次，跨界设计还能够激发学生的参与度和主动性。在传统的学科教学中，学生可能会感到学习内容单一且枯燥，缺乏足够的动力和兴趣去探索和学习。而跨界设计则为学生提供了一个更为丰富和多样的学习平台，使他们能够在参与实际的项目或活动中，更好地理解和掌握知识。[②]例如，某些学校通过组织跨学科的研究项目或实践活动，如“思政与艺术展览”“思政与科技创新”等，旨在提高学生的学习兴趣和参与度。最后，在实际的教学实践中，跨界设计与学生参与度的关联已经得到了一些有益的探索和实践。例如，某些学校通过引入跨学科的教学模式和方法，成功地提高了学生的学习积极性和参与度，使他们在学习过程中更加主动和自主。

#### 5. 建构评价体系：支撑跨界课程设计的关键机制

在大中小学思政课一体化的背景下，建构评价体系不仅是确保思政课教学质量的重要手段，更是支撑跨界课程设计实施的关键机制。首先，明确的评价体系能够为跨界课程设计提供明确的方向和目标。它可以确保思政课教学内容和方法与学生的学习需求和教育目标相一致，从而实现思政课教学过程的有效性和效果性。其次，评价体系还能够促进跨界课程设计的持续优化和发展。通过对思政课教学过程和结果的全面评估，可以及时发现存在的问题和不足，从而及时调整和完善教学内容和方法。例如，某些学校通过建立多维度的评价体系，如知识掌握、技能应用、情感态度等，旨在全面了解学生的学习情况和教学效果。最后，在实际的教学实践中，建构评价体系已经得到了广泛的应用和认可。例如，某些学校通过引入外部评估机构或专家进行评价，确保评价结果的客观性和公正性。同时，还可以通过组织教师培训和交流活动，提高教师的评价能力和水平。

## 二、激发课堂互动性：采纳体验导向的学习策略，提升学生参与度

随着大中小学思政课一体化建设的推进，体验式学习方法逐渐受到重视。这种方法不仅深化了课程融合，更在情感教育、实践活动和课堂互动中展现

① 熊晓琳，李国庆. 大中小学思政课一体化的系统衔接机制论析[J]. 中国德育，2022（10）：20-23.

② 栾淳钰. 大中小学思政课“学教评”一体化[J]. 思想政治课教学，2022（5）：18-21.

了其独特价值。为确保其有效性，评价机制也呼唤创新，构建与体验式学习相适应的评价体系成为当前的研究焦点。

1. 深化课程融合：解读思政课在一体化建设中的核心地位

大中小学思政课一体化建设的持续推进使我们对思政课在整个课程体系中的核心地位有了更为深刻的认识。事实上，思政课不仅是学生思想政治教育的基石，更在整体课程融合中起到了关键的引领作用。为了更好地实现思政课教学的融合，体验式学习方法被引入到了教学实践中，为学生提供了一个新的、直观的学习路径。首先，体验式学习方法为思政课提供了一个独特的教学手段。在这种方法下，学生不仅仅是被动的接受者，而且能够通过实践活动、案例研究和模拟情境等方式，主动参与到思政教育的过程中来。例如，在学习某一重要的思想政治概念时，可以通过组织相关的实地考察或模拟活动，让学生亲身体验并深入理解其内涵。其次，体验式学习能够提高学生的学习参与度和投入感。与传统的教学方法相比，体验式学习更加注重学生的主体地位，强调学生的实践操作和创新思考。这种教学方式能够激发学生的学习兴趣，提高其对思政教育的认同感和归属感。[①]最后，在实际的教学实践中，体验式学习方法已经得到了广泛的应用和认可。例如，某些学校通过组织社会实践活动、学术研讨会或模拟联合国大会等形式，为学生提供了一个更为开放和多元的学习平台。这些活动不仅能够加深学生对思政课教学内容的理解，还能够培养其实践能力和团队合作精神。[②]

2. 激发情感共鸣：体验式学习在情感教育中的应用

在大中小学的思政课程中，情感教育的重要性不容忽视。事实上，情感教育在培养学生的情感态度、价值观和社会责任感方面发挥着关键作用。在这个背景下，体验式学习方法被引入，并在实践中证明了其在情感教育中的独特价值。首先，体验式学习方法为学生提供了一个情感深化的学习平台。通过实践活动、角色扮演、情境模拟等方式，学生能够更加直观地体验和感受到思政课教学所传达的情感信息。例如，通过模拟社会实践活动，学生可以亲身体验到社会的多样性和复杂性，从而培养出对社会的深厚情感和认同

---

① 沈立里，池忠军. 大中小思政课一体化建设的质量监测与优化路向[J]. 教育学术月刊，2022（4）：99-105.

② 熊晓琳，李国庆. 大中小学思政课一体化的系统衔接机制论析[J]. 中国德育，2022（10）：20-23.

感。其次，体验式学习强调情感体验和情感共鸣的培养。在学习过程中，教师不仅仅是知识的传递者，更是情感的引导者。教师可以通过故事叙述、情感分享、情景演练等方式，激发学生的情感共鸣，引导他们深入思考和反思。例如，通过分享历史人物的感人故事或社会现象的深刻案例，学生可以从中体验到情感的冲击和启示。[①]最后，在实际的教学实践中，体验式学习在情感教育中的应用已经得到了广泛的认可和推广。许多学校和教育机构通过组织各种情感教育活动和项目，如情感营地、情感故事分享会等，为学生提供了一个情感交流和情感成长的平台。这些活动不仅能够加深学生对思政课教学内容的理解，还能够培养其情感表达和情感管理能力。

3. 拓展实践维度：体验式学习在思政实践活动中的创新应用

体验式学习在思政课教学实践活动中的创新应用为大中小学思政课一体化建设提供了一个新的方向和方法。它不仅强调学生的主体性和参与性，还注重情感体验和情感共鸣的培养，从而提高了学生对思政课教学的认同感和归属感。首先，体验式学习方法强调的是学生的主体性和参与性。通过组织各种思政课教学实践活动，如社会实践、参观学习、模拟演练等，学生可以更加直观地体验和感受到思政课教学的内涵和价值。例如，通过参与社会实践活动，学生可以亲身体验到社会的复杂性和多样性，从而加深对思政课教学知识的理解和认识。[②]其次，体验式学习方法还强调情感体验和情感共鸣的培养。在实践活动中，教师可以引导学生深入思考和反思，通过分享经验、交流感受，激发学生的情感共鸣和认同感。例如，通过组织社会实践报告会、情感分享会等活动，学生可以分享自己在实践中的感受和体验，从而培养出对思政课教学的深厚情感和认同感。在实际的教学实践中，体验式学习在思政课教学实践活动中的应用已经得到了广泛的认可和推广。许多学校和教育机构通过引入体验式学习方法，组织各种思政课教学实践活动，如社会调查、公益活动、文化交流等，为学生提供了一个实践、体验和成长的平台。这些活动不仅能够加深学生对思政课教学内容的理解，还能够培养其实践能力、创新精神和团队合作精神。[③]

---

① 栾淳钰．大中小学思政课“学教评”一体化[J]．思想政治课教学，2022（5）：18-21.

② 李晓东．思政课一体化建设的现实困境与应对策略[J]．中小学德育，2022（4）：5-8,

③ 熊晓琳，李国庆．大中小学思政课一体化的系统衔接机制论析[J]．中国德育，

4. 强化互动交流：体验式学习在课堂互动中的价值体现

在思想政治教育的实施过程中，课堂互动被认为是激发学生主体性、增强学习效果的关键因素。而体验式学习方法在这一领域的应用为课堂互动注入了新的活力和意义。首先，体验式学习强调的是学生的主体地位。在传统的思政课教学模式中，教师往往扮演着主导的角色，而学生则是被动的接受者。但在体验式学习中，学生被视为学习的主体，他们通过参与各种互动性的学习活动，如小组讨论、角色扮演、案例分析等，来探索和构建知识结构。例如，在进行社会问题讨论时，学生可以分组进行深入探讨，每个小组代表都可以提出自己的见解和观点，从而激发更加广泛和深入的交流。其次，体验式学习方法注重的是情感体验和情感交流。在课堂互动中，学生不仅仅是在交换信息，更重要的是在分享情感、经验和感受。例如，通过角色扮演活动，学生可以身临其境地体验到不同的社会角色和情境，从而加深对思想政治问题的理解和认识。[①]此外，体验式学习还鼓励学生主动探索和实践。在课堂互动中，教师可以设定一些开放性的问题或情境，鼓励学生进行探索和实践，培养其批判性思维和创新精神。例如，教师可以提出一个具有争议性的社会议题，要求学生进行分析和讨论，从而培养其独立思考能力和判断能力。[②]

5. 评价机制创新：构建与体验式学习相适应的思政课评价体系

构建一个与体验式学习相适应的思政课评价体系是当前大中小学思政课一体化建设的一个重要方向。这不仅能够更加客观地评价学生的学习成果和参与度，还能够为思政课的持续改进和优化提供有力的支撑。首先，评价体系的构建需基于学习目标的明确和具体。体验式学习强调学生的主体性和参与度，因此评价体系应旨在评估学生在实践中的表现和成果。例如，除了传统的笔试和口头答辩，还可以引入项目报告、实践记录、团队合作评价等多元化的评价方式。[③]这样的评价机制不仅能够更全面地反映学生的学习状态，还能够激发他们的学习积极性和创新能力。其次，评价体系的构建需考虑到学生的个性化需求。体验式学习强调学生的主体地位，因此评价体系应注重

2022（10）：20-23.

① 李晓东. 思政课一体化建设的现实困境与应对策略[J]. 中小学德育，2022（4）：5-8.

② 沈立里，池忠军. 大中小思政课一体化建设的质量监测与优化路向[J]. 教育学术月刊，2022（4）：99-105.

③ 栾淳钰. 大中小学思政课"学教评"一体化[J]. 思想政治课教学，2022（5）：18-21.

对学生个性发展和兴趣特长的尊重和支持。例如，可以设置个性化的学习目标和评价标准，鼓励学生根据自己的兴趣和能力进行学习和探索。①再次，评价体系的构建需注重教师与学生的互动与反馈。在体验式学习的实施过程中，教师应更多地扮演指导者和伙伴，而非传统的授课者的角色。因此，评价体系应注重教师对学生学习过程的观察和反馈，以及学生对教师教学效果的评价和建议。

## 三、理论与实践结合：推动实践性、应用性强的项目式学习

在大中小学思政课一体化建设的背景下，理论与实践的深度融合显得尤为关键。

### 1. 优化理论框架：实践性思政课程的构建策略

优化实践性思政课教学的理论框架是当前大中小学思政课一体化改革的一个重要方向。这不仅涉及教育内容和教学方法的优化，还涉及教师角色的转变和教育目标的实现。只有在理论与实践的紧密结合下，思政课教学才能够真正发挥其教育功能，为学生的全面发展和社会的进步提供有力支撑。首先，理论框架的优化需要基于对教育目标的深入理解。在确定课程内容和教学方法时，应确保它们与教育目标紧密对接，形成一个有机的整体。例如，对于培养学生的社会责任感和公民意识，教育内容可以围绕国家历史、法律法规、社会伦理等方面展开，通过案例分析、角色扮演、团队合作等多种教学方法，使学生在实践中体验和领悟相关的理论知识。②其次，实践性思政课教学的构建策略还需要考虑到学生的个性化需求和兴趣特点。在思政课教学实践中，应注重激发学生的学习兴趣和参与热情，鼓励他们主动探索和实践。例如，可以通过组织社会实践活动、开展思政主题研究、参与社会公益活动等方式，激发学生的学习积极性和创新能力。最后，构建实践性思政课教学还需要注重教师的角色转变和教学方法的创新。在传统的教育模式中，教师往往扮演着知识的传授者的角色，而在实践性思政课教学中，教师应更多地充当指导者和伙伴的角色，与学生共同参与到教学过程中，激发学生的主体性，提高其参与度。

---

① 熊晓琳，李国庆．大中小学思政课一体化的系统衔接机制论析[J]．中国德育，2022（10）：20-23.

② 沈立里，池忠军．大中小思政课一体化建设的质量监测与优化路向[J]．教育学术月刊，2022（4）：99-105.

2. 适应性课程设计：基于学生发展需求的思政内容调整

当前，如何根据学生的不同年龄和认知水平进行课程内容的调整，以确保教育目标的实现和教学效果的提高，已成为大中小学思政课一体化建设需要面对的一个重要议题。首先，适应性课程设计的关键在于对学生的认知发展进行深入的了解和分析。根据维果茨基的发展认知理论，学生的认知水平和思维能力会随着年龄的增长而逐步发展。因此，在进行思政课教学内容的设计时，应考虑到学生的认知特点和发展需求，确保教学内容与学生的认知水平相匹配。[①]例如，对于小学生，可以通过简单的故事和图片来引导他们理解国家的基本制度和价值观；而对于中学生和高中生，则可以引入更为复杂和深入的案例和问题，帮助他们深化对思政课教学内容的理解和认识。其次，适应性课程设计还需要注重与学生的实际需求和兴趣相结合。每个学生都是独特的，他们的学习需求和兴趣可能会有所不同。因此，在进行思政课教学内容的设计时，应注重激发学生的学习兴趣和参与热情，鼓励他们主动探索和实践。例如，可以根据学生的兴趣爱好和实际情况，设计与之相关的思政课教学活动和项目，使学生在实践中体验和领悟相关的知识和技能。[②]最后，适应性课程设计还需要注重教师的角色和教学方法的创新。在传统的教育模式中，教师往往扮演着知识的传授者的角色，而在适应性课程设计中，教师应更多地充当指导者和伙伴的角色，与学生共同参与到教学过程中，激发学生的主体性，提高其参与度。

3. 学科交叉策略：思政与其他学科的有机结合

学科交叉是思政课教学改革的一个核心议题，其目的在于促进学生的全面发展，增强他们的综合素质和跨学科的能力。首先，将思政课教学内容与历史学科相结合，有助于学生对国家和社会的发展历程有更为全面和深入的了解。历史是一面镜子，反映了一个国家或社会的兴衰和发展。通过分析历史事件和人物，学生可以更好地理解思政课教学中所强调的国家核心价值观和社会主义核心价值观的形成和演变。例如，通过学习中国近现代史，学生可以深刻体验到思想政治在国家发展中的重要地位和作用。其次，结合地理学科，可以帮助学生更加直观地认识到国家的地域特点和资源优势。地理环境对于国家的发展和稳定具有重要影响，而思政课教学正是要引导学生在这

---

① 栾淳钰. 大中小学思政课“学教评”一体化[J]. 思想政治课教学，2022（5）：18-21.

② 李晓东. 思政课一体化建设的现实困境与应对策略[J]. 中小学德育，2022（4）：5-8.

样的环境中，树立正确的世界观、人生观和价值观。例如，通过对国家地理位置和资源分布的学习，学生可以更好地理解维护国家利益和促进国家发展的重要性。①最后，结合文学学科，可以通过文学作品展现的人物形象和情节，深化学生对于思政课教学内容的感受和理解。文学作品往往能够触及人的内心深处，引发学生对于道德伦理和社会责任的思考。例如，通过阅读经典文学作品，如《红楼梦》和《西游记》，学生可以从中体验到传统文化中的思想政治观念，进而对其进行深入的分析和讨论。

4. 互动式教学方法：培养学生的主体性与批判性思维

在当今思政课教学环境中，互动式教学方法逐渐成为教学的核心策略。这种方法不仅仅是为了提升教学效果，更重要的是能够培养学生的主体性和批判性思维能力。与传统的单向授课相比，互动式教学强调师生之间、学生与学生之间的交流与互动，从而更好地激发学生的学习兴趣和潜能。首先，互动式教学方法注重培养学生的主体性思维。在这种思政课教学模式下，学生不再是被动的接受者，而是积极参与到教学过程中，成为知识的主动探索者。例如，在探讨重大历史事件或社会现象时，教师可以引导学生提出自己的见解并进行分析，而不仅仅是传统的知识灌输。这种方式不仅能够增强学生的自信心，还能够提高他们对学习内容的理解和记忆。其次，互动式教学方法有助于培养学生的批判性思维。在现实生活中，学生需要具备分析问题、解决问题的能力。而互动式教学恰好为学生提供了一个实践和运用知识的平台。例如，当学习社会科学的相关内容时，教师可以组织学生进行小组讨论或辩论，引导他们从多角度、多维度去思考和分析问题。②这种方法不仅能够锻炼学生的逻辑思维能力，还能够培养他们的批判性思维和创新能力。最后，互动式教学方法还能够促进学生之间的交流与合作。在这种教学环境下，学生可以分享自己的见解和经验，从而增强他们的团队协作和沟通能力。例如，在解决一个复杂的问题或完成一个项目时，学生可以结合自己的专长和知识，共同探讨和解决问题。③

---

① 沈立里，池忠军. 大中小思政课一体化建设的质量监测与优化路向[J]. 教育学术月刊，2022（4）：99-105.

② 栾淳钰. 大中小学思政课“学教评”一体化[J]. 思想政治课教学，2022（5）：18-21.

③ 李晓东. 思政课一体化建设的现实困境与应对策略[J]. 中小学德育，2022(4)：5-8.

### 5. 社会实践与公民责任：构建有社会责任感的思政教育体系

思政课教学不仅仅是学术知识的传授，更是培养学生成为具有社会责任感的公民的重要途径。为了确保这一目标的实现，社会实践活动被纳入思政课教学的核心内容范畴，旨在通过实践经验，激发学生的社会责任感和公民意识。首先，社会实践为学生提供了一个直观的社会观察和体验的机会。在参与各类社会实践活动时，学生可以亲身体验到社会的多元性和复杂性，这不仅有助于他们深入理解社会现象和问题，还能够使他们认识到自己作为公民的角色和责任。例如，通过参与社区服务或环保活动，学生可以更加明确地意识到自己在社会中的位置和作用，从而培养出真实的社会责任感。其次，社会实践活动鼓励学生积极参与社会事务，从而增强他们的公民意识。在实践过程中，学生需要与不同的人群交往，处理各种复杂的情境，这无疑能够锻炼他们的社交能力和解决问题的能力。例如，当学生参与到一个关于社会公益的项目中时，他们不仅可以学到如何有效地组织和协调资源，还能够体验到帮助他人的快乐和成就感。①再者，社会实践活动为思政课教学提供了一个多元化的教学平台。在实践活动中，教师可以结合学生的实际经验，开展深入的讨论和反思，从而使思政课教学内容更加贴近学生的生活实际，更加具有说服力。例如，当学生参与到一个关于社会公正的讨论中时，教师可以引导他们探讨不同的社会制度和政策，从而促使他们形成独立、批判性的思考。②

## 四、个性化教学策略：响应各类学生需求，助力个性化学习

在当今大中小学思政课一体化建设领域，如何有效地适应不同学生的学习需求并促进其思政课教学的深入理解和实践显得尤为重要。

### 1. 课程差异化设计：基于学生认知水平的思政教学策略

在教育领域，认知发展理论是一种关键的参考框架，它揭示了学生在不同的年龄和阶段具有不同的认知能力和需求。教育者在设计教学策略时应考虑到学生的认知发展水平，教学活动应与学生的实际认知能力相匹配，从而促进学生的学习效果。具体来说，对于小学生，他们的认知能力处于初级阶

---

① 沈立里，池忠军. 大中小思政课一体化建设的质量监测与优化路向[J]. 教育学术月刊，2022（4）：99-105.

② 栾淳钰. 大中小学思政课“学教评”一体化[J]. 思想政治课教学，2022（5）：18-21.

段，对于抽象概念和复杂的思考可能存在困难。因此，思政课教学应注重具体、形象、生动的教学内容，例如通过故事、图片或简单的游戏来引导学生理解和接受基本的思政知识。[①]可以说，通过与同伴的互动，学生可以更好地理解和吸收知识，因此小组活动和合作学习在此阶段尤为重要。中学生的认知发展较为成熟，他们能够进行更为深入和抽象的思考。在这一阶段，思政教学应更加注重批判性思维的培养，引导学生对历史事件和社会现象进行深入的分析和反思。Bloom（布鲁姆）的认知域层次模型提供了一种框架，帮助教育者在教学设计中考虑到学生的认知需求。例如，通过提供真实的案例分析或进行辩论活动，可以激发学生的兴趣和参与度，从而提升他们的学习效果。而对于大学生，他们的认知能力已经相对成熟，能够进行更为复杂和系统的思考。在这一阶段，思政课教学应更加注重理论与实践的结合，鼓励学生将所学知识应用到实际的社会实践中。此外，引入跨学科的教学方法也是一种有效的策略，例如将哲学、政治学和社会学等学科进行整合，帮助学生建立更为全面和深入的认识。综上所述，针对大中小学生的不同认知阶段，设计差异化的思政课教学内容和教学方法是至关重要的。这不仅可以提升学生的学习效果，还可以促进他们的全面发展和成长。因此，教育者应深入研究学生的认知特点和需求，灵活运用各种教学策略，不断优化教学设计，以满足学生的学习需求和发展潜力。

### 2. 混合式教学模式：整合线上线下资源的思政教育实践

随着数字化技术的迅速发展，教育领域也逐渐进入了一个混合式教学的时代。结合线上平台和线下资源，为学生提供多元化的学习环境和资源，已成为大中小学思政课一体化建设的一个重要策略。首先，线上平台如在线讨论论坛、虚拟实验室等为学生提供了一个开阔的学习空间。例如，通过线上互动平台，学生可以参与到各种实时的思政话题讨论中，与同学和教师进行深入的交流和探讨。这种形式不仅促进了学生的主动学习，还可以培养他们的批判性思维和问题解决能力。简言之，人们通过观察他人的行为和结果来学习，线上平台为学生提供了一个观察和模仿的机会，从而加深其对思政知识的理解。其次，线下资源如实地考察、小组讨论和角色扮演等活动也是混合式教学的重要组成部分。例如，通过组织学生参观历史遗迹或参与社会实践活动，可以使他们亲身体验和感受到思政课教学的实际意义。这种实践性

① 杨永庚，田红娟. 基于一体化探讨思政课教学的出发点和着力点[J]. 中学政治教学参考，2022（13）：41-43.

的学习方式可以有效地激发学生的学习兴趣和参与度，使他们更加深入地了解和掌握思想政治理论知识。此外，数字化教材的应用也为混合式教学提供了强大的支持。与传统的纸质教材相比，数字化教材具有更加丰富和多样的内容，例如音频、视频和互动练习等。这些多媒体元素不仅可以提升学生的学习效果，还可以使他们更加主动和积极地参与到学习过程中。例如，通过观看与当前社会热点相关的视频和资料，学生可以更加直观地了解和分析社会现象，从而提升他们的思想政治素养。

3. 评估与反馈机制：持续优化思政教育效果的关键

在大中小学思政课一体化领域，评估与反馈机制被视为一个不可或缺的组成部分，它不仅可以帮助教育者了解学生的学习进展，还可以为教学内容和方法的优化提供有力的数据支持。根据教育评估理论，评估不仅是对学生学习成果的测量，还应包括对教学过程的反思和改进。首先，定期的测试是评估学生学习效果的常用手段。通过设计具有挑战性和针对性的试题，可以全面地评估学生对思想政治理论知识的掌握程度。①例如，可以设计涵盖知识、理解、应用、分析、综合和评价等六个层次的试题，从而更加准确地评估学生的学习能力和水平。此外，通过分析学生的测试成绩，教育者可以识别出存在的问题和挑战，从而针对性地调整教学策略和方法。其次，问卷调查是收集学生反馈的有效途径。通过设计结构化和开放式的问卷，可以系统地了解学生对教学内容、方法和环境的看法和建议。例如，可以设计关于学生满足感、安全感和归属感等方面的问卷问题，从而深入了解他们的心理和情感需求。此外，问卷调查还可以收集学生对思政课教学的期望和建议，为教育改革和创新提供有益的参考和指导。再者，持续的反馈机制是优化思政课教学的关键。通过定期分析和解读评估和反馈数据，教育者可以及时识别出存在的问题和挑战，从而采取有效的措施进行改进。例如，根据 Kolb（库尔布）的学习经验循环理论，可以通过观察、实践、反思和调整四个步骤，持续地优化教学设计和实施过程。此外，与学生、家长和其他利益相关者的密切合作和沟通也是实施有效反馈机制的关键，通过建立共同的目标和价值观，可以促进教育改革和创新的顺利进行。

---

① 张善喜. 大中小学思政课一体化建设的制约因素与路径选择[J]. 中学政治教学参考，2022（12）：41-43.

### 4. 项目驱动学习：结合实际情境的思政教育体验

项目驱动学习为思政课教学提供了一个创新和有效的教学方法。通过结合实际情境的教学设计和实施，可以增强学生的学习兴趣和动机，培养其社会责任感和批判性思维能力。首先，模拟选举是一个典型的项目驱动思政教育活动。通过模拟真实的选举过程，学生可以深入了解政治制度、政治参与和公民权利等关键概念。例如，通过组织学生扮演候选人、选民和评委等角色，可以模拟选举活动的各个环节，从而使学生亲身体验和参与到政治过程中。此外，学生通过实践和反思的过程，可以从中获得有价值的经验和启示，从而增强其社会责任感和参与意识。其次，社区服务是另一个有效的项目驱动思政课教学活动。通过参与到社区服务项目中，学生可以实际地应用和实践思想政治理论知识，如公民道德、社会公正和环境保护等。例如，通过组织学生参与社区清洁、敬老助残和环保活动等，可以培养他们的社会责任感和团队合作精神。学生在与他人的互动和合作中，可以学习和掌握新的知识和技能，从而实现个人和社会的双重发展。再者，结合实际情境的思政课教学项目设计和实施需要教育者具备跨学科的知识和能力。例如，教育者需要结合政治学、社会学和心理学等多个学科的理论和方法，设计和实施符合学生发展需求和社会实际情境的教学活动。此外，与学生、家长和社区等利益相关者的密切合作和沟通也是项目驱动思政课教学成功的关键。建立共同的目标和价值观，可以促进教育者和学生之间的良好互动和合作，共同推动思政课教学的改革和创新。

### 5. 多元化评价标准：综合评价学生的思政素养成长

多元化评价标准为评价学生的思想政治理论素养提供了丰富的维度和视角。通过综合考虑学生的社会实践表现、团队合作能力和思想政治理论研究报告等多种评价手段，可以更全面、深入地了解和评价学生的思政素养成长。因此，教育者应不断探索和创新评价方法，确保评价标准与学生的个性化发展需求相匹配，为其思政素养的全面发展提供支持和指导。首先，社会实践表现是评价学生思想政治理论素养的重要手段之一。通过参与各种社会实践活动，如社区服务、志愿者活动和实地考察等，学生可以将所学的思想政治理论知识应用到实际情境中，从而培养其社会责任感和实践能力。[①]例如，学生在社会实践中的行为和体验可以影响其价值观和信念，从而促进其思想政

① 杨永庚，田红娟. 基于一体化探讨思政课教学的出发点和着力点[J]. 中学政治教学参考，2022（13）：41-43.

治理论素养的形成和发展。因此，教育者应结合学生的社会实践经历，对其实践表现进行细致、全面的评价和分析。其次，团队合作能力也是评价学生思想政治理论素养的一个重要维度。在现代社会中，团队合作已成为一种基本的工作和生活技能。通过组织学生参与团队项目、小组讨论和合作研究等活动，可以评估其团队合作能力和沟通技巧。例如，团队合作经历可以帮助学生了解和体验团队的形成、矛盾和解决过程，从而培养其团队合作和领导能力。因此，教育者应关注学生在团队合作中的角色和贡献，对其团队合作能力进行细致和全面的评价。再者，撰写研究报告是评价学生思政素养的另一种有效手段。通过要求学生撰写研究报告，如文献综述、案例分析和政策建议等，可以评估其独立思考和批判分析能力。例如，研究报告撰写过程可以帮助学生提高其分析、综合和评价等高层次认知能力。因此，教育者应指导学生选择合适的研究主题，组织有效的研究方法，确保研究报告的质量和深度。

## 五、差异化教学应用：增强不同学习风格的教学适应性

在当代教育领域，如何有效地满足学生的多样化学习需求，进而提升教学效果，成为教育者急需探讨的议题。

### 1. 学习路径定制：基于学生兴趣和能力的思政教学策略调整

学习路径定制的理念强调了个性化、差异化的教学方法，旨在满足每位学生的独特需求和潜能。在思想政治教育领域，这一策略的应用意味着教育者需要深入了解学生的兴趣、能力和学习风格，以便为他们提供更为贴切的教学体验。首先，对于学生的兴趣进行认知是实施学习路径定制的关键。学生的兴趣往往与其日常生活、文化背景和个人经历紧密相关。例如，某些学生可能对当代社会问题、历史事件或文化现象特别感兴趣，而其他学生则可能对政治理论、公民责任或国际关系等方面有着浓厚的兴趣。可以说，个体的职业兴趣和选择往往受到其社会经验和认知的影响。因此，教育者应利用各种评估工具和方法，如问卷调查、个人访谈和兴趣测试等，全面了解学生的兴趣和价值观，从而为其定制个性化的教学路径。其次，考虑学生的学习能力和风格也是实施学习路径定制的重要因素。不同的学生在认知、情感和技能方面存在显著的差异。例如，某些学生可能更善于进行逻辑分析和批判思考，而其他学生则可能更注重实践经验和情感体验。可以说，学生的学习

能力和风格受到其社会环境和文化背景的影响。[①]因此，教育者应设计多样化、灵活的教学策略，如小组合作、项目研究和案例分析等，以满足学生的不同学习需求和兴趣。再者，学习路径定制需要教育者具备跨学科的知识和能力。教育者应结合心理学、教育学和社会学等多个学科的理论和方法，深入分析和解读学生的兴趣、能力和学习风格。例如，学生在认知、情感和技能方面存在多种智能和潜能，如逻辑数学智能、语言智能和人际关系智能等。因此，教育者应灵活运用不同的教学策略和方法，以促进学生的全面发展和成长。

2. 多元教学方法：整合传统与现代手段的思政教育实践

在当今的教育背景下，传统的教学方法已逐渐不能完全满足学生多样化的学习需求和期望。因此，教育者开始探索和应用多元化的教学方法，旨在增强教学的有效性和吸引力。结合传统与现代的教学手段，特别是在思想政治教育领域，这一策略尤为重要。首先，案例分析作为一种传统的教学方法，在思政课教学中仍然具有重要的地位和价值。案例分析可以帮助学生深入了解和探讨实际的社会和政治问题，从而增强其批判性思维和问题解决能力。例如，通过分析历史事件、政治决策和社会现象等案例，学生可以更加全面地理解和评估不同的观点和立场。可以说，案例分析强调学生的实践经验和反思过程，从而促进其思政素养的形成和发展。其次，角色扮演作为一种现代的教学方法，逐渐受到教育者和学生的关注和喜爱。通过扮演不同的角色，如政治领袖、社会活动家和公民代表等，学生可以模拟和体验真实的社会和政治情境，从而增强其沟通能力和协作精神。例如，角色扮演可以帮助学生观察和模仿他人的行为和态度，从而形成和巩固其社会技能和信念体系。因此，教育者应设计具有挑战性和启发性的角色扮演活动，以满足学生的学习需求和期望。再者，小组讨论作为一种互动性强、参与度高的教学方法，适用于多种学科和领域。在思想政治教育中，小组讨论可以促进学生的思想交流和观点碰撞，从而增强其批判性思维和问题解决能力。例如，小组讨论强调学生的主体地位和参与度，从而实现其个性化发展和全面提升。因此，教育者应组织具有主题性和目的性的小组讨论活动，以促进学生的学习和成长。

① 张善喜. 大中小学思政课一体化建设的制约因素与路径选择[J]. 中学政治教学参考，2022（12）：41-43.

3. 教学资源多样化：丰富思政教学内容，提供多样化的教学资源

在当今的教育环境中，教学资源的多样化与整合已成为提高教学效果和满足学生学习需求的关键策略。特别在思政课教学领域，结合各种教学资源为学生提供丰富的学习内容和体验，以满足其多样化的学习需求和兴趣，已成为教育者的重要任务。[①]首先，数字化教材的应用为思政教学带来了革命性的改变。传统的纸质教材受到时间和空间的限制，而数字化教材则能够实现随时随地的学习。例如，当代学生习惯于使用数字化工具和资源进行学习交流，因此，数字化教材能够更好地满足他们的学习习惯和需求。教育者应充分利用数字化教材的优势，如互动性强、内容更新快、资源共享等，设计具有挑战性和启发性的教学活动，提高学生的学习兴趣和参与度。其次，在线资源的整合为思政课教学提供了丰富和多样的学习内容。通过引入各种在线课程、讲座、论坛等资源，学生可以跨越时间和空间的限制，深入探讨不同的社会和政治议题。例如，在线资源强调学生的网络连接和知识共享，从而促进其个性化发展和全面提升。因此，教育者应根据学生的学习需求和兴趣，精选和整合高质量的在线资源，设计具有针对性和实效性的教学活动。再者，实地考察作为一种体验式的教学方法，为思政课教学带来了独特的价值和意义。通过组织学生参与各种社会实践活动，如社区服务、文化交流和政治观察等，学生可以直接感受和体验真实的社会和政治环境。例如，实地考察强调学生的实践经验和反思过程，从而促进其思想政治理论素养的形成和发展。因此，教育者应结合教学目标和内容，精心设计和组织实地考察活动，提供丰富和深入的学习体验。

4. 学习评价个性化：基于多维度评价的思政教育反馈

在教育领域，学习评价被视为促进学生发展和提高教学质量的重要手段。特别在思政课教学中，采用多维度的评价方法能够为学生提供更为全面和深入的学习反馈，从而促进其个性化的学习和进步。首先，自我评价作为一种重要的评价方式，能够帮助学生深入了解和反思自己的学习过程和成果。学生的自我评价能够影响其学习动机和行为选择。[②]因此，教育者应鼓励学生定

① 路顺. 大中小学思政课一体化建设的基本维度与重要对策[J]. 中学政治教学参考，2022（11）：71-73.

② 李晓东. 思政课一体化建设的现实困境与应对策略[J]. 中小学德育，2022(4)：5-8.

期对自己的学习表现进行评价，发现和分析自己的优点和不足，从而制定合适的学习计划和策略。其次，同伴评价为学生提供了一个多元和开放的评价视角。通过与同伴互动和交流，学生可以获得不同的观点和建议，从而拓宽自己的思路和视野。例如，同伴评价强调学生的社会交往和合作学习，促进其思政素养的形成和发展。因此，教育者应设计具有互动性和合作性的学习活动，鼓励学生与同伴进行深入的学习和讨论。再者，教师评价作为一种权威和专业的评价方式，能够为学生提供系统和全面的学习反馈。教育者应根据学生的学习需求和兴趣，设计具有挑战性和启发性的评价任务，从而促进其学习动机和兴趣。例如，教师评价应注重学生的思维能力和问题解决能力，从而提高其学习效果和成果。

5. 实践活动与思政教学的融合：创新性的教学模式与实践结合

在现代教育背景下，将实践活动与学科教学内容相结合已成为一种创新的教学策略。特别在思政课教学领域，通过引入和整合各种实践活动，如社区服务、参观学习和模拟政治活动等，不仅能够丰富教学内容，还能够提高学生的学习效果和参与度。首先，社区服务作为一种体验式的教学活动，能够帮助学生深入了解和体验真实的社会环境。例如，通过参与社区服务项目，学生可以亲身感受和参与社会发展的各个方面，从而增强其社会责任感和公民意识。事实上，社区服务强调学生的实践经验和反思过程，能够促进其思想政治理论素养的形成和发展。因此，教育者应鼓励学生参与各种社区服务活动，为其提供实践性的学习体验。其次，参观学习作为一种直观式的教学方法，能够帮助学生深入了解和探讨特定的社会和政治议题。例如，通过参观政治机构、历史纪念馆和社会组织等，学生可以直接感受和体验相关的社会和政治环境。社会文化理论认为，参观学习强调学生的社会交往和合作学习，能促进其思想政治理论素养的形成和发展。因此，教育者应组织具有主题性和目的性的参观学习活动，提供丰富和深入的学习体验。最后，模拟政治活动作为一种角色扮演式的教学方法，能够帮助学生模拟和体验真实的政治环境。例如，通过组织模拟选举、辩论赛和政策制定等活动，学生可以扮演不同的角色，探讨和解决实际的社会和政治问题。根据社会学习理论，模拟政治活动强调学生的观察和模仿，促进其社会技能和信念体系的形成和发展。因此，教育者应设计具有挑战性和启发性的模拟政治活动，鼓励学生参与和体验。

# 第二节　教学方式革新：深化思政课的教学质量与策略优化

在当前的大中小学思政课一体化建设的背景下，思政课教学不仅仅能够传授知识和理念，更是培养学生独立思考、批判性思维和社会责任感的关键途径。

## 一、融合实践应用与课堂内容：强化学术实践价值与学习魅力

将实际生活经验与教学内容相结合，创设更具实用性的教学模式是加强大中小学思政课一体化建设的必要途径，是提升思政课学习效果的关键策略。

### 1. 课程实践性探索与生活经验融合：创设实用性强的思政教学模式

思想政治教育不仅仅是理论知识的传授，更是对学生进行思维培养和实践能力培训的重要途径。为了实现这一目标，大中小学思政课一体化建设的推进显得尤为关键。针对这一趋势，教育者们正在积极探索如何将课程内容与学生的生活经验相结合，使其具有更强的实用性和吸引力。首先，理论教学与生活实践的结合是当前思政教育的一个重要特点。真正有效的思想政治教育应当贴近学生的实际生活，使其在学习过程中能够感受到理论知识的实际应用。例如，某中学在教授"公民道德与社会责任"这一主题时，特地选取了与学生日常生活紧密相关的案例，如公共卫生、环境保护等，使学生能够在解决实际问题的过程中，深入理解社会责任的重要性。其次，引入与学生日常生活紧密相关的问题，可以激发学生的学习兴趣和参与热情。根据教育心理学中的"情境学习理论"，学生在面对与自己生活经验相符的学习内容时，更容易产生学习兴趣，从而更加主动地参与到学习过程中。例如，某小学在教学"家庭价值观教育"时，引入了学生家庭中的实际事例，让学生在分析案例的过程中，深入思考家庭价值观的形成和作用，从而提升了学习效果。再者，通过实际操作和实践活动，可以使学生在解决问题的过程中，更加深入地理解和接受思想政治教育。根据教育教学法中的"体验式学习理论"，学生通过实际操作和实践活动，可以更加直观地感受到学习内容的重要性和实用性。例如，某中学组织了一个"公民参与社区服务"的实践活动，让学生亲身体验到社区服务的意义和价值，从而使其对公民责任有了更加深入的理解。

### 2. 多元化教学资源整合：拓宽思政课的知识边界与视野

大中小学思政课一体化建设的目标不仅仅在于传授学生相关的理论知识，更重要的是培养他们的思维能力和实际应用能力。通过引入与当前社会热点和实际问题相关的资料和案例，可以有效地拓宽学生的知识边界和视野。[①]首先，从理论层面上看，教育资源整合与教学实践的关系已在大中小学思政课一体化建设领域得到广泛关注。根据“教育资源整合理论”，多元化的教学资源可以为学生提供更为丰富和全面的学习体验。例如，某高中在授课“公民权利与义务”时，引入了最近的法律案例和社会调查数据，使学生能够深入了解公民权利的实际应用和社会责任。其次，实践证明，引入与学生日常生活紧密相关的资料和案例，可以有效提高课程的实用性和吸引力。依据“情境教学理论”，当学生面对与自己生活经验相符的学习内容时，更容易产生学习兴趣和积极参与。例如，某小学在教授“环境保护与可持续发展”这一主题时，特意选取了学生家庭附近的环境问题作为案例，使学生能够在解决实际问题的过程中，深入理解环境保护的重要性。再者，通过整合多元化的教学资源，还可以为学生提供更为广阔的学习视野。根据“跨学科教学理论”，不同学科之间的交叉融合可以为学生提供更为全面和深入的学习体验。例如，某中学在授课“全球化与国际合作”时，结合地理、经济、政治等多个学科，引导学生从多个角度分析全球化带来的挑战和机遇。

### 3. 情境教学法的应用与探索：加深学生的情感投入与参与度

情境教学法，作为一种强调教学与实际生活紧密结合的教学策略，已在教育领域得到了广泛的关注和应用。在大中小学思政课一体化建设的背景下，情境教学法的运用不仅能够提升教学的实用性和吸引力，还能够深化学生对思政内容的理解和感受。首先，从理论层面上看，情境教学法的核心思想是将学习内容置于真实或模拟的情境中，使学生在实践中学习，从而增强他们的学习兴趣和参与度。根据“情境认知理论”，当学生面对与自己生活经验相符的学习内容时，他们更容易产生学习兴趣并积极参与。例如，在教授“民主与法治”的内容时，通过模拟法庭辩论的方式，让学生扮演检察官、律师、被告等角色，使他们能够在实践中理解和体验法治的重要性和实际应用。其次，情境教学法的应用还可以有效地提高学生的实际操作能力和解决问题的能力。依据“情境教学的实践价值理论”，在真实或模拟的情境中，学生不

① 吴艳玲. 学校思政课一体化实践教学机制的构建[J]. 齐齐哈尔大学学报（哲学社会科学版），2021（12）：161-164.

仅需要掌握相关的理论知识，还需要运用这些知识来解决具体的问题。[①]例如，在教授“环境保护与可持续发展”这一主题时，通过角色扮演的方式，让学生扮演环保志愿者、政府官员等角色，让他们在模拟的情境中寻找解决环境问题的有效方法和策略。再者，情境教学法的应用还能够深化学生对思政内容的理解和感受。根据“情境教学的情感价值理论”，当学生在真实或模拟的情境中深入体验和感受学习内容时，他们更容易产生情感共鸣和认同。例如，在教授“中华文化传承与发展”的内容时，通过模拟古代宫廷的情境，让学生体验古代文化的魅力和价值，从而增强他们对中华文化的自豪感和归属感。

#### 4. 学生中心的教学模式转变：强化学生主体地位与参与度

随着大中小学思政课一体化建设的深入推进，教学模式的转变成为教育领域的热点议题。传统的教学模式以教师为中心，注重知识的传授和灌输，但在当今教育环境中，这种模式已经不能满足学生的学习需求和期望。因此，强化学生中心的教学模式转变，即将学生置于教学的核心地位，成为提升学习实用性与吸引力的关键因素。首先，从理论上看，学生中心的教学模式强调学生的主体地位和参与度。这与“建构主义学习理论”相契合，该理论认为学习是一个主动、建构性的过程，学生在学习中应该扮演主体的角色。通过将学生置于教学的核心地位，鼓励他们提出问题、分享观点、参与讨论，激发他们的学习兴趣和热情，提升他们的学习动机和参与度。其次，学生中心的教学模式还强调教师与学生之间的合作与互动。根据“社会文化学习理论”，学习是一种社会活动，学生通过与他人的互动和合作来构建知识和理解。在学生中心的教学模式中，教师不再是单一的知识传授者，而是学生学习过程中的引导者和伙伴。教师应该鼓励学生之间的合作和互助，创建一个积极、互动的学习环境，从而提升学生的学习效果和满意度。再者，学生中心的教学模式还注重个性化和差异化的教学。每个学生都是独特的，他们有自己的学习风格、兴趣和需求。在学生中心的教学模式中，教师应该关注每个学生的个性和特点，提供个性化和差异化的教学支持和指导。例如，根据“多元智能理论”，教师可以设计多种教学活动和任务，满足不同学生的学习需求和兴趣，从而提升他们的学习效果和满意度。

---

① 邵沁妍，刘振霞．大中小学思政课一体化建设的三维思考[J]．思想理论教育导刊，2020（9）：106-110.

5. 跨学科融合与创新实践：打造综合性、实践性强的思政教育平台

在当前的教育环境中，单一学科的传统教学模式已难以满足学生多元化、全面发展的学习需求。因此，跨学科融合与创新实践作为一种创新教学策略，逐渐受到教育者和研究者的重视。特别是在大中小学思政课一体化建设中，跨学科融合与创新实践的应用，为提升学习实用性与吸引力带来了新的思路与策略。首先，跨学科融合的理论基础可以追溯到“综合性学习理论”。这一理论强调学生应该通过多学科的整合和交叉学习，形成全面、系统的知识结构和思维方式。例如，结合自然科学的生态学知识与思政课的社会责任教育，可以让学生在学习中理解生态保护与社会责任之间的相互关系，培养他们的社会责任感和环境意识。其次，跨学科融合与创新实践在实际教学中的应用也已有成功案例。在某些学校，教育者与其他学科的教师合作，设计了一系列跨学科的教学活动和项目。[①]例如，结合历史学的“红色教育”与思政课的社会主义核心价值观教育，可以通过参观红色历史纪念馆、进行红色文化研究等实践活动，使学生更加深入地理解和体验社会主义核心价值观的内涵和实践意义。再者，跨学科融合与创新实践还可以推动思政教育内容的创新和更新。面对社会的变化和挑战，思政课需要不断地更新教学内容和方法，以满足学生的学习需求和社会的发展需求。通过引入其他学科的新知识和新理念，可以为思政课教学注入新的活力和动力，促进其不断地创新和发展。

## 二、以学生为中心的教学实践：促进独立思维与创新才干的培养

在当代教育改革的背景下，以学生为中心的教学实践正逐渐成为大中小学思政课一体化建设的核心策略。通过构建互动式教学环境和优化评价与反馈机制，能够进一步激发学生的学习兴趣，提高其参与度，并促进其自我认知与发展。这不仅仅有助于提升思政课程的教学效果，更为学生的综合素质和未来的发展打下坚实的基础。

1. 项目式学习策略的应用：促进学生主动探究与独立思考

在大中小学思政课一体化建设中，项目式学习策略已逐渐受到广泛关注和应用。项目式学习策略的核心理念是将学习内容与实际项目相结合，鼓励

① 吴艳玲. 学校思政课一体化实践教学机制的构建[J]. 齐齐哈尔大学学报（哲学社会科学版），2021（12）：161-164.

学生通过实践活动来探索和学习，从而培养他们的主动性、探究性和独立思考能力。首先，项目式学习策略的理论基础可以追溯到“建构主义学习理论”。这一理论强调学生通过实际的参与和操作，构建自己的知识体系和认知结构。例如，当学生选择研究与社会实践相关的课题时，他们需要收集数据、分析问题、提出解决方案，这一过程不仅可以加深他们对相关理论知识的理解，还可以培养他们的批判性思维和创新思维。其次，项目式学习策略在实际教学中的应用也已有多个成功案例。在某些学校和机构，教育者与学生合作，设计了一系列与思政课教学相关的项目活动。[①]例如，学生可以选择研究某一社会问题，如环境污染、贫富差距等，通过收集资料、进行讨论、实地考察等方式，深入了解问题的背景、原因和解决方案，从而培养他们的社会责任感和批判性思维能力。再者，项目式学习策略还可以推动思政课教学的内容和方法创新。面对日益复杂和多变的社会环境，传统的思政课教学方法和内容已难以满足学生的学习需求和社会的发展需求。通过引入项目式学习策略，可以为思政课教学注入新的活力和动力，促进其不断地创新和发展。

2. 反转课堂教学模式：强化学生的自主学习和参与度

在大中小学思政课一体化建设中，采用反转课堂的教学模式，可以有效地强化学生的自主学习和参与度。反转课堂教学模式的提出源于对传统教学方法的挑战和对学生主体性的强调。这种教学策略的核心思想是颠覆传统的教学顺序，将课堂讨论和深入探究置于学生的前期学习之后，以促进学生的主动性和参与度。首先，从理论角度看，反转课堂模式可以被归纳为“主体性教学理论”的一种实践。这一理论主张学生成为学习的主体，而不是被动的接受者。让学生在课前进行预习，使他们可以在自己的节奏和兴趣下掌握基本知识，而在课堂上，教师和学生们则可以共同探讨和深化这些知识，促进思想的碰撞和交流。其次，实际应用中的反转课堂模式已获得一定的成功。在某些先进的教育机构和学校，反转课堂已成为常态。例如，在某高中的思政课教学中，学生需要在课前观看与当代社会议题相关的视频，进行简单的思考并做笔记。而在课堂上，教师会组织学生进行小组讨论或辩论，以深化他们对该议题的理解和认识。这种模式不仅提高了学生的学习效率，还培养了他们的批判性思维和团队合作能力。再者，反转课堂模式的实践也为思政课的教学改革提供了新的思路和方法。面对日益增长的知识量和复杂的社会

① 石书臣. 以问题导向推进大中小学思想政治理论课一体化建设的思考[J]. 思想理论教育，2020（5）：24-29.

议题，传统的思政课教学方法已显得力不从心。而通过引入反转课堂模式，可以有效地激发学生的学习兴趣、提高他们的学习动机，从而更好地实现思政课教学的目标。

3. 案例分析与问题解决：培养学生的实际操作能力和创新思维

在大中小学思政课一体化建设中，通过引入与学生日常生活和实际情境相关的案例和问题，可以有效地培养学生的实际操作能力和创新思维。案例分析与问题解决作为一种教学策略，在大中小学思政课一体化建设中扮演了至关重要的角色。这种策略的核心思想是将抽象的理论知识与实际生活情境相结合，使学生在实际操作中学习和应用理论，从而达到理论与实践相结合的教学目的。[①]首先，从理论角度分析，这种教学策略得到了“实践教学法”理论的支持。实践教学法强调学生通过实际操作和应用来深化对理论知识的理解。案例分析与问题解决正是这种方法的具体实践，它要求学生在分析和解决问题的过程中，不断地运用和调整自己的知识结构，培养其批判性思维和实际操作能力。其次，实际操作中的案例分析与问题解决活动已经在多个学校和教育机构得到了广泛的应用。例如，在某中学的思政课教学中，教师会选择与当前社会事件或学生日常生活密切相关的案例，组织学生进行深入的讨论和分析。通过这种方式，学生不仅可以了解到社会的实际情况，还可以锻炼其逻辑思维和创新能力，使他们在学习过程中得到更加全面和深入的发展。再者，案例分析与问题解决策略为思政课的教学改革提供了新的思路和方法。面对日益复杂和多变的社会现实，传统的思政课教学方法已经不能完全满足学生的学习需求。而通过引入案例分析与问题解决活动，可以有效地激发学生的学习兴趣和学习动机，从而更好地实现思政课教学的目标。

4. 互动式教学环境构建：激发学生的学习兴趣和参与度

在大中小学思政课一体化建设中，构建互动式的教学环境是提升学生学习兴趣和参与度的有效途径。在当代教育中，创建一个既开放又互动的学习环境被视为提高思政课教学质量和学生参与度的关键。特别是在大中小学思政课一体化建设的背景下，教育者越来越认识到互动式教学环境的价值和必要性。首先，从理论的角度来看，这种教学环境的构建与“构建主义学习理论”相契合。构建主义学习理论强调学习者是知识的主体，他们通过与环境

① 徐华伟. 大中小学思政课一体化协同理路探讨[J]. 中学政治教学参考，2022（31）：9-12.

的互动来建构知识。因此，创建一个互动式的思政课教学环境可以更好地满足学生的学习需求，使他们在实践中掌握知识，培养其独立思考和创新能力。其次，实际的思政课教学实践也证明了互动式教学环境的有效性。以某中学为例，该校引入了智能互动白板和在线讨论平台，鼓励学生在课堂上提问、讨论和分享。结果显示，学生的参与度明显提高，他们更加积极地表达自己的观点，与同学进行深入的交流，从而更好地理解和应用所学知识。再者，互动式教学环境的构建也有助于培养学生的综合素质。在这样的环境中，学生不仅可以提高自己的学科知识，还可以培养其团队合作、沟通和解决问题的能力。例如，在一个在线讨论平台上，学生可以通过与同学的互动，学会如何提出问题、分析问题和解决问题，这些都是他们未来发展所必需的能力。

5. 评价与反馈机制的优化：促进学生的自我认知和发展

在大中小学思政课一体化建设中，优化评价与反馈机制是培养学生独立思考能力和创新精神的关键。在教育领域，评价与反馈一直被视为提高思政课教学质量和学生学习效果的核心环节。尤其在大中小学思政课一体化建设的背景下，如何优化评价与反馈机制，更好地促进学生的自我认知和全面发展，成为教育者和研究者共同关注的议题。首先，从理论的角度考察，自我决定理论为我们提供了有益的指导。该理论主张，为了提高学生的学习动机和效果，评价与反馈应当注重满足学生的基本需求，如自主性、能力和归属感。这意味着评价体系不仅仅要注重学生的学科成绩，更要关注他们的学习过程、自我效能感和个性发展。其次，研究也证实了评价与反馈机制在提高学生自我认知和发展中的关键作用。例如，某中学采用了多元化的评价方式，包括日常作业、项目评估、同伴评价和教师反馈等。研究结果显示，这种综合评价方式不仅增强了学生的学科能力，还提高了他们的自我认知水平，激发了他们的学习动机。[①]进一步地，优化评价与反馈机制也有助于培养学生的综合素质。通过定期的评价和反馈，学生可以了解自己在学术、情感、社交等方面的表现，从而有针对性地进行个人发展和改进。例如，通过同伴评价，学生可以更好地了解自己的社交能力和团队合作能力，进而积极调整自己的行为和态度。

---

① 蒋建华，王锋，张宏建. 构筑“鲜活、灵活、激活”的思政课一体化教学新样态[J]. 中国高等教育，2022（Z3）：41-42.

## 三、差异化思政课程构建设计：深化学习的个性化与多样性体验

随着教育改革的不断深化，针对性思政课教学的课程设计显得尤为关键。通过个性化和差异化的学习策略，如内容定制、弹性学习路径构建和任务驱动的学习设计，以满足学生多元化的学习需求和期望。

### 1. 课程内容个性化定制：满足学生多元化学习需求

在大中小学思政课一体化建设中，进行课程内容的个性化定制是加强个性化和差异化学习体验的关键。教育者应根据学生的兴趣、能力和需求，灵活设计和调整课程内容，提供多样化的学习资源和活动，以满足不同学生的学习需求和期望，从而增强学生的学习兴趣和参与度。首先，从差异化教学理论的视角来看，学生在认知、兴趣和学习风格上存在明显的差异。因此，教育者应当根据这些差异，灵活地调整和定制课程内容，以满足每位学生的学习需求。例如，对于对政治理论感兴趣的学生，可以提供更加深入和专业的学习材料；而对于偏向实践和应用的学生，则可以引入相关的案例分析和活动。其次，案例研究也证实了课程内容个性化定制在提高学生学习积极性和参与度中的关键作用。以某高中思政课为例，该校根据学生的兴趣和能力，为其提供了多样化的学习资源，包括在线视频、互动讨论和实地考察等。研究结果显示，这种个性化定制的教学策略不仅显著提高了学生的学习满意度，还促进了他们的深度学习和批判性思考能力的培养。再者，进行课程内容的个性化定制也有助于培养学生的自主学习能力。通过提供多样化的学习资源和活动，学生可以根据自己的兴趣和需求，选择合适的学习路径和方法，从而更好地发挥自己的学习潜能。

### 2. 弹性学习路径构建：促进学生自主选择与探索

在大中小学思政课一体化建设中，构建弹性的学习路径是加强个性化和差异化学习体验的有效途径。教育者可以设计多个学习路径和模块，允许学生根据自己的兴趣和需求，自主选择和探索不同的学习资源和活动，从而培养他们的独立思考能力和创新精神，提高他们的学习效果和满意度。从个性化学习理论的角度分析，每个学生都是独特的，他们的学习兴趣、学习速度和学习方式都存在差异。因此，为学生提供多个学习路径和模块，让他们根

据自己的实际情况进行选择，是一种更加合理和有效的教学方法。[①]例如，对于对政治、历史感兴趣的学生，可以为他们提供深入的历史事件研究；而对于偏向关注现实问题的学生，则可以引导他们探索与当下社会热点相关的议题。实际上，某些学校已经在思政课教学实践中采用了弹性学习路径的策略，并取得了一定的成效。例如，某初中思政课教学设计了多个学习模块，如“历史回顾”“现实探索”“未来预测”等，学生可以根据自己的兴趣选择合适的模块进行学习，这不仅提高了他们的学习积极性，还促进了他们的独立思考和创新能力的培养。此外，弹性学习路径的构建还有助于培养学生的自主学习和问题解决能力。在选择和探索不同学习路径的过程中，学生需要学会自我管理、自我评价，以及如何有效地利用资源进行学习，这些都是他们未来发展所必备的能力。

3. 任务驱动的学习设计：激发学生的主动参与和合作精神

在大中小学思政课一体化建设中，采用任务驱动的学习设计是加强个性化和差异化学习体验的关键。任务驱动的学习设计是一种教学方法，旨在通过设定具体、实际的学习任务来激发学生的学习兴趣和主动性。在大中小学思政课一体化建设的背景下，这种设计方法被认为是增强学生个性化和差异化学习体验的重要手段。教育者可以设计具有挑战性和实际意义的学习任务，鼓励学生在团队中合作解决问题，从而激发他们的主动参与和合作精神，培养他们的实际操作能力和创新思维。从认知学习理论的角度来看，任务驱动的学习设计有助于学生的深层学习。当学生面临具有挑战性和实际意义的任务时，他们不仅需要掌握相关的知识和技能，还需要运用这些知识和技能来解决实际问题。这种学习方式不仅增强了学生的记忆和理解，还培养了他们的应用和分析能力。[②]以某中学思政课为例，教师设计了一个关于当代社会问题的研究任务。学生们被分成小组，每个小组需要选择一个具体的社会议题，如环境保护、青少年健康等，然后进行深入的研究和分析。在研究过程中，学生们不仅需要查阅相关的资料，还需要进行实地调查和访谈，最终提出自己的见解和建议。这个任务不仅提高了学生的学习积极性，还促进了他们的团队合作和交流，培养了他们的批判性思维和解决问题的能力。此外，任务驱动的学习设计还有助于培养学生的自主学习和创新能力。在任务驱动的学

① 石书臣．以问题导向推进大中小学思想政治理论课一体化建设的思考[J]．思想理论教育，2020（5）：24-29．

② 杨奇，姚晔晋．一体化视域下“知—信—达”教学目标构建[J]．中学政治教学参考，2022（25）：19-20．

习环境中，学生们需要自主选择学习策略，积极探索和尝试新的方法，从而不断提升自己的学习效果和创新能力。

4. 个性化评价与反馈机制：促进学生的自我认知和进步

在大中小学思政课一体化建设中，建立个性化的评价与反馈机制是加强个性化和差异化学习体验的有效途径。教育者应根据学生的学习进展和表现，提供及时和具体的反馈，帮助他们了解自己的学习情况和不足，激励他们进行自我反思和改进，从而促进他们的个人成长和发展。从教育评估理论的角度来看，个性化评价与反馈能够更准确地反映学生的学习进展和成果。传统的一体化评价往往过于侧重知识的掌握和记忆，而忽视学生的个性特点和学习策略。通过建立个性化的评价与反馈机制，教育者可以更加全面和深入地了解学生的学习情况，为其提供更为精准和有效的指导。以某小学思政课为例，教育者采用了一套个性化的评价与反馈系统。在每个学期结束后，教师会为每位学生进行综合评价，不仅评价其在知识掌握上的表现，还评价其在思维能力、团队合作和实际应用等方面的表现。[①]同时，教师还会为学生提供详细的反馈报告，指出其学习中存在的问题和不足，并提供相应的改进建议。这种个性化的评价与反馈机制不仅帮助学生更好地了解自己的学习情况，还激励他们进行自我反思和改进，从而促进他们的个人成长和发展。此外，个性化评价与反馈机制还有助于培养学生的自主学习和批判性思维能力。当学生了解到自己在学习中的不足之处，他们会更加积极地寻找和尝试新的学习策略，提升自己的学习效果和成果。

5. 个性化学习环境配置：创建适应学生特点的学习环境

在大中小学思政课一体化建设中，配置个性化的学习环境是加强个性化和差异化学习体验的关键。教育者应根据学生的需求和特点，灵活配置学习资源和工具，创建一个开放、互动、鼓励探索和创新的学习环境，从而提升学生的学习积极性和满意度。根据环境心理学的理论，学习环境的设计与配置对于学生的学习效果有着直接的影响。一个能够满足学生基本需求、激发其学习兴趣和提高其学习效率的学习环境，可以极大地提升学生的学习积极性和满意度。例如，某中学特地在图书馆设置了不同的学习区域，如静听区、讨论区和创意区，以满足学生在不同学习阶段和不同学习需求下的学习要求。

① 吴艳玲. 学校思政课一体化实践教学机制的构建[J]. 齐齐哈尔大学学报（哲学社会科学版），2021（12）：161-164.

此外，个性化学习环境的配置还需要充分考虑到学生的兴趣和特长。教育者可以根据学生的兴趣爱好，为其提供相应的学习资源和工具，如专题阅读材料、研究项目和实践活动等，从而激发学生的学习兴趣、提高其学习效果。值得注意的是，创建个性化的学习环境并不意味着忽视了学生之间的共性和规律性。相反，个性化与群体化应当相辅相成，确保每位学生在学习过程中都能得到充分的关注和支持。例如，教育者可以通过定期的个性化辅导和指导，为学生提供针对性的学习建议和反馈，帮助他们克服学习中的困难和挑战，提升其学习效果和满意度。

## 四、增强思政课程学习参与度：构建有效的学习动力激励体系

在当前的大中小学思政课一体化建设的背景下，如何有效地激发学生的学习兴趣和动机成为一个亟待解决的问题。

### 1. 任务导向的学习活动设计：激发学生主动参与与投入

在大中小学思政课一体化建设中，采用任务导向的学习活动设计是建立高效学习激励机制的有效手段。通过设计具有实际意义和挑战性的学习任务，鼓励学生在实践中主动探索和解决问题，从而激发他们的学习兴趣和动机，强化他们的学习效果，提高他们的满意度。首先，任务导向的学习活动设计强调的是学生的主体地位。它要求教育者在设计学习任务时，考虑学生的实际需求和兴趣，确保任务既有挑战性，又具有实际意义。例如，在某高中的思政课教学课程中，教育者设计了一个关于“如何改善学校的环境卫生”的任务，要求学生团队合作，进行调查研究并提出改进建议。这样的任务不仅与学生的实际生活紧密相关，而且能够激发他们的学习兴趣和动机。[①]其次，任务导向的学习活动设计能够有效地激发学生的学习参与和投入。在完成任务的过程中，学生需要积极收集信息、进行分析判断、制订计划并实施，这一系列的活动都能够促进他们的思维发展和能力提升。例如，通过参与到环境卫生改进的实践活动中，学生不仅能够增强自己的实际操作能力，还能够培养其团队合作精神和创新思维。再者，任务导向的学习活动设计也有助于提升学生的学习效果和满意度。通过实际操作和实践活动，学生能够更加深入地理解和掌握所学知识，从而强化学习效果。同时，完成任务后的成就感

① 陈磊，徐秦法. 大中小学思政课一体化建设的“段间规律”探寻[J]. 中国大学教学，2022（6）：60-65.

和满足感，也能够进一步激发学生的学习动机，使他们更加主动地参与到学习过程中。

2. 个性化学习路径规划：满足学生多元化的学习需求

在大中小学思政课一体化建设中，进行个性化学习路径规划是建立高效学习激励机制的关键。教育者应根据学生的兴趣、能力和需求，灵活调整学习内容和方式，提供多样化的学习资源和活动，以满足不同学生的学习需求和期望，从而增强他们的学习动机和参与度。首先，理论上支持个性化学习路径规划的核心思想是认知多元智能理论。学生在不同的领域和方面都具有各自的智能优势。因此，教育者在进行学习路径规划时，应该充分考虑到学生的智能特点，确保学习内容和方式与学生的智能优势相匹配。[①]例如，某些学生可能在逻辑数学智能上具有优势，对于抽象的思想政治理论知识更容易掌握；而另一些学生可能在人际关系智能上表现出色，更适合通过团队合作或角色扮演的方式进行思政课学习。其次，实际操作中的个性化学习路径规划需要教育者具备较强的教育技术能力。借助现代教育技术，如人工智能、大数据分析等，教育者可以对学生的学习数据进行深入分析，了解他们的学习习惯、兴趣点和挑战点，从而为他们提供更为精准的学习建议和资源推荐。例如，通过对学生在线学习行为的数据分析，教育者可以发现某些学生更喜欢通过视频学习，而对于文字资料的接受度较低，因此可以为他们提供更多的视频学习资源和互动活动。再者，个性化学习路径规划的目的是提升学生的学习动机和参与度。当学生感受到学习内容与自己的兴趣和需求相匹配时，他们更容易产生学习动机，因此会更加积极地参与到学习过程中。例如，一个对历史感兴趣的学生，如果教师在思政课中能够将历史事件与思想政治理论进行结合，那这个学生就可能更加主动地投入学习，并进行探索与思考。

3. 实时反馈与指导机制：提供即时的学习支持和激励

在大中小学思政课一体化建设中，建立实时反馈与指导机制是建立高效学习激励机制的有效途径。教育者应根据学生的学习进展和表现，及时提供具体和针对性的反馈，帮助他们了解自己的学习情况和不足，激励他们进行自我反思和改进，从而促进他们的个人成长和发展。首先，从教育理论的角度来看，实时反馈与指导机制的设计与行之有效的学习者导向理念密切相关。

---

① 石书臣. 以问题导向推进大中小学思想政治理论课一体化建设的思考[J]. 思想理论教育，2020（5）：24-29.

学习是一个社会性的过程，学生通过与他人的互动和交流，不断地构建知识和理解。因此，当教育者能够及时为学生提供反馈和指导时，就可以更好地引导他们走向有效学习的路径。例如，在思政课教学中，如果学生在某个主题上出现疑惑或错误的理解，教育者可以立即给予指导，帮助他们纠正错误、深化理解。其次，实际操作中的反馈机制需要教育者运用现代技术手段进行支持。通过利用数字化学习平台和应用程序，教育者可以实时追踪学生的学习进展和表现，为他们提供个性化的反馈和建议。例如，某些先进的学习管理系统可以自动生成学生的学习报告，指出他们在学习过程中的强项和弱项，为教育者提供决策依据，制定更为有效的教学策略。再者，实时反馈与指导机制不仅有助于学生的学术成长，还可以培养他们的自主学习和批判性思维能力。当学生习惯于接受并运用反馈进行自我调整时，他们会更加主动地参与学习，提高自己的学习效率。例如，当学生发现自己在某个知识点上存在困惑时，他们可以利用反馈机制中的建议资源，自主地寻找相关的学习材料和方法，主动解决问题。

4. 激励性评价与奖励机制：强化学习动机和行为导向

在大中小学思政课一体化建设中，建立激励性评价与奖励机制是建立高效学习激励机制的关键。教育者应根据学生的学习表现和成果，设计公正、公开和激励性强的评价体系，提供有价值的奖励和认可，如证书、奖学金、学术活动等，以强化学生的学习动机和行为导向，促进他们的持续投入和努力。[①]首先，从教育理论的角度来看，评价与奖励机制的核心目标是激励学生的学习兴趣和动机。学生的内在动机是影响其学习投入和持续努力的关键因素。因此，教育者在设计评价体系时，应注重体现学生的内在价值和成就，避免过度依赖外在奖励或简单的数量指标。例如，除了传统的笔试和项目评估外，还可以采用学生自主完成的研究报告、团队合作项目或公益活动等多元化的评价方式，更全面地展现他们的综合能力和潜力。其次，奖励的方式和内容也需要与时俱进，满足学生多样化的需求和期望。在过去，奖学金和荣誉证书可能是学生们追求的主要目标，但随着社会的发展和价值观的多元化，学生对于奖励的定义和期望也发生了变化。因此，教育者应不断地调查和了解学生的需求，设计出既有实质性价值又具有吸引力的奖励措施。例如，组织与思政教育相关的学术竞赛、研究项目或实践活动，为优秀的学生提供

① 梁海峰．思政课一体化建设存在的问题及其解决路径[J]．中学政治教学参考，2022（21）：20-21．

参加国内外学术交流的机会，都可以作为激励性奖励的有效手段。再者，为了确保评价与奖励机制的公正性和透明性，教育者需要制定明确的评价标准和流程，并定期进行评价体系的审查和更新。例如，可以建立由多方参与的评价委员会，负责监督和审查评价过程，确保每位学生都在一个公正、公开的环境中接受评价，并获得应有的奖励。

5. 创新性学习环境构建：培育学生的探索和创新精神

在大中小学思政课一体化建设中，构建创新性学习环境是建立高效学习激励机制的有效途径。教育者应创建一个开放、互动、鼓励探索和创新的学习环境，提供丰富的学习资源和工具，鼓励学生在实践中尝试新的方法和思路，培育他们的探索和创新精神，从而提升他们的学习积极性和效果。首先，从教育学的角度来看，学习环境的构建与学生的主体地位息息相关。学生在互动与合作中构建知识，而一个创新性的学习环境能够为学生提供更多的机会去探索、尝试和创新。[①]例如，教室可以设计成多功能区域，如阅读角、实验区、讨论区等，以激发学生的好奇心和探索欲望。其次，为了确保学习环境的创新性，教育者需要与时俱进，引入最新的虚拟现实（VR）技术等教育技术和方法来辅助思政课教学。通过虚拟实境的体验，学生可以更直观地感受历史事件和思想理念，从而加深对内容的理解和感受。此外，教育者还可以组织思政课教学创新实验室或工作坊，邀请专家学者与学生共同探讨和研究热点问题，从而促进学生的创新思维和实践能力。再者，为了培育学生的探索和创新精神，教育者应注重学生的参与和反馈。例如，可以定期组织学生进行项目展示或成果交流，让他们有机会展示自己的研究成果和创新成果，同时也为他们提供一个获取同伴和教师反馈的平台，从而不断完善和改进自己的工作。

## 五、推动思政教育与社会互动：培养社会责任情怀与实践能力

在大中小学思政课一体化建设中，将社会实践活动融入教学是加强思政课与社会的连接、培养学生社会责任感和实践技能的有效途径。

① 庞晨，曾令辉. 论大中小学思政课一体化教学有效衔接的价值蕴意与实践路径[J]. 湖北师范大学学报（哲学社会科学版），2023，43（5）：56-62.

1. 社会实践活动融入教学：强化学生的实际操作能力和社会责任感

当前，随着社会的快速发展和变革，传统的思政课教学模式已逐渐难以满足学生的综合素质培养需求。为了更好地培养学生的社会责任感和实践技能，教育者开始重视将社会实践活动融入教学。这一策略不仅有助于加强思政课与社会之间的联系，还能有效地提升学生的实际操作能力。首先，从教育学理论的角度来看，社会实践活动为学生提供了一个与课堂教学相结合的实践平台。学生通过亲身参与和实践来建构知识体系。①例如，学生参与社区服务时，不仅能够应用所学的知识，还能够在实践中发现知识的不足，从而促进知识的深化和拓展。其次，实践活动的融入还有助于加强学生的社会责任感。以某小学为例，该校通过组织学生参与社区环境整治活动，让学生亲身体验到环境保护的重要性，从而增强他们的环境意识和社会责任感。这种实际操作不仅能够培养学生的团队协作精神，还能够增强他们的社会情操和公民意识。再者，社会实践活动的融入也为学生提供了一个与社会各界交流的平台。例如，通过参与社会调研活动，学生可以与不同背景和观点的人进行交流和互动，从而开阔他们的视野、增强他们的社会交往能力。

2. 社会问题讨论与分析：培养学生的批判性思维和解决问题的能力

在大中小学思政课一体化建设中，组织学生对社会问题进行讨论和分析是加强思政课与社会的连接，培养学生社会责任感和实践技能的关键。首先，从教育学理论的角度来看，批判性思维被认为是当代教育的核心目标之一。批判性思维是一个复杂的认知过程，它涉及评估信息的质量、检查逻辑的合理性以及形成独立的判断。因此，组织学生对社会问题的讨论和分析可以被视为一个有效的手段，帮助他们在实践中运用和发展批判性思维能力。其次，社会问题的讨论与分析还有助于培养学生的问题解决能力。以近年来的环境保护问题为例，通过引导学生探讨相关议题，如气候变化、生态破坏等，教育者可以激发他们思考解决策略，培养他们的创新思维和解决实际问题的能力。例如，某初中组织学生对当地的垃圾分类问题进行深入研究，学生们不仅提出了具体的解决方案，还参与到实际的垃圾分类活动中，体验到解决实际问题的成就感。此外，社会问题的讨论与分析还能够加强思政课与社会的连接。通过选择与学生日常生活和社会热点相关的话题，教育者可以确保课程内容与学生的实际生活紧密相连，增强他们的学习兴趣和参与度。例如，

---

① 王增福．推进大中小学思政课一体化建设的三维审思[J]．高校马克思主义理论研究，2023，9（3）：21-25.

某高中思政课将近年来社会关注度较高的网络安全问题纳入教学内容，引导学生探讨网络安全的重要性及其对个人和社会的影响，从而增强他们的社会责任感，提升实践技能。

### 3. 社会资源整合与合作：促进学校与社会的深度融合

在大中小学思政课一体化建设中，整合社会资源和开展合作是加强思政课与社会的连接、培养学生社会责任感和实践技能的有效途径。教育者可以与企业、社区、非政府组织等社会机构建立合作关系，共同开展各类教育活动，为学生提供更多的学习和实践机会，促进学校与社会的深度融合。首先，从教育学理论的角度来看，学习是一个综合性的过程，它不仅仅局限于课堂内的教育活动。学习常常发生在社交实践中，而社会资源的整合为学生提供了更为广阔的学习平台。例如，某中学与当地企业合作，组织学生参与实地考察和实践活动，使他们能够将理论知识应用到实际中，增强学习的深度和广度。其次，合作与整合不仅仅是资源的交换，更是一种文化和价值观的交融。与社区、非政府组织等社会机构的合作，不仅能够为学生提供更为丰富的学习资源，还能够培养他们的团队合作精神和社会责任感。[①]例如，某小学与当地社区合作，开展环境保护主题活动，学生们在活动中不仅学到了环境保护的知识，还培养了他们的团队协作和社会责任感。此外，整合社会资源与开展合作还有助于实现教育公平。通过与不同的社会机构合作，学校可以为学生提供更多元化的学习机会，满足他们不同的学习需求和兴趣。例如，某大学与多家企业和研究机构建立了长期的合作关系，为学生提供了丰富的实习和研究机会，帮助他们更好地规划未来的职业生涯。

### 4. 社会责任教育与价值观培育：引导学生树立正确的社会观念和价值观

在大中小学思政课一体化建设中，进行社会责任教育和价值观培育是加强思政课与社会的连接、培养学生社会责任感和实践技能的关键。首先，从教育学理论的角度来看，教育不仅仅是传授知识，更重要的是培养学生的思考能力和价值观念。教育的目的是培养完整的人格和公民意识，使学生能够在社会中作出正确的选择。因此，教育者在进行社会责任教育和价值观培育

---

① 石书臣．以问题导向推进大中小学思想政治理论课一体化建设的思考[J]．思想理论教育，2020（5）：24-29.

时，应注重培养学生的批判性思维和公民意识，引导他们反思社会问题，树立正确的社会观念和价值观。其次，社会责任教育和价值观培育是培养学生社会责任感和实践技能的有效途径。例如，某中学通过组织学生参与社区服务和志愿者活动，使他们亲身体验社会实践，深入了解社会问题，从而培养他们的社会责任感和实践技能。在这一过程中，教育者不仅仅是知识的传递者，更是学生思想和行为的引导者，应注重培养学生的自主学习和实践能力，引导他们主动参与社会实践，树立正确的社会观念和价值观。此外，社会责任教育和价值观培育还有助于促进学生的全面发展和成长。在这一过程中，教育者应注重培养学生的综合素质，引导他们全面发展，培养他们的创新精神和批判性思维，从而为社会的发展和进步作出贡献。

5. 社会参与与公民教育：培养学生的公民意识和社会参与能力

在大中小学思政课一体化建设中，鼓励学生参与社会活动和公民教育是加强思政课与社会的连接、培养学生社会责任感和实践技能的有效途径。首先，从教育学理论的角度来看，教育的目的是培养学生的全面素质，使他们成为具有批判性思维和社会责任感的公民。真正的教育应该是解放性的，能够激发学生思考并推动他们参与社会实践。因此，教育者在进行公民教育时，应注重培养学生的批判性思维和社会责任感，引导他们关注社会问题，参与社会实践，为社会的发展和进步作出贡献。[①]其次，公民教育和社会参与是培养学生实践技能和社会责任感的有效途径。例如，某中学通过组织学生参与社区服务和公益活动，使他们亲身体验社会实践，深入了解社会问题，从而培养他们的社会责任感和实践技能。在这一过程中，教育者不仅是知识的传递者，更是学生思想和行为的引导者，应注重培养学生的自主学习和实践能力，引导他们主动参与社会实践，培养他们的公民意识和社会参与能力。此外，公民教育和社会参与还有助于促进学生的全面发展和成长。在这一过程中，教育者应注重培养学生的综合素质，促进他们全面发展，培养他们的创新精神和批判性思维，从而为社会的发展和进步作出贡献。

---

① 谢晓娟，路晓芳. 新时代推动大中小学思政课一体化建设研究[J]. 学校党建与思想教育，2022（11）：71-74.

## 第三节　教材内容翻新：确保思政课内容与现代教育需求同步

随着大中小学思政课一体化建设的不断发展和变革，教材创新与时代接轨显得尤为关键。本节旨在探讨大中小学思政课教材的内容体系更新，重点在于如何将其与社会现实和科技媒体资源相结合，以提升大中小学思政课教材的吸引力和实效性。

### 一、思政课教材内容的动态刷新：与时并进的策略调整

在大中小学思政课一体化建设过程中，思想政治课教材内容的动态更新尤为关键。

1. 时事热点融入教材编写：反映当下社会变革与发展

在大中小学思政课一体化建设中，将时事热点融入教材编写一直是一个核心议题。尤其在思政课这一关键环节，如何确保教学内容与时俱进，与社会变革与发展同步，成为教育者们必须面对和解决的问题。首先，从教育学理论的角度分析，教育不仅仅是知识的传授，更是培养学生社会责任感、批判性思维和实践能力的过程。杜威在其著作《经验与教育》中强调，教育应该与学生的生活经验相结合，使其能够应对社会的挑战和变革。因此，将时事热点融入教材编写,不仅可以使思政课教学内容更加贴近学生的实际生活，还可以激发他们的学习兴趣和参与度。其次，案例分析也证明了时事热点融入教材编写的有效性。以某高中思政课为例，该课程在教学内容中融入了最新的社会热点，如全球化、数字化转型、环境保护等议题。①通过这些内容，学生不仅可以了解到当下社会的变革和发展趋势，还可以进行深入的思考和讨论，培养其批判性思维和实践能力。再者，反映当下社会变革与发展的教材内容也有助于培养学生的社会责任感和公民意识。当学生在学习中了解到社会的重大事件和变革时，他们会更加关注社会问题、更加珍视社会责任，从而为社会的发展和进步作出贡献。

---

① 石书臣. 以问题导向推进大中小学思想政治理论课一体化建设的思考[J]. 思想理论教育，2020（5）：24-29.

### 2. 多元文献资源整合：拓宽学生知识视野与思考深度

在大中小学思政课一体化建设中，整合多元文献资源与应用成为一个不容忽视的议题。特别是在思政课的教学中，如何有效地整合并运用多元文献资源，以促进学生的综合素质和思考能力的提升，已经成为教育者们的共同关注点。首先，从教育理论的角度来看，多元文献资源的整合能够为学生提供一个多维度、多角度的学习环境。杜威在其著作《经验与教育》中强调，教育应当紧密结合学生的实际经验，提供丰富多彩的学习材料，以促进其深度学习和批判性思考。因此，教育者应整合各种学术文献、社会调查报告和新闻媒体等资源，为学生打开一扇窗，使他们能够从多个角度去观察、分析和思考复杂的社会现象和问题。其次，实际的思政课教学案例也证实了多元文献资源整合的积极效果。以某中学思政课为例，该课程在教学中不仅使用传统的教科书材料，还引入了各种社会调查报告、新闻报道和学术论文等资源。通过这些资源，学生得以深入了解社会的变革和发展，从而培养其批判性思维、创新意识和综合应用能力。再者，多元文献资源的整合还有助于打破传统的思政课教学模式，促进思政课教学内容的创新和更新。随着信息技术的发展，教育者可以更加方便地获取和利用各种文献资源，为学生提供更为丰富和多样化的学习体验。

### 3. 网络技术应用与互动学习：提升教学活动的时效性与参与度

在大中小学思政课一体化建设中，运用网络技术和互动学习平台是保持思政课内容的动态更新，紧跟时代脉搏的有效手段。教育者可以利用现代信息技术，创建在线讨论、互动答题等教学活动，及时反映学生的学习需求和兴趣，提高思政课教学活动的时效性和参与度，促进思政课教学内容的不断刷新和更新。首先，从教育学理论的角度来看，网络技术的应用可以为教育者提供一个更为广阔和多样化的教学平台。网络技术为思政课教学提供了一个开放和互动的环境，有助于教育者与学生之间建立更为紧密的联系，从而更好地满足学生的学习需求和兴趣。其次，实际的思政课教学案例也进一步验证了网络技术应用与互动学习的有效性。例如，某中学思政课的教育者结合在线讨论和互动答题等教学活动，成功地引导学生深入探讨和思考社会的热点问题和议题，同时也提升了学生的学习积极性和参与度。再者，网络技术的应用还有助于实现思政课教学内容的时效性和灵活性。在传统的思政课教学模式中，教育者可能需要花费大量的时间和精力来更新教材和教学内容。①

① 许家烨. 大中小学思想政治理论课教材一体化建设：逻辑、问题与对策[J]. 思想教育研究，2022（2）：113-118.

而通过网络技术，教育者可以实时地获取和整合各种思政课教学资源，为学生提供一个更为新颖和多元化的学习环境。

4. 学生反馈与教材修订：确保内容贴合学生实际需求

在大中小学思政课一体化建设的进程中，为了确保思政课教学内容与学生的实际需求相契合，教育者必须充分认识到学生反馈与教材修订的重要性。思政课教学活动的核心目标是满足学生的学习需求和促进其全面发展，因此，教材的内容和形式都应当根据学生的实际情况进行相应的调整和更新。从教育学的角度分析，学生反馈在思政课教学过程中起到了桥梁的作用。教育者应当倾听学生的声音，了解他们的学习需求和困惑，从而更好地指导他们的学习。例如，在某校的思政课教学中，教育者通过定期组织学生座谈会和在线问卷调查，收集了学生对教材内容的反馈和建议。这些反馈为教育者提供了宝贵的信息，帮助他们发现教材中存在的问题和不足之处。除了理论支撑外，实际的思政课教学案例也证实了学生反馈与教材修订的必要性。在某中学的思政课教学中，教育者根据学生的反馈，对教材中的某些内容进行了调整和优化。这些调整不仅使教材内容更加贴近学生的实际需求，还提升了学生的学习积极性和参与度。

5. 跨学科知识融合与创新教学方法：提升教学内容的深度和广度

在大中小学思政课一体化建设的过程中，融合跨学科知识与创新教学方法已被认为是一种有效的策略，有助于课程内容与时代发展保持同步。教育者在设计教学内容时，不仅需要考虑到思政学科的核心内容，还应该考虑如何与其他学科的知识进行有机结合，从而实现思政课教学目标的多元化和深化。根据教育学理论，跨学科教学能够增强学生的综合素养和批判性思维。学生应当在实际的学习环境中，结合不同学科的知识进行探究，从而形成更加完整和深入的理解。因此，当教育者在思政课教学中融入历史、社会学、哲学等学科的相关内容，就有可能为学生提供一个更加全面的学习视角。在实际的教学案例中，有些学校已经开始尝试跨学科的教学方法。例如，某中学在思政课中引入了与科学技术相关的内容，让学生探讨科技发展如何影响社会结构和价值观。这种教学策略不仅激发了学生的学习兴趣，还帮助他们建立起科技与社会发展之间的联系。除了融合跨学科知识外，采用创新的教学方法也是提升思政课教学内容深度和广度的关键。例如，项目式学习、合作学习和探究性学习等方法都可以激发学生的主动性和探究欲望，帮助他们深入理解和应用所学知识。

## 二、思政课教材内容与时事融合：深化其与社会的现实纽带

将思政课教材与社会现实更紧密地结合起来，不仅有助于提升教材的实际关联性，还能促进学生的综合素质和全球视野的培养，从而更好地满足现代社会对大中小学思政课一体化建设的需求。

### 1. 社会事件案例引入：连接学生的学习与实际

在大中小学思政课一体化建设中，社会事件案例的引入不仅是对学生学习的一个刺激，而且是对他们实际生活与社会热点的一个深入探讨的桥梁。过去的教学方式往往局限于理论知识的传授，但现如今，为了更好地激发学生的学习兴趣和深入思考，教育者需要将抽象的理论知识与具体的社会事件相结合。[①]从教育学理论的角度来看，学习是在社会交往中发展起来的。因此，将社会事件案例引入思政课中，可以为学生提供一个真实的学习背景，使他们在分析和探讨中更加贴近实际，更有可能形成深入的学习体验。以近年来的一些社会事件为例，如某地区的环境污染事件或是社会公益活动，这些事件与学生的日常生活息息相关。通过引入这些案例，教育者可以与学生一同探讨社会背景、原因及其对社会的影响，从而引导学生形成对社会现象的深入理解。此外，通过社会事件案例的引入，教育者还可以培养学生的批判性思维。当学生面对一个复杂的社会事件时，他们不仅需要了解事件的事实，还需要分析事件背后的原因、各方的利益关系以及可能带来的长远影响，这都需要学生具备批判性的思考能力。

### 2. 社会调查与数据分析：深化学生的理解与认识

在大中小学思政课一体化建设中，进行社会调查和数据分析是提高思政课教材的现实关联性的关键。教育者可以组织学生进行小型社会调查，收集相关数据和信息，引导他们进行深入分析和解读，从而深化他们对社会现实的理解和认识，提高教材的实际关联性。首先，从教育心理学的角度看，学生的认知能力是逐渐发展的。通过参与社会调查，学生可以亲身体验数据收集的过程，从而增强其对社会现象的观察和分析能力。这种实践性的学习方式有助于他们从抽象的理论知识转向具体的社会实践，从而加深对社会的认识。以某地区的教育公平性为例。通过组织学生进行小型社会调查，他们可

① 董沛淇．大中小学思政课教学目标一体化设计的规律性依据[J]．山西高等学校社会科学学报，2022，34（5）：30-34.

以了解到不同地区、不同背景的学生在教育资源分配上的差异。在数据收集和分析的过程中，学生不仅要收集数据，还要学习如何对数据进行合理的解读和分析。这不仅锻炼了他们的实践操作能力，还培养了他们的批判性思维。此外，数据分析在现代社会中占据了越来越重要的地位。学生掌握数据分析的基本方法和技巧，不仅可以帮助他们更好地理解社会现象，还为他们未来的学术研究或职业发展打下坚实的基础。但是，仅仅进行数据收集和分析是不够的。教育者还需要引导学生对收集到的数据进行深入的思考和解读，帮助他们从中挖掘出隐藏的规律和趋势。这不仅可以增强学生的认识深度，还可以激发他们的学习兴趣和动力。

3. 现实问题探讨与解决方案：激发学生的创新思维

在大中小学思政课一体化建设中，引导学生探讨和解决现实问题是提高思政课教材的现实关联性的有效途径。教育者应选择与学生日常生活和社会发展密切相关的现实问题，引导他们进行深入的探讨和研究，提出创新的解决方案，激发他们的创新思维和实践能力，增强教材的现实感和针对性。首先，我们可以从教育学理论中找到答案。学生最有效的学习方式是通过与他人的互动和实际的经验学习。当学生被引导去探讨与他们日常生活和社会紧密相关的问题时，他们不仅仅是在学习理论知识，更是在进行实践探索，从而形成更为深入和持久的记忆。[①]以环境污染为例。当教育者选择这一议题引导学生进行探讨时，学生不仅需要掌握相关的环境科学知识，还需要了解政府的政策、企业的社会责任，以及公众的参与方式等多个方面。在这个过程中，学生需要运用他们所学的知识，提出创新的解决方案，如采用绿色技术、推动绿色消费等。这样的实践性学习方式不仅可以增强学生的实践能力，还可以培养他们的创新思维。此外，现实问题探讨还可以增强学生的团队合作和沟通能力。在解决复杂的社会问题时，单打独斗是远远不够的。学生需要与同伴进行合作，交换意见，共同寻找最佳的解决方案。这样的合作性学习环境有助于培养学生的团队协作精神和社交技能，同时有助于在头脑风暴中提升创新意识。

4. 社会责任与价值观教育：引导学生树立正确的价值观

在大中小学思政课一体化建设中，进行社会责任与价值观教育是提高思政课教材的现实关联性的关键。教育者应注重引导学生反思，探讨社会责任

① 俞涛　一体化视域下的高中思政课教学设计[J]. 思想政治课教学，2022（5）：22-24.

和个人价值观的关系，培养他们的社会责任感和公民意识，引导他们树立正确的世界观、人生观和价值观，使教材内容与学生的价值追求和社会责任紧密相连。首先，我们可以从教育学的视角来探讨这一议题。教育的核心任务是培养学生的社会责任感和个人价值观。这并不仅仅是传授知识，更是要引导学生对自身行为和社会关系进行深入的反思。[①]例如，当教育者提及公共事务或环境保护等议题时，学生应该被鼓励思考他们作为公民的角色所作出的决策是如何影响社会和环境的。再者，学生的学习体验应当与他们的生活经验相结合。在思政课的教学中，教育者可以选择与学生日常生活和社会现象紧密相关的案例，如青少年的网络行为、消费观念等，引导他们探讨这些行为背后的价值观，并从中培养他们的社会责任感。进一步地，从社会心理学的角度看，个体的价值观往往是在与他人互动中形成和塑造的。因此，教育者应该鼓励学生与同伴进行深入的讨论和合作，共同探索和建构共同的价值观和社会责任感。

5. 多元文化与国际视野开阔：拓宽学生的知识视野

在大中小学思政课一体化建设中，引入多元文化和国际视野是提高思政课教材的现实关联性的有效途径。教育者应结合国际社会的发展趋势和多元文化的特点，引导学生开阔国际视野，深化对全球问题的认识和理解，使教材内容与学生的知识视野和世界观紧密相连，提高教学内容的时效性和参与度。首先，真正的学习应该是与现实生活相结合的，而现实生活已经越来越多地与国际事务和多元文化交织。因此，当我们考虑大中小学思政课的一体化建设时，引入多元文化和国际视野不仅仅是理论上的需要，更是实践上的要求。其次，案例分析也证明了这一点。例如，当教育者将全球化中的环境问题、经济合作或文化交流等作为教学内容时，学生能够更加直观地感受到这些问题与他们生活息息相关。通过对跨文化交流的案例分析，学生可以更加深入地理解不同文化背景下人们的思维方式和价值观，从而拓宽他们的知识视野。再者，心理学研究也揭示了开放式思维与创新能力之间的密切关系。当学生的知识视野被拓宽到国际层面时，他们更可能展现出开放、包容的思维态度，从而更容易产生创新思维。

① 董沛淇．大中小学思政课教学目标一体化设计的规律性依据[J]．山西高等学校社会科学学报，2022，34（5）：30-34.

## 三、科技与媒体资源的融合策略：增强思政课教材的互动性与吸引力

在当今数字化与信息化日益深入的教育领域，整合科技与媒体资源为大中小学思政课一体化建设注入了新的活力与机遇。

### 1. 数字化教学资源引入：提升课堂互动性

在大中小学思政课一体化建设中，引入高质量的数字化教学资源是提升思政课教材互动性和吸引力的有效途径。教育者可以整合多媒体、动画、模拟实验等资源，为学生提供生动、直观的学习体验，促进教学内容与学生的实际生活和兴趣紧密结合，增强课堂互动性。在思想政治教育学理论中，教学资源的引入不仅仅是技术的应用，更是教育思想与方法的创新。数字化思政课教学资源的引入，如多媒体、动画和模拟实验等，实际上是对传统思政课教学模式的一种革新。①例如，高质量的动画和模拟实验能够为学生提供一个生动的学习环境，使抽象的思想政治理论变得更加形象和直观。同时，这些资源能够帮助学生将思政课教学内容与他们日常生活和兴趣相结合，从而激发他们的学习兴趣和积极性。此外，数字化思政课教学资源还可以提高教学的灵活性和个性化。通过数字化平台，教育者可以根据学生的实际情况和需求，灵活地调整思政课教学内容和方法，使其更加贴近学生的实际情况。例如，教师可以根据学生的兴趣和需求，选择合适的多媒体资源和实例，来引导和激发学生的思考和讨论。此外，数字化教学资源的引入也为思政课教学评价提供了新的可能性。传统的思政课教学评价往往依赖于笔试和口试，这种评价方式可能无法全面和准确地反映学生的学习情况和能力。而通过数字化思政课教学资源，教育者可以更加全面和细致地了解学生的学习过程和成果，从而更加科学和公正地进行教育评价。

### 2. 互动式学习平台构建：增强学生参与感

在大中小学思政课一体化建设中，建立互动式学习平台是提升思政课教材互动性和吸引力的关键。教育者可以利用现代技术手段，创建在线讨论、答题竞赛、模拟角色扮演等互动活动，鼓励学生积极参与，提高他们的学习

① 李尚宸，徐玉．新时代大中小学思政课一体化建设：理论嵌入、基本原则与实践路向[J]．中国高等教育，2023（1）：38-41．

兴趣和主动性，增强教材的吸引力。[①]教育的目的在于培养学生的思想品德，提升其社会责任感和公民素质。为了实现这一目标，在大中小学思政课一体化建设中，构建互动式学习平台显得尤为关键。互动式学习平台的建立，不仅可以丰富教学手段，还能够促进思政课教学内容与学生的实际生活和需求相结合。例如，通过在线讨论功能，学生可以在虚拟的学习环境中，与同学和教师进行思想交流和讨论。这种形式的交流不仅能够帮助学生深入理解教育内容，还能够培养他们的批判性思维和团队合作能力。另外，答题竞赛和模拟角色扮演等互动活动，可以激发学生的学习兴趣和参与热情。例如，通过模拟角色扮演，学生可以在模拟的情境中，体验和实践公民的角色和责任，从而更加深入地理解思政课教学的重要性和意义。此外，互动式学习平台还可以为教育者提供丰富的思政课教学资源和工具。例如，通过在线测试和评估功能，教育者可以更加全面和准确地了解学生的学习情况和进度，从而及时调整思政课教学策略和方法。同时，互动式学习平台还可以为教育者提供实时的反馈和建议，帮助他们不断优化思政课教学内容和方法，提升思政课教学效果。

3. 多媒体融合与实践应用：拓展学生学习空间

在大中小学思政课一体化建设中，多媒体融合与实践应用是提升思政课教材互动性和吸引力的有效途径。教育者应结合教材内容，设计丰富多彩的多媒体思政课教学活动，如虚拟实验、模拟实践等，为学生提供拓展学习空间的机会，增强他们的实践能力和创新精神。学生的学习不应局限于传统的教室环境，而应该拓展到更加广阔的学习空间中。在大中小学思政课一体化建设中，多媒体融合与实践应用的策略尤为关键。通过结合现代多媒体技术，如虚拟实验和模拟实践，教育者可以为学生创造一个更加生动、直观的学习环境，从而提高他们的学习积极性和成效。例如，通过虚拟实验技术，学生可以在模拟的环境中，进行各种社会和政治实验，如民主决策、公民参与等。这种形式的学习不仅能够帮助学生理解和掌握理论知识，还可以培养他们的实践能力和创新精神。[②]此外，通过模拟实践活动，学生可以在虚拟的情境中，体验和实践公民的角色和责任，从而更加深入地理解思政课教学的重要性和意义。另外，多媒体融合与实践应用还可以为教育者提供丰富的教学资源和

① 陈亮，柏鑫，李红梅. 大中小学思政课教材一体化建设回顾与展望[J]. 中学政治教学参考，2022（15）：74-78.

② 李东坡，王学俭. 新时代大中小学思政课一体化建设的内涵、挑战与对策[J]. 新疆师范大学学报（哲学社会科学版），2021，42（3）：60-69.

工具。例如，教育者可以结合多媒体技术，设计丰富多彩的思政课教学活动，如互动讨论、案例分析等，从而激发学生的学习兴趣和积极性。同时，多媒体融合的教学方法还可以帮助教育者更加灵活和有效地组织教学内容和活动，从而提升思政课教学效果。

4. 社交媒体与在线讨论引导：促进思想交流与碰撞

在大中小学思政课一体化建设中，利用社交媒体与在线讨论引导学生进行思想交流与碰撞是提升思政课教材互动性和吸引力的关键。教育者可以组织学生在社交媒体平台上开展讨论与分享，鼓励他们发表观点、交流思想，促进彼此之间的深度沟通和交流，增强教学内容的实际关联性和吸引力。学生的思想交流与碰撞是培养其思想品德和社会责任感的重要途径。在大中小学思政课一体化建设中，利用社交媒体与在线讨论进行引导，可以有效地激发学生的思想交流和碰撞。[①]通过组织学生在社交媒体平台上的讨论与分享，教育者不仅可以提高学生的参与度和积极性，还可以增强思政课教学内容的实际关联性和吸引力。例如，教育者可以在社交媒体平台上发布与思政课教学内容相关的话题或问题，引导学生进行讨论和交流。这种形式的讨论不仅能够帮助学生理解和掌握思政课教学内容，还可以促进他们的思想交流和碰撞，从而培养他们的批判性思维和创新能力。同时，通过在线讨论，学生还可以与来自不同背景和观点的同学进行交流，拓宽他们的思维边界，增强他们的跨文化沟通能力。此外，社交媒体与在线讨论还可以为教育者提供丰富的思政课教学资源和工具。例如，教育者可以收集和整理学生在社交媒体上的讨论内容，分析学生的思维模式和观点，从而更加全面和深入地了解他们的学习情况和需求。同时，教育者还可以根据学生的讨论内容和反馈，及时调整思政课教学策略和方法，优化教学效果。

5. AR 与 VR 技术融入教学设计：提升学习体验的沉浸感

在大中小学思政课一体化建设中，引入 AR 与 VR 技术融入教学设计是提升思政课教材互动性和吸引力的有效途径。教育者可以利用这些先进技术，创建沉浸式的学习环境，为学生提供身临其境的学习体验，激发他们的学习兴趣和探索欲望，增强教材的互动性和吸引力。随着新媒体技术的迅猛发展，教育者越来越注重如何利用先进技术来丰富教学手段和提升教学效果。在大

① 付洪，王丹阳. 运用系统思维推进新时代大中小学思政课一体化建设探析[J]. 马克思主义理论教学与研究，2022，2（2）：100-107.

中小学思政课一体化建设中，AR 与 VR 技术的引入无疑为思政课教学设计带来了新的可能性。这些技术不仅可以提高教材的互动性和吸引力，还可以创建沉浸式的学习环境，为学生提供更为身临其境的学习体验。例如，教育者可以利用 AR 技术，为学生展示各种社会和政治场景，如历史事件的重现、政治决策的模拟等。这种形式的学习可以帮助学生更加直观和深入地理解教学内容，从而提高他们的学习效果和成绩。另外，通过 VR 技术，学生可以在虚拟的学习环境中，体验和实践各种社会和政治活动，如公民参与、社会责任等。这种形式的学习不仅可以增强学生的实践能力和创新精神，还可以激发他们的学习兴趣和探索欲望。[①]此外，AR 与 VR 技术还可以为教育者提供丰富的思政课教学资源和工具。例如，教育者可以结合这些技术，设计各种互动性强、实用性强的教学活动，如虚拟实验、模拟实践等。通过这些活动，教育者可以更加全面和深入地了解学生的学习情况和需求，从而更加有效地指导他们的学习。

## 四、国际化视角在教材中的渗透：助力学生塑造全球化思维

随着全球化的加速和国际关系的日益紧密，培养学生的全球意识已成为当代教育的核心任务。在大中小学思政课一体化建设中融入国际视野，包括通过引入国际政治热点案例、详细介绍国际组织、设计跨文化交流活动、关注全球性问题研究，以及分析国际新闻与媒体报道等多个方面，旨在引导学生超越国界、拓宽视野，增强文化自觉和全球责任感，使其成为具备广阔国际视野和深厚文化素养的现代公民。

### 1. 国际政治热点案例引入：深化学生对全球议题的认识

在当前全球化背景下，大中小学思政课一体化建设不仅是仅一种必然趋势，更是培养未来公民全球视野和认知能力的关键环节。有效地结合国际政治热点案例，为学生提供具体的、与时俱进的学习内容，旨在激发他们的兴趣，促进深入探讨，并从中培养他们对国际政治的独立思考和批判性分析能力。首先，教育者需对当前国际关系领域的重要事件或问题有深入的了解和把握。例如，可以选择近年来在国际舞台上引发广泛关注的跨国合作、冲突或贸易争端等议题。以此为基础，教育者可以与教材内容相结合，设计相应

① 陈亮，柏鑫，李红梅. 大中小学思政课教材一体化建设回顾与展望[J]. 中学政治教学参考，2022（15）：74-78.

的课程教学内容。在具体思政课教学实践中，教育者可以通过多种教学方法，如小组讨论、案例分析、角色扮演等，引导学生深入探讨和思考。[①]例如，对于某一国际政治热点事件，可以邀请学生分角色进行模拟对话，从而使他们更好地理解各方立场和利益关系。此外，还可以通过案例分析的方式，让学生从多角度、多维度去解读和分析事件的背景、原因及其可能带来的长远影响。此外，结合实际思政课教学案例，我们可以看到这种方法的有效性和实际意义。例如，某中学在开展大中小学思政课一体化建设中，选择了“一带一路”倡议作为教学案例，通过深入解析该倡议的背景、目标和影响，成功地引发了学生对于国际经济合作与发展的关注和思考，从而达到了培养学生全球意识的目的。

2. 国际组织与合作模式介绍：拓宽学生的国际视野

在全球化的大背景下，大中小学思政课一体化建设的核心目标之一是培养学生的国际意识和跨文化交流能力。为实现此目标，理解和掌握国际组织及其合作模式显得尤为重要。这不仅有助于学生对国际政治经济的深入理解，还可以为他们提供一个全球视野的框架，从而更好地适应未来的国际社会。[②]联合国作为世界上最大的国际组织，其组织结构和功能复杂而庞大。它不仅承担着维护国际和平与安全的重要任务，还在全球议题如气候变化、难民问题等方面发挥着关键作用。例如，联合国的《2030年可持续发展议程》为全球的可持续发展制定了明确的目标和框架，显示了国际合作在解决全球性问题中的不可替代性。与此同时，世界贸易组织（WTO）作为国际贸易规则的主要制定和执行机构，也对全球经济秩序的稳定和发展起到了关键作用。通过解析 WTO 的组织结构、成员方义务以及争端解决机制，学生不仅可以理解国际贸易的基本原则，还能够认识到经济全球化背景下各国（地区）间的相互依存性和合作的重要性。进一步地，教育者在介绍国际组织和合作模式时，还应当引导学生关注其背后的理论基础。例如，现实主义国际关系理论和自由主义国际关系理论为解释和理解国际组织的角色和功能提供了不同的视角。理解这些理论框架对于深化学生对国际组织和合作模式的认识至关重要。结合实际案例，例如某中学在其思政课程中引入了联合国维和行动的案

① 王景琦，孟亚红，张光．循序渐进 超阶构建——论大中小学思政课一体化建设的进阶性[J]. 中学政治教学参考，2022（13）：18-20.

② 陈森霖，袁媛．统筹大中小学思政课一体化建设的价值意蕴、范式转向和实践路径[J]. 高校辅导员学刊，2022，14（2）：46-50.

例分析。通过对该案例的深入探讨，学生不仅了解到联合国在维护国际和平与安全方面的重要作用，还能够认识到国际合作在解决地区冲突和维护全球稳定中的关键性。

### 3. 跨文化交流与理解培养：增强学生的文化自觉

在全球化的背景下，文化交流与理解成为关键技能，这不仅涉及对多元文化的认知，还关乎个体在多元文化环境中的应对能力。因此，大中小学思政课一体化建设中的跨文化交流与理解培养成为一个不可忽视的环节。通过结合多种教学方法和实践活动，教育者可以引导学生从实际中体验和认知文化差异，进而培养他们的文化自觉和文化适应能力。首先，教育者在设计文化交流活动时，应考虑到文化的多样性和复杂性。例如，可以引入“文化访谈”的形式，邀请外籍学者、外交官或国际交流人士来校与学生进行面对面的交流。这样的活动不仅可以让学生直接了解到不同文化的生活习惯、价值观念，还可以激发他们对于跨文化交流的兴趣和热情。其次，通过组织国际文化节等活动，学生可以有机会深入体验和感受不同文化的艺术、音乐、舞蹈等方面的魅力。例如，某中学在其思政教学中，成功地组织了一个“亚洲文化日”的活动，邀请了来自各个亚洲国家的学者和艺术家来校进行文化展示和交流，这不仅丰富了学生的文化体验，还增强了他们的文化自觉。此外，教育者还应该引导学生进行系统的文化比较和分析。[①]通过对比不同文化中的价值观、习俗和传统，学生可以更加深入地理解各种文化背后的深层次意义和逻辑。例如，结合霍夫斯波姆的文化维度理论，教育者可以引导学生分析不同文化在权力距离、不确定性规避、个人主义与集体主义等方面的差异，从而培养他们的跨文化解读能力。

### 4. 全球问题研究与探讨：激发学生的全球责任感

全球性问题涉及环境、经济、社会等多个领域，对于培养学生的全球意识和责任感具有重要意义。为此，大中小学思政课一体化建设中的全球问题研究与探讨显得尤为关键。通过引导学生深入探讨、分析和解决这些问题，教育者可以促进他们的全球视野和实践能力的发展。首先，教育者在设计全球问题课程时，应注重问题的多维性和复杂性。例如，对于全球气候变化这一议题，除了介绍其基本概念和背景，还应引导学生探讨其对不同国家、地

---

① 李尚宸，徐玉. 新时代大中小学思政课一体化建设：理论嵌入、基本原则与实践路向[J]. 中国高等教育，2023（1）：38-41.

区以及社会经济发展的影响。其次，鼓励学生参与问题讨论和解决方案设计是培养他们全球责任感的有效途径。例如，面对全球贫富差距这一问题，教育者可以组织小组讨论或通过模拟联合国大会的形式，让学生提出自己的观点和解决策略。再者，通过实际的实践活动和项目，可以进一步激发学生的全球责任感和实践能力。例如，某中学在其思政课教学中组织了一个“全球公民行动”项目，鼓励学生在课外时间参与到志愿服务、公益活动等实践中，从而让他们真正地感受到自己的全球责任和影响力。最后，为了确保全球问题研究与探讨的效果，教育者还应该持续关注国际社会的最新动态和变化。这不仅有助于更新思政课教学内容，还可以让学生更加紧密地关注和参与到全球性问题的解决中。

5. 国际新闻与媒体分析：提升学生的信息素养

在数字化和全球化的今天，媒体报道不仅是信息传播的主要渠道，也是塑造公众观念和认知的重要力量。因此，大中小学思政课一体化建设中的国际新闻与媒体分析显得尤为关键。通过引导学生深入分析和反思媒体报道，教育者可以培养他们的批判性思维、信息筛选能力，以及对全球事件的深入理解。[①]首先，要培养学生对国际新闻事件的敏感度。这需要教育者引导学生关注和分析多样的新闻事件，理解其背后的深层次意义和影响。例如，当国际上发生重大事件时，教育者可以引导学生从不同的新闻源和视角来审视这一事件，理解各方的立场和意图。其次，对媒体报道的角度和立场进行深入分析是培养学生信息素养的关键环节。媒体常常受到政治、经济和文化等多种因素的影响，因此其报道可能带有一定的倾向性。教育者可以通过分析不同媒体对同一事件的报道，让学生了解和认识到这种影响，并培养他们的批判性思维。再者，提升学生的信息筛选能力也是关键任务。在信息爆炸的时代，学生面临着海量的信息，如何筛选、辨别真伪，成为他们必须掌握的基本技能。教育者可以通过实际案例分析，如某些流行的网络谣言，引导学生运用批判性思维和逻辑推理，识别其真实性和可靠性。最后，结合实际的教学实践，教育者还可以组织模拟新闻编辑和报道活动，让学生亲身体验和参与到媒体工作中，从而深入理解和感受到新闻报道的复杂性和责任感。

① 许家烨．大中小学思想政治理论课教材一体化建设：逻辑、问题与对策[J]．思想教育研究，2022（2）：113-118.

## 五、传统与现代价值观交融互联：助力学生塑造综合性价值观体系

将传统文化与现代价值观相结合，通过社会实践、多元价值观对话、当代问题探讨以及道德教育等多方面手段，培养学生的批判性思维、社会责任感和道德情操，不仅有助于学生的个人成长，还为社会的和谐与进步注入了源源不断的活力。

1. 传统文化教育融入：继承与创新的结合

在现代社会中，传统文化与现代价值观的交融与碰撞为学生提供了一个理解和把握复杂世界的视角。在大中小学思政课一体化建设中，将传统文化教育融入其中，不仅有助于学生深化对中国传统智慧的理解，还能够培养他们的批判性思维和价值判断能力。首先，深入挖掘中国传统文化的精髓是传统文化教育融入的基础。例如，儒家思想中的“仁、义、礼、智、信”等核心价值观念，对于塑造和培养学生的道德品质具有深远的影响。这种思想强调的是人与人之间的关系、社会和谐与稳定，与现代社会中的社交、团队合作等价值观念有着直接的联系。通过对儒家思想的深入学习，学生不仅可以了解其背后的理论基础，还能够探索其在当代社会中的实际应用和意义。其次，道家哲学的“无为而治”“顺应自然”等思想，也为现代社会提供了独特的价值观视角。在快节奏、高压力的现代生活中，这种强调内心平和、与自然和谐共生的思想，对于指导学生如何面对挑战、保持心灵的宁静具有重要的指导意义。[①]例如，某些学校在其思政课教学中，结合现代生活中的实际案例，引导学生探讨如何运用道家哲学中的思想来应对现实生活中的问题和挑战。再者，传统文化教育融入不仅要强调继承，还要注重创新。面对日益变化和复杂的现代社会，教育者应鼓励学生结合传统文化，创新性地思考和解决问题。例如，可以组织学生开展与传统文化相结合的创意项目，如结合儒家思想的团队合作活动、道家哲学的生态保护项目等，从而让学生真正地感受到传统文化在现代社会中的生命力和活力。

2. 社会实践与体验教学：理论与实践的有机结合

在当今教育环境中，传授知识已不能满足学生的全面发展需求。社会实践与体验教学作为一种实践性教学方法，能够为学生提供一个直观、深入的

① 曾冰清. 思政一体化视域下的教学素材选用——以初中“公平正义的守护”和高中“公正司法”为例[J]. 思想政治课教学，2021（10）：31-34.

学习体验，从而加深他们对于社会现象和价值观的理解。在大中小学思政课一体化建设中，有效地将社会实践与体验教学纳入教学体系，可以更好地实现教育目标。首先，社会实践为学生提供了一个直接接触社会的平台。例如，通过参与社区服务活动，学生可以近距离地观察到社区居民的生活状况、面临的问题以及他们所展现出的各种价值观念。这种实践性的体验有助于学生从理论到实践、从抽象到具体地理解和认识社会的多样性和复杂性。其次，体验教学强调的是学生的主体性和实践性。与传统的教学方式相比，体验教学更注重学生的主动参与和反思。例如，教育者可以设计一些与实际生活紧密相关的项目，如以"我的家乡我的责任"为主题的实践活动，鼓励学生结合自己的生活经验，深入探讨和反思个人的社会责任和角色。这种教学方式不仅能够激发学生的学习兴趣，还能够促进他们的自我成长和价值观念的形成。再者，社会实践与体验教学还有助于培养学生的团队合作和沟通能力。在社会实践中，学生需要与其他团队成员紧密合作，共同完成任务。这种合作性的学习环境不仅能够培养学生的团队精神和协作能力，还能够让他们学会如何与他人有效地沟通和交流。

### 3. 多元价值观对话与交流：促进思想碰撞与融合

在全球化、多元文化的背景下，价值观念的多样性已成为社会的一个显著特点。为了适应这一变化，在大中小学思政课一体化建设中，积极开展多元价值观对话与交流显得尤为关键。这不仅有助于学生深化对自己价值观念的认识，还能够促进不同文化、背景下的学生之间的理解与交流。[①]首先，鼓励学生分享自己的观点和看法是对话与交流的基础。在多元价值观的背景下，每个人都有自己独特的价值观念和人生经验。通过鼓励学生表达自己的看法，可以让他们更加自信地展现自己，同时也为他人提供了一个了解和认识不同观点的机会。例如，一些学校在思政课中设置了"价值观分享周"，邀请学生分享自己在某个问题上的看法和思考，从而激发学生的思考和讨论。其次，尊重他人的差异性是对话与交流的前提。在多元价值观的大背景下，每个人都有权利和自由表达自己的观点。教育者应该营造一个尊重、理解的学习环境，确保每个人都能够在这里自由地表达自己，而不会受到歧视或者排斥。例如，某些学校通过组织多元文化活动，让学生们更加深入地了解不同文化背景下的价值观念，从而促进他们的交流与理解。再者，创建一个开放、包

---

① 李东坡，王学俭. 新时代大中小学思政课一体化建设的内涵、挑战与对策[J]. 新疆师范大学学报（哲学社会科学版），2021，42（3）：60-69.

容的学习环境是对话与交流的关键。在这样的环境中，学生们可以放下心防，大胆地表达自己的观点，同时也能够更加积极地接受和倾听他人的看法。例如，教育者可以通过引导讨论、组织小组活动等方式，让学生们在实际的交流中体验到开放与包容的力量，从而培养他们开放、包容的价值观念。

4. 当代问题探讨与思辨：培养学生的批判性思维

在当前社会背景下，学生面临的众多问题和挑战要求他们具备批判性思维能力。为了满足这一需求，在大中小学思政课一体化建设中，对于当代问题的探讨与思辨显得尤为关键。这不仅能够使学生更加深入地理解社会现象，还能够培养他们的批判性思维和创新能力。首先，选择与学生日常生活和社会发展密切相关的话题是当代问题探讨的基础。通过针对性的话题选择，可以吸引学生参与到课程中，从而提升他们的学习积极性。[①]例如，教育者可以结合学生的实际生活，选择如“网络安全”“环境保护”等热点问题，引导学生进行深入的分析和探讨。其次，引导学生深入分析和讨论是批判性思维培养的核心。在当代问题的探讨过程中，教育者应该注重培养学生的独立思考能力，鼓励他们从多角度、多层次去分析问题。例如，对于“网络安全”这一话题，除了讨论其对个人隐私的影响外，还可以引导学生思考其对国家安全和社会稳定的重要性，从而提高他们的思考深度和广度。再者，激发学生的批判性思维和创新意识是教育目标的关键。在当代问题的探讨中，教育者不仅要传授知识，还要培养学生的创新能力。例如，对于“环境保护”这一话题，教育者可以引导学生思考如何通过科技手段来解决环境问题，从而培养他们的创新思维和实践能力。

5. 道德教育与个人成长指导：促进学生全面发展

为了确保学生在各个方面得到均衡和全面的发展，在大中小学思政课一体化建设中，强化道德教育与个人成长指导显得尤为重要。这不仅有助于培养学生的道德情操和人文精神，还能够引导他们树立正确的世界观、人生观和价值观，从而实现在思想、情感、道德等多个方面的全面提升。首先，培养学生的道德情操和人文精神是道德教育的核心任务。根据教育心理学理论，学生在成长过程中，道德情操的培养是其整体人格发展的重要组成部分。因此，教育者在进行道德教育时，应该注重引导学生去关注、思考和体验生活

① 许家烨. 大中小学思想政治理论课教材一体化建设：逻辑、问题与对策[J]. 思想教育研究，2022（2）：113-118.

中的人文情操，如仁爱、诚信、勤俭等，使之在日常生活中形成固化的价值取向。[①]其次，提供个人成长和发展的指导与支持是促进学生全面发展的关键。个人成长不仅仅是学术知识的积累，更包括对自己、对社会的深入理解和认知。因此，教育者在教学过程中，除了传授知识外，还要为学生提供各种成长资源和机会，如心理咨询、生涯规划等，帮助他们更好地认识自己，明确个人目标，实现自我价值。再者，引导学生树立正确的世界观、人生观和价值观是道德教育与个人成长指导的终极目标。健全的世界观、人生观和价值观不仅能够指导学生作出正确的行为选择，还能够为他们未来的成长和发展提供坚实的思想基础。因此，教育者在日常教学中，应该注重引导学生去思考人生的意义、价值的取向以及与他人的关系，从而帮助他们形成积极向上、科学合理的世界观、人生观和价值观。

## 第四节　师资队伍焕新：提升思政课师资力量的综合培养

在当今教育改革的背景下，思政课教学作为培养学生思想道德品质的关键领域，其教学质量直接关系到国家的长远发展和青少年的成长。然而，要确保思政课的教学效果，教师队伍的建设显得尤为关键。本节将深入探讨大中小学思政课教师力量整合的问题，着重于教师的专业发展策略、教育资源的共享、青年教师的成长计划以及如何均衡配置师资资源，从而为提升大中小学思政课的教学质量和学生学习成果提供坚实的师资保障。

### 一、教师终身专业发展：提升思政课教学品质

在思想政治教育领域，教师的终身专业发展已成为提升思政课教学品质和应对教育变革的核心要素。

① 李尚宸，徐玉. 新时代大中小学思政课一体化建设：理论嵌入、基本原则与实践路向[J]. 中国高等教育，2023（1）：38-41.

1. 深化专业知识：结合思政课一体化建设的教学策略优化

在当今教育背景下，思想政治教育不再仅仅是传授知识，而是一个与时俱进、与实践紧密结合的综合性学科。教育者在思政课教学过程中，应不断探索和研究思政课一体化建设的最新理论和实践，以优化思政课教学策略和提升教学效果。首先，对于大中小学思政课的一体化建设，教师应具备全面而深入的理论知识。思政课的一体化建设旨在整合各学科知识，使其与思政教育目标相一致，促进学生全面发展。[①]因此，教师应深入研究这一理论背景，确保其在教学实践中能够准确地把握教学内容和目标。其次，实践是思政课教学的关键。教师不仅要掌握理论知识，还要具备丰富的教学实践经验。例如，通过参与教育部组织的各种研修和培训活动，教师可以获取最新的教学方法和策略，如项目式学习、探究式学习等。如项目式学习能够帮助学生将理论知识与实际问题相结合，提升其实践能力和创新思维。因此，教师应积极参与这些活动，不断更新和拓展自己的教学知识。[②]再者，持续的自我反思和评估也是提高教学质量的关键。教师应定期对自己的教学方法和策略进行审视，寻找不足并进行改进。例如，通过录制和回放自己的授课视频，教师可以发现自己在教学过程中的不足之处，如教学内容的重复、教学方法的单一等，并及时调整。事实表明，学生的学习效果受到教学方法和策略的直接影响。因此，教师应持续关注教育研究的最新成果，不断优化自己的教学方法。

2. 创新教学方法：应对思政教育的多元化需求

创新教学方法是应对思政课教学多元化需求的关键。教师应针对不同年龄层次和学生特点，探索和应用互动式教学、案例分析和角色扮演等多种教学方法和手段，以满足思政课教学的多样化和个性化需求。只有这样，才能确保思政课教学真正发挥其教育功能，培养学生的思想政治理论素养和社会责任感。首先，互动式教学是一种强调师生互动和学生主体性的教学方法。社会文化理论指出，学生在交往和合作的过程中，能够更好地理解和掌握知识。[③]因此，通过开展小组讨论、问题解决和案例研究等互动活动，教师可以

① 李鑫，郑敬斌. 大中小学思政课教师队伍一体化建设探析[J]. 学校党建与思想教育，2022（6）：47-50.

② 韩玉璞. 新时代大中小学思政课一体化建设的多维逻辑[J]. 教育理论与实践，2022，42（36）：27-30.

③ 皮埃尔·布尔迪厄. 实践理论大纲[M]. 高振华，李思宇，译. 北京：中国人民大学出版社，2017：123.

激发学生的学习兴趣和参与度，促进其思政素养的全面发展。其次，案例分析是一种将理论知识与实际问题相结合的教学方法。例如，通过分析历史事件、社会现象和政策决策等实际案例，学生可以深入了解和探讨相关的思政议题。可以说，案例分析能够帮助学生将抽象的理论知识应用到具体的实践中，培养其实践能力和批判思维。再者，角色扮演是一种通过模拟和模仿来促进学生理解和体验的教学方法。例如，通过组织模拟选举、辩论赛和政策制定等活动，学生可以扮演不同的角色，从而更好地理解和探讨相关的思政议题。角色扮演能够帮助学生观察和模仿他人的行为，促进其社会技能和信念体系的形成和发展。

3. 专业发展培训：持续提升教师的教学能力和素质

专业发展培训是提升教师教学能力和教育教学素质的关键途径。学校和教育部门应加强对教师的培训，提供关于教学方法、教育心理学和课程设计等方面的系统培训，以满足现代教育的需求，确保教育质量和学生发展。首先，教学方法的培训是提升教师教学能力的核心环节。不同的教学方法对应不同的教学目标和学习深度。[①]例如，项目式学习和探究式学习等现代教学方法，可以帮助学生从实践中构建知识，培养其批判性思维和问题解决能力。因此，教师应接受关于这些教学方法的系统培训，以更好地应用于教学实践中。其次，教育心理学的知识对于理解和满足学生的心理需求至关重要。不同年龄段的学生具有不同的心理特点和需求。因此，教师应通过系统的培训，深入了解学生的心理发展特点，掌握相应的教学策略和方法，从而更有效地指导学生的学习和发展。再者，课程设计的培训是提高教师教育教学素质的关键。有效的课程设计应基于明确的教学目标和学生需求。因此，教师应接受关于课程设计的系统培训，学习如何制定和实施符合教学目标和学生需求的课程，从而提高教学效果，满足学生的学习需求。

4. 实践与研究：结合教学实践深化教育研究

实践与研究之间的紧密结合是推动思政课教学发展的关键。教师应积极参与教学实践和研究活动，结合自己的教学实践经验，探索有效的思政课教学方法和策略，为大中小学思政课一体化建设提供理论支持和实践指导。首先，教育研究的主要目标是为教育实践提供理论支撑。教学实践是教育研究

① 胡新峰，陈麒. 新时代背景下大中小学思想政治教育一体化建设研究[J]. 思想政治教育研究，2022，38（4）：75-79.

的基础。[①]当教师在教学过程中遇到某些困惑或挑战时，通过系统的研究和分析，可以找到解决问题的有效策略和方法。因此，教师应积极参与教育研究活动，将自己的教学实践经验转化为理论知识，为大中小学思政课一体化建设提供有力的理论支持。其次，教育研究也需要深入实践领域，以确保研究成果的实用性和有效性。教师的专业知识是基于教学实践和研究交织的。例如，通过开展行动研究和案例研究，教师可以深入了解学生的学习需求和教学挑战，进而探索和实施更有效的教育教学策略。[②]再者，教育研究也可以为教学实践提供新的视角和方法。教育研究应强调学生的主体性和参与性，鼓励学生主动参与教学过程，从而促进其思想政治素养的全面发展。因此，教师在教学实践中应不断开展教育研究，探索和实践创新的教学方法和策略，以满足学生的学习需求和实现教育目标。

5. 交流与合作：构建教师专业发展的共同体

在当前教育环境中，教师的交流与合作被视为促进思政课教学改进和创新的关键机制。通过与同行的交流与合作，教师可以共享经验、资源和最佳实践，从而提高思政课教学质量和教育教学效果。首先，交流与合作有助于打破思政课教学孤岛，促进知识的共享和创新。学习和发展是社会互动和合作的结果。例如，在思政课教学研讨会和学术论坛中，教师可以与同行分享自己的教学经验和教育研究成果，从而获得反馈、建议和启示。这种交流和合作不仅可以帮助教师解决教学中的问题和挑战，还可以激发教师的创新思维和教育研究热情。其次，交流与合作也有助于构建教师专业发展的共同体。共同体是由共享的目标、价值观和实践构成的，成员之间通过交流和合作建立起紧密的联系和信任。例如，当教师在教育教学研讨会和学术论坛中形成共同体后，他们可以定期组织集体备课、教学观摩和研究活动，共同探讨教育教学问题和解决方案，从而促进思政课的专业发展和教学品质的提升。再者，交流与合作也可以帮助教师拓宽视野，增加资源。例如，教师可以通过参与国内外的教育教学研讨会和学术论坛，与国内外的教育专家和学者建立联系和合作，获取国际化的教育教学资源和最新的研究成果，为思政课的教学和研究提供更广阔的平台和更多的机会。

① 韩玉璞. 新时代大中小学思政课一体化建设的多维逻辑[J]. 教育理论与实践，2022，42（36）：27-30.

② 徐蓉. 关于大中小学思想政治理论课教师队伍一体化建设的若干思考[J]. 思想理论教育，2019（12）：80-85.

## 二、构筑资源共享之桥：构建高等教育与基础教育之间的师资交流机制

在当今教育领域，高等教育与基础教育之间的紧密联系和互动已成为教育改革与发展的重要方向。

### 1. 建立信息交流平台：促进高等教育与基础教育的教学资源共享

在教育领域，信息交流和资源共享是推动思政课教学发展和提高思政课教学质量的关键。尤其是在高等教育与基础教育之间，建立有效的信息交流平台可以加强两者之间的联系，促进思政课教学资源的共享和利用。首先，建立信息交流平台可以实现高等教育与基础教育之间的资源对接。学习是一个社会互动和合作的过程,而有效的教育资源是支持学生学习和发展的关键。高校拥有丰富的研究成果和专业教师资源，而中小学则有丰富的教学实践经验和学生群体。[①]通过信息交流平台，高校和中小学可以共享自己的教学资源和经验，例如高校可以提供专业的教学方法和研究成果，中小学则可以分享教学实践和学生需求，从而实现资源的互补和共享。其次，信息交流平台也可以促进思政课教学的创新和改进。学习和发展是社会互动和合作的结果，而思政课教学资源的共享和利用是支持学生学习和发展的重要手段。例如，高校可以通过信息交流平台了解中小学的教学需求和学生特点，进而开发和调整适合的教学方法和教育资源。同时，中小学也可以从高校获取最新的教育研究成果和教学策略，为教育教学提供新的思路和方法。[②]再者，信息交流平台也有助于提高思政课教学资源的利用效率。例如，通过信息交流平台，高校和中小学可以实时共享和更新教学资源，例如教学课件、教学视频和教学案例等，从而提高思政课教学资源的利用效率和教学质量。

### 2. 推动师资培训与研修：提升教育教学的专业水平

组织高等教育和基础教育的师资培训和研修活动是提升思政课教学专业水平的有效途径。通过这些活动，教师可以不断地反思和实践，促进思政课教学的创新和改进，提升思政课教学的专业水平。首先，组织高等教育和基础教育的师资培训和研修活动有助于教师的专业成长。教师的专业成长是一

① 李鑫，郑敬斌. 大中小学思政课教师队伍一体化建设探析[J]. 学校党建与思想教育，2022（6）：47-50.

② 胡新峰，陈麒. 新时代背景下大中小学思想政治教育一体化建设研究[J]. 思想政治教育研究，2022，38（4）：75-79.

个反思和实践的过程，而教育教学研讨会、工作坊和研究合作等活动为教师提供了反思和实践的平台。例如，通过参与研讨会和工作坊，教师可以与同行交流教学经验和教育研究成果，进而调整和完善自己的教学方法和策略。其次，组织师资培训和研修活动也有助于促进思政课教学的创新和改进。思政课教学是一个社会互动和合作的过程，而思政课教学的创新和改进需要教师之间的交流和合作。例如，通过参与研究合作和工作坊，教师可以共同探讨思政课教学中的难题和挑战，分享解决问题的经验和策略，从而推动思政课教学的创新和改进。再者，组织师资培训和研修活动也可以提升思政课教学的专业水平。例如，通过参与研讨会和工作坊，教师可以接触到最新的思政课教学理论和方法，了解思政课教学的最新发展和趋势，从而提升其思政课教学能力和教育教学水平。

3. 建立合作研究项目：深化教育教学改革研究

在当今的教育领域，为了进一步深化思政课教学改革研究，推动思政课教学质量的提升，合作研究项目的建立显得尤为重要。特别是在高等教育和基础教育的交叉点，结合专业理论与实践经验，为思政课教学改革提供更加坚实的理论基础和实践指导。首先，合作研究项目能够汇聚多方资源，促进研究的深入和广泛。高等教育和基础教育的教育教学研究机构之间的合作，可以整合各自的研究资源，提供更加全面和深入的研究视角。[①]例如，针对大中小学思政课一体化建设的合作研究，可以结合教育心理学、教育技术学、课程设计等多个领域，探讨有效的思政课教学方法和策略。其次，合作研究项目可以促进思政课教学改革的实践应用。教育教学改革不应仅停留在理论层面，而需要通过实践应用来检验和完善。因此，高等教育和基础教育的教育教学研究机构之间的合作，可以将研究成果转化为实践策略，推动思政课教学改革的实践应用。例如，通过合作研究项目，可以将关于大中小学思政课一体化建设的研究成果应用于教学实践，探索和验证有效的教育教学方法和策略。再者，合作研究项目可以促进教育教学改革的持续和深化。思政课教学改革是一个持续和动态的过程，需要不断地反思和调整。因此，高等教育和基础教育的教育教学研究机构之间的合作，可以提供一个持续和深化的平台，不断地探索和推动思政课教学改革。例如，通过合作研究项目，可以持续地跟踪和评估大中小学思政课一体化建设的实施效果，及时调整和完善

① 徐华伟. 大中小学思政课一体化协同理路探讨[J]. 中学政治教学参考，2022（31）：9-12.

思政课教学方法和策略。

4. 深化校际合作关系：构建教育教学共同体

在当今教育环境中，为了更好地推进思政课教学改革和发展，加强高等教育与基础教育学校之间的合作显得尤为关键。通过这种合作，不仅可以实现资源和经验的共享，还可以加强各学校之间的交流与互助，促进思政课教学的持续发展。①首先，建立校际合作研究中心是深化思政课教学合作的有效途径。学习是一个主动、建构性的过程，需要在具体的社会和文化环境中进行。因此，通过建立校际合作研究中心，可以为高等教育和基础教育学校提供一个共同的研究平台，整合各自的研究资源，共同探讨和研究思政课教学的前沿问题。例如，可以联合开展关于教育技术应用、课程设计创新等方面的研究，探索有效的思政课教学方法和策略。其次，构建思政课教学交流基地是促进校际合作的重要手段。思政课教学活动需要在社会和文化环境中进行，需要通过社会交往和合作来促进学习。因此，通过建立思政课教学交流基地，可以为高等教育和基础教育学校提供一个共同的交流平台，加强各学校之间的交流与合作。例如，可以定期组织思政课教学交流活动，如教学观摩、教育教学研讨会等，为大中小学教师提供学习和交流的机会，促进教育教学资源的共享。再者，深化校际合作关系可以为教育教学改革和发展提供更加坚实的支持和保障。思政课教学改革需要在实践中进行，需要通过实践活动来检验和完善。因此，通过加强高等教育和基础教育学校之间的合作，可以实现思政课教学资源和经验的共享，促进思政课教学改革的实践应用，以及推动思政课教学的持续和深化发展。

5. 促进学术交流与合作：拓宽教育教学的国际视野

促进高等教育和基础教育领域的学术交流与合作是拓宽思政课教学国际视野的重要途径。通过组织国际思政课教学研讨会和开展学术交流活动，可以为思政课教学领域的专家和学者提供一个共同的交流平台，促进思政课教学经验和成果的分享和交流，进一步推动思政课教学的国际化发展。②首先，组织国际思政课教学研讨会是推动学术交流与合作的有效途径。通过组织国际思政课教学研讨会，可以为思政课教学领域的专家和学者提供一个共同的

① 李鑫，郑敬斌．大中小学思政课教师队伍一体化建设探析[J]．学校党建与思想教育，2022（6）：47-50.

② 吴宏政，徐中慧．论大中小学思政课教师队伍一体化建设[J]．现代教育管理，2020（7）：15-21.

交流平台，共同探讨和研究思政课教学的前沿问题。其次，开展学术交流活动也是促进国际学术合作的重要手段。思政课教学活动需要在实践中进行，需要通过实践活动来检验和完善。因此，通过开展学术交流活动，可以为思政课教学领域的教师和学者提供一个实践和交流的机会，加强各国之间的交流与合作。例如，可以组织国际思政课教学交流活动，如教学观摩、教育教学研讨会等，邀请国内外的教育教学专家和学者参与，共同探讨和交流思政课教学的经验和成果，促进思政课教学的国际化发展。

## 三、青年教师成长计划：铸就思政课教育的中坚力量

青年教师的成长与发展不仅关乎个人职业发展，更是决定大中小学思政课一体化建设的质量和持续创新的关键环节。

### 1. 设计个性化培训路径：满足青年教师的专业发展需求

在大中小学思政课一体化建设的进程中，青年教师作为新一代的教育者，其角色显得尤为关键。为了更好地满足青年教师在这一建设中的专业发展需求，必须针对其具体的角色与需求，设计出个性化的培训路径。这不仅可以促进其教育教学能力的提升，还能推动其在思政课教学领域的专业成长。首先，对于青年教师来说，专业知识培训是其成长的基石。针对青年教师在大中小学思政课一体化建设中可能遇到的具体教学内容和方法，进行有针对性的专业知识培训显得尤为重要。[①]例如，可以组织专题讲座、研讨会等形式的培训活动，邀请资深的思政课教师或教育专家进行授课和交流，帮助青年教师更好地掌握和理解相关的专业知识。其次，教学方法研讨也是青年教师专业发展的重要环节。教学方法是基于学生的实际需求和实践经验进行设计和实施的。因此，针对青年教师在教育教学实践中可能遇到的具体问题和挑战，开展教学方法研讨，探讨有效的教学策略和方法，可以帮助他们更好地解决实际问题，提高教学效果。例如，可以组织教学案例分析、教学模拟等形式的活动，邀请经验丰富的教育者或教育专家进行指导和交流，帮助青年教师提高教学方法的水平和能力。最后，教育心理学培养也是青年教师专业成长的关键环节。因此，针对青年教师在思政课教学实践中可能遇到的心理问题和困惑，开展教育心理学培养，能够帮助他们更好地理解和应对这些问题，提高自身的教育教学能力和水平。例如，可以组织教育心理学讲座、研讨会

① 胡新峰，陈麒．新时代背景下大中小学思想政治教育一体化建设研究[J]．思想政治教育研究，2022，38（4）：75-79.

等形式的活动，邀请心理学专家或教育专家进行授课和交流，帮助青年教师提高教育心理学的理论水平和实践能力。

### 2. 导师制度建设：提供专业指导与支持

在大中小学思政课一体化建设中，导师制度的建立显得尤为关键。此制度不仅可以加强青年教师的教育教学能力培养，还能促进他们在教育领域的快速成长和发展。通过与资深教育专家的合作与指导，青年教师可以更加系统地开展思政课教学活动，更好地适应并参与到大中小学思政课的教育实践中。首先，导师制度的建立可以为青年教师提供系统的教学指导。个体经常通过观察他人的行为和结果来学习和模仿，而导师作为思政课教学领域的资深专家，可以为青年教师提供真实、有效的教学示范和经验分享。例如，资深教育专家可以通过模拟教学、实地指导等方式，展示先进的教学方法和策略，帮助青年教师了解和掌握有效的教学技巧和方法。其次，导师制度还可以为青年教师提供教育研究支持。教育研究应该是基于实际教育实践和教学经验进行的。资深教育专家作为教育领域的研究者和实践者，可以为青年教师提供专业的研究指导和支持。例如，导师可以指导青年教师进行思政课教学研究课题的选择、研究方法的确定、研究过程的确定等，帮助他们更好地进行思政课教学研究活动，提高研究水平和能力。最后，导师制度还可以为青年教师提供职业规划建议。在教育领域，职业发展是一个持续和复杂的过程，需要个体不断地进行学习、实践和反思。[①]资深教育专家作为教育领域的职业发展者和规划者，可以为青年教师提供宝贵的职业发展经验和建议。例如，导师可以根据青年教师的个人兴趣、能力和经验，为他们提供职业发展的建议和指导，帮助他们明确职业目标、制订职业规划、实现职业发展等。

### 3. 实践教学经验分享：加强青年教师的实践积累

在大中小学思政课一体化建设的背景下，实践教学经验的分享显得尤为重要。通过参与各种实践教学活动，青年教师不仅可以丰富自己的教学经验，还可以进一步深化对思政课教学方法的理解和应用。组织青年教师间的经验分享和交流活动，可以促进教学经验和教育教学方法的共享和传承，为大中小学思政课的教学活动提供有力的支持。首先，实践教学经验的分享可以加强青年教师的实践积累。个体的学习和发展是在社会文化环境中进行的，需要通过与他人的互动和合作来实现。青年教师在参与实践教学活动时，可以

① 徐华伟. 大中小学思政课一体化协同理路探讨[J]. 中学政治教学参考，2022（31）：9-12.

通过与资深教育专家和同行的合作和交流，了解和掌握先进的教育教学方法和策略。例如，青年教师可以参与教育实验、课题研究等活动，与资深教育专家和同行一起探讨教学方法、设计教学活动、评价教学效果等，从而提高自己的教学能力和水平。其次，实践教学经验的分享可以促进教学经验和教育教学方法的共享和传承。个体的学习是一个积累和转化知识的过程，需要在实际的教学活动中不断地探索和实践。青年教师在参与实践教学活动时，可以将自己的教学经验和教育教学方法分享给其他教师，与他们共同探讨和研究教育教学问题。例如，青年教师可以通过组织教学研讨会、经验交流会等活动，与其他教师分享自己的教学经验和教育教学方法，提高教学效果和教育质量。

4. 定期评估与反馈机制：持续优化教师成长环境

在大中小学思政课一体化建设的背景下，建立青年教师的教学评估与反馈机制显得尤为关键。这一机制不仅可以为青年教师提供一个明确的教学标准和方向，还可以为其提供有针对性的支持和建议，从而持续优化教师成长环境，促进其思政课教学能力和专业水平的提升。首先，定期的教学评估与反馈可以为青年教师提供一个明确的教学标准和方向。教学评估是对教学效果和教育教学质量的直接反映，可以帮助教师了解和掌握教学过程中存在的问题和不足，从而及时调整教学策略和方法，提高教学效果。例如，通过定期的课堂观摩、教学评审等活动，可以对青年教师的教学过程进行全面、系统的评估，了解其教学效果和教育教学质量，为其提供明确的改进建议和支持。其次，定期的教学评估与反馈可以为青年教师提供有针对性的支持和建议。个体的学习和发展是在社会文化环境中进行的，需要通过与他人的互动和合作来实现。[①]青年教师在参与教学评估和反馈活动时，可以与资深教育专家和同行一起探讨和研究教学问题，从而获取有针对性的支持和建议。例如，资深教育专家和同行可以根据青年教师的教学经验和教育教学方法，提供专业的改进建议，帮助其解决教学中遇到的问题和困难，提高教学效果和教育教学质量。

5. 职业发展与激励机制：激发青年教师的教育热情和创新精神

在大中小学思政课一体化建设的背景下，建立青年教师的职业发展和激

---

① 陈飞. 大中小学思政课一体化教师教学研修的思考——基于上海市大中小学思政课一体化教学展示活动的启示[J]. 教育理论与实践，2021，41（35）：53-56.

励机制显得尤为重要。这不仅可以为青年教师提供一个明确的职业发展路径，还可以为其提供必要的激励和支持，从而激发其教育热情和创新精神，为思政课教学的创新和改革注入更多的热情和活力。首先，建立思政课教学成果奖励机制是激励青年教师参与思政课教学创新和改革的有效途径。个体在追求自我实现的过程中，会受到外部奖励和激励的影响。例如，通过评选优秀的教育教学成果，可以为青年教师提供一个展示自己教学成果和创新成果的平台，激励其参与思政课教学改革，提高思政课教学效果。其次，提供职业晋升机会是激励青年教师参与思政课教学创新和改革的重要手段。个体在工作中不仅追求满足基本的生理和心理需求，还追求满足成就和自我实现的需求。例如，通过建立明确的职业发展路径和晋升机制，可以为青年教师提供一个展示自己能力和才华的平台，激励其参与思政课教学改革，提高思政课教学效果。最后，提供学术研究支持是激励青年教师参与思政课教学创新和改革的关键环节。思政课教学改革需要结合实践经验和学术研究，才能达到预期的效果。例如，通过为青年教师提供学术研究的支持和资源，可以帮助其深入探讨和研究思政课教学问题，增强教学效果。

## 四、均衡师资配置：实现区域教育公平

在当前教育改革的大背景下，确保均衡的师资配置，特别是在各区域之间，成为促进大中小学思政课一体化建设公平性和高质量发展的核心议题。

### 1. 区域教育资源评估：识别师资配置的短板与需求

对于大中小学思政课一体化建设，区域教育资源的评估显得尤为关键。这不仅有助于明确各区域内师资的配置状况，还能准确识别存在的问题和未来的需求，从而为均衡师资配置提供有力的数据支持和决策依据。首先，对于师资配置的评估，理论上可以借鉴资源配置理论。根据资源配置理论，资源配置的不均衡可能导致效率低下和资源浪费。例如，某些区域可能师资力量过剩，而其他区域则存在师资短缺的问题。通过对区域教育资源进行评估，可以准确把握师资配置的实际情况，有针对性地进行资源调整，确保资源的高效利用。其次，评估师资配置还需要结合实际的案例分析。以某一特定地区为例，可能由于历史、经济或其他因素，导致该地区的师资配置存在问题。例如，某些偏远地区可能由于交通不便、生活条件差等原因，导致师资流失，

进而影响教育教学质量。[①]再者，评估师资配置还需要考虑未来的需求。随着教育改革的深入推进和社会发展的变化，教育需求也在不断变化。例如，随着信息技术的发展，可能需要更多的信息技术教育专家参与思政课的教学。因此，评估师资配置不仅要关注当前的情况，还要预测未来的发展趋势，确保师资配置与教育需求相匹配。

2. 建立师资流动机制：促进优质师资的公平分配

在大中小学思政课一体化建设的背景下，确保教育资源的均衡和高效配置显得尤为重要。为此，建立师资流动和交流机制成为一项紧迫的任务。这一机制不仅有助于实现优质师资的公平分配，还可以有效缓解偏远和资源匮乏地区的教育困境。首先，建立师资流动机制可以从资源配置理论出发进行解读。资源配置理论强调，资源的优化配置是提高整体效益和满足多方需求的关键。在教育领域，优质的师资是提高教学质量和学生发展的关键因素。通过建立师资流动机制，可以实现优质师资在不同区域间的有效调配，确保每个地区都受益于最佳的教育资源。其次，实际案例分析也证明了师资流动机制的重要性。例如，某些偏远地区由于地理位置偏远、交通不便或资源匮乏，导致当地的教育资源严重短缺。在这种情况下，建立师资流动机制可以通过调动其他地区的优质师资资源，为偏远地区提供必要的支持和帮助。这种跨区域的师资调配不仅有助于提高教育教学质量，还可以促进教师间的经验交流和合作。再者，针对偏远和资源匮乏地区，还可以采取一系列的优先配置措施。例如，可以为愿意到偏远地区工作的教师提供一定的经济和职业激励，如额外的津贴、职称晋升机会或职业发展支持等。这些激励措施不仅可以吸引更多的优质师资前往偏远地区，还可以提高这些地区的教育教学质量和效果。

3. 专业发展与培训：提升师资整体素质与能力

在大中小学思政课一体化建设的进程中，教师的专业发展和能力提升成为确保教育质量和推动教育公平的关键因素。为满足区域教育公平的迫切需求，针对师资的专业发展培训和学术研讨活动变得尤为重要。这些培训和研讨不仅可以增强教师的教学能力，还能提高其教育教学素质，从而更好地服务于学生和社会。首先，针对专业发展和培训的需求，可以从教育心理学的

① 李鑫，郑敬斌．大中小学思政课教师队伍一体化建设探析[J]．学校党建与思想教育，2022（6）：47-50.

角度来进行解读。教育心理学强调，了解学生的心理和行为特点，以及教学过程中可能遇到的心理障碍，对于教师来说是非常重要的。因此，组织针对教育心理学的培训活动，如如何理解和解决学生的学习障碍、如何建立良好的教学关系等，可以有效提升教师的教学能力和教育教学素质。其次，关于教学方法研讨和课程设计培训的重要性，可以从实际案例分析中进行阐述。例如，某地区的一所学校在进行思政课一体化建设时，发现教师在教学方法和课程设计方面存在一定的不足。[①]为解决这一问题，学校组织了一系列的教学方法研讨和课程设计培训活动，如探讨有效的互动教学方法、分享成功的课程设计案例等。经过一段时间的培训和研讨，教师的教学能力和教育教学素质得到了显著提升，学生的学习效果和满意度也得到了明显的提高。再者，为了进一步提升师资整体素质，可以考虑组织更为系统和深入的专业发展培训和学术研讨活动。例如，可以邀请教育领域的专家和学者来开展专题讲座和工作坊，分享最新的教育教学理念、方法和技巧，为教师提供宝贵的学习和交流机会。这样的培训和研讨不仅可以帮助教师及时掌握教育教学的前沿知识和技术，还可以促进教师间的经验交流和合作，形成良好的教育教学氛围。

#### 4. 激励机制与政策支持：确保师资配置的持续优化

在大中小学思政课一体化建设中，确保优质师资的持续配置和教育教学质量的稳步提升显得尤为关键。为此，需要制定并不断完善一系列激励机制和政策支持，以吸引和留住优秀教师，激发他们的工作热情和创新活力。首先，教师奖励制度的建立与完善是其中的关键环节。根据教育经济学理论，适当的经济激励可以有效提高教师的工作积极性和教学质量。例如，某地区的教育部门推出了“优秀教师奖励计划”，对在思政课教学中表现出色的教师给予一定的经济奖励和荣誉称号。实施一段时间后，该计划不仅吸引了众多优秀教师参与思政课的教学工作，还明显提高了思政课教学质量和学生的学习满意度。其次，思政课教学研究资助是另一个重要的支持措施。现代教育研究强调，持续的教育教学研究可以为教师提供更为深入的教学方法和策略。因此，对教师进行研究资助，如提供项目经费、组织研究团队等，可以有效促进教师的教学研究活动，为思政课教学的创新和发展提供有力支持。再者，职业发展晋升机制也是关键的激励手段。教育管理学研究表明，为教

---

① 马宝娟，张婷婷．大中小学思政课一体化：问题与对策[J]．思想政治课教学，2020（2）：4-8.

师提供明确的职业发展路径和晋升机会，可以增强他们的职业归属感和工作稳定性。例如，某学校实施了“思政课教学专家评定制度”，鼓励教师参与各类教学研究和培训活动，累积一定的教学经验和研究成果后，可以申请晋升为高级教师或思政课教学专家。[①]这种机制不仅提高了教师的教学水平，还激发了他们的教育教学创新和研究热情。

### 5. 社会参与与合作：构建共建共享的思政课教学生态

在大中小学思政课一体化建设的进程中，社会参与与合作起到了不可或缺的作用。通过搭建一个共建共享的思政课教学生态，不仅可以充分利用各方资源，还可以促进教育资源的公平分配和有效利用。首先，社会各界的广泛参与为大中小学思政课一体化建设注入了多元化的活力。根据社会学理论，思政课教学不仅仅是学校内部的事务，更是一个社会全体的责任。例如，某地区的企业与学校合作开展“企业导师计划”，企业员工作为志愿者走进学校，与学生分享实际工作经验，增强其社会责任感，为思政课提供了丰富的实践材料和教学资源。其次，高校和教育机构的参与也为大中小学思政课一体化建设提供了强大的学术支持和技术保障。教育管理学研究表明，高校和教育机构具有丰富的教育资源和教学经验，可以为大中小学提供专业的培训和咨询服务。例如，某高校与当地中学合作，共同开展思政课教学研究项目，通过教师培训、课程设计和教学方法改革等方式，促进了大中小学思政课教学的创新和发展。再者，组织各方面的合作项目和交流活动是构建共建共享思政课教学生态的有效途径。通过定期组织教育研讨会、教师培训班和学生交流活动等，可以加强各方的沟通与合作，促进教育资源的整合和优化。例如，某区教育局定期举办“思政课教学与研究交流会”，邀请高校教授、中学教师和社会专家共同参与，分享教学经验、研究成果和教育教学创新案例，为大中小学思政课一体化建设提供了宝贵的实践经验和理论指导。

## 五、引领教师职业发展：增强教师职业成长动力

在大中小学思政课一体化建设的环境中，教师的职业发展不仅仅是个人成长的问题，更是关系到整个教育体系质量和效能的核心议题之一。

---

① 白文昊．大中小学思政课教师共同体的目标向度与实践进路[J]．中国德育，2022（10）：30-34.

1. 专业发展路径规划：针对思政课一体化建设的实际需求

在大中小学思政课一体化建设的背景下，教师的专业发展和职业规划显得尤为关键。为了满足这一特定领域的需求，必须对教师的职业发展路径进行精细化规划。首先，对于大中小学思政课一体化建设的特点，教师的专业技能培训成为关键环节。根据教育学中的“终身教育”理念，教师应不断更新知识、提高技能，以适应教育改革和社会发展的需要。例如，某地区的教育部门组织了一系列针对思政课的专业培训活动，包括思政理论研讨、现代教育技术应用和教育心理学等方面的内容，旨在提升教师的专业素质和教学水平。[①]其次，教师的思政课教学研究是职业发展的另一个重要方向。教师应具备一定的研究能力，能够深入探讨思政课教学的理论与实践问题。[②]例如，某研究机构与多所学校合作，开展了一项关于思政课教学模式的研究，邀请教师参与课题研究，促进理论与实践的结合，为思政课一体化建设提供理论指导和实践支持。再者，课程设计是确保思政课教学质量和效果的重要环节。根据教育课程论的观点，课程设计应围绕学生的学习需求和教师的教学特点进行，旨在提高教学效果和学生满意度。例如，某中学教师根据学生的实际情况和学习需求，对思政课程进行了针对性的设计和调整，引入了多种教学方法和手段，取得了显著的教学效果。

2. 研究与创新激励机制：推动教师教育教学研究与创新

设立研究与创新激励机制，鼓励教师参与大中小学思政课一体化建设的教育教学研究和创新活动，不仅有助于提升教师的专业素质和教学水平，还可以推动教育教学改革和发展，为构建高质量、均衡和可持续的思想政治教育体系作出贡献。首先，从教育学的角度看，教师是教育教学改革的主体，其研究和创新活动直接影响教育教学质量和效果。例如，某地区的学校通过资助教师进行教育教学研究，如深化思政教学方法、研发教材与教辅资料等，取得了一系列创新成果，极大地推动了大中小学思政课一体化建设的进程。其次，组织教育教学论坛是促进教师研究与创新的有效途径。根据教育研究的理论，论坛为教师提供了一个交流与合作的平台，有助于汇聚各方智慧，共同探讨教育教学的前沿问题。例如，某大学定期组织教育教学论坛，邀请

① 邵沁妍，刘振霞．大中小学思政课一体化建设的三维思考[J]．思想理论教育导刊，2020（9）：106-110.

② 李鑫，郑敬斌．大中小学思政课教师队伍一体化建设探析[J]．学校党建与思想教育，2022（6）：47-50.

多地思政课教师分享研究成果和教学经验，形成了一个开放、包容的学术氛围，促进了教师的职业成长和创新实践。再者，教学成果奖励是激励教师研究与创新的重要手段。根据教育评价理论，通过评选和奖励优秀的教学成果，可以鼓励教师积极参与教育教学研究和创新活动。例如，某学校设立了“教学创新奖”，旨在表彰在大中小学思政课一体化建设中取得显著成果的教师，激发其继续深入研究和探索的热情。

3. 导师制度与指导支持：强化教师的职业指导与培养

建立导师制度和指导支持体系是强化教师职业指导与培养的重要途径。通过为教师提供专业的指导、经验的分享和职业的建议，可以有效地促进教师的职业成长，提升教育教学质量，为大中小学思政课一体化建设提供坚强的人才支持。首先，从教育学理论的角度来看，导师制度可以为教师提供一个系统的职业发展路径。根据教育管理理论，良好的导师制度可以帮助教师更快地适应教育环境，明确职业发展方向。例如，某学区推出了导师制度，邀请了经验丰富的教师作为导师，为新任教师提供一对一的指导和支持。这种模式得到了广泛好评，新教师的职业成长得到了有效的促进。其次，导师制度还有助于教师间的经验共享和交流。根据社会学的观点，人际交往是知识传递和经验积累的重要途径。资深的教育专家可以通过分享自己的教学经验和教育教学方法，帮助青年教师提升教学水平。例如，某中学通过组织导师与新教师的定期交流活动，促进了教育教学经验的交流和分享，进一步提升了思政课教学质量。[①]再者，导师制度还可以为青年教师提供职业发展的建议和指导。根据教育心理学的理论，职业发展是一个持续的过程，需要不断地学习和成长。资深的教育专家可以根据青年教师的实际情况，为其提供有针对性的职业规划建议和智慧引导。例如，某高校为新教师制定了职业发展规划，配备了专业的导师团队，为青年教师的职业成长提供了有力的支持。

4. 职业发展培训与进修：提升教师的专业素质与教学能力

组织针对大中小学思政课一体化建设的职业发展培训和进修活动是提升教师专业素质和教学能力的重要途径。通过系统的培训和进修，教师可以不断提升自己的教育教学水平，为大中小学思政课一体化建设提供坚强的人才支持。首先，教育心理学提供了深入理解教师培训和进修的理论基础。根据

① 白文昊. 大中小学思政课教师共同体的目标向度与实践进路[J]. 中国德育，2022（10）：30-34.

心理学的研究，教师的教学能力和专业素质是可以通过系统的培训和进修得到提高的。例如，有研究指出，定期的教育心理学进修课程可以帮助教师更好地理解学生的心理需求，从而调整教学方法，提高教学效果。其次，教育教学方法研讨是提高教师教学能力的有效途径。根据教育学的观点，不同的教学方法适用于不同的教学内容和学生群体。通过组织教育教学方法研讨，可以帮助教师了解和掌握最新的教学方法，提高教学效果。例如，某次教育教学方法研讨会上，介绍了多种创新的教学方法和策略，受到了广大教师的欢迎和认可。再者，课程设计培训也是提高教师教学能力的重要环节。根据教育课程理论，课程设计是教学过程中的核心环节，直接影响教学效果。通过参加课程设计培训，教师可以了解最新的课程设计理念和方法，提高课程设计的质量。例如，某高校定期组织课程设计培训，邀请了多位经验丰富的教育专家进行授课，为教师提供了宝贵的学习资源和经验。

### 5. 社会参与与合作机会：开阔教师的职业发展视野，增加其发展机会

鼓励思政课教师参与社会各界、高校和教育机构的合作与交流活动，不仅可以开阔其职业发展的视野、增加其发展机会，还可以增强其职业成长的动力和激情。这不仅有助于提高思政课教师的教育教学水平，也有助于推动大中小学思政课一体化建设的深入发展。首先，教师的社会参与可以为其带来更为广阔的发展平台。从教育学的角度看，教师的成长需要一个开放、包容的环境，这样才能充分发挥其思政课教学的创新能力。例如，某高校与企业合作开展的教育项目，为教师提供了一个与行业专家深度交流的平台，使其能够更好地了解行业发展趋势，为思政课课堂教学注入新的活力。[①]其次，学术研究合作也是教师职业发展的重要组成部分。根据教育研究理论，学术研究是教师提高思政课教学能力的有效途径。通过与其他高校或研究机构的合作，教师可以分享研究成果，共同探讨研究方法，从而提高研究水平。例如，某教育研究机构定期组织学术研讨会，邀请各地教师参与，为他们提供了展示研究成果、交流学术思想的平台。再者，教育实践交流也为教师提供了宝贵的成长机会。根据教育实践理论，教师的成长需要与实际教学相结合，不断总结经验，完善教学方法。通过参与思政课教学实践交流活动，教师可以了解不同地区、不同学校的教学实践，从而为自己的教学实践提供参考。

① 陈飞. 大中小学思政课一体化教师教学研修的思考——基于上海市大中小学思政课一体化教学展示活动的启示[J]. 教育理论与实践，2021，41（35）：53-56.

例如，某地区组织的教育实践交流活动，吸引了众多教师参与，他们分享了自己的教学经验，为其他教师提供了宝贵的参考资料。

## 第五节 评价机制创新：强化思政课一体化建设的效果评估与监控

在大中小学思政课一体化建设的进程中，评价机制的创新扮演着至关重要的角色，有助于提升大中小学思政课一体化建设的效果与质量。

### 一、优化综合评价框架：拓展评估维度与测评方式

随着教育评价理念的不断演进，多元化评价体系逐渐成为大中小学思政课程一体化建设的核心议题。多元化评价体系不仅能够更准确地反映学生的学习成果和发展潜力，还有助于促进师生交流，提高教学质量，从而为构建更加公正、科学、人性化的教育评价机制提供有益的参考和实践经验。

1. 任务型评价设计：结合实际操作，确保评价有效性

在大中小学思政课一体化建设中，引入任务型评价设计是拓宽评价维度的重要途径。教育者可以设计与实际生活和社会实践紧密相关的任务，如社区调查、文献分析等，通过学生的实际操作和表现，全面了解他们的知识掌握、能力应用和价值观念形成情况，从而确保评价的有效性和准确性。首先，任务型评价设计强调与实际生活和社会实践的结合。这种设计要求教育者设计与学生日常生活和社会经验紧密相关的任务[①]，如社区调查、文献分析等。这些任务不仅有助于学生将理论知识应用于实际，还能够培养他们观察、分析和解决问题的能力。其次，从教育学的角度看，任务型评价设计反映了对学生主体性和参与性的重视。与传统的笔试和口试评价相比，任务型评价更加注重学生的主动参与和实际操作。例如，通过社区调查这一任务，学生可以深入了解社会现象，同时培养其社会责任感和团队协作精神。再者，任务型评价设计为教育者提供了宝贵的反馈机制。通过观察学生在实际任务中的

① 陈大文，姜彦杨. 大中小学思政课教学评价一体化路径初探[J]. 思想理论教育导刊，2021（12）：96-100.

表现，教育者可以及时了解学生的学习状态和需求，从而调整教学策略，提供更为个性化的指导。

2. 反馈机制优化：及时指导，促进学生进步

在大中小学思政课一体化建设的背景下，反馈机制的优化成为评价与指导的关键环节。优化的反馈机制不仅能够深化对学生学习情况的了解，还能够为学生提供有针对性的指导，推动他们在思想和行为上的进步。[①]从思想政治教育学的理论视角，反馈机制在培养学生的思想品质和价值观念方面具有不可替代的作用。首先，反馈机制的优化要求教育者采用更为细致和科学的评估方法。与传统的定期测验相比，更应注重对学生思想认识和价值观念的深入挖掘。例如，通过开展讨论、写作和项目研究等多种形式的评估，教育者可以更为全面地了解学生的思考方式和价值取向，从而为他们提供更为准确和有针对性的反馈。其次，反馈机制的优化还需要教育者具备较高的专业素养和人文关怀。教育者在进行反馈时，应当注重与学生建立良好的沟通关系，倾听他们的声音，关注他们的需求。只有这样，才能确保反馈信息既具有建设性，又被学生所接受和理解。再者，反馈机制的优化还需要结合实际教学情境进行创新。例如，在课堂教学中，教育者可以通过实时投票、小组讨论等方式，收集学生的反馈意见，及时调整教学策略，满足学生的学习需求。此外，利用现代技术手段，如教育软件和移动应用程序，也能够有效地优化反馈机制，提高教学效果。

3. 多元评价工具应用：综合考查，全面展现学生特质

在大中小学思政课一体化建设的背景下，多元评价工具的应用已成为评价学生综合素质的重要策略。这种工具的采用不仅为教育者提供了更加全面和深入的评估视角，还能够为学生展现其多方面的特质和潜能。首先，多元评价工具的应用体现了对学生综合素质的全面考查。传统的笔试评价往往只能反映学生的知识掌握程度，而通过引入口头答辩、项目报告等形式，教育者可以更为直观地了解学生的思维方式和实践能力。[②]例如，某些研究指出，口头答辩能够有效地检验学生的表达能力和批判性思维，从而为教育者提供有价值的参考信息。其次，多元评价工具的应用有助于发掘学生的个性特点

① 冀沁珍，张成尧. 新时代大中小学思政课一体化建设的推进路径[J]. 教育理论与实践，2023，43（29）：43-47.

② 沈立里，池忠军. 大中小思政课一体化建设的质量监测与优化路向[J]. 教育学术月刊，2022（4）：99-105.

和潜在能力。在大中小学阶段，学生的兴趣和特长正在形成，通过多元评价，教育者可以更加关注学生的个性发展和潜能挖掘。例如，项目报告的设计可以根据学生的兴趣和特长进行调整，使其更加符合学生的实际需求和发展方向。再者，多元评价工具的应用也为教育者提供了反馈和指导的有力手段。通过综合考查学生在不同领域的表现，教育者可以更为准确地了解学生的学习状态和需求，从而提供个性化的学习建议和支持。例如，根据学生在口头答辩和项目报告中的表现，教育者可以及时调整教学内容和方法，满足学生的多样化学习需求。

#### 4. 同行评教与互助学习：促进师生交流，提高评价质量

在大中小学思政课一体化建设中，实施同行评教与互助学习是拓宽评价方式的关键。教育者应鼓励教师间的交流与合作，共同探讨评价标准和方法，提高评价的科学性和公正性；同时，引导学生进行互助学习和合作探究，培养他们的团队协作和交流能力，提升评价的参与度和质量。首先，同行评教与互助学习体现了评价过程的科学性和公正性。当教育者鼓励教师间的交流与合作时，他们能够共同探讨评价的标准、方法和策略。这种合作性的评价机制能够避免单一评价者的主观偏见，从而提高评价的客观性和准确性。例如，研究表明，在同行评教的过程中，教师可以相互提供反馈和建议，从而不断完善评价标准和方法。其次，互助学习和合作探究有助于培养学生的团队协作和交流能力。在思政课的教学实践中，学生不仅需要掌握知识和技能，还需要学会与他人合作、交流和共享资源。[①]通过引导学生参与互助学习和合作探究，教育者可以促进他们的自主学习和批判性思维，从而提高评价的参与度和质量。再者，同行评教与互助学习也为教师的专业发展和成长提供了支持。在教育改革和创新的背景下，教师面临着不断更新知识和技能的挑战。通过参与同行评教和互助学习，教师可以获得及时的反馈和建议，了解教育前沿的理论和实践，从而提高自身的教学能力和水平。

#### 5. 定性与定量相结合：确保评价的科学性和灵活性

在大中小学思政课一体化建设的大背景下，定性与定量相结合的评价策略逐渐受到广泛关注。这种综合性的评价方法，不仅能够全面捕捉学生的学习成果和特质，而且还有助于提高评价的科学性和准确性。首先，定性与定

---

① 陈大文，姜彦杨. 大中小学思政课教学评价一体化路径初探[J]. 思想理论教育导刊，2021（12）：96-100.

量相结合的评价方式体现了对学生全面发展的重视。通过灵活运用定性和定量的评价方法，教育者能够更加全面地了解学生的学习态度、思维能力和个性特质。[①]例如，某些研究指出，在思政课的教学实践中，教育者可以通过观察学生的课堂参与度、小组讨论和项目报告等定性方法，结合笔试、测验和问卷调查等定量方法，全面评估学生的综合素质。其次，定性与定量相结合的评价策略有助于提高评价的科学性和客观性。在大中小学思政课一体化建设中，评价的目的不仅是反映学生的学习成果，还包括培养他们的批判性思维和社会责任感。通过综合运用定性和定量的评价方法，教育者可以更加客观地评估学生的学习效果和发展潜力，确保评价的公正性和准确性。再者，定性与定量相结合的评价策略也体现了评价方式的灵活性和适应性。在大中小学思政课的教学实践中，学生的学习需求和背景各异，需要采用多种评价手段来满足其多样化的学习需求。根据评价目的和内容特点，灵活运用定性和定量的评价方法，教育者可以更加有效地满足学生的学习需求和实现发展目标。

## 二、核心能力培养考核：注重学生综合能力发展

在大中小学思政课一体化建设中，强调学生能力的全面培养已成为思政课教学改革的核心目标。

### 1. 实践能力考核：促进理论与实际相结合，培养综合素质

在大中小学思政课一体化建设的背景下，实践能力考核被视为提高学生全面能力的核心策略。这种考核方法不仅强调学生对于理论知识的掌握，更注重其将所学知识与实际情境相结合的能力。首先，实践能力考核强调了理论与实际相结合的教学理念。在大中小学思政课的教学过程中，单纯的理论授课往往难以激发学生的学习兴趣和参与度。通过设计与实际生活和社会实践相结合的考核任务，如社区服务和实地考察，教育者能够为学生提供一个将理论知识与实际操作相结合的学习平台。例如，某些研究指出，在社区服务活动中，学生不仅可以应用所学的思想政治知识，还能够锻炼其团队协作和社会责任感，从而实现知行合一的教育目标。其次，实践能力考核有助于培养学生的综合素质和实践能力。在现代社会，学生除了需要具备扎实的理

① 梁建新，王文静. 大中小学思政课一体化协同育人的五维进路[J]. 江苏高教，2023（8）：114-120.

论知识，还需要具备良好的实践能力和综合素质。通过参与社区服务、实地考察等实践活动，学生可以更加深入地了解社会现象和问题，锻炼其分析问题、解决问题的能力。①这种实践性的学习方式不仅能够提高学生的学习积极性和参与度，还能够促进其综合素质的全面发展。再者，实践能力考核也为教育者提供了一个全面评价学生能力的有效途径。传统的考试评价方法往往过于注重学生对于知识点的记忆和理解，忽视了其实际操作和应用能力。通过引入实践能力考核，教育者可以更加全面地了解学生的学习状态和发展需求，为其提供更为个性化的教学指导和支持。

2. 创新思维评估：引导学生跳出传统思维，培养创新精神

在大中小学思政课一体化建设的背景下，创新思维评估逐渐成为促进学生全面能力培养的重要手段。这种评估方法的核心在于激发学生的创新潜能，使其能够超越传统思维模式，更好地应对日益复杂的社会挑战。首先，创新思维评估体现了对学生全面发展的重视。在传统的教育模式中，学生往往被培养为机械式的知识接受者，缺乏独立思考和创新的能力。通过引导学生跳出传统思维框架，鼓励他们探索和创新，教育者能够为学生提供一个开放、自由的学习环境。②例如，某些先进的教育实践中，教育者通过设计开放性的问题和项目，鼓励学生从多角度、多层次进行思考，培养其批判性思维和创新意识。其次，创新思维评估有助于培养学生的实践能力和创新精神。在现代社会，创新已成为推动社会进步和经济发展的关键力量。通过设计开放性的问题和项目，评估学生的创新思维能力和实际应用能力，教育者可以激发学生的学习热情和参与度，培养其解决实际问题的能力。这种实践性的评估方法不仅能够提高学生的学习积极性，还能够促进其综合素质的全面发展。再者，创新思维评估也为教育者提供了一个更为全面的评价学生能力的视角。在传统的评价体系中，学生的学习成果往往通过考试成绩来体现。然而，这种评价方式忽视了学生的创新潜能和实际应用能力。通过引入创新思维评估，教育者可以更加全面地了解学生的学习状态和发展需求，为其提供更为个性化的教学指导和支持。

---

① 谢俊丽. 大中小学思想政治教育一体化建设存在的问题与对策[J]. 学校党建与思想教育，2023（22）：33-35.

② 李东坡，王学俭. 新时代大中小学思政课一体化建设的内涵、挑战与对策[J]. 新疆师范大学学报（哲学社会科学版），2021，42（3）：60-69.

### 3. 团队合作能力考查：培养学生的团队精神和协作能力

在大中小学思政课一体化建设的大环境下，团队合作能力的考查被视为推动学生综合素质提升的重要途径。这一评估策略旨在通过组织和管理团队项目和活动，全面了解学生在团队协作中的表现和潜力。首先，团队合作能力考查突显了对学生团队精神和协作能力培养的重视。在现代社会，团队合作已成为解决复杂问题和实现创新的关键。通过参与团队项目和活动，学生不仅能够锻炼自己的组织协调能力，还能够培养与他人沟通交流和解决问题的能力。[①]例如，某些研究指出，在学生参与的团队项目中，教育者可以设计不同的任务和角色，鼓励学生合理分工，明确目标，共同完成任务，从而培养其团队合作和协作能力。其次，团队合作能力考查有助于提高学生的综合素质。在团队项目和活动中，学生需要不断地与他人交流合作，解决实际问题。这种实践性的学习方式不仅能够加深学生对知识的理解和应用，还能够培养其解决实际问题的能力。通过评估学生在团队中的角色定位、协作交流和问题解决能力，教育者可以更加全面地了解学生的学习状态和发展需求，为其提供更为个性化的教学指导和支持。再者，团队合作能力考查也为教育者提供了一个全面评价学生能力的有效途径。传统的教育评价方法往往过于注重学生的个体表现，忽视了他们在团队协作中的角色和贡献。通过组织学生参与团队项目和活动，评估他们的团队合作和协作能力，教育者可以更加客观地了解学生的学习成果和潜能，为其提供更为科学的评价和指导。

### 4. 批判性思维评价：促进学生深入思考，提高问题解决能力

在大中小学思政课一体化建设的背景下，批判性思维评价的应用和推广成为促进学生能力全面培养的重要策略。此策略旨在通过设置具有深度和挑战性的问题和案例，评估学生的批判性思维水平，从而引导他们进行深入的思考和探究。首先，批判性思维评价体现了对学生深入思考和问题解决能力培养的重视。在日常的教学活动中，学生往往习惯于接收信息，而忽视了对信息的分析和评估。通过设计具有挑战性和深度的问题和案例，如真实的社会问题或复杂的伦理冲突，教育者可以激发学生的思考欲望，促使他们从多个角度和层次对问题进行分析。例如，研究表明，在某些教育实践中，教育者通过引入真实的社会案例，鼓励学生运用批判性思维工具，如逻辑推理和证据分析，从而提升其问题解决和决策能力。其次，批判性思维评价有助于

---

① 冀沁珍，张成尧. 新时代大中小学思政课一体化建设的推进路径[J]. 教育理论与实践，2023，43（29）：43-47.

提高学生的综合素质。在信息爆炸的时代，学生需要具备辨别信息、分析问题和解决问题的能力。通过对学生的批判性思维进行评价，教育者可以更加全面地了解学生的学习状态和发展需求，为其提供更为个性化的教学指导和支持。①例如，某些先进的教育实践中，教育者通过引导学生对复杂的伦理和道德问题进行批判性思考，不仅能够提升其逻辑分析和判断能力，还能够培养其社会责任感和道德情操。再者，批判性思维评价也为教育者提供了一个更为科学和有效的评价工具。传统的教育评价方法往往过于注重学生的知识掌握和记忆能力，忽视了其批判性思维和创新能力的培养。通过引入批判性思维评价，教育者可以更加客观和公正地评价学生的学习成果，为其提供更为科学的反馈和指导。

5. 自主学习能力考核：培养学生的自主性和持续学习能力

在大中小学思政课一体化建设的框架下，对自主学习能力考核的关注与应用逐渐受到广泛关注。自主学习，作为一种学生主动参与、自我管理和不断追求知识的学习方式，已成为当代教育的重要目标之一。首先，自主学习能力考核的实施体现了对学生主体性和学习主动性的高度重视。在传统的教育模式中，学生往往是被动接受知识的接受者。而通过引导学生设定学习目标和设计个性化学习路径，教育者可以激发他们的学习兴趣和动力。例如，某些研究表明，在某些先进的教育实践中，教育者鼓励学生根据自己的兴趣和需求，选择学习资源和方法，从而提高其学习的自主性和主动性。其次，自主学习能力考核有助于培养学生的持续学习和终身学习能力。在知识更新迅速的今天，学生需要具备不断学习和适应变化的能力。②通过评估学生的学习计划和执行情况，教育者可以更加全面地了解学生的学习态度和习惯，为其提供有针对性的指导和支持。例如，通过对学生的学习反思和自我评价，教育者可以帮助他们识别学习中的问题和挑战，从而调整学习策略，提升学习效果。再者，自主学习能力考核也为教育者提供了一个更为科学和有效的评价工具。传统的教育评价方法往往过于注重学生的知识掌握和记忆能力，忽视了其学习态度和方法的培养。通过引入自主学习能力考核，教育者可以更加客观和公正地评价学生的学习成果，为其提供更为科学的反馈和指导。

① 刘小勇，文晓夏．推进大中小学思政课一体化建设的常态机制与路径[J]．中学政治教学参考，2023（39）：75-77.

② 王春英．"大思政课"视域下思想政治教育一体化的推进路径[J]．思想政治课教学，2023（9）：16-19.

## 三、创新实践能力评估：促进全面素质教育

创新与实践能力的综合评估，特别是任务型实践设计、批判性思维评价、项目导向学习、反馈与指导机制，以及跨学科融合评估等多个方面，不仅有助于学生在实际中应用理论知识，培养其创新和批判性思维，还能够引导学生跨越学科界限，拓宽学术视野。

### 1. 任务型实践设计：整合课程与实际，培养创新思维

在当代的教育领域中，任务型实践设计逐渐被认为是一种高效的教学策略，特别是在大中小学思政课一体化建设中。这种设计方法不仅仅关注于传统的知识传授，更强调将理论学习与实际操作相结合，从而培养学生的综合素质和实践能力。首先，任务型实践设计为学生提供了一个将所学知识应用于实际情境的平台。传统的课堂教学往往以教师为中心，学生在被动接受知识的过程中缺乏实际操作的机会。而通过引入与当前社会热点和挑战相关的实践任务，如社区服务项目和社会调查，学生可以更加直观地理解和应用所学知识。例如，某些学校通过组织学生参与社区服务活动，使他们深入了解社会现实，同时也锻炼了他们的团队合作和沟通能力。其次，任务型实践设计有助于培养学生的创新思维。在当前信息爆炸的时代，仅仅掌握基础知识是远远不够的。学生需要具备批判性思维、创新性思维和解决问题的能力。通过参与实践任务，学生需要面对各种实际问题，提出解决方案，这不仅仅能够检验他们的知识掌握程度，更能够培养他们的创新思维。例如，某些学校开展了“社会调查与分析”项目，要求学生对某一社会问题进行深入研究，这不仅提高了他们的研究能力，也锻炼了他们的创新思维。再者，任务型实践设计可以促进全面素质教育的深入发展。传统的教育模式往往过于注重学生的学科成绩，而忽视了他们的综合素质和实践能力。[①]通过引入任务型实践设计，教育者不仅能够更加全面地评估学生的学习成果，还能够培养他们的综合素质和实践能力。例如，某些学校在思政课中引入了“社区服务体验”模块，要求学生深入社区，与居民互动，这不仅加深了他们对社会的认识，也增强了他们的社会责任感和公民意识。

① 陈鹏，刘侣萍．大中小学思政课一体化建设的价值意蕴、生成动因与创新展望[J]．学校党建与思想教育，2023（19）：68-70.

### 2. 批判性思维评价：引导学生深度思考，培养综合素质

在当前的教育背景下，批判性思维评价在大中小学思政课一体化建设中显得尤为关键。这种评价方法不仅仅能够检验学生的知识掌握程度，更能够培养他们的独立思考和批判性思维能力。首先，批判性思维评价鼓励学生从多个角度对问题进行思考。传统的教育模式往往强调教师的授课，学生在接受知识的过程中缺乏主动性。而通过设计具有挑战性和深度的问题和案例，如历史事件的多角度解读或社会现象的深层次分析，学生被引导去探究问题的本质，以此培养他们的批判性思维。例如，某些学校在教授“历史事件”时，不仅要求学生掌握基本的事实，还要求他们对事件背后的原因和影响进行深入分析，这种方法有效地提升了学生的分析判断能力。其次，批判性思维评价有助于培养学生的综合素质。在知识爆炸的时代，学生除了要掌握基础知识，还需要具备批判性思维、综合分析和解决问题的能力。通过参与批判性思维评价，学生被鼓励去挑战现有的观点，提出自己的见解，并能够从多个维度去分析问题。[①]例如，某些学校在思政课中引入了“辩论赛”环节，要求学生就某一议题进行辩论，这种活动不仅锻炼了学生的口头表达能力，更培养了他们的批判性思维和综合素质。再者，批判性思维评价可以推动全面素质教育的创新和拓展。在传统的教育模式中，评价往往以分数为主，学生的学习成绩成为衡量教育质量的唯一标准。而通过引入批判性思维评价，教育者可以更加全面地了解学生的学习情况，评估他们的思维能力和综合素质，从而为学生提供更加个性化的教育服务。例如，某些学校在评价学生的“项目作业”时，不仅关注学生的成果，还关注他们的思维过程和解决问题的能力，这种方法有助于推动教育的创新和拓展。

### 3. 项目导向学习：促进学生主体性发展，培育实践能力

在大中小学思政课一体化建设中，通过项目导向学习的综合评估，可以促进学生的主体性发展和实践能力培养。教育者应组织学生参与具有实际意义和挑战性的项目，评估他们的团队合作、创新思维和问题解决能力，推动全面素质教育的全面提升。首先，项目导向学习鼓励学生的主体性发展。传统的教育方式往往以教师为中心，学生在课堂上扮演被动的角色，缺乏主动性和创造性。而通过项目导向学习，学生被鼓励去探索问题、提出解决方案，并参与到项目的实施过程中。例如，某些学校在教授“环境保护”的课题时，

---

① 徐秦法，张肖. 破立并举：大中小学思政课一体化评价的理性审思[J]. 江苏高教，2022（9）：81-85.

组织学生进行“环境清洁”活动，让他们亲身体验到环境污染的严重性，并通过自己的努力去改善环境。其次，项目导向学习有助于培养学生的实践能力。在知识经济的时代，纸上得来终觉浅，实践经验是学生提升自己能力的重要途径。[①]通过参与项目，学生可以将所学的理论知识应用到实际操作中，从而提升他们的实践能力和解决问题的能力。例如，某些学校在教授“创业教育”的课题时，组织学生进行“创业计划”比赛，让他们从创意到实施，全程参与，锻炼他们的创新思维和实践能力。再者，项目导向学习有助于推动全面素质教育的提升。在当前的教育改革中，不仅要注重学生的学科知识掌握，还要注重他们的综合素质和实践能力的培养。通过组织具有实际意义和挑战性的项目，学校可以评估学生的团队合作、创新思维和问题解决能力，从而为他们提供更加个性化和全面的教育服务。例如，某些学校在评价学生的“团队合作”能力时，不仅要求他们完成项目，还要求他们在团队中发挥自己的作用，如团队领导、协调沟通等，这种方法有效地提高了学生的综合素质和实践能力。

#### 4. 反馈与指导机制：强化学生自主学习，提升综合素质

在大中小学思政课一体化建设中，建立有效的反馈与指导机制是推动全面素质教育的重要途径。教育者应提供及时、具体的学习反馈，引导学生自主探究和学习，评估他们的学习效果和自主学习能力，促进全面素质教育的持续和深化。首先，有效的反馈可以及时纠正学生的学习方向。在学习过程中，学生可能会遇到各种各样的困惑和疑问。如果没有及时的反馈，这些问题可能会积累，导致学生对知识的理解产生偏差。[②]因此，教育者应当根据学生的学习情况，及时提供具体、针对性的反馈，指导他们明确学习目标，调整学习策略。例如，某些学校的教师可以通过电子平台对学生的学习进度、作业完成情况进行实时监测，及时给予反馈和建议，这种方式有效地提升了学生的学习效果和满意度。其次，强化学生的自主学习能力是提升综合素质的关键。传统的教育模式中，教师通常扮演着知识的传授者，而学生则是被动接受者。但在现代教育理念中，学生被视为学习的主体，他们应当具备自主探究和学习的能力。通过建立有效的反馈与指导机制，教育者可以为学生提供必要的支持和指导，使他们在学习过程中逐渐形成自主、批判性的思维

① 梁建新，王文静．大中小学思政课一体化协同育人的五维进路[J]．江苏高教，2023（8）：114-120.

② 沈立里，池忠军．大中小思政课一体化建设的质量监测与优化路向[J]．教育学术月刊，2022（4）：99-105.

方式。例如，某些学校在开展研究性学习项目时，鼓励学生自主选择研究主题，组织研究团队，制订研究计划，并在完成研究后，教师对学生的研究成果进行详细的评价和指导，这种方式有助于培养学生的独立思考和问题解决能力。再者，评估学生的学习效果和自主学习能力是持续推进全面素质教育的关键。只有通过有效的评估，教育者才能够了解学生的学习状况，调整教学策略，提高教学质量。通过建立科学、公正的评价体系，可以为学生提供公平、公正的学习环境，激发他们的学习热情和积极性。例如，某些学校在评价学生的自主学习能力时，不仅考查他们的学术成绩，还要求他们提交学习计划、反思报告等，从而全面了解学生的学习过程和成果。

5. 跨学科融合评估：开阔学生视野，培养跨学科能力

在大中小学思政课一体化建设中，跨学科融合评估可以拓宽学生的学科视野，培养他们的跨学科思维和综合素质。教育者应设计跨学科的学习任务和项目，评估学生的跨学科合作和应用能力，推动全面素质教育的多元化和升级。[①]首先，跨学科融合评估有助于拓宽学生的学科视野。在传统的教育体系中，学生往往被限定在特定的学科领域中，缺乏对其他学科的了解和认知。而跨学科融合评估则通过设计跨学科的学习任务和项目，使学生能够跳出单一学科的局限，将不同学科的知识和技能相结合，从而形成更为全面和深入的学科认知。[②]例如，某些学校开设了“科学与艺术融合”或“技术与人文结合”的课程，要求学生在学习某一学科的基础上，还要探索与其他学科的交叉点，进行跨学科的研究和实践。其次，跨学科融合评估有助于培养学生的跨学科思维。在当今社会，各种复杂的问题往往需要跨学科的知识和方法来解决。而培养学生的跨学科思维，意味着他们能够在面对问题时，不仅能够从自己所学的专业领域出发，还能够借鉴其他学科的知识和经验，提出更为全面和创新的解决方案。例如，面对一个结合科技与环境保护的问题，学生不仅要考虑科技的应用，还要考虑其对环境的影响，以及如何在实践中实现科技与环境的和谐发展。最后，跨学科融合评估可以推动全面素质教育的多元化和升级。随着社会的发展和进步，传统的学科分类和评估方式已经难以满足现代社会的需求。而跨学科融合评估则为学生提供了一个更为宽广和开放的学习空间，使他们能够在学习过程中，不断地拓展自己的知识边界，提

---

① 徐秦法，张肖．破立并举：大中小学思政课一体化评价的理性审思[J]．江苏高教，2022（9）：81-85.

② 刘小勇，文晓夏．推进大中小学思政课一体化建设的常态机制与路径[J]．中学政治教学参考，2023（39）：75-77.

升自己的综合素质。例如，某些先进的教育机构开始探索跨学科的评估方式，如结合学术成果、实践经验、团队合作等多个方面，对学生的综合能力进行全面的评价。

## 四、学生特色发展评估：挖掘学生个性与潜能

在当代教育领域，对学生个性化发展的关注逐渐上升至核心地位。在思政课一体化建设中，通过学生特长评估与挖掘、个性化学习路径设计、个性化反馈与指导，以及跨学科融合与创新评价等多维度策略，促进学生的个性化和全面发展。

### 1. 学生特长评估与挖掘：发掘个性潜能，促进全面发展

在大中小学思政课一体化建设中，学生特长评估与挖掘是培养学生个性化发展的关键。通过多元化的评估方法，如兴趣问卷、能力测试等，教育者可以全面了解学生的个性特点和潜在能力，从而为他们提供个性化的学习和成长支持，促进其全面发展和长远成才。首先，学生特长评估与挖掘有助于发掘个性潜能。每个学生都是独特的，他们在兴趣、能力、性格等方面都有所不同。而通过多元化的评估方法，如兴趣问卷、能力测试等，教育者可以对学生进行全面而深入的了解，从而准确地识别出他们的个性特点和潜在能力。例如，某些学校通过开展兴趣测评活动，发现了一些学生在艺术、科技、体育等方面具有出色的天赋和潜力，为他们提供了更为合适和有针对性的教育资源和支持。其次，学生特长评估与挖掘有助于促进全面发展。在传统的教育体制中，学科成绩往往被过分重视了，而忽视了学生在其他方面的潜能和发展需求。①而通过对学生的特长进行评估和挖掘，教育者可以为他们提供更为全面和个性化的成长支持，不仅满足他们在学术上的需求，还能够促进他们在艺术、体育、科技等方面的全面发展。例如，某些学校通过开设多元化的教育项目和活动，如艺术展览、科技创新竞赛、体育比赛等，为学生提供了一个展现自己特长和才华的平台，进一步激发了他们的学习热情和创新能力。最后，学生特长评估与挖掘有助于长远成才。在当今社会，人才竞争日趋激烈，而具有特长和专长的人才往往更受社会和企业的青睐。通过对学生特长的评估和挖掘，教育者可以为他们提供更为个性化和有针对性的教育

① 谢俊丽. 大中小学思想政治教育一体化建设存在的问题与对策[J]. 学校党建与思想教育，2023（22）：33-35.

和培训，从而更好地满足社会和企业的人才需求，为他们的长远成才打下坚实的基础。例如，某些高等教育机构通过与企业和社会组织合作，开展特长人才的培养和选拔工作，为学生提供了一个更为广阔和多元的发展平台，助力他们实现人生的价值和目标。

2. 个性化学习路径设计：满足学生差异化需求，推动个性成长

在大中小学思政课一体化建设中，个性化学习路径设计是关注学生个性和特长培养的有效途径。教育者应根据学生的学习需求、兴趣爱好和特长特点，设计差异化的学习任务和项目，为他们提供个性化的学习支持和指导，推动其在思政教育中实现个性化和多元化成长。首先，个性化学习路径设计是对传统教育模式的一种创新尝试。传统的教育模式往往采用统一的教学内容和方法，忽视了学生个性和差异化的需求。而通过个性化学习路径设计，教育者可以根据学生的学习需求、兴趣爱好和特长特点，为他们提供量身定制的学习任务和项目。例如，某些学校通过开展个性化学习项目，针对不同的学生群体，提供了丰富多样的学习资源和活动，如研究性学习、实践性探究等，从而满足了学生的差异化需求，促进了他们在思政教育中的全面和多元发展。其次，个性化学习路径设计有助于推动学生的个性成长。每个学生都有其独特的学习方式和发展潜能。而通过个性化的学习支持和指导，教育者可以更好地发掘和挖掘学生的个性特点和潜在能力，为他们提供更为合适和有效的学习资源和策略。[①]例如，某些教育机构通过开展个性化辅导和指导活动，为学生提供了一个展现自己特长和才华的平台，进一步激发了他们的学习热情和创新能力，促进了其个性和多元成长。再次，个性化学习路径设计有助于实现教育公平和包容。在当前的教育环境中，学生的学习需求和背景各不相同。而通过个性化学习路径设计，教育者可以更好地关注和满足弱势群体和特殊需求学生的学习需求，促进教育的公平和包容。例如，某些教育机构通过开展个性化学习项目，针对弱势群体和特殊需求学生，提供了更为专业和针对性的学习支持和服务，为他们创造了更为有利的学习环境和条件，助力他们实现个性化和多元发展。

3. 个性化反馈与指导：强化学生自主发展，提升个性价值

在大中小学思政课一体化建设中，个性化反馈与指导是关注学生个性和

① 陈鹏，刘侣萍. 大中小学思政课一体化建设的价值意蕴、生成动因与创新展望[J]. 学校党建与思想教育，2023（19）：68-70.

特长培养的重要手段。教育者应提供具体、针对性的学习反馈和指导建议，引导学生自主探究和发展，激发其个性潜能和价值，实现个性化成长和价值实现。首先，个性化反馈与指导突显了教育的人本主义理念。传统的教育模式往往注重统一的评价标准和方法，忽视了学生个体差异和特长发展。而通过个性化反馈与指导，教育者可以更加细致入微地了解学生的学习需求和特点，为他们提供更为具体和针对性的反馈和指导建议。[①]例如，某些学校在思政课教学中，采用了个性化的评价和指导方法，针对每位学生的学习进度和能力水平，提供了具体的学习建议和指导方案，从而促进了他们的个性发展和价值实现。其次，个性化反馈与指导有助于激发学生的自主学习和探究能力。在当前的教育环境中，学生的学习动机和兴趣爱好各异。而通过个性化的反馈与指导，教育者可以更好地满足学生的学习需求和兴趣爱好，引导他们进行自主学习和探究。例如，某些教育机构在思政课教学中，注重培养学生的独立思考和创新能力，通过提供个性化的学习资源和指导方案，鼓励学生进行自主学习和探究，从而促进了他们的个性成长和价值实现。再次，个性化反馈与指导有助于提升学生的个性价值。每位学生都是独特的，都有其独特的个性和价值。而通过个性化的反馈与指导，教育者可以更好地发掘和挖掘学生的个性潜能和价值，为他们提供更为合适和有效的学习支持和指导，进一步提升其个性价值。例如，某些学校在思政课教学中，注重培养学生的个性和创新能力，通过提供个性化的学习资源和指导方案，激发学生的个性潜能和价值，促进他们的个性成长和价值实现。

4. 跨学科融合与创新评价：培养学生跨学科能力，拓展个性视野

在大中小学思政课一体化建设中，跨学科融合与创新评价可以培养学生的跨学科思维和创新能力，拓展其个性视野和成长空间。教育者应设计跨学科的学习任务和项目，评估学生的跨学科合作和创新表现，为他们提供个性化的成长支持和机会，推动其个性价值的全面实现。首先，跨学科融合与创新评价反映了当前教育的多元化趋势。在传统的学科框架中，学生可能会受到固定的学科界限和评价标准的限制。而跨学科融合的方法打破了这些界限，鼓励学生跨越学科的界限，探索不同学科之间的联系和交互。例如，某些学校在思政课一体化建设中，结合历史、社会学、哲学等多个学科，设计了跨学科的学习任务和项目，鼓励学生进行跨学科的合作和探索，从而促进

① 刘小勇，文晓夏. 推进大中小学思政课一体化建设的常态机制与路径[J]. 中学政治教学参考，2023（39）：75-77.

了他们的跨学科思维和创新能力的培养。其次，跨学科融合与创新评价有助于激发学生的创新潜能。在跨学科的学习环境中，学生可以更加自由地探索和尝试，不受固定的学科界限和评价标准的限制。[①]这为他们提供了一个展现个性和发挥创新能力的空间。例如，某些学校在思政课一体化建设中，鼓励学生结合社会实践和科技应用，设计和实施创新项目，从而培养了他们的创新能力和实践能力，促进了他们的个性成长和价值实现。再次，跨学科融合与创新评价为学生提供了一个全新的学习和成长空间。在这样的环境中，学生可以更加自由地发挥自己的特长和优势，得到更为全面和个性化的成长支持和机会。例如，某些学校在思政课一体化建设中，结合学生的兴趣爱好和特长，设计了个性化的学习项目和任务，为他们提供了展现个性和实现价值的平台，从而推动了他们的个性价值的全面实现。

5. 社会实践与个性发展：促进学生与社会互动，增强个性魅力

在大中小学思政课一体化建设中，社会实践与个性发展是关注学生个性和特长培养的重要环节。教育者应组织学生参与社会实践活动，如社区服务、文化交流等，评估他们的社会参与能力和个性展现，为他们提供个性化的发展平台和机会，增强其个性魅力和社会影响力。首先，从理论角度看，社会实践作为一种教育手段，已被广泛认可其在培养学生社会责任感、实践能力和个性发展中的价值。马克思主义认为，人的个性是在社会实践中形成和发展的，而社会实践则为个性的形成提供了丰富的素材和场景。例如，某些学校在思政课一体化建设中，鼓励学生参与到社区服务中，通过与不同背景的人交往，了解社会的多样性和复杂性，从而培养了他们的社会责任感和实践能力。其次，社会实践为学生提供了一个展现个性、增强个性魅力的平台。在社会实践的过程中，学生可以根据自己的兴趣和特长选择不同的活动和项目，展现自己的个性和才华。例如，某些学校在思政课一体化建设中，设计了多样化的社会实践项目，如文化交流、志愿服务等，为学生提供了一个展现个性和增强社会影响力的机会，进一步促进了他们的个性发展和社会适应能力的提高。再次，通过参与社会实践，学生可以更加深入地理解和认识自己，明确自己的兴趣和目标，为未来的学习和发展打下坚实的基础。例如，某些学校在思政课一体化建设中，鼓励学生参与到各种社会实践活动中，如参观博物馆、参与讲座、进行实地考察等，帮助他们明确自己的兴趣和方向，

① 王春英．“大思政课”视域下思想政治教育一体化的推进路径[J]．思想政治课教学，2023（9）：16-19.

为未来的学习和发展提供有力的支持和指导。

## 五、深化社会责任评价：加强学生公民品质塑造

在大中小学思政课一体化建设中，通过社会实践与公民行为评估、公民教育与法治观念培养、社会参与与公益行动评价、全球视野与国际责任评估以及伦理道德与社会责任教育等策略，不仅能够引导学生参与社会实践和公益活动，增强其法治意识和全球视野，而且还能够培育学生伦理道德与社会责任。

### 1. 社会实践与公民行为评估：促进学生参与社会，培养公民意识

在大中小学思政课一体化建设中，通过社会实践与公民行为评估，可以促进学生参与社会实践，培养他们的公民意识和社会责任感。教育者应组织学生参与社区服务、环保活动等实践项目，评估他们的公民行为和社会参与度，为他们塑造积极向上的公民形象，实现全面素质教育目标。[①]首先，从理论角度来看，社会实践作为一种教育手段，已被广泛认为有助于学生深入了解社会，增强其社会责任感。马克思主义教育理念强调，公民意识是通过实践活动和社会互动逐渐形成和培养的。例如，某些学校在思政课一体化建设中，通过组织学生参与社区服务和环保活动，让他们亲身体验社会责任，从而培养了他们的公民意识和社会责任感。其次，公民行为评估作为一种评价手段，可以帮助教育者更加客观地了解学生的社会参与度和公民素质。在一些学校的实践中，公民行为评估已被纳入学生综合素质评价体系中，成为评价学生公民素质的重要指标。例如，某校通过设计一套公民行为评估标准和评价方法，对学生在社会实践中的表现进行了全面、深入的评估，为他们的公民教育提供了有力的支持和指导。再次，通过参与社会实践和公民行为评估，学生可以更加清晰地认识到自己在社会中的角色和责任，为未来的学习和发展打下坚实的基础。例如，某些学校在思政课一体化建设中，通过开展各种社会实践活动，如参观法庭、参与模拟议会等，帮助学生了解到自己在社会中的位置和作用，进一步明确了自己的社会责任和使命。

---

① 徐建飞，董静．大中小学思想政治理论课一体化建设：内涵逻辑、实践困囿与优化方略[J]．社会主义核心价值观研究，2022，8（4）：78-88.

### 2. 公民教育与法治观念培养：强化学生法律意识，促进社会和谐

在大中小学思政课一体化建设中，公民教育与法治观念培养是培育学生社会责任感的重要途径。教育者应引导学生学习国家法律法规，参与模拟法庭、法治教育活动等，评估他们的法律意识和公民责任感，促进学生形成正确的法治观念，为社会和谐稳定作出贡献。首先，从教育学理论的角度来看，公民教育与法治观念的培养是确保学生在成长过程中逐步形成正确的社会价值观和法律意识的重要手段。例如，根据调查数据，在某高中的思政课程中，通过组织模拟法庭活动，学生们能够更加直观地体验到法律的权威性和公正性，从而深化了他们对法治的理解和认同。其次，针对公民教育与法治观念的培养，评估学生的法律意识和公民责任感显得尤为关键。这不仅仅有助于发现学生在法治教育中的短板，更能够为他们提供有针对性的教育和指导。[①]例如，某初中在开展法治教育活动后，对学生进行了一次全面的法律意识评估，结果显示学生们的法律知识掌握程度和公民责任感得到了显著提升，为学校的法治教育工作提供了有力的数据支持。再次，正确的法治观念不仅仅能够帮助学生在日常生活中作出明智的决策，更能够为社会的和谐稳定作出贡献。通过参与各种法治教育活动，如法律知识竞赛、法治讲座等，学生们能够更加深入地了解到法律的重要性和社会的法治建设的意义。例如，某小学在开展法治教育活动时，注重培养学生的法治责任感，鼓励他们在日常生活中守法、遵法，从而为社会的和谐稳定作出了积极的贡献。

### 3. 社会参与与公益行动评价：鼓励学生参与公益，培养社会责任

在大中小学思政课一体化建设中，通过社会参与与公益行动评价，可以鼓励学生积极参与公益活动，培养他们的社会责任感和公益意识。教育者应组织学生参与慈善捐赠、志愿服务等公益行动，评估他们的社会参与度和公益贡献，激发学生的社会责任感，推动社会公益事业的发展。首先，从教育心理学的角度看，社会参与与公益行动的评价有助于培养学生的社会责任感。根据文献资料，当学生在学校环境中有机会参与到各种公益活动中时，他们的团队协作、社会情感和责任心等多个维度都得到了显著的提升。例如，某中学在连续三年开展了暑期公益实践活动后，通过对参与学生的社会责任感进行的量化评估，结果显示学生的社会责任感得到了明显的增强。其次，评估学生的社会参与度和公益贡献是一种对学生全面素质的综合评价。在实

① 谢俊丽．大中小学思想政治教育一体化建设存在的问题与对策[J]．学校党建与思想教育，2023（22）：33-35.

践中，很多学校会通过制定详细的评价标准和流程，如志愿服务时长、服务对象数量、服务内容等，来全面了解学生的公益行为。例如，某小学在开展“我是小小志愿者”活动时，根据学生的参与时长、服务项目和反馈等多个指标进行了综合评价，从而更加客观地反映出学生的公益贡献。再者，鼓励学生参与公益并评估其贡献，不仅仅能够增强学生的社会责任感，更能够推动整个社会公益事业的发展。实际上，学生们的参与和贡献也为社会公益事业注入了新的活力和动力。[①]例如，某高中通过组织学生参与“绿色行动”公益项目，不仅帮助当地社区植树造林，还促进了学生们的环境保护意识的培养，进一步推动了社会的可持续发展。

4. 全球视野与国际责任评估：培养学生全球意识，拓展社会责任

在大中小学思政课一体化建设中，全球视野与国际责任评估可以培养学生的全球意识和国际责任感。教育者应引导学生关注国际事务、参与国际交流活动等，评估他们的全球视野和国际责任，培育他们的全球胜任力，促进国际交流与合作，实现社会责任的拓展。首先，从教育心理学的角度来看，培养学生的全球意识具有重要的教育价值。文献资料显示，当学生能够主动关注和思考全球性的问题，如气候变化、国际贸易、文化交流等，他们的跨文化交往能力、国际视野和全球责任感都会得到显著的提升。例如，某中学通过组织国际学术交流会议，邀请外国教育专家与学生进行对话，使学生们深入了解到全球教育的多元性和复杂性，从而加深了他们的全球意识和跨文化理解。其次，评估学生的全球视野和国际责任不仅仅可以为其提供一个反馈，更能为学校提供决策依据。例如，通过定期的国际交流项目评估，学校可以了解到哪些项目对学生的全球视野培养效果更为显著、哪些活动能够更好地提升学生的国际责任感，从而对未来的教学活动进行更为有效的调整和优化。再者，培育学生的全球胜任力和国际责任感，对于他们未来的社会发展具有深远的影响。事实上，随着全球化的加速，未来的社会需要更多具有全球视野和国际责任感的人才。[②]因此，大中小学的思政课一体化建设在此背景下显得尤为重要。例如，某小学通过组织“世界文化体验周”活动，使学生们能够亲身体验不同国家的文化，从而增强其全球意识和国际责任感，为未来的社会发展培养出更多具有国际竞争力的人才。

---

① 徐秦法，张肖．破立并举：大中小学思政课一体化评价的理性审思[J]．江苏高教，2022（9）：81-85.

② 刘小勇，文晓夏．推进大中小学思政课一体化建设的常态机制与路径[J]．中学政治教学参考，2023（39）：75-77.

### 5. 伦理道德与社会责任教育：强化学生道德观念，促进社会和谐发展

在大中小学思政课一体化建设中，伦理道德与社会责任教育是培养学生社会责任感的核心内容。教育者应引导学生学习伦理道德理念，参与道德实践活动，评估他们的道德观念和社会责任，培育他们的公民道德和社会责任感，为社会和谐发展提供坚实的道德支撑。①首先，伦理道德的教育不仅仅是为了传承传统的道德价值观，更是为了让学生能够在复杂多变的社会环境中，始终坚守正确的道德底线。人的道德观念是在社会实践中逐步形成和发展的。例如，某中学通过组织“道德模范”评选活动，使得学生们认识到身边普通人在日常生活中所展现出的高尚道德品质，从而激发他们对于道德模范行为的敬重与追求。其次，社会责任教育是培育学生社会责任感的另一重要方面。随着社会的进步和发展，公民不仅仅是一个政治和法律意义上的概念，更是一个包含广泛社会责任和义务的身份标识。研究显示，积极参与社区服务、关心弱势群体、倡导环保行动等都是培育学生社会责任感的有效途径。例如，某小学通过组织“环保志愿者”活动，让学生们亲身参与到环境保护的实践中，从而深化他们对于社会责任的认识和体验。再者，伦理道德与社会责任教育的目标不仅仅是培养学生的个人品质，更是为社会的和谐稳定贡献力量。事实上，一个社会的和谐发展离不开每一个公民的积极参与和付出。因此，大中小学的思政课一体化建设在此背景下显得尤为重要。②例如，某中学通过开展“我为社会做贡献”主题活动，鼓励学生们结合自己的兴趣和专长，积极参与到社会公益活动中，从而增强他们的社会责任感和使命感。

---

① 王春英. “大思政课”视域下思想政治教育一体化的推进路径[J]. 思想政治课教学，2023（9）：16-19.

② 徐建飞，董静. 大中小学思想政治理论课一体化建设：内涵逻辑、实践困囿与优化方略[J]. 社会主义核心价值观研究，2022，8（4）：78-88.

# 参考文献


[1] 中共中央马克思恩格斯列宁斯大林著作编译局. 马克思恩格斯选集:第 1-4 卷 [M]. 北京：人民出版社，2012.

[2] 毛泽东. 毛泽东选集：第 1-4 卷[M]. 北京：人民出版社，1991.

[3] 邓小平. 邓小平文选：第 1-2 卷[M]. 北京：人民出版社，1994.

[4] 习近平. 习近平谈治国理政：第一卷[M]. 北京：外文出版社，2018.

[5] 习近平. 习近平谈治国理政：第二卷[M]. 北京：外文出版社，2017.

[6] 习近平. 习近平谈治国理政：第三卷[M]. 北京：外文出版社，2020.

[7] 中共中央宣传部. 习近平总书记系列重要讲话读本[M]. 北京：学习出版社，人民出版社，2016.

[8] 习近平. 在北京大学师生座谈会上的讲话[M]. 北京：人民出版社，2018.

[9] 中共中央文献研究室. 十五大以来重要文献选编：下[M]. 北京：人民出版社，2003.

[10] 教育部思想政治工作司. 思想政治教育原理与方法[M]. 北京：高等教育出版社，2010.

[11] 陈万柏，张耀灿. 思想政治教育学原理[M]. 2 版. 北京：高等教育出版社，2007.

[12] 夏子辉. 中学思政课立德树人新探索[M]. 成都：四川大学出版社，2021.

[13] 张剑. 立德树人[M]. 北京：教育科学出版社，2014.

[14] 张德伟，梁忠义. 国际后期中等教育比较研究[M]. 北京：人民教育出版社，2005.

[15] 赫钦斯. 美国高等教育[M]. 汪利兵，译. 杭州：浙江教育出版社，2002.

[16] 拉兹洛. 用系统论的观点看世界[M]. 闵家胤，译. 北京：中国社会科学出版社，1985.

[17] 钟启泉，汪霞，王文静. 课程与教学论[M]. 上海：华东师范大学出版社，2008.

[18] 蒙让. 爱尔维修的哲学[M]. 涂纪亮，译. 北京：商务印书馆，1962.

[19] 孙其昂. 高校立德树人根本任务实现研究[M]. 南京：江苏人民出版社，2021.

[20] 科尔伯格. 道德发展心理学：道德阶段的本质与确证[M]. 郭本禹，等译. 上海：华东师范大学出版社，2004.

[21] 杜威. 民主主义与教育[M]. 王承绪，译. 北京：人民教育出版社，2001.

[22] 弗莱克斯纳. 现代大学论——美英德大学研究[M]. 徐辉，陈晓菲，译. 杭州：浙江教育出版社，2001

[23] 贝塔朗菲. 一般系统论：基础、发展和应用[M]. 林康义，魏宏森，译. 北京：清华大学出版社，1987.

[24] 崔伟锋，陈晶. 同课异构模式下思政教师专业发展路径研究[J]. 思想政治课教学，2021（7）：87-90.

[25] 卢黎歌，耶旭妍，王世娟，等. 统筹推进大中小学思政课一体化建设研究——学习习近平总书记在学校思想政治理论课教师座谈会上的重要讲话精神笔谈[J]. 北京工业大学学报（社会科学版），2020，20（1）：9-12.

[26] 文天天，陈大文. 论大中小学思政课一体化的由来、科学内涵与基本要求[J]. 学校党建与思想教育，2021（7）：68-71.

[27] 徐秦法，赖远妮. 以教育逻辑为遵循构建大中小学思政课一体化教学方法[J]. 中国大学教学，2021（12）：40-47.

[28] 石书臣. 关于大中小学思想政治理论课教师队伍一体化建设的思考[J]. 思想理论教育，2019（11）：17-22.

[29] 郑敬斌，李鑫. 大中小学思想政治理论课一体化管理机制建设初探[J]. 思想理论教育，2019（11）：23-28.

[30] 余华，涂雪莲. 关于大中小学思想政治理论课教学有效衔接的思考[J]. 思想理论教育，2019（9）：62-67.

[31] 高国希. 大中小学思想政治理论课一体化建设的思考[J]. 思想理论教育，2019（5）：22-27.

[32] 江鸿波，林秋琴. 试论以“六个一体”推进大中小学思政课建设[J]. 中国高等教育，2019（19）：46-48.

[33] 李昕. 统筹推进大中小学一体化 推动思政课建设内涵式发展[J]. 中国高等教育，2019（7）：10-12.

[34] 刘建军. 思政课：观照青少年精神成长的三个时期[J]. 红旗文稿，2019（9）：20-23.

[35] 沈壮海，董祥宾. 论新时代思想政治理论课的改革创新[J]. 思想理论教育，2019（5）：10-15.

[36] 王学俭，许斯诺．“理直气壮开好思政课”的战略意义、力量来源、基本要求和实践举措[J]．新疆师范大学学报（哲学社会科学版），2019，40（4）：15-24.
[37] 谢峰．大中小学思政课课程一体化的价值逻辑和实践路径[J]．学校党建与思想教育，2020（8）：33-35.
[38] 张彦，韩伟．以核心价值观引领大中小学思政课一体化[J]．学校党建与思想教育，2020（13）：62-65.
[39] 李正军，文春风．以“链”的思维统筹推进大中小学思政课一体化建设[J]．中国高等教育，2020（20）：33-35.
[40] 宗爱东．大中小学思政课一体化与治理机制创新[J]．中国高等教育，2020（1）：4-6.
[41] 陈淑清．“大思政”观视域下大中小学思政课教材一体化构建[J]．思想理论教育导刊，2020（12）98-101.
[42] 刘力波，黄格．大中小学思政课教材一体化建设面临的问题及破解路径[J]．马克思主义与现实，2020（2）：187-192.
[43] 郭亚红，张洪霞．大中小学思政课教师一体化建设路径[J]．思想政治课教学，2021，12（2）：82-85.
[44] 徐亚宁，唐立国．系统论视域下的高校思政课实践教学内容的体系化建设[J]．改革与开放，2014（6）：75-76.
[45] 周金华．系统论视角下高校思想政治理论课有效性的外部因素研究[J]．河南社会科学，2012，20（12）：81-83.
[46] 成勇，张凤池．大中小学思政课一体化建设策略研究[J]．学校党建与思想教育，2020（8）：36-37.
[47] 习近平．做党和人民满意的好老师——同北京师范大学师生代表座谈时的讲话[N]．人民日报，2014-09-10.
[48] 习近平主持召开学校思想政治理论课教师座谈会强调用新时代中国特色社会主义思想铸魂育人贯彻党的教育方针落实立德树人根本任务[N]．人民日报，2019-03-19（1）.
[49] 高举中国特色社会主义伟大旗帜 为全面建设社会主义现代化国家而团结奋斗[N]．人民日报，2022-10-17（2）.
[50] 阮娟．“一体化建设”推动思政课内涵式发展[N]．中国社会科学报，2022-12-29（12）.
[51] 盛跃明．打好思政课一体化的社会组合拳[N]．中国社会科学报，2022-11-11（10）.

[52] 陈昌兴，周军虎. 实现思政课教师队伍一体化的四维建构[N]. 中国社会科学报，2022-11-11（10）.
[53] 张天华，李莲. 推进红色资源与大中小学思政课有机融合[N]. 中国社会科学报，2022-11-11（10）.
[54] 吴春雷. 健全大中小学思政课一体化建设的组织保障机制[N]. 中国社会科学报，2021-07-28（7）.
[55] 王增福，王英洁. 统筹推进大中小学思政课教师队伍一体化建设[N]. 中国社会科学报，2021-07-28（6）.
[56] 鲁成波. 大中小学思政课教学内容一体化建设的理与路[N]. 中国社会科学报，2021-07-28（6）.
[57] 任者春. 大中小学思政课教学目标的一体化设计[N]. 中国社会科学报，2021-07-28（6）.
[58] 宫晓燕. 加强大中小学思政课教学方法一体化建设[N]. 中国社会科学报，2021-07-28（7）.

# 附录　大中小学思政课一体化建设现状调查问卷

尊敬的老师：

您好！为了了解当前大中小学思政课一体化建设的真实状况，我们开展此次调研活动。本问卷实行匿名制，所有数据只用于统计分析。题目选项无对错之分，请按自己的实际情况填写。真心感谢您的积极配合和大力支持！

1.您的性别为？

A.男　　B.女

2.您的教龄为？

A.1~3 年　　B.3~5 年　　C.5~10 年　　D.10 年以上

3.您的最高学历为？

A.专科　　B.本科　　C.硕士研究生　　D.博士研究生

4.您的最高学历所属专业类别为？

A.马克思主义理论类专业　　B.法学类专业　　C.教育学类专业

D.哲学类专业　　E.其他学科专业

5.您所任教的学段为？

A.小学　　B.初中　　C.高中　　D.大学

6.您是否了解大中小学思政课一体化？

A.不了解　　B.有一些了解　　C.比较了解　　D.非常了解

7.您所在地区的思政课一体化推行处于哪一进度？

A.尚未开始　　B.刚刚开始　　C.摸索进行中　　D.深入开展

8.您在思政课教学过程中秉承的目标是？

A.讲授课本知识　　B.提高学生成绩

C.传授理论知识　　D.提高学生道德修养

9.您认为您的教学目标达成情况如何？

A.不太理想　　B.基本达成　　C.较好达成　　D.完全实现

10.您是否熟悉其他学段思政课的教学目标和教材内容？

A.不熟悉　　B.一般　　C.较为熟悉　　D.非常熟悉

11.您是否会在教学过程中关注其他学段思政课的教学内容？

A.不关注　　B.偶尔关注　　C.经常关注　　D.总是关注

12.您认为大中小学思政课在教材一体化建设中存在哪些问题？（多选）

A.各学段教材存在部分内容交叉重叠、简单重复的问题

B.各学段教材存在过渡内容缺乏、断层脱节的问题

C.教材一体化建设规划设计完备，但实际落实还不够

D.思政课教师在备课时对教学内容挖掘不够深入，课堂深度不够

E.其他

13.您在备课过程中会采用哪些资源作为教材内容的补充？（多选）

A.教辅资料　　B.社会时政热点

C.地方文化资源　　D.其他学科教材

14.您有没有参加过跨学段思政课交流活动？

A.从未参加　　B.很少参加　　C.偶尔参加　　D.经常参加

15.影响您跨学段思政课交流的因素有哪些？（多选）

A.教学任务繁重

B.缺少跨学段交流平台

C.不在考核范围内

D.缺少跨学段交流机会

E.其他

16.您是否愿意参加跨学段思政课教师进修培训？

A.不愿意　　B.视自身情况而定

C.服从学校安排　　D.非常愿意

17.针对大中小学思政课一体化建设，您希望相关部门多组织哪些方面的培训研讨活动？（多选）

A.大中小学思政课一体化建设的政策和理论解读讲座

B.大中小学思政课一体化建设的教学指导培训活动

C.大中小学思政课一体化建设的教师集体备课活动

D.大中小学思政课一体化建设的优秀课例展示研讨活动

E.大中小学思政课一体化建设的教师教学技能比赛活动

F.大中小学思政课一体化建设的教学资源、教学经验交流研讨会

G.其他

18.您认为您所在学校思政课教师配备的结构与水平合理吗？

A.不太合理　　B.一般　　C.较为合理　　D.合理

19.您在授课过程中通常会采用哪些教学方法？（多选）

A.讲授法　　B.讨论法　　C.案例教学法

D.情境教学法　　E.活动教学法

20.您是否关注其他学段思政课教师的教学方法？

A.不关注　　B.较少关注　　C.经常关注　　D.总是关注

21.您认为贵校对思政课教学和思政课教师的评价考核方式是否合理？

A.非常合理　　B.比较合理　　C.不太合理　　D.极不合理

22.您所在学校对思政课教师进行教学评价的依据有哪些？（多选）

A.教学目标完成度　　B.教学设计和效果

C.教学方法和手段　　D.教学反馈和学生评价

E.学生参与度　　F.教师素养　　G.其他

23.您认为大中小学思政课一体化建设还面临哪些挑战？（多选）

A.学生与思政课教师的配比不平衡，存在学科之间的差距与城乡之间的差距

B.教师专业不对口，存在非思政相关专业的教师教授思政课程

C.存在思政相关专业毕业的教师被分配去教授其他学科的现象

D.思政课一体化建设的相关指导与培训不够

E.各学段之间的沟通交流较少，基本是学段内部交流合作

F.备课过程中缺乏一体化教学设计的相关资源与资料

G.其他

24.就目前来说，您对推进大中小学思政课一体化建设有哪些建议呢？

______________________________

______________________________

______________________________

# 后　记

大中小学思政课一体化建设，是推进新时代思想政治教育内涵式发展、贯彻落实立德树人的重要战略举措。“培养什么人、怎样培养人、为谁培养人是教育的根本问题”[①]，旨归于培养德智体美劳综合素质全面发展的社会主义事业建设人才，以推动党和国家事业不断发展。不仅仅涉及知识的传授，更关乎理想信念的培养和道德品质的培育。那么，在教育过程中，如何将这三者有机地结合起来，落实立德树人根本任务，则是每位教育工作者都需要深入思考的问题，特别是，对于思想政治教育工作者而言，这是首要的、核心的关键议题。因为“思政课是落实立德树人根本任务的关键课程”[②]，其中，“德”作为思政课的核心内容，直接关系到能否成功地实现立德树人的任务目标。而“办好思政课，最根本的是要全面贯彻党的教育方针，解决好培养什么人、怎样培养人、为谁培养人这个根本问题”[③]。毋庸置疑，思政课是塑造学生世界观、人生观、价值观的重要课程，其重要性无以复加。

大中小学思政课一体化建设作为创新型大思政课程体系，贯穿于小学、初中、高中、大学全过程，遵循思政课的育人规律和学生的认知规律、成长规律，为学生铺设了一条系统学习马克思主义理论、感悟中国化时代化马克思主义精华的道路。在各学段学生的思想引领和价值塑造过程中发挥重要作用，具有深刻的价值意蕴：首先，大中小学思政课一体化建设是新时代治国理政的现实要求。思政课是党的创新理论传播的重要途径，也是开展思想政治教育的主阵地和主渠道。面对世界百年未有之大变局，思政课在新时代我国治国理政战略全局中的作用日益凸显。推进大中小学思政课一体化建设，有助于完成立德树人根本任务，实现第二个百年奋斗目标。其次，大中小学思政课一体化并非各学段思政课的机械相加，而是依据新时代党和国家对思想政治教育的最新要求，从系统论的角度着手对各学段的思政课进行统筹规划。最后，大中小学思政课一体化建设是顺应经济社会的发展和时代变迁需求而产生的全新的思政课教学改革方案。它全面贯彻落实党的教育方针，遵循学生成长认知规律和经济社会变化发展规律，提升思政课的育人实效，培育综合素质高的时代新人。

---

① 习近平著作选读[M]. 北京：人民出版社，2023：28.

② 习近平. 论党的青年工作[M]. 北京：中央文献出版社，2022：184.

③ 习近平. 论党的青年工作[M]. 北京：中央文献出版社，2022：185.

就内涵而论，大中小学思政课一体化建设，旨在实现纵向和横向的全面整合。纵向方面，确保小学、初中、高中、大学的思政课层次分明、衔接顺畅，避免教育壁垒；横向方面，将课程内容、教材体系、教学方法、教师队伍、课程评价和管理体制等各个部分，在统一的协调机构下，组合成一个系统的整体。就学理上讲，其研究主要着眼于对三个方面的学理回应：整体内容确立、整体内容分层、基本内容整合。大中小学思政课一体化建设确立整体内容及在各学段思政课的分层设置，应基于新时代党、国家和社会对人才培养的需求，根据党的教育方针，依据思政课的教育教学规律，遵循学生的认知规律、成长规律，结合学生的问题和需要，结合思政课的课程目标，在厘清各学段思政课的共性和个性的基础上，就数量、形式、难易程度等进行差异化处理，进而形成有效衔接、有序对接、层次分明、螺旋上升的思政课整体内容。具体而论，涉及五个方面的基本内容：教学目标一体化、教学理念一体化、教学内容一体化、教学评价一体化、教师队伍一体化。

回溯我国思政课建设历程，可以清楚地发现，思政课一体化建设的倡议，正是针对大学与中学思政课内容重复的现象而提出的。其先后经历了新中国成立、改革开放、步入新时代三个时期的历史演进。新中国成立到改革开放前，思政课建设受到国际国内形势限制，尚处于探索阶段，早期借鉴苏联模式，后期开始自主探索。改革开放后，教育领域发展更加科学、规范、专业，思政课建设重心转向学生全面发展。进入新时代，面临大变局，立德树人目标明确，大中小学思政课一体化建设亟待落实。经过 70 多年的探索、调整、改革与创新，思政课建设在理论和实践方面取得了显著成就，基本制度已经确立，基础平台已经建立，各项建设工作正在逐步推进。同时，也积累了宝贵经验，包括：必须全面贯彻党的教育方针；必须始终把马克思主义理论作为根本内容；必须抓好关键任务——推进党的创新理论“三进”工作；必须重视教材建设。

当前，大中小学思政课正处于一个积极推进与持续深化的阶段，通过实证分析，已取得了显著成效，但亦暴露出几方面亟待解决的问题：一是教学内容与方法之间存在显著的脱节现象，其核心在于课程内容与教学方法的不匹配，进而削弱了教学效果。具体而言，这种脱节表现为：内容扩展与教学方法的局限性相互矛盾，内容创新未能伴随方法的有效更新，导致教学陷入多维困境，如内容冗余、方法单一、教材滞后、评价机制僵化及教师角色固化等。此外，内容的丰富性与教学方法的狭隘性形成错配，内容深度与教学方法的适应性亦存在失衡。二是师资力量配置的不均衡问题突出，主要体现在教师素质与一体化教学需求的不匹配、传统教学模式与一体化更新之间的冲突、一体化建设中的师资症结、教师成长与教学改革平衡的挑战，以及教师学术探索与实际教学应用之间的断裂。三是学生互动不足成为影响思政课知识吸收的重要因素。这主要体现在课程内容超前与学生认知滞后之间的矛盾、互动设计缺乏与学生生活经验的结合、互动方式单一与学生多元化需求的不匹配。此外，思政课一体化缺失导致的知识与实践脱节、传统教学方式与现代学生沟通障碍，以及一体化教学中多元困境对学生学习体验的挑战，均阻碍了学生的有效参与和知识吸收。四是教材内容更新滞后是另一大挑战，包括与一体化教学融合不足、与时事脱节、未能反映社会变迁、内容滞后形成的教学盲点，以及教材时效性与一体化教学要求的冲突。五是传统评估方法忽视多维度教学效果评价的问题不容忽视。这主要体现在评估体系缺乏对思政课一体化教学效果的多维考量、传统评估方法的单一性偏见、多元教学成果在评价中的缺失、评估体制机制的维度失衡，以及一体化评估与多维教学成果之间的冲突，进而抑制了教学创新。

基于对前述问题的深入理解，以及对实践创新的热切追求，研究提出旨在打破传统教学模式的束缚，以更加流畅、通顺的方式，让思政课程在各个学段中有机衔接，形成一套完整的大中小学思政课一体化建设实践理路。内容包括教学模式更新、教学方式革新、教材内容翻新、师资队伍焕新和评价机制创新。教学模式更新强调跨界课程设计和激活课堂互动，以提高参与度和学习效果；教学方式革新旨在深化思政课的教学质量并通过优化策略满足学生多样化需求；教材内容翻新强调理论与实践融合和个性化需求响应；师资队伍焕新关注专业发展和资源共享，构建均衡高效的师资体系；评价机制创新旨在适应时代变迁，确保教学内容时效性和评价多元化。这些实践理路突出了教育改革的复杂性和多维性，回应了不同学段思政课面临的育人要求和实际问题，有助于全面贯彻落实党的教育方针，提升思政课的育人实效性，培育综合素质高的时代新人。

大中小学思政课一体化建设是一项系统工程，是一项长期而艰巨的任务，需要各级领导、教师、学生和社会各界的持之以恒、共同努力。各级领导应高度重视大中小学思政课一体化建设，将其纳入教育改革和发展的重要议程，提供政策支持和资源保障。教师应不断提高自身的思想政治素质和教育教学能力，积极探索一体化建设的有效方法和途径，促进思政课教育的有机衔接。学生应深刻领悟思政课的核心价值和深远意义，树立崇高的世界观、人生观和价值观，努力成为德才兼备、全面发展的人才。社会各界应共同营造良好的教育氛围，支持思政课教育的发展和创新，为培养担当民族复兴大任的时代新人贡献力量。

在未来的工作中，编写组将继续关注大中小学思政课一体化建设的进展情况，总结经验教训，不断完善相关措施和方法。同时，热切期盼更多的人加入这一工作中，共同探讨大中小学思政课一体化建设的理论和实践问题，为实现中华民族伟大复兴的中国梦砥砺前行，不懈奋斗！

编写组

2024 年 3 月